Educação, contraideologia e cultura:
desafios e perspectivas

Obras reunidas de Carlos Guilherme Mota
Organização e plano de edição:
Ronald Polito

A IDEIA DE REVOLUÇÃO NO BRASIL E OUTRAS IDEIAS / HISTÓRIA E CONTRA-HISTÓRIA: PERFIS E CONTRAPONTOS/ EDUCAÇÃO, CONTRAIDEOLOGIA E CULTURA: DESAFIOS E PERSPECTIVAS / TEXTOS DE INTERVENÇÃO [TÍTULO PROVISÓRIO]

CARLOS GUILHERME MOTA

EDUCAÇÃO, CONTRAIDEOLOGIA
E CULTURA: DESAFIOS E PERSPECTIVAS

prefácio:
Francisco Alambert

EDITORA
GLOBO

Copyright © 2011 by Carlos Guilherme Mota

Todos os direitos reservados. Nenhuma parte desta edição pode ser utilizada ou reproduzida — em qualquer meio ou forma, seja mecânico ou eletrônico, fotocópia, gravação etc. — nem apropriada ou estocada em sistema de banco de dados, sem a expressa autorização da editora.

Texto fixado conforme as regras do novo Acordo Ortográfico da Língua Portuguesa (Decreto Legislativo nº 54, de 1995).

Preparação: Ronald Polito
Revisão: Évia Yasumaru e Denise Pessoa
Capa: Roberto Yokota
Índice remissivo: Luciano Marchiori

1ª edição, 2011

Dados Internacionais de Catalogação na Publicação (CIP)
(Câmara Brasileira do Livro, SP, Brasil)

Mota, Carlos Guilherme
    Educação, contraideologia e cultura : desafios e perspectivas / Carlos Guilherme Mota ; prefácio Francisco Alambert. -- São Paulo : Globo, 2011.
    Bibliografia
    ISBN 978-85-250-4949-0

    1. Cultura - Brasil - História 2. Educação - Brasil - História I. Alambert, Francisco. II. Título.

11-09946   CDD-306.40981

Índices para catálogo sistemático:
1. Brasil : História da cultura : Sociologia 306.40981
2. História da cultura brasileira : Sociologia 306.40981

Direitos de edição em língua portuguesa adquiridos por Editora Globo S.A.
Av. Jaguaré, 1485 — 05346-902 — São Paulo, SP
www.globolivros.com.br

Para Amelinha (Amélia Cohn), minha irmã
Aos meus netos Katharina, Arthur e Gabriel

Para o historiador cubano Manuel Moreno Fraginals,
cujas ideias de liberdade e revolução
não foram toleradas pelo regime castrista
in memoriam

Aos meu ex-alunos, hoje colegas, que me
acompanharam nestes embates em busca
de um mundo melhor, democrático

Apenas falamos e cansamos de falar em tudo isto. É verdade que há uns vagos sinais de que algo vai acontecendo. Aquele antigo dualismo de educação aristocrática e educação técnico-profissional vem se esbatendo, porém não sem recrudescências ocasionais.

Anísio Teixeira, "Educação e desenvolvimento".
Revista Brasileira de Estudos Pedagógicos,
nº 81, p. 90, jan./mar. 1961

Muitos colocam o combate à fome e à penúria em primeiro lugar. Contudo, a educação e consciência social clara são os principais substratos dos pobres na luta de classes. Uma população trabalhadora menos rústica não seria reduzida à condição de substituto e sucessora da população escrava e liberta por tanto tempo se dispusesse de melhor nível educacional e cultural.

Florestan Fernandes,
Folha de S.Paulo, 19 ago. 1991. p. 2

Sumário

Prefácio, *por Francisco Alambert* 13
Nota do autor 21

I. Culturas

A. Ideias

1. A historiografia brasileira nos últimos quarenta anos: tentativa de avaliação crítica 37
2. Cultura e comunicação na América Latina, ou "Nós somos os novos bárbaros" 75
3. América Latina: em busca da memória comum 99
4. Análise de uma proposta para uma história da cultura no Brasil, de Antonio Candido 127
5. Cultura brasileira ou cultura republicana? 141

B. DEBATES
1. Uma cultura de partidos 169
2. O governo Montoro e a questão da cultura 179
3. A nova sociedade civil e a cultura 183
4. Dos 1980 aos 1990 189
5. Nós, Portugal e o ano 2000 197
6. O Brasil no mundo ibero-americano em 2002 201
7. Ideia que deu certo, Darcy 205

II. Educação, professores, universidade

A. ENSINO E ESCOLA
1. O historiador brasileiro e o processo histórico 213
2. Um alerta em defesa da escola pública 223
3. Os professores e a saída da crise 227
4. A nossa revolução cultural 231
5. Educação no fim do século: uma proposta para
   a nova sociedade civil 235
6. Educação, cultura e democracia para o terceiro
   milênio: nós e a nova sociedade civil brasileira 245
7. A diminuição da história 251
8. Prefácio de *A escola do homem novo* 255
9. Diagnóstico de nosso tempo, Karl Mannheim:
   da "carência de resistência mental" 259
10. Apresentação de *As luzes da educação* 263

B. UNIVERSIDADES
1. Universidade: o fim de uma época 269
2. A crise e a suposta legalidade 273

3. O MEC e o "ódio cívico" dos mestres 277
4. Escola pública, vestibular e democracia 281
5. Tancredo e a universidade.. 285
6. Universidade: para além do neorrepublicanismo 289
7. Remobilizando a universidade 293
8. Liberdade acadêmica e reforma 297
9. Uma universidade para o século XXI............................ 303
10. Por uma nova universidade 307
11. A universidade deve buscar novos caminhos 313
12. Universidade — a hora da reforma 323

C. A USP
1. O alerta da USP 329
2. USP: a saída para a crise 333
3. Um novo pacto para a USP (1984) 337
4. A USP velha de guerra 341
5. 1934-1984: um balanço da USP 345
6. Mudar a USP: meritocracia × legitimidade 353
7. Programa mínimo 357
8. Para uma discussão sobre a Faculdade de Filosofia 363
9. USP: por uma nova mentalidade 369
10. Nem Princeton, nem Maputo 373
11. Os últimos intelectuais... 379
12. Meia palavra não basta, prefácio de *Reminiscências* 383
13. Do outro lado da rua: a Escola Livre de Sociologia
e Política vista pela Faculdade de Filosofia da USP 389
14. Oração por ocasião da recepção do título de professor
emérito pela FFLCH-USP (2009) 395

D. ANÍSIO TEIXEIRA
1. O professor Anísio 433
2. Prefácio ao livro *Anísio Teixeira: a obra de uma vida* 437
3. Anísio Teixeira, pensador radical 449

Créditos dos textos 485

Índice remissivo 489

Prefácio

Um historiador do contra

A MELHOR MANEIRA de apresentar este volume, que reúne boa parte dos textos de intervenção de Carlos Guilherme Mota tratando de cultura e de educação, é contar ao leitor uma história exemplar.

Em 2009, uma greve de alunos, professores e funcionários ocupou o prédio da Reitoria da Universidade de São Paulo e gerou uma terrível situação (com trágicos desdobramentos) entre uma reitora e um governador ineptos diante de uma longa pauta de reivindicações. Mas, bem antes deste acontecimento, a Congregação da Faculdade de Letras e Ciências Humanas da USP havia resolvido (e já não era sem tempo) homenagear um dos seus mais brilhantes professores, Carlos Guilherme Mota. A greve, a repressão a ela e todas as tensões decorrentes se uniram para tornar a homenagem um ato muito delicado e complexo. Sobretudo porque, dias antes da solenidade, em um acontecimento que lembrou o pior dos anos da ditadura, a universidade fora invadida pela tropa de choque da polícia militar, com aval da reitoria e do governador, atirando, agredindo e ferindo grevistas e não grevistas. Em pleno século XXI do retorno democrático, o *campus* da USP virava um campo de batalha da cretinice política e acadêmica.

Muitos de nós achávamos que este não era o momento para homenagear nosso mestre. Ele mesmo cogitou sugerir a suspensão do ato como forma de protesto. Depois, pensou melhor e disse que achava que a comemoração deveria ser mantida, porque os lugares ainda minimamente democráticos da universidade não deveriam ser fechados, por pior que fosse o momento. Propôs então que transformássemos o evento acadêmico, que se mantinha, também em um ato de manifestação e tomada de posição.

Foi o que ocorreu. Para além do evento formal, um ato de defesa dos direitos universitários aconteceu, literalmente congregando a universidade em amparo a si mesma, a seus valores maiores. Em um longo e emocionante discurso, Carlos Guilherme nos situou, lembrando os tempos em que ele mesmo fora um "anticandidato" à reitoria. Lembrou também a ocasião em que, eleito por professores, alunos e funcionários da universidade, foi impedido de tomar posse para a direção daquela mesma faculdade, na gestão do reitor Guerra Vieira, pelo mesmo sistema plutocrático e patriarcal que agora mandava a polícia agredir sua própria comunidade. Narrou o momento em que, nos anos 1970, defendeu alunos e professores junto ao serviço de segurança da USP, sua luta pela Constituinte com outros colegas, suas aulas vigiadas (ele foi "acompanhado" pelo SNI até 1984, como se pode constatar nos papéis do DOPS existentes no Arquivo do Estado de São Paulo, que ele mesmo dirigiu no início dos anos 1990).

Naquele momento, a formalidade acadêmica se transmutava em ato coletivo em favor da democracia, da inteligência, da cultura e da universidade. Porque cada um desses fatores depende do outro, e por ele se justifica e realiza.

Pois bem. Agora sabemos exatamente de quem estamos falando, e o leitor já pode imaginar o que o espera.

***

Nos textos que compõem esta obra, um belo momento aguarda o leitor. Agora é a hora de Carlos Guilherme Mota voltar a seu ponto de origem, a sua *cultura* e a seus embates dentro dela. Não é à toa que ele próprio reserva boa parte da introdução que faz a este volume para narrar sua formação, o passado como jovem intelectual, a dívida com seus professores (avô e pai incluídos). O que veremos a seguir é uma nova história da cultura erudita brasileira, mas é também a história de um intelectual desde o início à procura de seu lugar e de seu país.

Este livro condensa muito das reflexões de Carlos Guilherme diante de seus mestres, que são nossos mestres (gostemos deles ou não), com os quais ele se bate, reitera, discorda, ajuíza. Em suma: coloca o sistema cultural do século XX para funcionar, como uma máquina de pensar a cultura de seu país incompleto, medonho, fascinante, cheio de futuro, mesmo quando isso é exatamente a sua desgraça. Como em um jogo de projeções, o leitor será forçado a entrar no espelho de Carlos Guilherme Mota, e se compreender na letra de Sérgio Milliet, Mário de Andrade, Rubens Borba de Morais, Celso Furtado, Raymundo Faoro, Sérgio Buarque de Holanda, Gilberto Freyre, Antonio Candido, Alfredo Bosi, Roberto Schwarz, Anísio Teixeira, Emília Viotti da Costa, Octavio Ianni, Fernando Henrique Cardoso, Nelson Werneck Sodré, Glauber Rocha, João Gilberto, Maysa, Dick Farney, Paulo Autran, Eric Hobsbawm, da Escola dos Annales,

Eduardo Portella, Alberto da Costa e Silva, do africano Amílcar Cabral, de cientistas, críticos de arte e demais filósofos imponderáveis. Você nunca ouviu falar dos educadores Sud Menucci ou Fernando de Azevedo ou Cruz Costa? Não sabe ou só desconfia que a noção de "cultura brasileira" pode ser usada por todo tipo de demagogia e desfaçatez, tanto entre os que a defendem quanto entre os que a atacam? É melhor começar a ler este livro bem rápido.

Outras dezenas de pensadores e artistas de todos os quadrantes são parte desses diálogos, porém não é preciso citá-los, porque Carlos Guilherme é enciclopédico, mas não nos presenteia com alguma lista de *who's who*. Seu cerne, se é possível resumir o que os textos aqui editados anunciam com todas as suas diferenças, é explorar e analisar os impasses e meandros, no nível da cultura e da educação (que para o autor nunca podem ser separadas), da nossa busca da democracia e da constituição efetiva de uma sociedade civil digna deste nome. Uma obsessão que o autor herda de um de seus maiores mestres, o sociólogo Florestan Fernandes. De fato, a visão de história de Carlos Guilherme Mota caminha infletindo, tensionando e temperando uma leitura do mundo em busca de uma possível (porém sempre limitada) síntese do Brasil — que ele procura desencavar a partir do cruzamento das teorias e obras de Florestan, Marx, Mannheim ou Raymundo Faoro, acrescidas de uma generosa pitada do "ceticismo engajado" de Montaigne e Milliet.

Neste rumo, todas as especulações são válidas, e todas estão aqui: como avançar?; como não retroceder ao mundo das bombas e dos conselhos de sábios?; como conseguir superar a dialética das possibilidades de um país novo, de destino aberto, com a permanência das forças coloniais que reinventam e reacomodam seu autoritarismo de nascença e barram o quanto podem a emergência da *nova* sociedade civil?; quem educa quem?; que "cultura brasileira" é essa que adula o racismo como cordial, que nega o quanto pode, sempre que pode, sua necessidade de se universalizar?; que República é essa que, mesmo depois do fim da ditadura, insiste em massacrar o ensino público republicano?

Estas questões, tão atuais, tão encravadas em nossa realidade, são questões que Carlos Guilherme se colocou desde muito cedo. Desde seu livro de estreia, *A ideia de revolução no Brasil*, lançado quando o autor ainda estava na casa dos vinte anos, Carlos Guilherme vem nos ensinando a estudar as configurações históricas de conceitos como "revolução", "autonomia", "nacionalidade", "cultura", "ideologia" e "mentalidades", indicando os caminhos e impasses dos processos de dependência e independência; revelando como se estruturavam, e ainda se estruturam, os discursos de oposição e sua *práxis*; mostrando os limites do liberalismo no seu espelho colonial e denunciando sempre as formas de pensamento ajustadas ao sistema.

Isto porque ele representa e dá continuidade ao que de melhor a tradição historiográfica da USP criou até hoje. Se ao historiador Fernando Novais interessava explicar, na linha aberta por Caio Prado Júnior, as dinâmicas estruturais da crise do antigo sistema colonial, a Carlos Guilherme coube explorar as contradições desse processo também no nível das consciências.

Dito de outra forma. A crítica marxista uspiana (formada através da geração que estudou *O capital*) estava explicando o processo econômico. Carlos Guilherme ia no mesmo caminho, mas — mais inspirado em Florestan — construiu outra ponte. Trouxe essa discussão para o campo da história social das ideias, tirou o foco do universo mental das elites oligárquicas e, com um mote de ordem política, inaugurou, a bem dizer, entre nós a vertente social da *história das mentalidades e da cultura*. Este tipo especial de pensamento teve seu ponto alto no livro de 1977, *Ideologia da cultura brasileira*. Obra que polêmica, combativa, duramente criticada, revista, repensada, e sempre retomada. Obra prefaciada por Alfredo Bosi que iluminava o melhor do pensamento moderno brasileiro, não escondendo suas contradições, seus avanços e seus impasses. Pois agora, mais de trinta anos depois, são esses temas todos, quase como uma continuidade desta obra anterior, o que o leitor encontrará neste novo livro, que mostra o que o Brasil foi e aponta para o que poderá vir a ser.

No passado, quando comentou o desabusado *Ideologia da cultura brasileira*, Antonio Candido escreveu: "Este livro é muito mais da geração dos senhores alunos do que de nós, velhos professores; é um livro muito curioso, muito vivo, onde eu vejo uma proposição extremamente fecunda para a tendência desmistificadora que é a base do contra, quer dizer, não aceitar as coisas como elas aparecem e questionar incessantemente".[1]

Pois agora, como antes, o leitor também estará às voltas com um pensamento "do contra". Um pensamento que, produto do sistema crítico universitário, carrega uma capacidade analítica muito acentuada para compreender as especificidades da história do Brasil, dentro da história do mundo, enfatizando suas perversões ideológicas. Um pensamento que busca acertar as contas com um tempo de derrotas enormes do campo progressista e de esquerda, de vulgarização rebaixada do ensino e da pesquisa, das exigências de *formação*. Um tempo, o nosso, de descaso com a universidade pública — contra tudo o que é público, aliás, incluindo aí o "intelectual público" e atuante, que Carlos Guilherme Mota representa com tanta propriedade, como já vimos. Um pensamento que encontra no velho e fortíssimo historiador britânico Eric Hobsbawm outro espelho: uma reflexão desde um

---

1. CANDIDO, Antonio. "O tempo do contra". In: DANTAS, Vinicius. (org.). *Textos de intervenção / Antonio Candido*. São Paulo: Duas Cidades/Editora 34, 2002, p. 379.

marxismo inteligente (pois nunca mecanicista) e comunicativo (porém crítico da historiografia de entretenimento), sempre atento aos desafios amargos da "modernização". Algo muito contemporâneo, portanto.

Se bem entendo, o que Antonio Candido quis dizer, e eu o sigo, é que Carlos Guilherme é um homem do futuro. E ele é mesmo. Quem o ler entenderá.

Francisco Alambert
Professor do Departamento de História da USP
São Paulo, fevereiro de 2011

Nota do autor

Do pensamento radical

> *O Brasil, um monumento à negligência social...*
> Eric J. Hobsbawm, *A era dos extremos*

Neste terceiro volume de minhas obras reunidas organizamos estudos e ensaios escritos em diferentes conjunturas e contextos. Versando sobre temas de cultura, intelectuais, orgânicos e problemas educacionais. Situam-se todos eles no campo da crítica das ideologias culturais, tratados, porém, a partir do prisma da história e da historiografia.

Noto agora que, com o correr do tempo, minha atenção voltou-se gradativamente para essa seara, a das ideologias culturais, das mentalidades e das formas de pensamento. E percebo desde logo que as obras e inquietudes de Karl Mannheim, Max Weber, Eric Hobsbawm, Albert Soboul, Jacques Godechot, Marc Ferro, Michel Vovelle e — menos obviamente — Caio Prado Júnior, José Honório

Rodrigues, Raymundo Faoro e Florestan Fernandes, entre outras, funcionaram como faróis, mas também como desafios e estímulos nesse universo tempestuoso da história e da produção cultural contemporâneas. Caio Prado Júnior, em particular, com quem, a despeito da diferença de idade, tive o privilégio de conviver um pouco, nas conversas em noites de sábado em minha casa, denunciou insistentemente "o atraso brasileiro" até o fim de sua vida.

Embora algumas dessas intervenções possam parecer ou estar efetivamente datadas, por obedecerem a desafios postos ao autor em conjunturas históricas específicas e por vezes tempestuosas ao longo da navegação, um traço comum acha-se presente em todas elas: minha preocupação, desde os tempos do colégio, com a *formação de uma (nova) sociedade civil moderna* neste país. Desde então tornou-se claro para mim que educação e cultura, filtradas por uma competente crítica ideológica, são armas decisivas nesse processo, desde que consideradas a partir de uma perspectiva histórica *crítica*. *Ou seja, para os estudiosos de nossa história, em todas as suas dimensões e especialidades, a tarefa inicial reside na rigorosa crítica ideológica da problemática educacional, embasada inescapavelmente na reflexão histórico-cultural mais arejada e abrangente. Papel decisivo e inegociável, muito discutido, porém sempre negligenciado neste país!*

Diga-se, de resto, que preocupações com a educação sempre estiveram presentes ao longo de minha trajetória, e neste passo creio poder caracterizar quase todo o meu grupo-geração. Ou seja, aqueles colegas e amigos que tinham por volta de vinte anos no dealbar da década de 1960, os quais, bem formados pela escola pública ou por excelentes instituições particulares, viveram o processo de radicalização reformista que seria barrado pelo golpe civil-militar de 1964, quando o país entrou na longa noite do período ditatorial, que duraria 21 anos. Período em que se consolidou em um mal disfarçardo modelo autocrático burguês, no qual estamos enredados até hoje, com esse ambíguo "presidencialismo de coligações". Nosso grupo--geração viveu a rica experiência do terceiro-mundismo, do reformismo, da descoberta e denúncia do gritante subdesenvolvimento que nos assolava (e remanesce renitente), denúncia que se aprofundou na crítica ao imperialismo, mas também ao coronelismo e ao populismo, de resto hoje mais vivos que nunca nesta sociedade de massas. Com os valores de uma esquerda independente, à qual muitos de nós pertencíamos, exercitávamo-nos na crítica ao marxismo dogmático e ao liberalismo de fachada.

Naquele ambiente altamente politizado, inclusive nas escolas e universidades, muito diferentemente do que hoje ocorre, cultivávamos a ideia e os ideais de *descolonização* (em todos os níveis, inclusive nos costumes, nos hábitos mentais e na vida privada), enquanto assistíamos no Brasil ao nascimento de novas utopias socialistas, da bossa nova (com a musa Nara Leão, Tom Jobim, João Gilberto), do Cinema Novo, do Teatro do Oprimido, do Teatro de Arena e, logo mais, do Teatro Oficina. E, no exterior, às primeiras canções de Bob Dylan, Joan Baez, dos Beatles e dezenas de outros. Na segunda metade do século XX, enriqueciam nossos horizontes as presenças de James Dean e Marlon Brando, dois rebeldes sem causa, porém cheios de mensagens, de Marcelo Mastroianni e Fellini, mas também as vozes de Maria Callas e Vitoria de los Angeles, os textos de Jorge Luís Borges, Carlos Drummond de Andrade ("toda história é remorso"), Sartre (*A náusea*) e Simone de Beauvoir (*Memórias de uma moça bem-comportada*), para inscrever aqui alguns poucos nomes em meio a centenas de outras figuras desafiadoras e referenciais. Um outro Brasil era descoberto nas páginas de Guimarães Rosa, João Cabral de Melo Neto, das revistas *Civilização Brasileira, Revista Brasiliense, Tempo Brasileiro, Anhembi* e da primeira fase da revista *Senhor*. Nas artes gráficas e na pintura despontava Wesley Duke Lee.

Em todos os campos — inclusive no magistério — notava-se uma profunda *viragem mental*, tinha-se a percepção de que o país vivia uma mudança de época e de padrão cultural, com atualização de conceitos-chave — como os de cultura, revolução, Estado — que indicavam novos tempos. As ideias incandescentes e posições de Herbert Marcuse, Norberto Bobbio, Umberto Eco, Michel Foucault, Lévi-Strauss, Frantz Fanon, Michel Debrun, entre muitos outros, nos retiravam do pitoresco universo "lusotropicalista" gilbertofreyriano ou, quando de esquerda, do paredão ideológico nelsonwerneckiano.

O ano de 1968 constituiu o clímax desse processo, cujas dimensões mais avançadas e radicais, expressas na luta armada, foram logo reprimidas e desmobilizadas, e não apenas no Brasil, dando lugar à maré vazante em que uma nova direita mundial se armou e se aprimorou. É bem verdade que uma esquerda "modernizada" procurou se ajustar à nova ordem mundial, com modestas revisões do radicalismo e tentativas de recuperação daquele amplo e generoso espaço perdido, o que pretendi indicar em 1977 em meu livro *Ideologia da cultura brasileira*. Espaço perdido talvez para sempre.

Retomando a lista de pensadores críticos cujas ideias nos sideravam, impõe-se hoje destacar a figura de um personagem maior, um quase desconhecido que ganhou certa força no mundo afro-luso-brasileiro: Amílcar Cabral, da Guiné-Bissau, assassinado pelo regime salazarista em 1974. Suas formas de pensamento eram deveras inovadoras, antigilbertianas como as do Mário de Andrade africano (refiro-me a Buanga Fele), militante socialista do outro lado do oceano e autor de impactante ensaio contra o lusotropicalismo de Freyre. Segundo Amílcar, líder guerrilheiro e a maior expressão africana desse clima revisionista, alinhado no espírito crítico de intelectuais como Florestan, Paulo Freire e outros, impunha-se uma revisão profunda da própria noção de cultura vigente em nossos países, nas duas margens do Atlântico Sul. Ou seja, uma drástica rotação conceitual, contida na frase-síntese, sobre a qual sempre vale a pena refletir demoradamente:

> Cultura, fator de libertação? Não. Libertação, fator de cultura.

***

Pessoalmente, eu me interessava pela educação desde os tempos de ginásio, nos anos 1950, marcado por alguns professores muito atuantes, talvez ainda embebidos pela filosofia da Ilustração, outros marcados pelo evolucionismo e, em certos casos, pelo positivismo meio misturado com um aguado marxismo. De modo geral, tais mestres eram todos anticlericais, como meu pai e meu avô, ambos professores e expressões de uma *visão de mundo* muito comum naquele tempo.

Livros e discos alimentavam nos anos 1950 o ambiente de nossa casa na rua do Lavapés, situada a meio caminho entre o largo do Cambuci e a praça João Mendes. Era uma casa geminada relativamente modesta naquele bairro meio fabril em que, na hora do almoço anunciada pelas sirenes das fábricas, os operários de macacão sujo de graxa comiam de suas marmitas sentados nas soleiras das portas da pequena burguesia a que pertencíamos. Ou degustavam enormes sanduíches de mortadela, com uma competente cerveja. Nesse universo social sobrenadavam remanescentes de uma pequena burguesia de funcionários públicos — à qual pertencíamos — e de trabalhadores de serviços gerais, ao lado de imigrantes, sobretudo italianos e espanhóis. O fato é que em nossa casa se lia muito, de Jorge Amado a Ellery Queen e Simenon, de Guimarães Rosa a Nabokov, além das publicações mensais do ativíssimo Clube do Livro. Não posso deixar de evocar um tio franzino e neurastênico, bacharel frustrado, possuidor de uns poucos discos de *jazz*, entre eles um do então jovem Gerry Mulligan, e discos de música clássica, como *Sheherazade*, de Maurice Ravel, e *Danças polovitsianas*, de Aleksander Borodin... Nem de registrar o impacto da chegada da TV, com estimulantes programas de teatro (levados ao vivo, sem videoteipe, com atores como Paulo Autran, Walmor Chagas, Sérgio Cardoso e atrizes como Eva Wilma), de música (Maysa, Dick Farney, Robledo, Gregório Barrios, Lucio Alves e algumas orquestras notáveis, como as de Silvio Mazzuca e Luiz Arruda Pais), de política com o humor sofisticado do culto Silveira Sampaio, criador entre nós do que hoje se denomina *talk-show*, em que esse médico comentava a cena nacional ao vivo, com inteligência e graça. Tudo em branco e preto, sem videoteipe...

Pois foi no Cambuci, no número 226 da rua do Lavapés, que tomei conhecimento da *Revista Brasileira de Estudos Pedagógicos*, a revista de Anísio Teixeira e outros militantes da educação, pelas mãos de meu avô Máximo de Moura Santos, combativo técnico de educação, como se denominava à época, companheiro do político e educador Sud Menucci. De raízes piraquaras (nasceu em Guaratinguetá, meio aparentado de Rodrigues Alves), meu avô escrevera sobre educação para o jornal *O Estado de S.Paulo* e publicara livros didáticos. Ficcionista menor (*Palavras amargas*, entre outros), criou o curioso personagem Policarpo Mateus, um tipo meio desajustado e irônico em que concentrou sua irrefreável irreverência. Embora tivesse certa queda pelas ideias de Voltaire, desconfio que nunca chegou a lê-lo direito, mas ficou o estilo, um modo de ser crítico, o que não vem ao caso.

A revista descortinou um mundo novo para mim, mal entrado no curso colegial. Mundo extremamente atraente, em que pedagogia, história da educação, filosofia e utopia se mesclavam. Nessa revista encontrei artigos de figuras que eram mencionadas *en passant* em nossa casa, como o citado educador e humanista Anísio Teixeira, os brigões Almeida Júnior e Fernando de Azevedo ("uma pena combativa que fazia trepidar a República") e o liberal norte-americano John Dewey. O secretário de redação da revista era o antropólogo mineiro Darcy Ribeiro, jovem iracundo e romântico de esquerda que despontava com toda a força, ex-aluno da Escola Livre de Sociologia e Política de São Paulo, como Florestan. Darcy, que seria em 1963 o paraninfo na formatura de nossa turma da Faculdade de Filosofia da USP, não pôde comparecer, pois fugira para o exílio.

Não desejo entrar pelas veredas da autobiografia, mas cabe evocar outras figuras que, no curso colegial, marcaram meu caminho em direção aos estudos históricos, filosóficos e pedagógicos, sobretudo na vertente da história da cultura e de problemas brasileiros. *A formação no curso colegial tornara-se decisiva na construção da cidadania*, nesse momento crucial em que o estudante passa da adolescência para os primeiros embates da vida adulta, com o mercado de trabalho a desafiá-lo, e se vê obrigado a definir rumos, a enfrentar o mundo e construir seu espaço e sua *identidade*. Difícil comparar com os desafios enfrentados hoje pela juventude, mas arrisco dizer que à juventude daquele tempo apresentavam-se mais possibilidades de sucesso, dado o melhor *ensino* que se ministrava. Enfim, tínhamos mais horizontes e mais futuro, e o socialismo era uma hipótese ponderável.

O Colégio Estadual Presidente Roosevelt, na rua São Joaquim, bairro da Liberdade, foi a escola decisiva para meu grupo-geração, e para muitos outros. Ali aprendi a pensar historicamente. Meu pai, Deusdá Magalhães Mota, foi um mestre rígido que teve ali papel importante, muito embora não fosse nada confortável minha condição de "filho de nosso professor" que adorava analisar os "paradoxos" da história... Formado no fim do Estado Novo pela Faculdade de Filosofia, Cências e Letras da USP, uma instituição inovadora e amalgamadora de um pensamento radical de classe média, ele e mais dois ou três mestres abriram-me a mente para os problemas da humanidade, da cultura, da filosofia. Com os professores Valdemar Panadés (geografia), Sebastião Fonseca e Lucy Wendel (química) e João Vilalobos (filosofia), pude vislumbrar como era belo e inquietante o mundo da história, da filosofia, da geografia e das ciências em geral, e constatar que a realidade constitui "a síntese de múltiplas determinações". A pesquisa, a reflexão, o debate constituíam as pedras de toque da vida inteligente, conforme aprendemos então.

Mas foram as aulas de Vilalobos, o "Vila", nosso professor de filosofia, que me sinalizaram o caminho a seguir. Ele representava como personagem, estilo, postura e profundidade intelectual *o professor* que eu achei que gostaria de ser um dia. Um professor-filósofo. Crítico e anticonvencional, defensor do pensamento laico, ele era formado pela já afamada Faculdade de Filosofia, uma instituição nova sobre a qual começávamos a ter cada vez mais informações positivas, com seus professores-pesquisadores combativos como Florestan Fernandes, Antonio Candido, Cruz Costa[2] e muitos outros, entre eles os jovens Dante Moreira Leite, psicólogo social, o físico José Goldemberg, o biólogo Luiz Edmundo Magalhães, e a constelação de sociólogos à volta de Florestan.

Vilalobos despertou em mim — e em muitos colegas — a vontade de pensar metódica e filosoficamente o Brasil, o mundo e a cultura, de desconfiar das verdades eternas, de contestar a "cultura de

---

2. O historiador das ideias Cruz Costa escreveria em 1966 um belo e estimulante prefácio à obra coletiva que coordenei, *Brasil em perspectiva*, expressão de uma nova geração na historiografia brasileira.

campanário" católica então dominante, e atacá-la. "Filosofia" passou a ser uma palavra mágica, mas também uma arma, um modo de estar no mundo, palavra-chave que minava os saberes e sistemas estabelecidos. Inconformismo, eis o que caracterizava nosso caldo de cultura. Com Vila, também a palavra "educação" ganhava densidade, sobretudo após a leitura da obra *Paideia*, de Werner Jaeger, recomendada e sempre citada por ele, que nos indagava sobre os fundamentos da cultura, da educação e da política, e nos falava de Anísio, Florestan, Mannheim. Vila também nos ensinava os gregos, os renascentistas e a moderna ciência da natureza, vista da perspectiva histórica. Ah! o Teofrastu Bombastu von Hohenheim, ou Paracelsus...

Esse professor nos falava de *jazz* e música clássica ("Haydn ou Haendel? Bach ou Beethoven?"). E de filósofos das ciências da cultura como Berkeley, Dilthey, Rickert, Colingwood, Ernst Cassirer e outros. Não bastasse isso, ele nos descortinava um campo do conhecimento fascinante, a metafísica, sem abandonar sua formação laica. Tínhamos então dezessete, dezoito anos, e líamos todos os sábados o denso "Suplemento Literário" do jornal O *Estado de S.Paulo*, dirigido por Décio de Almeida Prado, tomando conhecimento de nomes e ideias como os de Sérgio Milliet, Arnaldo Pedroso Horta, Anatol Rosenfeld, Sábato Magaldi, Maria Isaura, Arthur Miller, Augusto Meyer, Brito Broca, Jorge Andrade, e de gravuristas, pintores, dramaturgos etc.

Foi na convergência entre essas aulas e o reformismo desenvolvimentista que começava a acelerar a vida brasileira — em verdade, um entrechoque extremamente criativo — que nos despedimos do colégio. A construção de Brasília, o surgimento de autores como Guimarães Rosa, João Cabral, a leitura de Graciliano e inúmeros outros intelectuais, tudo nos dava a sensação da necessidade de acelerar a mudança, num processo que iria desembocar, a partir de 1960, quando já estávamos na faculdade, nos debates nacionais acalorados e nutridos pelas reformas de base (agrária, universitária, bancária, política, sindical, urbana etc). Existíamos, enfim. Aprofundados tais debates e ampliados os combates reformistas, encontramos o primeiro limite dado pela história no golpe de 1964, agudizado no "golpe dentro do golpe" de 1968. Da consciência amena de atraso dos anos 1940, transitamos para a consciência de país subdesenvolvido nos anos 1950-1960, adotando aqui a formulação de Antonio Candido. Passamos em seguida para a consciência de país dependente, que deveria caminhar para a reforma ou para a revolução. O que aconteceu é bem conhecido: o golpe e a instalação de uma República civil-militar em 1964, quando se abriu o período do "Brasil potência emergente", uma ditadura que terminaria parcialmente em 1985, com a Nova República presidida por José Sarney, quando o país foi enquadrado definitivamente no atual modelo autocrático-burguês. Modelo no qual a nação ainda patina, desencontrada, dividida e regulada por mecanismos pseudorrepublicanos "complexos", em que se assiste ao retorno de um enraizado *mores* neopopulista, com sorridente participação de ex-militantes de esquerda.

Mas voltemos ao início dos anos 1960. A vida se tornara então mais intensa e acelerada, e o teatro — como o cinema e a música — traduzia essa inquietude: *Fim de jogo*, peça de Samuel Beckett protagonizada por Paulo Autran, foi uma referência, logo seguida dos espetáculos politizantes com os grupos do Teatro de Arena e do Oficina, já citados. Na música, na arquitetura, no cinema, na crítica literária, na universidade, nos bares, vivia-se intensa e ruidosamente a transformação geral, no país e no exterior. Cultura e política estavam mais que nunca entrelaçadas. As revoluções cubana e argelina, bem como o início da desestalinização no XX Congresso do Partido Comunista da URSS, sinalizavam os novos tempos, a abertura de outro período histórico. Entretanto havia também a Escola Superior de Guerra, vigilante e operosa, que forneceria ao país os presidentes-generais. E outras visões de Brasil.

O LIVRO

No arco do tempo, este livro reúne escritos em que se traduzem inquietudes e tomadas de posição que tiveram origem no contexto acima indicado. Visto em perspectiva, nota-se que, ao entrarmos pelas décadas seguintes, na verdade nos defrontávamos sucessivamente com problemas e desafios que já estavam postos na virada dos anos 1950 para os 1960. Reforma, revolução, descolonização, autoritarismo, corrupção, mandonismo, atraso, populismo, conciliação...

Talvez tenham mudado algumas variáveis históricas e temperos, mas a enormidade dos problemas permaneceu, e continua a mesma. O que talvez não se tenha observado nem ocorrido nesse "longo amanhecer" — para usarmos uma expressão cara a Celso Furtado — nestes lustros foi a formação de *estadistas* do porte de Joaquim Nabuco, Amaro Cavalcanti, San Tiago Dantas, Horacio Lafer, Hermes Lima, Anísio Teixeira, para citar apenas uns poucos e notáveis lidadores de nossa difícil história.

Hoje, parece estranhamente atual a constatação de Joaquim Nabuco, que em momento crítico de nossa história observou:

> Muitas vezes um país percorre um longo caminho para voltar, cansado e ferido, ao ponto donde partiu (*Diário*, 11 de setembro de 1877).

CARLOS GUILHERME MOTA
Serro Azul, Campos do Serrano, agosto de 2011

I. Culturas

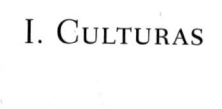

a. Ideias

1. A HISTORIOGRAFIA BRASILEIRA NOS ÚLTIMOS QUARENTA ANOS: TENTATIVA DE AVALIAÇÃO CRÍTICA[1]

> *A certa altura da vida, vai ficando possível dar balanço no passado sem cair em autocomplacência, pois nosso testemunho se torna registro da experiência de muitos, de todos que, pertencendo ao que se denomina uma geração, julgam-se a princípio diferentes uns dos outros e vão, aos poucos, ficando tão iguais, que acabam desaparecendo como indivíduos para se dissolverem nas características gerais da sua época.*
>
> Antonio Candido, 1967

---

1. Comunicação apresentada ao *Primer Encuentro de Historiadores Latinoamericanos,* na Facultad de Filosofia y Letras (15 a 19 de julho de 1974), Universidad Nacional Autónoma de México, e à XXVI Reunião Anual da Sociedade Brasileira para o Progresso da Ciência (SBPC) realizada no Recife (julho de 1974), na mesa-redonda "Pesquisa histórica no Brasil" (11/7/1974). Texto-base para o Colóquio de História, em Brasília, outubro de 1974 (UnB).

1. Reflexões prévias

AVALIAR CRITICAMENTE a produção historiográfica brasileira nos últimos quarenta anos constitui tarefa sujeita a muitas dificuldades, senão equívocos e até mesmo falhas de interpretação. Por esse motivo, o trabalho que nos foi sugerido terá caráter de proposta para debate. Investigações ulteriores poderão confirmar ou infirmar as hipóteses aventadas. Ademais, não se trata apenas de elaborar um arrolamento de autores e obras que se destacaram nos horizontes da historiografia brasileira nas últimas quatro décadas: os organizadores solicitam uma análise crítica da função social do historiador — o que nos transporta da análise historiográfica para o *background* político, social e ideológico da história do Brasil a partir da Revolução de 1930 até os dias que fluem. E a proposta dos organizadores é correta, uma vez que não se pode conceber análise historiográfica eficaz que não seja, ao mesmo tempo, uma análise *ideológica*.

O roteiro ora apresentado procura indicar os momentos decisivos do processo de conhecimento histórico no Brasil, esboçando uma periodização plausível, apontando os temas predominantes em cada momento, bem como alguns traços metodológicos e os conteúdos ideológicos das principais produções. A análise da função social do historiador surgirá a cada passo, ora em termos de constatação (quando para tanto dispusermos de informações), ora em termos de problemas. Os problemas, aliás, não são simples, mesmo quando os enfocamos em termos mais gerais. Um exemplo: escrevendo sobre os social e culturalmente marginalizados, um jovem e lúcido crítico brasileiro, Roberto Schwarz, indicava em 1970 que a chamada "cultura brasileira" não chegaria a atingir, com regularidade e amplitude, 50 mil pessoas, num país de 90 milhões de habitantes. Não será difícil, a partir dessa referência, afirmar que a historiografia brasileira é altamente elitizante, sua elaboração ficando nas mãos de um segmento social muito restrito, servindo no mais das vezes para recompor a saga das oligarquias em crise ou justificar a ação política da hora. O oficialismo esterilizou em não poucas oportunidades o trabalho intelectual, propiciando o surgimento de uma historiografia cortesã — que, diga-se de passagem, não foi privilégio do Brasil. Portugal, por exemplo, foi um dos países que mais alto pagaram o preço pela esterilização cultural, acompanhada do êxodo de cérebros para outros centros de investigação livre e crítica. Não se trata apenas de um exemplo; configura, antes, uma advertência.

Nem mesmo a implantação de universidades verificada a partir dos anos 1930 modificou significativamente o quadro dos estudos históricos. Registre-se, com Francisco Iglésias, que algumas das obras mais valiosas de história não foram escritas por historiadores, mas por especialistas de outros campos. Podem ser apontados Oliveira Viana e Gilberto Freyre, na seara política e no estudo social, respectivamente; e, mais recente, a obra de Celso Furtado, sobre a formação do Brasil da perspectiva econômica.[2] Note-se, neste passo, que nem Caio Prado Júnior (possivelmente o historiador mais significativo do Brasil), José Honório Rodrigues e Sérgio Buarque de Holanda tiveram formação e carreira definidas pela vivência universitária. Vale lembrar também que Gilberto Freyre não é fruto de vivência universitária no Brasil, mas sim no exterior. Só mais recentemente, e de maneira quase excepcional, a universidade produ-

---

2. Cf. *Anais de História,* Faculdade de Filosofia, Ciências e Letras de Assis, São Paulo, p. 46. O autor, ao lado de José Honório Rodrigues, Stanley Stein, Emília Viotti da Costa, Odilon Nogueira de Mattos, Amaral Lapa, Dante Moreira Leite e poucos mais, vem realizando análises percucientes sobre a produção historiográfica no Brasil. Sejam registradas, como pontos de referência, as análises de Alice Canabrava, apresentadas no I Seminário de Estudos Brasileiros (I.E.B. da USP), e de Antonio Candido, sobre o significado de *Raízes do Brasil,* de Sérgio Buarque de Holanda, estudo realizado em 1967.

ziu contribuição significativa, crítica, empenhada. No geral, quando as obras surgiram empenhadas (raramente surgiram engajadas), carregadas de potencial crítico, seus autores não foram tolerados pelo sistema. Basta que se lembre que uma das mais brilhantes escolas de explicação histórico-sociológica, centralizada em Florestan Fernandes, Octavio Ianni, Fernando Henrique Cardoso, Emília Viotti da Costa e Paula Beiguelman — talvez a única escola que se desenvolveu dentro dos quadros acadêmicos —, sofreu, após 1964, aposentadoria coletiva, tendo sido seus elementos recrutados por universidades ou centros como Sorbonne, Yale, Columbia, Toronto, Oxford, Colégio de México.

A criação de faculdades de filosofia (data de referência: 1934) não propiciou, na primeira hora, a renovação dos estudos de história do Brasil. Visto em conjunto, o processo criativo favoreceu mais outras áreas de investigação, como sociologia, política, antropologia, geografia e economia — marcadas, de resto, por uma vocação histórica significativa.[3] De maneira geral, pode-se excepcionalmente concordar com Cecília Westphalen, para quem a proliferação de estabelecimentos de ensino superior onde se lecionasse história do Brasil propiciou o recrutamento de docentes entre os eruditos locais, sem formação universitária (técnica, teórica e metodológica). "Sobretudo os professores de história do Brasil", escreve Cecília, "catedráticos de primeiro provimento, que permaneceriam muitos por mais de vinte anos, foram recrutados entre os membros dos institutos históricos e as academias de letras, não apenas totalmente despreparados como portadores de uma orientação superada."[4]

3. Note-se que os professores europeus que vieram nas missões culturais corregavam sólida formação no campo da história. Geógrafos ou antropólogos, filósofos ou sociólogos, seus cursos e escritos não dispensavam a perspectiva histórica.

4. Ver *Anais do I Seminário de Estudos Brasileiros*. Universidade de São Paulo: São Paulo, 1972, p. 38.

Abolido recentemente, o regime de cátedras deixou, entretanto, marcas profundas nas formas de organização e convívio universitário, que se manifestam no baixo teor de criatividade, na inexistência de projetos articulados e sistemáticos de pesquisa, na dificuldade atávica de cooperação interdisciplinar. O trabalho permanece orientado para a elaboração de monografias relativamente desimportantes e desarticuladas de problemas maiores, problemas que estimulam a investigação teórica e empírica em centros de pesquisa de outros países. Os grandes problemas e temas contemporâneos ficam, na melhor das hipóteses, soterrados sob uma grande quantidade de trabalhos, inspirados em sua maior parte por um empirismo rústico, cultivado tanto na universidade como fora dela. Esse empirismo inibe o pesquisador/docente para o debate crítico com seus orientandos, cada vez mais entorpecidos pelos poderosos princípios da *cultura de massa*. Tal entorpecimento explica o baixo movimento editorial, ficando preteridos grandes temas como dependência, estratificação e estruturas sociais na América Latina, relações de raça e classe discutidas a partir de uma perspectiva histórica, processos de formação de consciência de classe, o problema da existência de um modo de produção colonial, modelos de explicação dos movimentos sociais na história da América Latina.

Uma última reflexão prévia, e não menos inquietante: em raras ocasiões a produção historiográfica logrou libertar-se de vínculos externos excessivamente pesados. Desde Varnhagen e Capistrano de Abreu, marcados pela Escola Histórica Alemã, até Nelson Werneck Sodré, apóstolo de um marxismo esquemático e apressado, chegando aos representantes locais da história quantitativa (tendência que, no Brasil, assumiu caráter geralmente neocapitalista e, pretendendo limitar o estudo econômico e social à coleção de números, gráficos e curvas, despreza a análise qualitativa), a *importação* cultural configura um fenômeno permanente. Nos últimos tempos, o interesse despertado pela América Latina intensificou o desenvolvimento de estudos sobre o passado do Brasil, especialmente o passado recente. Note-se que esses estudos vêm sendo conduzidos por equipes cujos polos principais se situam nos Estados Unidos ou na Europa (França, sobretudo). Da superioridade técnica e material dessas equipes já se conhece o suficiente para indicar o atraso esmagador da pesquisa histórica no Brasil.[5] O convívio com representantes dessa vaga de pesquisadores — nos Estados Unidos conhecidos pelo termo *brazilianists* — permite verificar as deficiências de *técnicas* e de infraestrutura para o desenvolvimento das investigações, da mesma forma como as carências de metodologia se revelam no convívio com os colegas franceses. As faculdades de filosofia, ao menos como projeto, poderão sanar alguns desses problemas, mas ainda não houve, como diz Cecília Westphalen, um debruçar efetivo dos historiadores universitários brasileiros sobre a história do Brasil.

No plano da historiografia, em termos de importações, continua-se a copiar ou glosar, nesta área periférica, os aspectos mais exteriores das produções dos centros hegemônicos. Sobre o tema, muito haveria que comentar: o debate ficaria definido pela temática dependência/independência cultural, o foco central estando centrado no estudo das condições de produção de obras de história do Brasil maduras e originais. Não descartando o problema, que é grande e atinge a todos que se ligam aos estudos da ciência social na América Latina, firmamos nossa posição através da formulação perfeita de Antonio Candido, e que poderia igualmente servir de epígrafe para esta comunicação:

---

5. O roteiro mais completo sobre a pesquisa histórica no Brasil é de autoria de José Honório Rodrigues (*A pesquisa histórica no Brasil*. 2ª ed. São Paulo: Companhia Editora Nacional, 1969), obra de referência obrigatória.

Um estágio fundamental na superação da dependência é a capacidade de produzir obras de primeira ordem, influenciadas não por modelos estrangeiros imediatos, mas por exemplos nacionais anteriores.[6]

II. Os marcos do processo

Na comunidade dos historiadores de ofício, a história da historiografia geralmente é considerada o mais difícil dos gêneros. Dadas suas características e implicações, pressupõe que o analista reúna conhecimentos de metodologia, teoria da história e teoria das ideologias. E de história, naturalmente. Daí o tom de proposta para debate desta tentativa de interpretação: uma plataforma para futuras explorações.

No plano específico da história da historiografia brasileira, a proposição de uma *periodização* plausível torna-se, em si mesma, empresa arriscada não só pela complexidade do tema como pelo índice relativamente baixo de crítica historiográfica. Numa palavra, o comentário, a polêmica, a resenha crítica pouco marcaram os ambientes em que se exercitaram os explicadores do nosso passado. Se a crítica, no plano da literatura, não se instaurou plenamente, ficando seu exercício restrito a três ou quatro periódicos de traços provincianos,[7] no plano da historiografia os sinais não são mais animadores. Raras as frentes em que o exercício da crítica historiográfica se exerce: por um lado, revistas mais consequentes como a *Revista Brasiliense* (dirigida por Caio Prado Júnior), ou a *Revista Civilização Brasileira* (dirigida por Ênio Silveira), ou a *Anhembi* (dirigida por Paulo Duarte) deixaram de circu-

---

6. "Literatura e subdesenvolvimento". *Argumento*, São Paulo, nº 1, p. 17, out. 1973.

7. Hoje, as publicações um pouco mais "ousadas", como *Argumento,* encontram problemas com a censura.

lar na última década;[8] por outro lado, os antigos "explicadores do Brasil" permaneceram extremamente zelosos em relação a sua produção.[9] Por essas razões fica difícil reconstituir através de resenhas, polêmicas, estudos o rastilho dos debates que indicariam uma tendência ao maior (ou menor) amadurecimento no plano da produção historiográfica. Produção que não pode ser analisada adequadamente se desvinculada de outras frentes de atividade intelectual e política. As vicissitudes da produção historiográfica somente poderão ser compreendidas em sua complexidade após o estudo acurado dos impactos das obras sobre o meio intelectual — a ser realizado através da crítica. Afinal, muitos foram os trabalhos que não tiveram repercussão imediata;[10] da mesma forma, outros, que atestam plena maturidade cultural, permaneceram bibliografia restrita a reduzidíssimos estamentos intelectuais.[11]

8. Mencionem-se revistas que ainda permanecem em atividade, embora por vezes com pequena tiragem e intermitentes: *Dados, Debate e Crítica, Discurso, Estudos Cebrap*, entre outras. Mais permanentes são a *Revista de História* (SP), *Tempo Brasileiro* (RJ), *Revista Brasileira de Estudos Políticos* (MG) e *Ciência e Cultura* (SP). Revista de excelente nível que desapareceu foi a *Revista Brasileira de Ciências Sociais*, de Minas Gerais, em 1964.

9. Em algumas ocasiões, rancores pessoais transformaram-se em denúncias de ordem política, pelo que se depreende do parecer que o historiador A. J. Lacombe exarou sobre obra de Nelson Werneck Sodré e equipe (cf. *Revista Civilização Brasileira,* nº 4, p. 78 e ss., set. 1965). Sobre a formação do diretor da coleção Brasiliana, consulte-se o recente artigo de Hélgio Trindade, "Plínio Salgado e a Revolução de 1930: antecedentes da AIB", na *Revista Brasileira de Estudos Políticos*, Minas Gerais, nº 38, pp. 15-17, jan. 1974. Observe-se, a propósito, que não foram poucas as vezes que tendências autoritárias marcaram a produção historiográfica brasileira. Ainda recentemente, atestam esse fato expressões como as do próprio Werneck Sodré, em que, num artigo publicado em *Opinião* (Guanabara, nº 31, p. 20, jun. 1973), reclama do "despoliciamento cultural" (!).

10. É o caso da obra *Coronelismo, enxada e voto*, de Victor Nunes Leal. Rio de Janeiro: Revista Forense, 1948.

11. É o caso, em certa medida, do excelente *Visão do paraíso*, de Sérgio Buarque de Holanda. Rio de Janeiro: José Olympio, 1959.

Ao tentar o esboço dos momentos mais significativos da historiografia brasileira nos últimos quarenta anos, não se pode deixar de mencionar as dificuldades acima, sob pena de recair na velha tradição historicista em que o simples arrolamento de "escolas" que se "influenciam" fica erigido em conhecimento científico. Embora em termos de esboço, e levando em consideração apenas os momentos em que obras significativas vieram à luz, podem ser indicados cinco momentos decisivos:

a. Redescobrimento do Brasil (1933-1937).
b. Primeiros frutos da universidade (1948-1951).
c. Era de ampliação e revisão reformista (1957-1964).
d. Revisões radicais (1964-1969).
e. Impasses da dependência (1969-1974).

a) Redescobrimento do Brasil (1933-1937)

O redescobrimento do Brasil pode ser registrado na própria sucessão das produções historiográficas posteriores à Revolução de 1930. A revolução, se não foi suficientemente longe para romper com as formas de organização social, ao menos abalou as linhas de interpretação da realidade brasileira — já arranhadas pela intelectualidade que emergira em 1922, com a Semana de Arte Moderna, de um lado, e com a fundação do Partido Comunista, de outro. Assim, como no plano da política, na seara historiográfica novos estilos surgiram, contrapondo às explicações autorizadas de Varnhagen, Euclides da Cunha, Capistrano de Abreu e Oliveira Viana concepções até então praticamente inéditas, e que soariam como revolucionárias para o momento. A *historio-*

grafia da elite oligárquica, empenhada na valorização dos feitos dos heróis da raça branca, e representada pelo Instituto Histórico e Geográfico Brasileiro (fundado em 1838), vai ser contestada de maneira radical por um conjunto de autores que representarão os pontos de partida para o estabelecimento de novos parâmetros no conhecimento do Brasil e de seu passado. *Esse momento é marcado pelo surgimento das obras de Caio Prado Júnior (1933), Gilberto Freyre (1933), Sérgio Buarque de Holanda (1936) e Roberto Simonsen (1937).*

A obra que certamente representa o início do redescobrimento do Brasil é a de Caio Prado Júnior (*Evolução política do Brasil,* 1933), anunciando "um método relativamente novo", dado pela interpretação materialista. Organiza as informações de maneira a não incidir e esgotar o enfoque "na superfície dos acontecimentos — expedições sertanistas, entradas e bandeiras; substituições de governos e governantes; invasões ou guerras". Para o autor, esses acontecimentos constituem apenas um reflexo (termo que parasitará muitas das explicações posteriores) exterior daquilo que se passa no íntimo da história. Redefiniu ele a periodização corrente, valorizando os movimentos sociais como a Cabanada, Balaiada e Praieira, e demonstrando que "os heróis e os grandes feitos não são heróis e grandes senão na medida em que acordam com os interesses das classes dirigentes em cujo benefício se faz a história oficial". Uma crítica vigorosa à historiografia oficial fica estabelecida de maneira sistemática e fundamentada ao mostrar que autores difundidos como Rocha Pombo, em volumes alentados, dedicavam simples notas de rodapé a movimentos do porte da Cabanada (Pará, 1833-1836).

A preocupação em explicar as relações sociais a partir das bases materiais, apontando a historicidade do fato social e do fato econômico, colocava em xeque a visão mitológica que impregnava a explicação histórica dominante. É o início da crítica à visão monolítica do conjunto social, gerada no período oligárquico da recém-derrubada República Velha: com as interpretações de Caio Prado Júnior, as *classes* emergem pela primeira vez nos horizontes de explicação da realidade social brasileira — enquanto categoria analítica.

Mais divulgada e comentada, a obra de Gilberto Freyre (*Casa-grande & senzala*, 1933) atingiu ampla popularidade pelo estilo corrente e anticonvencional, pelas teses veiculadas sobre relações raciais, sexuais e familiares, pela abordagem inspirada na antropologia cultural norte-americana e pelo uso de fontes até então não consideradas. A crítica mais recente não se demora em duvidar do caráter racista da obra na valorização dos traços mestiços da população brasileira. Se, antes, Oliveira Viana considerava de forma negativa a mestiçagem, Gilberto Freyre agora a considera de forma positiva.[12] Ademais, operando com noções como as de eugenia, branquidão, morenidade, passou a elaborar teses sobre a adaptação adequada de nossa cultura aos trópicos, o Brasil representando um país com poucas barreiras à ascensão de indivíduos pertencentes a classes ou grupos inferiores. Um de seus críticos mais radicais, Dante Moreira Leite, indica que a deformação mais visível da obra de Freyre

> decorre da história dos últimos trinta anos, onde se deve incluir a nossa história intelectual. Quando Gilberto Freyre publicou *Casa-grande & senzala*, em 1933, o livro foi interpretado como uma afirmação corajosa de crença no Brasil, no mestiço e no negro, sobretudo se pensamos no prestígio de um escritor como Oliveira Viana e no predomínio das doutrinas racistas que dariam base ideológica ao nazismo. Hoje, com a independência dos povos africanos e com a luta dos negros norte-americanos pelos seus direitos

---

12. Ver a crítica de Emília Viotti da Costa nos *Anais do I Seminário de Estudos Brasileiros*, v. 2, p. 55.

civis, a posição de Gilberto Freyre parece inevitavelmente datada e anacrônica. Finalmente, as posições políticas de Gilberto Freyre — tanto no Brasil como em relação ao colonialismo português na África — contribuíram para identificá-lo com os grupos mais conservadores dos países de língua portuguesa e para afastá-lo dos intelectuais mais criadores. Disso resulta que Gilberto Freyre é hoje, pelo menos no Brasil, um intelectual de direita, aceito pelos grupos no poder, mas não pelos jovens intelectuais.[13]

Embora não se possa deixar de considerá-lo um ideólogo da "cultura brasileira" diga-se, a favor do autor de *Casa-grande & senzala,* que sua obra representava uma ruptura com a abordagem cronológica clássica, com as concepções imobilistas da vida social do passado (e do presente). Para o momento em que surgiu, *Casa-grande & senzala* deslocava a importância de obras "antecipadoras" como as de Oliveira Viana, ofuscando o ambiente intelectual e provocando a celeuma que pode ser acompanhada através das ásperas respostas dadas pelo autor à crítica mais reacionária (inclusive provenientes de setores do clero). A obra de Freyre teve o peso de uma denúncia do atraso intelectual, teórico, metodológico, que caracterizava os estudos sociais e históricos no Brasil. Ao bacharelismo, à cultura estagnada, suas análises contrapunham uma interpretação livre e valorizadora dos "elementos de cor" — enfeixadas numa obra de difícil classificação dentro dos moldes convencionais e compartimentados (economia, história, sociologia, antropologia etc.). O enquadramento e a localização teórica de Freyre era difícil, porque o tipo de explanação adotada pelos "explicadores do Brasil" não se limitava a um campo específico: ainda quando tratam de uma região específica, generalizam as conclusões para o Brasil como um todo; e quando são especia-

---

13. Ver LEITE, Dante Moreira. *O caráter nacional brasileiro.* 2ª ed. refundida. São Paulo: Pioneira, 1969, p. 271.

listas em um ou dois séculos, extrapolam suas teses e conclusões para todos os tempos. Sob a capa de um tratamento científico, às vezes buscando instrumental na antropologia e na sociologia, deixam escorrer sua ideologia — como é o caso do lusotropicalismo de Gilberto Freyre. O livro maior de Freyre não se prestava, assim, a enquadramento rígido nas bibliografias acadêmicas. Talvez, "pelo sentido profundamente dialético, na sua teima em considerar-se escritor", apontado por Antonio Candido,[14] sua interpretação tenha conseguido ofuscar alguns dos principais historiadores que tentaram abordá-lo, como José Honório Rodrigues, Amaro Quintas e, no exterior, Thomas Skidmore.[15] Só muito recentemente a crítica conseguiu avaliar com maior equilíbrio e profundidade a obra: registrem-se as posições de Antonio Candido, Dante Moreira Leite, Emília Viotti da Costa e, a mais desafiadora, a de Verena Martinez-Alier,[16] todas posteriores a 1967.

A terceira grande obra desse momento, *Raízes do Brasil* (1936), de Sérgio Buarque de Holanda, transformou-se num clássico, embora de menor repercussão na época. Trazia em seu bojo a crítica (talvez demasiado erudita e metafórica para o incipiente e abafado ambiente cultural e político da época) ao autoritarismo

---

14. *Gilberto Freyre, sua ciência, sua filosofia, sua arte* (vários autores). Rio de Janeiro: José Olympio; 1962, p. 121.

15. Cf. RODRIGUES, José Honório. "Casa-grande & senzala: um caminho novo na historiografia". In: *História e historiadores do Brasil*. São Paulo: Fulgor, 1965; QUINTAS, Amaro. "Gilberto Freyre e a historiografia brasileira". *Revista de História*. São Paulo, nº 83, 1970; e SKIDMORE, Thomas. "Gilberto Freyre e os primeiros tempos da República brasileira". *Revista Brasileira de Estudos Políticos*. Minas Gerais, v. 22, 1967.

16. A posição de Antonio Candido está fixada no estudo introdutório a *Raízes do Brasil*. O texto de Verena Martinez-Alier, "Cor como símbolo de classificação social", foi publicado na *Revista de História*. São Paulo, nº 96, 1973.

e às perspectivas hierárquicas sempre presentes nas explicações do Brasil. Lembre-se, neste passo, que o Brasil transitava para o fechamento da crítica nas estruturas do Estado Novo (1937-1945), e que o debate intelectual estava polarizado por revistas de direita como *Política* (de São Paulo), *Hierarchia* e *Revista de Estudos Jurídicos e Sociais* (do Rio de Janeiro). Até mesmo a extrema direita já se impunha no debate, provocando desalento nos quadros do liberalismo oligárquico. *Raízes do Brasil*, cujo significado foi estudado brilhantemente por Antonio Candido em 1967, forneceu aos jovens "indicações importantes para compreenderem o sentido de certas posições políticas daquele momento, dominado pela descrença no liberalismo tradicional e a busca de soluções novas".[17] A inspiração teórica registrava a afinidade do autor com a perspectiva culturalista alemã, temperada pelos avanços da metodologia francesa no plano da história social. Um dos maiores estilistas brasileiros, o autor se notabiliza pelo "ritmo despreocupado e às vezes sutilmente digressivo" que, ainda na justa avaliação de Antonio Candido, representou um verdadeiro "corretivo à abundância nacional", cuja retórica bacharelesca marcava a produção política, literária e interpretativa da época.

Obra de difícil classificação, dentro dos padrões tradicionais, reúne e combina elementos retirados da história social, da antropologia, da sociologia, da etnologia e da psicologia. Como a de Gilberto Freyre, propõe até hoje problemas para o analista: segundo Emília Viotti da Costa, seria um trabalho de psicologia social;[18] ou simplesmente uma obra ideológica sobre o caráter nacional brasileiro, cujo

---

17. "O significado de raízes do Brasil". In: HOLANDA, Sergio Buarque de. *Raízes do Brasil*. 6ª ed. Rio de Janeiro: José Olympio, 1971, p. XII.

18. Ver. *Anais do I Seminário de Estudos Brasileiros*, v. 2, p. 57.

foco estaria localizado na descrição intuitiva do brasileiro de classe alta,[19] segundo Dante Moreira Leite.

A crise da ordem oligárquica, com a Revolução de 1930, provocou a elaboração do conjunto de reflexões que atingiria seus pontos mais altos nas obras de Gilberto Freyre e Sérgio Buarque de Holanda. Novas formas de percepção e ajustamento à ordem vigente foram elaboradas — e não será difícil encontrar o saudosismo aristocrático perpassando as reflexões de ambos. Não parece o caso de Caio Prado Júnior, que ultrapassa o momento.

O momento é o da descoberta das oligarquias, em sua vida social, política, psicológica, íntima. A mestiçagem passa a ser valorizada, numa erudita procura de convergência racial cordial. Nesse mesmo tempo, o Brasil urbano-industrial já vem despontando na historiografia, através da produção docente e analítica do empresário paulista Roberto Simonsen, cujo livro *História econômica do Brasil* (1937) será um marco na história da historiografia econômica. A volta ao passado, em perspectiva econômica, para a busca das verdadeiras raízes, entretanto, estava sendo realizada por Caio Prado Júnior, que forneceu obra de maioridade dos estudos históricos entre nós, a *Formação do Brasil contemporâneo* (1942), um balanço do período colonial, magistralmente elaborado, discutindo o sentido da colonização e os componentes do sistema colonial, para avaliar suas persistências na vida brasileira. Em pleno Estado Novo, surgia essa obra renovadora, empenhada, com metodologia explícita e maduramente aplicada. A obra de Caio Prado Júnior, possivelmente a melhor de quantas elaborou, embora não tenha sido publicada nos marcos do momento de redescobrimento do Brasil de nossa cro-

---

19. *Op. cit*, pp. 291-292. Deixamos de lado considerações sobre o quadro ideológico em que foi gerada a noção de "homem cordial", superada pelo próprio curso da história do Brasil.

nologia (1933-1937), tecnicamente pode nele ser enquadrada, se considerarmos o período de gestação da obra, em que o autor militava na vida política brasileira e internacional. Para tanto bastará recordar sua participação na Guerra Civil Espanhola. E o terceiro livro do autor, outro marco no conjunto das grandes obras de interpretação surgidas nessa época, já estava em projeto (anunciado desde 1933): trata-se da *História econômica do Brasil* (1945), fruto do mesmo momento político e intelectual.

Visto agora no conjunto da produção da época, o livro de Caio Prado Júnior, em que pesem alguns deslizes dados por fórmulas e valores pouco satisfatórios que perpassavam a *inteligentsia* em geral,[20] tem efeito corretivo, em termos de perspectiva, sobre o estudioso da vida cultural e política da primeira metade do século xx no Brasil: faz recuar para um terceiro plano obscuro trabalhos como os de Paulo Prado (*Retrato do Brasil*, 1928), Alcântara Machado (*Vida e morte do bandeirante*, 1929), ou Cassiano Ricardo (*Marcha para o oeste*, 1943). E para um segundo plano estudos contemporâneos como os de Fernando de Azevedo (*A cultura brasileira*, 1943) e Nelson Werneck Sodré (*Panorama do Segundo Império*, 1938). E, vale enfatizar, estas obras, apesar de tudo, contrapunham-se à extrema mediocridade da historiografia rançosa produzida nos institutos históricos e geográficos e nas academias de província.

No plano da historiografia estrangeira concernente ao Brasil, registre-se, nesse primeiro momento, a obra de Alan Krebs Manchester, *British preeminence in Brazil* (1933), de grande significado

---

20. No clássico livro de Caio Prado *Formação do Brasil contemporâneo*, encontra-se referência à "empresa do colono branco, que reúne a natureza pródiga em recursos aproveitáveis para a produção de gêneros de grande valor comercial, o trabalho recrutado entre raças inferiores que domina: indígenas ou negros africanos importados" (7ª ed., p.25). Claro que se trata de um deslize: basta que se leia o capítulo sobre "raças", para perceber o dimensionamento dado ao tema.

para o estudo da inserção do Brasil nos processos de expansão colonialista portuguesa e imperialista inglesa. Trata-se de obra mestra, praticamente inaugural, para os estudos de dependência.

b) Os primeiros frutos da universidade (1948-1951)

Se o *primeiro momento* da produção historiográfica mais significativa do século XX no Brasil não está diretamente marcado pela vivência universitária de seus autores que, regra geral, estudaram no exterior, ao *segundo momento* poderá ser consignada a primeira florescência significativa da universidade. De fato, foi no final dos anos 1940 que os resultados do labor universitário se fizeram sentir. Até então, já se disse alhures, a pesquisa histórica das faculdades de filosofia, criadas na década de 1930, não pareceu um enriquecimento imediato, mas sim um descaminho. Em São Paulo, onde se instalou o núcleo mais importante de pesquisa no Brasil (1934), com a Faculdade de Filosofia, Ciências e Letras — núcleo da Universidade de São Paulo —, não foi na primeira hora que se sentiram os efeitos da renovação — notados em geografia, sociologia, antropologia e mesmo história geral. As missões culturais francesas, italianas etc. propiciaram a vinda de mestres — ou de futuros mestres — do porte de Fernand Braudel, Claude Lévi-Strauss, P. Monbeig, R. Bastide, Ungaretti, criando uma tradição de raízes profundas e fisionomia marcada. Não será exagero afirmar que muitas carreiras universitárias de europeus (franceses notadamente) tiveram nestes "tristes trópicos" seu início. O modelo francês, que sempre impressionara a aristocracia rural do século XIX, voltava a ser utilizado, e de maneira metódica. De resto, a uma sociedade mais urbanizada deveria corresponder uma universidade *à la page*; a uma universidade nascida no momento da crise da oligarquia, os valores que lhe garantiam *permanência* ainda eram os da cultura francesa. O peso de Proust na literatura, de Comte, Taine e Bergson na filosofia, de Seignobos e Malet-Isac na história, de Vidal de la Blache na geografia, ainda não foi devidamente avaliado na formação ideológica das elites intelectuais criadas à sombra do interventor Armando de Salles Oliveira.

Será por volta dos anos 1950-1951 que algumas produções vão se delinear, prenúncios de uma eclosão que terá lugar dez anos depois, no período do reformismo desenvolvimentista — colocando à testa do processo cultural e político alguns de seus autores,[21] ou elementos que foram discípulos dessa vaga de professores e pesquisadores (bastará pensar na ação teórica e prática de personagens como Celso Furtado e Darcy Ribeiro). Talvez as obras mais expressivas sejam três: as de Victor Nunes Leal (*Coronelismo, enxada e voto*, 1948), João Cruz Costa (*O desenvolvimento da filosofia no Brasil no século XIX e a evolução histórica nacional*, 1950) e Alice Piffer Canabrava (*O desenvolvimento da cultura do algodão na província de São Paulo: 1861-1875*, 1951).

Possuindo traços teóricos, temáticas e estilos bastante distintos entre si, contêm, entretanto, alguns pontos em comum: procuram libertarse seja da perspectiva mitológica, bandeirista, tipificadora dos institutos históricos, seja da orientação factualista ingênua, marcada entre nós pelo positivismo científico de Langlois-Seignobos. Victor Nunes Leal, mineiro e professor universitário no Rio de Janeiro, produziu trabalho por muito tempo modelar para os estudos

---

21. Dessa época é o *Manual bibliográfico de estudos brasileiros* (1949), de cunho semiacadêmico, bem como a tese de Florestan Fernandes, *A função social da guerra entre os tupinambá*, de grande interesse para o historiador.

da vida política no Brasil *rural* — o que era importante para a primeira divisão dos estudos sociais no Brasil, descobrindo-se o rural, com estilos de organização e dominação política e social que muito se diferenciavam do *urbano*. Abriu ampla vaga de estudos sobre o coronelismo, numa época em que, no plano da ideologia das elites, a "modernização" esbarrava nas estruturas do Brasil "arcaico", "rural", "feudal", "tradicional", para retomar a terminologia das explicações dualistas no Brasil, que terão plena expansão nessa década.

Cruz Costa, um dos pioneiros da Faculdade de Filosofia de São Paulo, centrando a reflexão filosófica diretamente na realidade brasileira, já esboçara em 1945 um balanço preliminar intitulado *A filosofia no Brasil*. Ao contrário de muitos de seus antecessores (e alguns sucessores), volta-se Cruz Costa para a história do pensamento no Brasil buscando captá-la em suas conexões com a "história universal", procurando constantes no sentido emprestado à atividade dos portugueses e brasileiros — que não revelam, segundo escreve, vocação para a especulação sobre problemas desvinculados do interesse imediato. Não faz a história da filosofia biografizante, e nisso reside mérito assinalável — foge ao esquema simples e difundido do tipo "vida e obra". Preocupado com "o sentido do que realmente somos", é na história do pensamento que vai buscar a chave. Para Cruz Costa, o "pensamento é sempre o produto sutil da atividade de um povo". Esse tipo de proposta faz que ultrapasse os limites da história *événementielle*, característica do período anterior.

De 1951 é a tese de Alice P. Canabrava. Surgiu calibrada por uma temática fértil e com domínio de técnicas que a qualificariam para servir como ponto de referência nos estudos históricos universitários. Preocupada com o desenvolvimento da cultura do algodão em São Paulo no século XIX, não desvincula os processos internos na conjuntura mais ampla, internacional, em que se produziram.

A Guerra Civil nos Estados Unidos e a presença de interesses ingleses compõem a trama desse trabalho sólido, moderno, que inspiraria uma linhagem praticamente desconhecida entre nós: a de monografias de base, sobre temas fundamentais, conduzida segundo técnicas menos empiristas. Mencionem-se, lateralmente, suas pesquisas sobre o açúcar das Antilhas, o comércio do Prata e, mais recentemente, demografia histórica e historiografia.

As três obras mencionadas podem ser tomadas como exponenciais e marcam decisivamente o segundo momento por nós indicado. Considerada a produção universitária, que começa a se fazer presente, vale indicar que os anos 1950 vão assistir à produção de teses do nível das de Eduardo d'Oliveira França (*Portugal na época da restauração*, 1951), onde são colocados problemas de método para a elaboração historiográfica — problemas que serão ampliados nessa década de maneira significativa. Inspirado na Escola Francesa dos *Annales*,[22] e bastante marcado por Lucien Febvre, Oliveira França busca em seu estudo "o perfil daquele homem que colonizava o Brasil", tentando desvendar os traços básicos de sua mentalidade, num momento crítico da história de Portugal, com seus mitos sebastianistas, ideais aristocráticos de vida, frustrações, estilo barroco. E colocando problemas de método a cada passo. Como Febvre.

---

22. Dentro dos quadros acadêmicos, ainda anestesiados pelo fascismo do Estado Novo, Oliveira França produziu um dos poucos trabalhos de pesquisa que não obedeceram ao estilo chocarreiro ou triunfalista. Trata-se de *O poder real em Portugal e as origens do absolutismo*, de 1946, em que se contesta, entre outras coisas, a existência de feudalismo na colonização do Brasil, comparando o sistema de capitanias com o regime feudal de modelo francês — ideia que será retomada pelos dualistas em geral uma década mais tarde. Na introdução ficam visíveis as marcas deixadas pelo período anterior. "À minha geração", diz o autor, "cumpre empreender uma busca pela redescoberta do Brasil que uma conspiração de inércias contra o pensamento livre timbra ocultar" (p. 10).

Nessa faixa de teses acadêmicas de bom nível poderiam ser mencionados outros trabalhos, e entre eles se encontraria certamente o de Olga Pantaleão, sobre a penetração inglesa nas Américas. Mas digna de especial registro neste momento parece ser a *Revista de História,* da Universidade de São Paulo: sob a direção de Eurípedes Simões de Paula — como Cruz Costa, da primeira turma da Faculdade de Filosofia —, ganhou impulso e funcionou nesses anos como verdadeiro polo centralizador da produção local, acolhendo resultados de pesquisas e reflexões em grande quantidade de mestres estrangeiros e de outros estados. A interdisciplinaridade, meta da Faculdade de Filosofia, concretizou-se nesses anos na revista, que, além de ser a mais importante no setor de ciências sociais, fora criada sob a inspiração da revista *Annales,* sabidamente aberta às diversas disciplinas que estudam o homem em sociedade.

c) *Era de ampliação e revisão reformista* *(1957-1964)*

Os anos 1950 correspondem a um período de grande efervescência nos estudos sociais no país. Inicia-se sob a égide dos trabalhos acima mencionados, em que se inclui o *Manual bibliográfico de estudos brasileiros* (1949), com balanços de Caio Prado Júnior, Alice Canabrava, Gilberto Freyre, Sérgio Buarque de Holanda, Otávio Tarquínio de Souza, Rubens Borba de Morais e a participação de Odilon Nogueira de Mattos na parte de história, e encontrará sua plena expressão no final da década, com o surgimento de trabalhos do porte dos de Celso Furtado, Raymundo Faoro, Sérgio Buarque de Holanda (*Visão do paraíso,* 1959). Um novo sopro, entretanto, já estará se fazendo sentir com o surgimento de produções da escola de

Florestan Femandes, notadamente *Metamorfoses dos escravos*, de Octavio Ianni, escrito em 1960 e 1961 e publicado em 1962, e *Capitalismo e escravidão*, de Fernando Henrique Cardoso, nas mesmas datas, trabalhos que constituem o prenúncio de uma nova concepção de ciência social no Brasil. Raramente, aliás, se poderá empregar com precisão o termo "escola" no estudo das tendências histórico-sociológicas como neste caso.

Não será exagero afirmar que, nesse momento, encontram-se alguns divisores de águas, com os traços significativos das principais tendências do pensamento histórico, político e cultural no Brasil. Cada tendência corresponde a uma vertente importante da maneira como os historiadores se debruçam sobre a realidade do país. O planejamento desenvolvimentista, típico do período juscelinista, estará representado na obra de Celso Furtado; a concepção culturalista, no livro de Sérgio Buarque de Holanda; o nacionalismo estará expresso na produção do Iseb (Instituto Superior de Estudos Brasileiros), embebido nas teorias dualistas de explicação da "realidade nacional" (as "soluções adequadas à realidade nacional"), acolhendo tanto as análises marxistas ortodoxas de Nelson Werneck Sodré como as veiculadoras por vezes da ideia de progressismo da "burguesia nacional", como as de Wanderley Guilherme e Inácio Rangel; os textos de José Honório Rodrigues representariam, nesse contexto, a vertente erudita do trabalhismo getulista, opondo-se de maneira candente à produção elitista dos institutos históricos e geográficos, e ao saber esclerosado — um "modernizador" nacionalista e pugnador do revisionismo historiográfico. Hélio Vianna, representando a abordagem tradicionalista e arcaica, pode ser considerado a antítese do "revisionismo" de José Honório. Mencione-se, ainda, Raymundo Faoro, com um livro (*Os donos do poder. Formação do patronato político brasileiro*, 1958) que se tornará clássico, colocando seu autor na vertente weberiana de explicação do Brasil, de uma perspectiva histórica.

Trajetória que merece referência especial é a de José Honório Rodrigues. Muito de sua produção data dos anos 1950, como *A pesquisa histórica no Brasil*, de 1952. Mas será nos anos 1960 que encontraremos o pesquisador erudito e de gabinete metamorfoseado em polemista agressivo e embarcado nos grandes debates do tempo. O autor de *Aspirações nacionais. Interpretação histórico-política* (1963) deixa entrever o historiador engajado nos problemas de seu tempo. *Aspirações nacionais* compõe-se de dois ensaios que foram lidos como conferências na Escola Superior de Guerra, entre 1957 e 1964. Está articulado com seu outro livro, *Conciliação e reforma* (1965). Autor do "revisionismo" da historiografia brasileira, colocou em xeque nesse segundo livro as teses clássicas sobre o Brasil e o "caráter nacional" do "brasileiro", mostrando que a história do Brasil foi, no conjunto, uma história cruenta. Sua radicalização, sempre dentro de parâmetros liberais e nacionalistas, leva-o a pensar (no prefácio à quarta edição de *Aspirações nacionais*, 1970) que toda a história política do Brasil, e não apenas a política atual, se caracteriza "não como modelo ou consenso social, ou um campo de controvérsia, mas como um exemplo de omissão" (p. 8). José Honório, um dos maiores pontos de referência em historiografia e arquivística, produziu dois livros de excepcional importância para teoria e pesquisa em história do Brasil: *Teoria da história do Brasil* (São Paulo, 1949, 1957 e 1969) e *A pesquisa histórica no Brasil* (Rio de Janeiro, 1952; São Paulo, 1969). Pelo interesse do tema e pela trajetória do autor, mereceriam consideração à parte neste balanço, num ambiente em que o pensamento historiográfico pouco se debruçou sobre si mesmo para avaliação. Dada a falta de condições, trabalhando à margem das universidades, não deixou propriamente uma escola — o que não significa necessariamente um demérito, uma vez que muitos catedráticos desse período também não o fizeram, tendo condições institucionais e financeiras para tanto.

Nos quadros acadêmicos, a escola mais inspirada do pensamento sociológico e histórico estará surgindo, com a colaboração por vezes de investigadores estrangeiros como Charles Wagley e Roger Bastide: a escola que se criou em torno de Florestan Fernandes. Visto em perspectiva, pode-se dizer, aliás, que Florestan Fernandes e Antonio Candido, ambos da Faculdade de Filosofia de São Paulo e ex-assistentes de Fernando de Azevedo, catedrático de sociologia e autor de *A cultura brasileira*, representam em áreas distintas (sociologia, antropologia e história, Florestan; sociologia, antropologia e teoria literária, Antonio Candido) *os dois principais pesquisadores que dão o elo intelectual entre a geração dos antigos catedráticos (Fernando de Azevedo, Cruz Costa, Sérgio Buarque de Holanda) e a nova*, representada por O. Ianni, F. H. Cardoso, R. Schwarz, Maria Sylvia de C. Franco, Juarez Lopes, L. A. Costa Pinto, Emília Viotti da Costa.

Nos anos 1950 e 1960, serão dois dos mais ativos incentivadores da vida universitária e cultural, com atitudes consequentes, empenhadas e austeras, pouco afeitos ao reformismo desenvolvimentista, às explicações dualistas e aos nacionalismos culturais — ora difusa, ora pesadamente alimentados e/ou endossados pelas esquerdas. Todo o seu labor pode ser acompanhado através de intensa produção. Antonio Candido, em 1954, defendera tese (doutoramento) sobre *Os parceiros do Rio Bonito*: tendo como ponto de partida o desejo de examinar as relações entre literatura e sociedade, acabou por estudar a "decomposição da vida do caipira" e a situação crítica do trabalhador rural — estudo ao qual não falta perspectiva histórica. Mas será em 1957 que Antonio Candido dará a primeira interpretação verdadeiramente renovadora, em termos de perspectiva *histórica,* da formação da literatura brasileira em seus momentos decisivos. Note-se que, no ano seguinte (1958), Faoro surgirá com sua obra sobre a formação histórica do patronato político brasileiro, e Furtado (1959), com *Formação econômica do Brasil.* Os estudos em que a perspectiva histórica era o elemento essencial vinham para a linha de frente. Pode-se dizer que, com esses três trabalhos, para não mencionar outros, os estudos históricos passaram para uma fase mais avançada: embora não fossem historiadores de ofício — e talvez por isso mesmo —, conseguiram fornecer uma visão *integrada* da história do Brasil no plano da literatura, da política e da economia. Visão integrada e sistemática. Anteriormente, talvez só Caio Prado Júnior o tenha conseguido, em sua *História econômica do Brasil.*

Centralizada em Antonio Candido, desenvolveu-se uma constelação com certa concepção de trabalho intelectual que, embora guardando traços da antiga elite paulistana e mineira, se distancia muito dos parâmetros pedestres da vertente populista, representada na obra de N. W. Sodré. Terá seus elementos mais radicais em Paulo Emílio Salles Gomes, mais moderados em Décio de Almeida Prado, ou mais propriamente universitários no falecido professor Lourival Gomes Machado, os quais, de uma maneira ou de outra, mais cedo ou mais tarde, produziram trabalhos com visível apelo ao histórico: mais cedo, com Lourival Gomes Machado estudando o absolutismo e o barroco no Brasil do século XVIII; mais tarde, com Décio de Almeida Prado estudando a vida do homem de teatro João Caetano. Da chamada geração "Clima", Décio seria também, mais tarde, o diretor por muitos anos do "Suplemento Literário" de *O Estado de S.Paulo,* onde toda a produção literária, sociológica, historiográfica etc. era adequadamente analisada. Do "Suplemento" participaram quase todos os principais representantes das diferentes correntes de pensamento entre nós, ao menos até por volta de 1964. Hoje, mais empenhados no debate sobre dependência cultural permanecem Antonio Candido e Paulo Emílio.

Este grupo, embora propriamente paulistano, possui ramificações significativas, e não pode ser circunscrito a uma só região e especialidade: em Minas Gerais, o historiador Francisco Iglésias, especialista da história política de Minas Gerais no século XIX e autor de *História e ideologia* (1971), mantém vínculos com o conjunto, pelas afinidades intelectuais. Ainda em São Paulo, o crítico de teatro Sábato Magaldi elaborou uma excelente história panorâmica do teatro no Brasil. E talvez o melhor dramaturgo brasileiro, Jorge Andrade, integre-se nesse grupo: o grande sentido do histórico em sua obra teatral é muito conhecido para ser esmiuçado aqui. O principal representante da crítica da nova geração, Roberto Schwarz, discípulo de Antonio Candido, analista bastante empenhado, não hesitou em partir, para a compreensão da vida social e intelectual do Brasil, em busca do passado: boa amostragem está em "As ideias fora do lugar",[23] texto-chave para o deciframento de nossa história literária pelo flanco histórico-sociológico.

Se apontamos que a escola de Florestan Fernandes representou um sopro de renovação nos estudos históricos, foi pelo efeito-contraste dos escritos do grupo — veiculadores não só de metodologia renovadora, de inspiração dialética, como de expressões de identificação austera com as melhores posições políticas do momento. Embora Florestan Fernandes não tenha produzido até essa época, como fez Antonio Candido para a literatura, uma visão integrada e sistemática da formação social do Brasil, marcou entretanto sua trajetória acadêmica pela busca incessante de soluções para os pro-

---

23. *Estudos Cebrap*, nº 3, jan. 1973.

blemas das relações raciais e de classe. Dessa época (1960) é sua coletânea *Mudanças sociais no Brasil*, de grande impacto, ao lado das obras de seus discípulos F. H. Cardoso e O. Ianni, já mencionadas.[24] A partir de 1955 coordenou um programa amplo de investigações sobre a sociedade escravocrata e o negro no Brasil meridional, com pesquisadores de primeira plana, levantando problemas fecundos de métodos, técnicas e interpretação, que nutririam o amplo debate interdisciplinar que estava na base da redefinição de trabalho sociológico e historiográfico entre nós. A obra que de certa maneira serve para definir o ápice desse momento talvez seja *A integração do negro na sociedade de classes*, publicado em abril de 1964, em que estuda "a emergência do povo na história".

Desde a desagregação do regime servil até 1950, Florestan procura apanhar, para a área de São Paulo, "as conexões existentes entre a revolução burguesa, a desagregação do regime servil e a expulsão do 'negro' do sistema de relações de produção". Seria bizantinismo tentar discutir aqui até que ponto o trabalho é histórico, ou sociológico — discussão que alimentou por bom tempo setores locais ligados à historiografia positivista, assustada com pesquisas interdisciplinares e com o debate sobre a metodologia das ciências sociais.

Deixando de lado outros textos do autor que marcaram época, como *A sociologia numa era de revolução social* (1963), pode-se dizer que sua produção servirá como um registro eficaz para a periodização dos estudos sociais no Brasil — inclusive os historiográficos. Na esteira de seus trabalhos podem ser encontradas algumas das principais produções do momento, que ultrapassam eventualmente

---

24. Pelo menos desde 1948 já vinha produzindo escritos de primeira ordem, pelo que se pode observar em "O estudo sociológico da economia primitiva". *Filosofia, Ciências e Letras*, São Paulo, nº 11, 1948. A preocupação interdisciplinar no estudo dos modos de produção constitui uma constante em sua trajetória.

os marcos por nós estabelecidos, mas que são frutos que despontaram num mesmo contexto. Mencionem-se, sem preocupação de arrolamento, além dos trabalhos de O. Ianni, sobre escravismo e sobre Estado e capitalismo no Brasil, e F. H. Cardoso, sobre escravismo e capitalismo e sobre o papel do empresário industrial no desenvolvimento econômico do Brasil, os trabalhos de Emília Viotti da Costa, *Da senzala à colônia* (1966); Marialice Foracchi, *O estudante e a transformação da sociedade brasileira* (1965); Maria Sylvia de Carvalho Franco, *Homens livres na ordem escravocrata* (1964); Paula Beiguelman, *A formação do povo no complexo cafeeiro* (1968); Francisco C. Weffort, *Classes populares e política* (1968); Maria José Garcia Werebe, *Grandezas e misérias do ensino brasileiro* (1963); Leôncio Martins Rodrigues, *Conflito industrial e sindicalismo no Brasil* (1966); Luiz Pereira, *Trabalho e desenvolvimento no Brasil* (1965); Juarez R. Brandão Lopes, *Sociedade industrial no Brasil* (1964); Gabriel Cohn, *Petróleo e nacionalismo* (1968); José de Souza Martins, *Empresário e empresa na biografia do conde Matarazzo* (1967); L. A. Costa Pinto, *Desenvolvimento econômico e transição social* (1967); Luciano Martins, *Industrialização, burguesia nacional e desenvolvimento* (1968). Muitas são as vertentes desse conjunto, em que se encontram pesquisadores preocupados com as peculiaridades da implantação (ou não) do capitalismo no Brasil, outros com a crise do regime escravista e o crescimento e integração (ou não) de homens livres na nova ordem social, outros ainda com o papel do empresariado e do proletariado nos quadros do subdesenvolvimento. Os temas são diversos, mas procuram seus autores, em maior ou menor grau, as especificidades dos processos histórico-sociais na formação do Brasil contemporâneo, não descurando a problemática dos modos de produção, e procurando a historicidade dos fenômenos estudados. Estes, talvez, os traços distintivos da escola.

Desse momento são os trabalhos publicados em *Política e revolução no Brasil* (1966), de autoria de O. Ianni, P. Singer, G. Cohn e F. Weffort. E também os estudos enfeixados em *Brasil em perspectiva* (1966), sob minha coordenação, em que se destacam os trabalhos de F. Novais, Emília V. da Costa, Maria do Carmo Campello de Souza, Paula Beiguelman, G. Cohn e Boris Fausto: nessa publicação encontram-se os embriões de pesquisas que foram tratadas de maneira superior e sistemática, resultando, no conjunto, em avanço.

A temática central dessas produções está ligada ao estudo das mudanças sociais e políticas no Brasil, de uma perspectiva histórica. Muitos autores foram diretamente ao cerne do processo histórico, procurando estudar a fisionomia própria (ou não) dos modos de produção no Brasil, e suas manifestações nas diversas instâncias do real, não descuidando totalmente da inserção do Brasil na economia mundial. A perspectiva geral era anti-imperialista, mas o estudo cuidadoso da temática da dependência ainda não se impusera. A América Latina não tinha sido "descoberta" pelos cientistas sociais brasileiros, como regra geral. Até esse momento, os estudos históricos sempre estiveram mais associados aos estudos de geografia que aos de sociologia e política e a tônica geral não ultrapassava o neopositivismo, salvos os trabalhos anteriormente citados e poucos outros.

Registre-se, para o período considerado (1957-1964), a obra coletiva sob coordenação de Sérgio Buarque de Holanda, *História geral da civilização brasileira* (1960-1964: cinco volumes publicados). Obra de referência fundamental, dada a eficiência de alguns capítulos individuais, não possui entretanto eixo(s) exploratório(s) esboçado(s), tornando não difícil, mas impossível sua classificação. E, de uma perspectiva marxista ortodoxa e estreita, mas de grande divulgação às vésperas de (e pouco após) 1964, foram as obras de N. Werneck Sodré. *A história da burguesia brasileira* é desse ano, e a *Formação histórica do Brasil* surgiu no começo dos anos 1960, resultado de cursos dados no Iseb. De uma perspectiva claramente ideológica, nas obras de Sodré a história do Brasil surge em *etapas* históricas a serem cumpridas evolutivamente, em termos de necessidade... Nesse período, encontram-se ainda representantes do biografismo, cujo exemplo mais completo é o de Otávio Tarquínio de Souza, autor da *História dos fundadores do Império do Brasil* (1960, dez v.).

Dessa fase de formulação dos principais problemas da historiografia brasileira recente participaram Maria Isaura P. de Queiroz, com duas obras de importância: *La guerre sainte au Brésil. Le mouvement messianique du contestado* (São Paulo, 1957) e *Os cangaceiros. Les bandits d'honneur brésiliens* (Paris, 1968). Mencionem-se obras em que há vincada perspectiva histórica, como as de Manuel Diégues Júnior, *Regiões culturais do Brasil* (1960), e de Manuel Correia de Andrade, *A terra e o homem do nordeste* (1963). Nesse clima, foram produzidos trabalhos de historiadores de ofício, como os de J. R. do Amaral Lapa, *A Bahia e a carreira das Índias* (1968), e Maria Tereza Schorer Petrone, *A lavoura canavieira em São Paulo* (1968), que desvendam importantes aspectos da vida econômica colonial; de Nícia Vilela Luz, *A luta pela industrialização no Brasil* (1961), Hélio Silva, *Sangue na areia de Copacabana* (primeiro volume de uma longa série; 1964), Edgar Carone, *Revoluções do Brasil contemporâneo* (1965), e Vamireh Chacon, *História das ideias socialistas no Brasil* (1965).

No exterior, registrem-se as obras de Vitorino Magalhães Godinho (*Prix et monnaies au Portugal*, Paris, 1955, de interesse para a história do Brasil) e dois livros de Stanley Stein que se tornaram clássicos da bibliografia brasileira: *The brazilian cotton manufacture* (Harvard, 1957) e *Vassouras. A brazilian coffee country* (Harvard, 1957), bem como os trabalhos de Frédéric Mauro *Le Portugal et* l'Atlantique au XVIIIᵉ siècle (Paris, 1960), Charles Ralph Boxer, *Race relations in the colonial empire* (Oxford, 1963) e Joel Serrão (ed.), *Dicionário de história de Portugal* (Lisboa, 1965-1971).

d) Revisões radicais (1964-1969)

Se o período anterior foi marcado por revisão reformista dos estudos históricos no Brasil, cujas expressões máximas podem ser encontradas em produções como as de Celso Furtado, José Honório Rodrigues e Faoro, no período posterior os marcos serão dados pelas posições de Caio Prado Júnior *(A revolução brasileira,* 1966); Octavio Ianni *(O colapso do populismo,* 1966); de alguns participantes de *Brasil: tempos modernos* (1967), representantes das mais variadas correntes do pensamento progressista no Brasil, como Furtado, Cardoso, F. Fernandes, Carpeaux, Weffort; Florestan Fernandes *(Sociedade de classes e subdesenvolvimento,* 1968) e Dante Moreira Leite, autor de *O caráter nacional brasileiro* (2ª ed. rev. e ampl., 1969).

Os diagnósticos sobre a história social do Brasil e sua dinâmica mereceram reparos profundos, realizados por analistas que procuravam tirar alguma lição dos desacertos da ideologia do desenvolvimentismo e da política populista que levaram à derrocada dos setores progressistas em 1964. Apesar de a produção do período anterior estar marcada por uma profunda preocupação em investigar aspectos estruturais da sociedade, um difuso dualismo ainda impregnava algumas interpretações da realidade brasileira.[25] No plano

---

25. Desnecessário lembrar que a obra de Jacques Lambert *Os dois brasis* (1959) teve ampla repercussão, e para isso colaboraram Anísio Teixeira, Darcy Ribeiro, Amoroso Lima, L. A. Costa Pinto e José Honório Rodrigues, que modificariam suas posições nos anos subsequentes — sobretudo após 1964.

propriamente da historiografia, não seria difícil encontrar exemplos de compromissos com o historicismo — às vezes mal encoberto pelo jargão dos estruturalismos. Não terá sido por outro motivo que "As sete teses equívocas sobre a América Latina", de Stavenhagen, tiveram tanta repercussão no Brasil ao serem publicadas na *Política Externa Independente* (1965), revista hoje desaparecida. Atacando duramente o dualismo, e somadas à derrota dos setores progressistas em 1964, provocaram uma revisão radical nos estudos históricos. Caio Prado Junior, em *A revolução brasileira*, retomará as posições imperantes na concepção de história da esquerda ortodoxa para combatê-las. Quanto ao proletariado, por exemplo, dirá que as esquerdas brasileiras

> não foram além de reivindicações salariais imediatas que a precipitada inflação tornava fácil não apenas levantar, como conduzir a aparentes vitórias. Isso nas cidades, porque no campo, onde o assunto se apresentava muito mais complexo, a coisa era pior, pois as prédicas para uma massa trabalhadora rural fantasiada para a circunstância de campesinato do tipo europeu dos séculos XVIII e XIX e as imprecações contra o "feudalismo" não encontravam aí, nem podiam encontrar, nenhuma ressonância. (p. 24)

Octavio Ianni, em análise magnificamente conduzida, utilizando documentação de primeira linha, mostra o fim da era getuliana e o fim de certo estilo populista que envolvia a todos — inclusive membros dos quadros acadêmicos. Uma revisão das últimas décadas da história do Brasil ficava esboçada, em traços fortes e com rigor interpretativo.

Florestan Fernandes, em *Sociedade de classes e subdesenvolvimento* (1968), desloca o foco de suas análises para o estudo mais detido da história do Brasil no processo de expansão do capitalismo internacional, mostrando por que a estratificação e a dinâmica das *classes* não pode ser estudada dissociadamente do quadro em que se processa a *dependência*. Pontos para uma revisão da história do Brasil, da crise do sistema colonial português aos nossos dias, são propostos, bem como elementos para um reestudo de conceitos como *classe, estamento* e *casta* para abordagem da história social do Brasil.

Numa coletânea dirigida por Celso Furtado, e publicada em *Temps Modernes* em 1967 (São Paulo: Paz e Terra, 1968), uma série de pontos fica levantada para uma reinterpretação da história recente do Brasil. A emergência do militarismo (Furtado), a estabilidade social pelo colonial-fascismo (Hélio Jaguaribe), o papel da burguesia na crise política brasileira (Cardoso), os mitos das relações raciais no Brasil (F. Fernandes) são, entre outros, temas lançados ao debate. Por essa mesma época, aliás, e na mesma revista *Temps Modernes*, Roberto Schwarz publicava notas para uma apreciação da chamada cultura brasileira com grande rigor crítico.

Ainda sobre os mitos que obscurecem a produção cultural no Brasil, anestesiando o espírito crítico, em 1969 ressurge um livro novo, daquela que fora tese de doutoramento defendida em 1954 na Faculdade de Filosofia (cadeira de psicologia). Trata-se de *O caráter nacional brasileiro* com Dante Moreira Leite.

Retraçando a história de uma ideologia — a do "caráter do homem brasileiro" —, o autor examina detidamente as ideologias que estão na base das interpretações de Gilberto Freyre, Sérgio Buarque de Holanda, Fernando de Azevedo, Oliveira Viana, Alfredo Ellis Júnior, Paulo Prado, Viana Moog, Cruz Costa, Caio Prado Júnior, entre muitos outros. A natureza revisionista do trabalho permite o início da discussão sobre o caráter ideológico da própria noção de "cultura brasileira", tratada de maneira tão categórica por autores como, por exemplo, Fernando de Azevedo. Algumas de suas apreciações são positivamente radicais.

Registre-se que esse momento é de grande abertura, nas ciências sociais, para a América Latina: Celso Furtado escreverá uma *Formação econômica da América Latina* (1969), e, no plano externo, estarão surgindo estudos históricos do porte dos de Stanley e Barbara Stein (*Herança colonial da América Latina*, 1970) e Túlio Halperin Donghi (*Historia contemporánea de América Latina*, 1969). Aponte-se o livro de Richard Graham, *Britain and modernization in Brazil (1850-1914)* (Cambridge, 1968), para o estudo da dependência do Brasil em relação à Inglaterra: um clássico.

Em conjunto, pode-se dizer que há, nesse momento, uma ligeira mudança de ênfase. Das relações sociais e raciais, das investigações sobre os *modos de produção* e sobre as características da vida política no Brasil, passa-se ao estudo mais sistemático da *dependência*, seja no plano econômico, seja no plano cultural e intelectual.

e) *Impasses da dependência (1969-1974)*

Temporizemos.

MURILO MENDES

Neste último momento, uma série de impasses parece caracterizar a reflexão historiográfica no Brasil. Sobre a revisão crítica da situação dos estudos históricos, pode-se ter boa medida nos *Anais do I Seminário de Estudos Brasileiros* (setembro de 1971, Universidade de São Paulo): algumas posições negarão francamente o papel das faculdades de filosofia no desenvolvimento dos estudos históricos, outras indicarão a necessidade de maior cooperação interdisciplinar (quase quarenta anos após a fundação da universidade), outras indicarão a falta de organização dos arquivos e a realização da maior parte de nossa produção historiográfica pelos chamados *brazilianists*, que assumiram papel de relevo nos debates sobre o conhecimento de nosso passado. Se éramos marcados pela historiografia francesa, se ao regime de cátedras correspondeu a orientação da escola francesa, pode-se dizer, com certo esquematismo, que à nova ordem (sistema departamental) corresponde o modelo norte-americano. Não é de estranhar tal presença — que se manifesta em outros níveis, e de modo bem mais acentuado.

Paralelamente, vale mencionar o problema da demissão do grupo mais significativo da Universidade de São Paulo, que se redefiniu com a criação do Centro Brasileiro de Pesquisas (Cebrap). Aí é realizada pesquisa interdisciplinar, da qual participam vários pesquisadores anteriormente mencionados. Fora da universidade, Florestan continua sua produção crítica isolada, tendo publicado recentemente *Capitalismo dependente e classes sociais na América Latina* (1973). Que a universidade permanece ativa, demonstram-no os trabalhos como os de Boris Fausto, *A revolução de 1930* (1970), e Alfredo Bosi, com sua *História concisa da literatura brasileira* (1970), ou José de Souza Martins, *A imigração e a crise do Brasil agrário* (1973), bem como as análises renovadoras de Antonio Candido sobre literatura e subdesenvolvimento (em *América Latina en su literatura*, Siglo XXI, 1972). Demonstra-o a grande quantidade de teses recentemente defendidas, algumas de real valor.[26]

---

26. Os títulos apontados possuem apenas valor de exemplificação. Várias dezenas de outros poderiam ser arrolados, se fosse o caso. Ademais, produções significativas isoladas aparecem, malgrado as condições gerais da universidade no Brasil (notadamente em Pernambuco, Minas Gerais, Rio Grande do Sul e poucos outros centros culturais).

No exterior, registre-se a obra do historiador inglês Leslie Bethell *The abolition of the brazilian slave trade* (1970), fundamental para a compreensão dos problemas da dependência do Brasil em relação à Inglaterra e do regime de trabalho no Brasil na primeira metade do século passado.

De maneira geral e aproximativa, pode-se dizer que a discussão da temática da *dependência* surge vinculada aos desenvolvimentos do capitalismo monopolista e à emergência de regimes totalitários na América Latina. Como a emergência desses regimes tem acarretado o surgimento de certos traços *nacionalistas*, talvez não pareça estranho que a temática da dependência cultural esteja em foco, como está. Não é esta a primeira vez que ocorrem tais impasses: basta que se recorde o Estado Novo (1937-1945), assim como os problemas político-culturais à época da reabertura, em 1946, e nos anos subsequentes. Não será difícil concordar com Ronald Schneider, para quem "o erro dos historiadores e cientistas políticos que estudaram o Brasil nos últimos quarenta anos foi presumir que os governos fortes intercalavam períodos democráticos, quando, na verdade, era evidente que os governos democráticos é que eram os entreatos de governos fortes".

Se alguma lição se pode extrair da análise historiográfica e ideológica, não será outra senão a "imaginação cultural", assim como a "imaginação política", não se desenvolve sem as condições mínimas para o exercício pleno da liberdade de pensamento e expressão. Os resultados da negação a essa liberdade podem ser buscados no exemplo português. Por esse motivo, há que chamar de volta para os quadros da universidade brasileira tantos elementos úteis à estimulação do pensamento crítico e da imaginação cultural. Se os estudos históricos ensinam algo valioso, é a pensar no futuro, projetar e nutrir a utopia com dados retirados do passado.

E, como já advertiu o historiador José Honório Rodrigues, o perigo da violência da descompressão política sempre está historicamente ligado à duração da comprensão social, política e cultural. A descompressão torna-se, pois, tarefa a ser executada com urgência.

1975

2. Cultura e comunicação na América Latina, ou "Nós somos os novos bárbaros"

1. Em busca de identidades

Nos anos 1980, a América Latina está sendo submetida a desafios decisivos para a definição de sua identidade. Encontra-se a "nossa América" (Martí) numa das grandes encruzilhadas da história contemporânea, dilacerada por conflitos entre o capitalismo monopolista exacerbado e formas de socialismo que ainda não lograram implantar-se de maneira suficientemente democrática, mercê das contradições da atual ordem econômica internacional. A atual etapa do processo histórico — sobretudo após o reordenamento dos centros mundiais de poder a partir de 1973-1974 — coloca a América Latina como uma das áreas mais importantes do planeta, restando saber se continuará como sócia menor nos quadros do capitalismo associado ou, ao contrário, logrará reunir condições para uma autonomização efetiva. Parece claro que, em qualquer hipótese, a temática da independência, a ser desentranhada a partir do estudo da "identidade desta América" e do reconhecimento da "necessidade de sua libertação" (Zea), não se desvincula da criatividade com a qual as ciências sociais venham a *identificar* e *projetar* modos de vida que nos distanciem da barbárie a que nos condena o capitalismo monopolista, selvagem na periferia.

O capitalismo vem relegando — nas falácias das relações Norte-Sul — à América Latina o papel de "subcontinente industrial de reserva", não restando outra opção que a busca de formas socializantes de convivência. Socialismo ou barbárie, eis a encruzilhada dos anos 1980 para a América Latina. Já estamos longe da famosa exclamação do argentino Domingos Faustino Sarmiento (1811-1888), "Civilização ou barbárie!", velha de um século. Hoje, que fazer?

Buscar a identidade entre os "bárbaros", subprodutos culturais do capitalismo dependente. "Nós somos os novos 'bárbaros', vivendo a oportunidade das fraturas e da desorganização nos centros internacionais do poder", diz Severo Gomes, um dos mais expressivos líderes da nova sociedade civil brasileira. Citando o historiador Fernand Braudel ao analisar o nascimento e a dinâmica da civilização europeia, lembrou que os bárbaros, antes de reunirem condições para derrubar os grandes impérios, viveram séculos na antecâmara da civilização. "Conheceram a sua organização produtiva, social e militar e, quando alcançaram vitórias, já eram mais que semicivilizados." No quadro dessas fraturas é que o Brasil se permite, segundo Severo, reconhecer os países socialistas da África emergente, "antecipando o que poderá ocorrer no plano interno". Novos "bárbaros" seriam também no Brasil os trabalhadores, empurrados pelo Estado corporativista para a criação de sindicatos independentes, e que constituem hoje a vanguarda das forças emergentes de organização da sociedade civil.[27] Essas

---

27. Comunicação apresentada no mês de setembro de 1981 à Câmara Federal, num ciclo de conferências sobre a atualidade brasileira.

forças emergentes permitem vislumbrar um horizonte novo, uma revisão profunda das noções de "civilização" e de "barbárie", de "cultura" e de "libertação", moedas correntes de um sistema ideológico superado que serviu à manutenção de *Estados de seguridad nacional*.[28] Dois exemplos recentes bastarão para sugerir o vigor da crítica ideológica dos novos tempos. O primeiro encontra-se em Amílcar Cabral, um dos líderes da Guiné-Bissau, teórico dos movimentos de libertação das ex-colônias portuguesas, morto em 1975. A ele se deve a famosa inversão: "Cultura, fator de libertação? Não, libertação, fator de cultura."

O segundo exemplo pode ser colhido, no México, em Carlos Monsiváis, autor de *Amor perdido*: "Mexicanidade é uma invenção, algo que não existe", dizia ele em 1978, quando da visita do presidente Ernesto Geisel, do Brasil, ao México:

> Existem tantas mexicanidades quase como existem classes sociais, como tendências dentro dessas classes, como formas culturais. A mexicanidade é uma ilusão de uma época que vai fundamentalmente de 1920 a 1950. Não existe mexicanidade no sentido de uma série de razões, atitudes, sinais de identidade comuns a todos os mexicanos. É uma ilusão de óptica e sobretudo uma invenção cultural, algo relacionado em princípio com as necessidades do nacionalismo e depois já com a derrota do nacionalismo.[29]

---

28. Ver *La doctrina de seguridad nacional en latinoamérica*, do professor Roberto A. Follari, do Departamento de Sociologia de la Unidad de Azcapotzalco, nº 52 dos "Reportes de Investigación de la Universidad Autónoma Metropolitana", 1981.

29. MONSIVÁIS, Carlos. "O povo mexicano, como um todo, não existe". *Jornal da Tarde*, São Paulo, 21 jan. 1978, p. 19.

Da mesma forma, como falar em *brasilidade*,[30] *argentinidad* etc.? Assim, não se trata, agora, de uma busca de hipotética *latino-americanidad*, nem de acumulação de "cultura" para realizar (depois) uma libertação. Trata-se, preliminarmente, de dessacralizar um conceito desmobilizador de cultura, da *ideologia da cultura latino-americana*, tal como é cultivada numa linha reta que vai de Sarmiento aos Institute of Latin American Studies.

"Nós somos os novos bárbaros", eis um ponto de partida para uma revolução cultural, para o estabelecimento de uma nova escala de prioridades e pontos para a elaboração de *políticas culturais* para a América Latina. Mas como falar em "América Latina", a não ser no plural? Qual *identidade* deve ser valorizada, para que *valha a pena* haver integração?

De fato, a América Latina constitui um conjunto heterogêneo, de qualquer ponto de vista. Se países como Argentina, Colômbia ou Brasil — para citar três exemplos — ainda se debatem com o problema da dependência em relação aos centros hegemônicos, vivendo dificuldades para a construção de uma ordem estável nos marcos de uma democracia formal, o exemplo maior de Cuba ainda não é suficiente para fixar a possibilidade de *transição* para a democracia socialista, dentro de padrões de autonomização efetiva. Acresce que

---

30. Em *Brejo das almas*, livro de poemas escritos por Carlos Drummond de Andrade de 1931 a 1934, encontra-se a crítica mais radical ao ufanismo ingênuo, à "brasilidade" atrasada (*in Obra completa*. Rio de Janeiro: Aguilar, 1964, p. 89; o título da poesia é "Hino Nacional"):
"Precisamos, precisamos esquecer o Brasil!
Tão majestoso, tão sem limites, tão despropositado,
Ele quer repousar de nossos terríveis carinhos.
O Brasil não nos quer! Está farto de nós!
Nosso Brasil é no outro mundo. Este não é o Brasil.
Nenhum Brasil existe. E acaso existirão os brasileiros?"

as tentativas de passagem ao socialismo pela via democrático-parlamentar sofreram um teste histórico decisivo no Chile, em 1973, com o assassínio do presidente Salvador Allende; e os limites da revolução sandinista na Nicarágua ainda constituem uma incógnita, embora se situem num ponto avançado para repensar a possibilidade e a natureza da mudança sociocultural na América contemporânea.

Em contrapartida, o historiador não pode deixar de levantar dúvidas, no outro extremo, a respeito do primitivismo das formas de gestão política da direita existentes no continente, sobretudo quando observa a rigidez das estruturas cristalizadas no Paraguai, no Haiti ou no Uruguai. Ou, no meio termo, o caso do México, que, tendo vivido uma das mais importantes revoluções da história, aprisionou nas malhas de um Estado altamente burocratizado a sua revolução.[31]

Buscar a *identidade* desta América Latina e propor uma política cultural que favoreça a integração continental, eis um desafio que deve ser avaliado e equacionado em termos políticos amplos, aconselhado pela perspectiva histórica. Em primeiro lugar, porque essa identidade pressupõe elementos comuns, historicamente determinados. Ora, a dominação ou a dependência externas sempre existiram, dos antigos sistemas coloniais ibéricos ao sistema mundial de dependências; mas as soluções regionais, que compõem um largo espectro de respostas desde a harmonização até a negação radical da influência externa, essas não guardaram traços essencialmente comuns. Um exemplo atual pode ser colhido nas posições quanto à

---

31. Vale lembrar, com Octavio Paz, que "existem muito mais civilidades neste regime. Este regime é pós-revolucionário. Os regimes da América Latina são ditaduras pré-revolucionárias. O regime mexicano é uma dominação burocrática por revolucionários bastante tolerantes e que permite uma vida cultural e uma vida política, até certo ponto. Existe mais liberdade no México do que no Brasil e na Argentina" ("México Rebelde?" *Jornal da Tarde*, São Paulo, 21 jan. 1978, p. 19, entrevista). Agradeço ao jornalista Laerte Fernandes por esta indicação.

política externa dos países que compõem o Pacto Andino, buscando um novo alinhamento, em contraposição aos do Cone Sul, submetidos a forte controle externo; igualmente, o caso de Cuba, que não se alinha em relação a esses blocos, buscando uma saída socialista, inclusive marcando sua ação no continente africano (Angola); ou o caso do Brasil, que, embora mantendo boas relações com os dois primeiros blocos, busca uma saída terceiro-mundista neocapitalista — seja na relação com os árabes, ou com os novos países socialistas na África de língua portuguesa, ou ainda na vigorosa condenação do regime racista da África do Sul.

Dessa perspectiva, a temática da identidade latino-americana deve ser reavaliada no contexto da nova ordem internacional posterior aos anos 1970. Identidade em quê? O Brasil já não invadirá São Domingos, como fez em 1965, participando de uma Força Interamericana de Paz planejada em Washington; mas não chegará a apoiar os movimentos de libertação dominicanos, à semelhança do México e da França em 1981. As mesmas contingências que obrigaram o Brasil a fortalecer suas relações com os árabes, em razão do petróleo, ou a adotar uma política progressista em relação à África austral, parecem levá-lo a uma atitude menos passiva nas relações Norte-Sul, a julgar pelo discurso de abertura das sessões da ONU do chanceler Saraiva Guerreiro, no segundo semestre de 1981. Mas, ao mesmo tempo, a crise se internaliza, obrigando o regime a rever seu modelo autocrático, já pouco identificável com os modelos vigentes nos países do Cone Sul.[32]

---

32. Com a maior dívida externa de sua história, com uma taxa de inflação superior a 100% ao ano, com o crescimento do índice de desemprego que ameaça o processo de distensão política iniciado no governo Geisel, em 1974, o Brasil assiste a uma crise institucional sem precedentes. De fato, suas instituições autocrático-burguesas não dão conta das atuais demandas de uma nova sociedade civil que se organiza nos sindicatos, na Igreja, nas escolas, nos partidos.

Outro conceito que deve ser cuidadosamente discutido é o de *integração*. A ideia de integração sugere a harmonização das diferenças, a eliminação ideológica dos conflitos sociais, o arredondamento das diversidades socioculturais. No Brasil, a noção de "integração" constitui o conceito-chave do documento básico do Conselho Federal de Cultura, "Política nacional de cultura" (1976), elaborado sigilosamente sob o Ato Institucional nº 5, em que o problema da cultura é entendido como questão de segurança nacional. Tal noção cimenta ideologicamente o *sistema cultural no Brasil*, articulando a chamada "cultura nacional" em programas de cursos de organização social e política ministrados de norte a sul do país. Mas não se indica precisamente o que deve ser "integrado" a quê! A noção de integração, neste caso, reforça os mecanismos de exclusão cultural e social, *em nome* da formação — supremo paradoxo — de uma cultura "nacional".

Esse convívio harmonioso no interior de uma cultura nacional "integrada" repousa numa concepção de história e de sociedade que deve ser criticada. Gilberto Freyre representa bem a cristalização dessa ideologia no Brasil, que edulcorou a miscigenação, a "democracia racial", o "caráter cordial e pacífico do povo", a falsa harmonia social. A tradução política dessa interpretação de cultura está em *O processo revolucionário brasileiro*, publicado pela Assessoria Especial de Relações Públicas da Presidência da República, após o golpe de 1964.[33] A fixação conservadora desses conceitos de "cultura",

---

33. "Em torno de uma sociologia de processos revolucionários de transformação social: exemplos brasileiros". In: *O processo revolucionário brasileiro*. 2ª tiragem. Brasília: Assessoria Especial de Relações Públicas da Presidência da República (Aerp), 1969. Em agosto de 1981, o general Dilermando Gomes Monteiro, ex-comandante do Segundo Exército (São Paulo) e juiz do Supremo Tribunal Militar, evocou a obra de Gilberto Freyre, no programa *Canal livre* (Rede Bandeirantes), ao falar de sua formação intelectual e de sua visão de Brasil, em entrevista a Dina Sfat.

"nação" e "povo" operou-se ao longo de quatro décadas, período decisivo em que o Brasil transitou ideologicamente dos marcos de "país atrasado" para o patamar de "potência emergente".

Importante notar que, paralelamente, alguns setores da intelectualidade brasileira advertiram já nos anos 1940 para os perigos dessa visão de cultura. Antonio Candido, de uma óptica socialista, denunciou essa ideologia de recorte oligárquico, e que passaria aliás aos estamentos militares[34] que forjariam, ao longo dos anos 1950 e 1960, a Doutrina da Segurança Nacional, subproduto ideológico da Guerra Fria.

A conclusão a que se chega, analisada essa problemática da "identidade" e da "integração" a partir da história recente do Brasil, é que, de uma perspectiva ampla, a um momento de mobilização da cultura popular que apontava para um processo de socialização nos anos 1960[35] correspondeu a montagem de um aparelho de Estado[36] de alto poder repressivo após o golpe de 1964.[37] O movimento

---

34. Ver FREIRE, Gilberto, *Nação e exército*. Rio de Janeiro: José Olympio, 1949.

35. Nesse processo estavam situadas manifestações importantes, como os Centros Populares de Cultura (os CPCs), a alfabetização pelo método Paulo Freire, a Universidade de Brasília de Darcy Ribeiro e Anísio Teixeira, a campanha da escola pública de Anísio, Florestan Fernandes, Fernando de Azevedo, Fernando Henrique Cardoso e tantos outros, a democratização da universidade e a valorização das faculdades de filosofia, da escola laica e gratuita etc.

36. Sobre o Estado brasileiro, ver as análises de MARTINS, Carlos Estevam, *Capitalismo de Estado e modelo político no Brasil* (Rio de Janeiro: Graal, 1977) e *Estado e capitalismo no Brasil* (São Paulo: Hucitec, 1977, coletânea), e PEREIRA, Luiz Carlos Bresser, *Estado e subdesenvolvimento industrializado* (São Paulo: Brasiliense, 1977). No plano da reflexão cultural, um dos livros mais instigantes é o de SANT'ANNA, Affonso Romano de, *Que país é este?*, (onde há versos fortes como este: "Uma coisa é um país, outra um ajuntamento./ Uma coisa é um país, outra um regimento" (Rio de Janeiro: Civilização Brasileira, 1980).

37. Nos quadros do sistema montado, a vertente mais intelectualizada e liberal é a representada pelo general Golbery do Couto e Silva, um dos ideólogos da abertura

militar — baseado no lema "segurança e desenvolvimento", fabricado na Escola Superior de Guerra — adaptou as técnicas da experiência frustrada, elaborou a metodologia desmobilizadora da contrarrevolução preventiva, combinando-a com as táticas da conciliação. O movimento de 1964 criou uma rede ampla de comunicação, dos serviços secretos de informação aos cursos de alfabetização (Mobral), controlando desde as contratações na universidade às redes de televisão, desmobilizando o potencial crítico contido na produção cultural, que foi neutralizada e mobilizada para os quadros da massificação — realizada, agora, em escala massiva, à sombra da *ideologia* da "cultura brasileira".

Na verdade, nos marcos do capitalismo monopolista, em área periférica, a massificação — contando com a rede de TV e a rede escolar "purificada"[38] — exerce o papel de elemento desintegrador e nivelador das variadas formas de produção cultural, realizando essa tarefa, paradoxalmente, em nome da cultura "nacional".[39]

O crescimento monopolista da indústria cultural verificado nos últimos vinte anos no Brasil operou no sentido de consolidar o

---

iniciada no governo Geisel, que propiciou a anistia, mas também a manutenção de um sistema fortemente corporativista. Após o atentado do Riocentro, no primeiro semestre de 1981, indicador da existência de grupos terroristas operando à sombra do regime, o general Golbery deixou o poder (a chefia do Gabinete Civil da Presidência da República, o mesmo cargo exercido por Darcy Ribeiro antes do golpe de 1964) após defender a tese de que os responsáveis deveriam ser exemplarmente punidos. Golbery foi o criador do Serviço Nacional de Informações, o SNI. Golbery disse a um parlamentar: "Criei um monstro" (*Veja*, São Paulo, p. 27, 14 out. 1981).

38. Os principais cientistas sociais brasileiros perderam seus postos na universidade e nos principais centros de pesquisa do país: Florestan Fernandes, Fernando Henrique Cardoso, Octavio Ianni, Leite Lopes, Mário Schemberg, Manuel Correia de Andrade e centenas de outros.

39. Desenvolvi essas ideias mais longamente em *Ideologia da cultura brasileira (1933-1974)* (4ª ed. 2ª impr. São Paulo: Ática, 1980, pp. 285-286, espec.).

sistema de segurança social e política do modelo autocrático-burguês num realinhamento Norte-Sul nítido. Técnicos em educação norte-americanos substituíram intelectuais como Anísio Teixeira e Darcy Ribeiro; Brutus Skinner substituiu teoricamente Paulo Freire; os contatos com as universidades europeias foram diminuídos em benefício dos centros norte-americanos; e assim por diante. O Brasil, demasiado simpático à Revolução Cubana em 1961-1962 e aos movimentos de libertação na África, após 1964 invadiria a República Dominicana, levando para fora de suas fronteiras o conceito de contrarrevolução preventiva. O regime autoritário implantado após 1964 e fascista após 1968[40] articulou um sistema cultural fechado, coerente, coeso e excludente, sabendo captar na obra dos intelectuais tradicionais — de Oliveira Vianna a Gilberto Freyre — as noções ideológicas necessárias para justificar a "inevitabilidade funcional" do regime "em detrimento do raciocínio que tende a revelar suas desarmonias". Um modelo de exclusão cultural, que transformou Macunaíma, o "herói de nossa gente",[41] num personagem consumista e boçal.

É alegórica a imagem do homem de circo mambembe contida no filme *Bye bye Brasil*, de Cacá Diegues, fugindo com seu caminhão pelos interiores do país, procurando cidades novas onde as antenas de TV ainda não tivessem chegado. Como escreveu o cineasta João Batista de Andrade:

40. O golpe de 1964 ocorreu em 31 de março, tendo sido o primeiro presidente o general Humberto Castello Branco; o golpe de 1968, que fechou ainda mais o regime autoritário de 1964, foi consagrado em 13 de dezembro de 1968, por uma junta militar que "elegeu", posteriormente, presidente o general Emílio Médici, não sem antes editar o Ato Institucional nº 5, revogado em dezembro de 1979, no fim do governo Geisel e de uma longa manobra de criação de "salvaguardas" para o movimento de 1964 e o plano ideológico de um conceito desmobilizador da cultura.

41. Cf. a aguda análise do professor Alfredo Bosi, da Universidade de São Paulo, "O nacional, artigo indefinido". *Folhetim*, p. 5, 10 maio 1981.

Monopolista por essência, a TV ocupou rapidamente a hegemonia entre os meios de comunicação e produção cultural, atendendo não só aos seus interesses mas também à necessidade do capital de criar uma forte camada de consumidores e, ao mesmo tempo, permitir ao regime o controle social, cultural e político da população.[42]

Ao criticar a inexistência de acesso da população ao bem cultural, a não ser como consumidora, Andrade recoloca a questão da *exclusão* de largos setores da sociedade em relação ao modelo cultural em vigência, sofisticado e fixador de valores definidos por circuitos fechados e sacralizados de uma concepção desmobilizadora de cultura.

Assim, como falar em "cultura brasileira"? Autores recentes, como Roberto Schwarz, parecem duvidar dessa cristalização ideológica. Escrevendo em 1970 sobre os marginalizados social e culturalmente no Brasil, sustentava ele que a chamada "cultura brasileira" não chegaria a atingir, com regularidade e amplidão, 50 mil pessoas, num país que contava então com 90 milhões de habitantes. Hoje, em 1981, o Brasil possui 118 milhões de habitantes, é o país latino-americano mais populoso,[43] mas que assistiu ao crescimento na última década do seu número de analfabetos, em termos absolutos.[44]

---

42. ANDRADE, João Batista de. "Por uma política cultural democrática". *Folha de S.Paulo*, 22 jul. 1981, p. 23.

43. Segundo dados fornecidos pela Comissão Econômica para a América Latina (Cepal), o Brasil é o mais populoso país da América Latina, com 122 milhões de habitantes; o segundo é o México, com 69 milhões, seguido da Argentina (27 milhões), Colômbia (25 milhões) e Peru (17 milhões). A Cepal também pesquisou a expectativa de vida das populações latino-americanas, constatando que a mais alta encontra-se em Cuba, cuja média é 72,8 anos. Cuba apresenta o menor índice de mortalidade infantil, segundo a mesma fonte.

44. Com base nos dados fornecidos em setembro de 1981 pela Fundação Instituto Brasileiro de Geografia e Estatística, relativos ao censo de 1980, cresceu na última década o número de analfabetos no Brasil. Embora tenha decrescido a

Dessa perspectiva, como falar em integração "latino-americana"? Parece certo que a *universidade* enquanto instituição terá um papel decisivo e dinâmico na questão cultural para a América Latina, inclusive no sentido de detectar, sistematizar e comparar os principais *sistemas culturais* existentes, para então — e só então — ser possível falar em *políticas* culturais para o continente. Ou, como apontou o diretor de cinema João Batista de Andrade, (*Doramundo* e *O homem que virou suco*):

> O centro da questão cultural é hoje a questão conjugada universidade/indústria cultural, e a superação dos problemas atuais (centralização, definhamento da pequena produção, falta de mercado, dependência externa) deve ser enfrentada como o problema democrático da questão cultural: trata-se de lutar tanto para alargar o acesso da população aos bens culturais quanto para aumentar o poder de participação da população sobre a indústria cultural e os meios de comunicação.
> Ao mesmo tempo, lutar para que a universidade readquira seu papel de centro de ideias e de reflexão sobre a realidade brasileira.[45]

2. Uma só política cultural?

A rigor, nossa história, a história de *nuestra América* é outra. O conceito de integração deve levar em conta os excluídos, aqueles que não encontram suas identidades nessas concepções oligárquicas de

---

proporção de analfabetos em relação ao total da população de mais de quinze anos de idade, o número de pessoas analfabetas passou de 18,146 milhões em 1970 para 19,273 milhões em 1980.

45. J. B. de Andrade enfatiza ainda a necessidade de criação de quadros mais capazes tanto de ação sobre a indústria cultural quanto de gerar novas tecnologias, inserindo cientistas e intelectuais efetivamente na vida política e nos centros de decisão da vida brasileira (de onde estão afastados).

cultura, potencializadas hoje pelos *mass media*, que cimentaram —
e cimentam ainda — poderosos sistemas de dominação. Bastará
lembrar dois exemplos de falsa "integração" ao longo da história do
Brasil: a do negro e a do índio.

Ao lado dessa dificuldade, que deriva da penumbra ideológica
que obscurece as reais dimensões da problemática das relações raciais e sociais da América Latina, surge outra, que repousa na diversidade das características dos povos que habitam o continente. As
diferentes configurações histórico-culturais sugerem a *dificuldade* de
estabelecer critério único para a definição de *uma só política cultural* para o continente latino-americano. Assim, não há que se "integrar" povos diferentes, ou nivelar formações econômico-sociais
diversas, que vivem hoje em tempos históricos distintos.

As *vias de passagem* de um sistema de vida a outro não são
idênticas para as diversas configurações sociais da América Latina,
e qualquer mecanicismo seria nocivo e a-histórico. Captar a *historicidade* específica de cada configuração histórico-cultural constitui,
nessa medida, a tarefa por excelência do cientista social, seja historiador, economista, antropólogo ou crítico cultural.

A tipologia proposta por Darcy Ribeiro[46] permite aprofundar a
concepção dessa abstrata noção de "América Latina". De um ponto
de vista histórico-cultural, Darcy distingue quatro configurações:
os *povos-testemunho*, como o asteca, integrante de uma civilização
antiga como a chinesa, com o qual "a Europa se chocou em sua
expansão"; os *povos novos*, resultantes da aculturação de matrizes
étnicas díspares, como o brasileiro (conjunção do indígena, do africano e do europeu); os *povos transplantados*, fruto de movimentos

---

46. RIBEIRO, Darcy. *Teoria do Brasil*. Rio de Janeiro: Paz e Terra, 1972. Ver cap. I,
"Configurações histórico-culturais".

migratórios massivos, tendo preservado suas características básicas, como os norte-americanos e canadenses, ou os argentinos e uruguaios; e os *povos emergentes*, surgidos ao longo do movimento de descolonização, categoria não registrada na América, que surgem agora na África e na Ásia, "ascendendo de um nível tribal ou da condição de meras feitorias coloniais à de sociedades nacionais aspirantes à autonomia".[47]

Essa classificação ampla possui, quando menos, o mérito de sugerir a *diferenciação* sociocultural dos povos que compõem as Américas, em perspectiva macro-histórica. Além disso, não é determinista e fechada: não privilegia apenas o aspecto linguístico, ou racial, ou econômico, ou climático etc., frequentes nesse campo de interpretação. Ao captar a *historicidade* de cada configuração, Darcy demarca as *diferenças*, tornando mais concreta a discussão sobre a possibilidade de buscar identidades, em escala mundial. É certo que tal tipologia esbarra em dificuldades, como a do paralelismo existente entre as histórias de "povos transplantados" (como o argentino) e "povos novos" (como o brasileiro), paralelismo visível no século XIX na dependência externa (no tempo dos ingleses) ou na emergência de populismos centrados em torno de líderes como Perón e Vargas, no século XX. O traço comum reside, antes, na elaboração de projetos "nacionais" *a partir de fora*, com a internacionalização do capital, sem que as sociedades envolvidas participem, com aspirações próprias, da passagem a "comunidade para si", para usarmos a expressão do antropólogo brasileiro.

Dessa perspectiva, o *atual discurso* da "integração" deve pressupor uma historicidade *outra*, visto que as parcelas a ser "integradas" foram criadas e vivem em tempos distintos, demarcadas a

---

47. *Op. cit.*, p. 13.

partir de fora. Primeiro, nos marcos dos antigos sistemas coloniais ibéricos (séculos XVII a XVIII); depois, no sistema mundial de dependências, no século XIX, sob a hegemonia inglesa (os documentos da *South American Station* são expressivos para o estudo da "moldagem" da América Latina no modelo inglês); finalmente, na configuração do capitalismo associado e dependente, no século XX. Assim, o discurso da "integração" não pode hoje desconhecer os desafios históricos de cada momento: o movimento de Tupac-Amaru, no século XVIII, era anti-integracionista; o discurso de Bolívar ou de Martí, no século XIX, repousavam numa concepção anti-imperialista de integração; no século XX, os discursos de integração latino-americana deve apontar para as vias de passagem do capitalismo associado e dependente para uma ordem democrática socialista, com a participação das maiorias silenciosas e oprimidas — mas fora dos discursos ingênuos de "integração", como os da OEA.

Darcy Ribeiro deixou claro, aliás, que à "contiguidade continental da América Latina não corresponde uma estrutura sociopolítica que a unifique. Ao contrário, há complexas diferenças entre as duas dezenas de povos existentes na região, com nacionalidades singulares. Mas a vizinhança geográfica tampouco serve para definir afinidades: "A própria unidade geográfica jamais operou como fator de unificação porque as distintas implantações coloniais das quais nasceram as sociedades latino-americanas coexistiram sem conviver ao longo dos séculos".[48]

Ao elaborar suas teorias a partir da história dos processos civilizatórios que se desenvolvem na América Latina, Darcy Ribeiro aponta para uma nova fase, em que os povos latino-americanos serão reaglutinados como uma das fisionomias pelas quais se expressará

48. RIBEIRO, Darcy. "La cultura americana". *Latinoamerica*, nº 6, p. 15, 1978.

a "nova civilização", mercê da nova revolução tecnológica, e que segundo ele "talvez engendre a entidade política supranacional que no futuro será o quadro dentro do qual os latino-americanos viverão seu destino".[49] Certamente Darcy não está se referindo à OEA.

Nesse enfoque, o papel que a *universidade* deve assumir é de extrema responsabilidade, pois *a ela é que cabe identificar, estudar, classificar — com critérios científicos explícitos — e operar os elementos sociais, políticos, econômicos, religiosos etc. que compõem ditos processos civilizatórios*. Não se trata de *harmonizar diferenças* para estabilizar a visão de um sistema cultural coeso, mas de estudá-las em seus conflitos, que constituem a expressão externa de uma longa história de dominação e de reacertos de processos "civilizatórios" do capitalismo, desde a expansão mercantil do século XVI ao capitalismo monopolista do século XX.

Com os elementos identificados, dever-se-á então formular políticas de caráter nacional e popular — à semelhança (mas não idênticos) dos que se elaboraram na China, em Cuba, na Argélia, em Moçambique, no Peru de Alvarado, na Nicarágua de Cardenal etc. Buscar os pontos de resistência cultural, que são muitos, *fora* das malhas ideológicas da cultura massificada e condicionada pelas agências do capitalismo monopolista na periferia, eis o grande desafio para os críticos culturais ainda não "metropolizados", mas identificados com a problemática cultural do Terceiro Mundo.

O desafio é imenso. Florestan Fernandes, em *Poder e contra-poder na América Latina* (1981), demonstrou como a "interrupção das revoluções" se apresenta como um fenômeno político repetitivo e como nessas formações ocorre com frequência o próprio aborto da revolução burguesa. Não é de estranhar que a transição

---

49. *Op. cit.*, p. 16.

neocolonial seja lenta e prolongada na maioria dos países latino-americanos, porque "neles o Estado capitalista constitui *uma feitoria ampliada*, pela qual verdadeiras burguesias compradoras utilizam o monopólio do poder político como elemento de barganha nas transações mercantis com o exterior".[50]

Nos quadros do capitalismo associado e dependente a libertação é difícil, e ainda aqui o exemplo da China é importante. Em primeiro lugar, porque sua revolução é relativamente recente; além disso, as dimensões continentais e populacionais sugerem que políticas culturais podem ser implementadas em escala. Em segundo lugar, a China era — como a América Latina hoje — território onde conviviam povos em diferentes tempos históricos, parasitados por imperialismos em ritmos e intensidades diversos. Em terceiro lugar, porque na China as articulações das produções locais com o exterior eram dadas por uma *burguesia compradora*,[51] estruturalmente incapaz — dado o caráter associado de sua atividade — de elaborar um projeto propriamente *nacional*. (O limite dessa possibilidade histórica foi dado pela Revolução de Sun-Yat-Sen, em 1911, na mesma época da Revolução Mexicana).

Assiste razão, pois, a Florestan Fernandes, quando demonstra que as crises políticas que se verificam nos países latino-americanos são *crises estruturais*,[52] por isso repetitivas:

---

50. FERNANDES, Florestan. *Poder e contrapoder na América Latina*. Rio de Janeiro: Zahar, 1981, p. 74.

51. Caio Prado Júnior descreveu com precisão o papel histórico dessa burguesia "compradora" no modelo histórico chinês, contrastando-o com a situação do Brasil. Notar que, em chinês, usa-se a palavra portuguesa "comprador", dada a presença dos portugueses no Extremo Oriente desde o século XVI. Ver *A revolução brasileira* (São Paulo: Brasiliense, 1966, pp. 174 e ss.).

52. *Op. cit.*, pp. 32-33.

De outro lado, onde quer que o estágio de revolução industrial seja atingido como uma modernização e uma transição controladas de fora (isto é, sob o capitalismo associado e dependente), a militarização e a tecnocratização das estruturas e funções do Estado terão de crescer, e, com elas, surgirão novas tendências de fascistização generalizada (em outras palavras, a fascistização localizada cederá lugar a uma fascistização global: o que ocorre hoje com o Estado e começa a acontecer com a grande empresa corporativa irá suceder com todas as instituições-chaves, em todos os níveis de organização da sociedade).

A *manipulação das massas*

Mas essa fascistização não será aberta e estrepitosa como a dos modelos clássicos e extremos (Alemanha e Itália). Aqui a *questão da cultura* assume seu significado mais grave como elemento plasmador de uma *ordem* coesa e "integrada", onde *a "Cultura" solde as diferenças sociais, econômicas, políticas, religiosas*. Para a construção de uma *democracia forte*, na acepção de Florestan, o capitalismo monopolista já não opera ruidosamente como nos fascismos históricos; agora, a fascistização é "silenciosa e dissimulada, mas altamente 'racional' e 'eficaz', além de compatível com a *democracia forte*". Assim, além das variações radical-populares de democracia e da revolução socialista, a possibilidade histórica dessa tendência fascistizante é enorme: "É possível que essa tendência adquira, muito mais cedo do que se pensa, dimensões mais ostensivas, agressivas e 'dinâmicas', com uma nova reelaboração do elemento ideológico ou organizatório e da manipulação das massas".[53]

53. Florestan Fernandes (*op. cit.*, p. 33) adverte que as perspectivas são sombrias. "Nas condições em que se realiza a transição para o capitalismo industrial, sob o famoso tripé — burguesia nacional, Estado e multinacionais, com imperialização total de seus centros de poder e de decisões —, os países latino-americanos não estão apenas diante da opção: ou 'democracia pluralista' ou 'socialismo'. Na verdade, [...] a emergência de um novo tipo de fascismo poderá estar articulada à transformação da 'democracia pluralista' na cidadela da contrarrevolução mundial."

Com efeito, nos quadros do capitalismo monopolista, a América Latina constitui hoje um dos principais pontos estratégicos para *a própria continuidade desse tipo de formação econômico-social*: possui mercados em expansão, mão de obra barata, riquezas naturais, mecanismos e instituições já "exercitados" para o capitalismo associado. A reelaboração do elemento *ideológico*, no nível de um sistema de valores "ocidentais", "cristãos", uniformes e harmoniosos, "modernizadores" (mas sem mudança), reformistas e "integracionistas", constituirá a pedra de toque da própria continuidade dos padrões de consumo do capitalismo monopolista.

Nessa medida, a discussão e a elaboração de *políticas culturais* que visem à *integração* latino-americana devem passar pelo crivo da *crítica ideológica*, uma vez que não se pretende "integrar" a pobreza à riqueza, *mas sim mudar um processo civilizatório*.

3. Pontos de partida para uma reavaliação histórico-cultural e para uma retomada política

Em suma, a discussão para a elaboração de uma proposta de *política cultural* que abarque o conjunto latino-americano deve levar em consideração:

1. A diversidade de tempos histórico-culturais dos diversos povos que o compõem;
2. Tipos de dependência diferentes — *combinados* com formas de estratificação social extremamente diferenciadas — conforme a região;
3. Mecanismos, critérios e conceitos de *legitimação* dos diversos sistemas sociopolíticos;

4. Uma avaliação sistemática de experiências de *passagem* para uma ordem democrática inconclusa: Chile, 1973; Brasil, 1964 e 1968; Nicarágua atual; El Salvador atual etc.; e um estudo mais sistemático das políticas culturais e dos conceitos de "cultura" que fomentam a "contrarrevolução preventiva".
5. O tratamento dispensado às *minorias* conforme a região: índios, negros, mulheres, homossexuais. Verificar o acesso aos empregos, às carreiras e aos aparelhos de Estado. (O pressuposto é que o tratamento dispensado às minorias — que, aliás, são maiorias — é um importante indicador de avanço cultural).
6. O peso das TVs e da indústria cultural em cada uma das regiões, e a participação em seu controle dos diversos grupos socioculturais;
7. Paralelamente, o controle das agências noticiosas que tratam (verificar como) da América Latina;
8. Inventariar as *conclusões* dos projetos interdisciplinares que vêm buscando, nos vários centros de investigações, o esboço de uma história *alternativa* do desenvolvimento cultural da América Latina. Por exemplo, o Projeto Losada (Berlim, 1979); o Projeto Cehila etc.
9. Finalmente, qual a participação da universidade na elaboração de políticas culturais alternativas, levando em conta vários indicadores e fixando explicitamente objetivos na consecução dessas políticas. Associar nesse estudo o *tipo de política cultural* adotado ao *modelo de universidade* (forma de gestão, "vocação" estimulada em qual direção, grupos sociais que dela se utilizam, "projetos" sociais nela inscritos etc.).

Afinal, está a universidade latino-americana preparada para o ano 2000? Não!

4. Os desafios à universidade latino-americana

Se focalizarmos o problema pelo ângulo da universidade brasileira, a resposta a essa pergunta é *negativa*, dado o *descompasso* existente entre as demandas sociais e políticas e o desenvolvimento científico, tecnológico e cultural do país. Dois pontos fundamentais e não dissociados merecem especial atenção, e residem:

a) No descompasso histórico existente *entre* a produção e/ou importação tecnológica e científica pela universidade brasileira e o desenvolvimento das humanidades;

b) Na incipiência dos mecanismos de *gestão* em vigência no atual sistema universitário brasileiro, verticalista, corporativista e oligárquico.

Com efeito, o descompasso entre o desenvolvimento científico e tecnológico e o estudo das humanidades vem se acentuando nos últimos vinte anos no Brasil. Já não consideraremos o hiato cada vez maior entre a produção propriamente científica *stricto sensu* e os avanços tecnológicos. Os parcos incentivos à pesquisa "pura", seja na física teórica, seja nas matemáticas, ou ainda à filosofia *diminuem*, paradoxalmente, à medida que o país avança na *importação desordenada* de tecnologias de ponta; em síntese, *ciência e tecnologia não convivem harmonicamente num projeto nacional que conduza à efetiva autonomização do país.*

Mas o desequilíbrio é maior em relação às humanidades. A universidade brasileira não assistiu a um processo cultural que funcionasse como *suporte* ao desenvolvimento científico. No Brasil não ocorreu nada semelhante à criação do Fondo de Cultura Económica no México, para que, através de iniciativa *oficial*, fossem traduzidos os grandes clássicos das ciências sociais e econômicas mundiais — de Adam Smith e Marx a Weber e Heckscher — para o castelhano. E o fato é tanto mais grave quando se observa que pesquisas realizadas nos principais centros científicos internacionais — como o Massachusetts Institute of Technology, o MIT, nos EUA — vêm demonstrando que o verdadeiro desenvolvimento científico torna-se mais intenso e prolongado quando sua sustentação é garantida por um *sólido embasamento humanístico*.

O Brasil, dos anos 1930-1940 deste século, passou da "consciência amena de atraso" para a "consciência de país subdesenvolvido", nos anos 1950-1960, segundo o diagnóstico agudo de Antonio Candido. E, nos anos 1960-1970, para a consciência de país dependente. E hoje?

Essa consciência de país "dependente" deriva do fato de que as desarmonias — econômicas, sociais, políticas — não foram menores no plano da educação e da cultura. A população brasileira cresceu em um terço nos anos 1970. Mas a universidade — e a escola pública de maneira geral — não se instrumentou adequadamente, respondendo ao desafio imposto pelas transformações socioeconômicas internas e pela evolução do conhecimento científico-tecnológico dos principais centros mundiais.

Um *redirecionamento cultural* — esfera da política educacional *par excellence* — se faz imprescindível, no sentido de apurar as prioridades de investimentos e de formação de pessoal capacitado, não sem a implementação de programas e currículos que venham a ampliar os quadros de referências sociais, históricas e culturais para um melhor conhecimento dos contextos em que a escola está implantada. Em suma, um melhor conhecimento da sociedade em que a universidade está assentada, com vistas a um direcionamento mais adequado de sua "vocação". Não há ciência neutra, nem descompromissada de seu tempo. No Brasil, país de dimensões continentais, deve-se levar em consideração as *especificidades* das diversas regiões: assim, por exemplo, uma universidade situada na Amazônia deve especializar-se não somente em medicina tropical, mas em estudos de economia extrativa, em antropologia social e em problemas políticos do Pacto Amazônico.

Mas a busca dessas "vocações" da universidade conduz à segunda ordem de considerações, relativa aos *mecanismos de gestão* da universidade brasileira.

De fato, essas considerações surgem a partir dos estímulos que a nova sociedade civil brasileira vem oferecendo à universidade, no processo de "distensão" iniciado a partir de 1974, sob o governo Geisel, e atualmente em curso na abertura política do governo Figueiredo.

5. Um projeto cultural para a universidade

Os mecanismos de gestão da universidade brasileira devem ser aperfeiçoados, no sentido de aproveitar de maneira mais fecunda as propostas e os *projetos* de segmentos cada vez mais amplos da comunidade. A universidade deve ser dialetizada pela sociedade. O modelo fortemente corporativista e autocrático cristalizado ao longo dos últimos vinte anos não tem propiciado um equilíbrio harmônico no interior da escola, seja na fixação de currículos, seja na definição de prioridades de pesquisa, seja ainda no estabelecimento de nexos mais realistas entre a universidade e o meio social. O verticalismo da rígida estrutura universitária mantém no silêncio uma soma considerável de vozes — e de *projetos* culturais — que poderiam, se ouvidas, recompassar a produção científica, no sentido de repensar *o significado social dessa produção*. Só então fará sentido buscar e discutir — no nível das universidades — *identidades e padrões de integração com outras regiões da América Latina*, procurando delinear *sistemas culturais* mais abrangentes e que ultrapassam as fronteiras jurídico-políticas.

A persistir essa tendência, o impacto e a gestão democrática do desenvolvimento científico — *stricto sensu* — e tecnológico nos países periféricos continuarão a ser algo superficial, epidérmico e com poucas possibilidades de aprofundamento e participação efetiva na elaboração de políticas públicas de longo prazo, a não ser em benefício de representantes de conglomerados do capitalismo monopolista.

Institucionalmente, o Brasil já teve boas instituições que funcionaram nos anos 1940 e 1950 (e parte dos 1960) como polos interdisciplinares e articuladores da "ciência fundamental", como foi o caso da Faculdade de Filosofia da Universidade de São Paulo (fundada em 1934). A revitalização dessa instituição pode ser um ponto de partida estratégico para o começo da inversão dessa tendência.

Isto porque não há como valorizar a "integração" cultural ou o desenvolvimento científico e tecnológico — em geral, importado dos centros internacionais mais avançados — se não houver *instituições locais* maduras, independentes, bem estruturadas, interdisciplinares e com critérios próprios para medi-los, selecioná-los e absorvê-los na justa medida. Ou, na melhor hipótese, *produzi-los*. Instituições que saibam indagar *a quem serve esse desenvolvimento*.

Onde não houver instituições desse tipo, ágeis e combativas, urge criá-las, porque será enorme o desafio à universidade latino-americana nos anos 1980, no sentido de formular políticas culturais *independentes, em resposta à contrarrevolução mundial*.

São Paulo, 1981

3. América Latina: em busca da memória comum

Para Florestan Fernandes, amigo das horas incertas, que descobriu não poder "sozinho, dinamitar a ilha de Manhattan", como diria Carlos Drummond de Andrade, *em 1938.*

Os lugares que conhecemos não pertencem tampouco ao mundo do espaço, onde os situamos para maior facilidade. Não eram mais que uma delgada fatia no meio de impressões contíguas que formavam nossa vida de então; a recordação de certa imagem não é senão saudade de certo instante; e as casas, os caminhos, as avenidas são fugitivos, infelizmente, como os anos.

Marcel Proust, 1913

Introdução

O que é grave é que o problema da descolonização não foi e continua a não ser colocado como e enquanto tal.

Florestan Fernandes,
Poder e contrapoder na América latina, 1981.

Uma pergunta inicial: é importante, de fato, que nossas discussões inspirem e ajudem a dar substância, talvez a tônica, a "vocação" científica e política da nova fisionomia e do novo papel que deverão ter os estudos históricos na universidade brasileira?

Neste sentido, esta é apenas uma *proposta preliminar*, em que se procura "conferir opiniões", demarcar o campo cronológica, metodológica e tematicamente.

Sabemos que inventários, balanços e avaliações vêm sendo realizados em diferentes instituições. Feitos pela Unesco, por centros de estudos, por fundações, por revistas, por governos (como o venezuelano, que em 1974 determinou a criação da Biblioteca Ayacucho) ou por cientistas sociais isolados, tais balanços possuem valor inestimável, e sempre carregam consigo as marcas do tempo e do lugar. Dessa perspectiva, deve-se levar em consideração importantes contribuições anteriores, trazidas nos últimos tempos por especialistas preocupados com a "dialética da integração cultural", em simpósios sobre a problemática contemporânea da América Latina.

Referências expressivas podem ser colhidas especialmente no Seminario de la Cultura Latino americana, realizado em Caracas em 1976, para estruturar a coleção dos pensadores latino-americanos que comporá a Biblioteca Ayacucho, de Martí a Mário de Andrade, de José Vasconcelos a Alexander von Humboldt, numa iniciativa comparável a iniciativas anteriores como a Biblioteca Americana, organizada por Pedro Henríquez Ureña para o Fondo de Cultura Económica do México e à Colección Latinoamericana de la Casa de la América, de Cuba; e também aquelas do simpósio Integración Latinoamericana: posibilidades e impedimentos (Unam, julho de 1980), organizada pelo Centro Coordinador y Difusor de Estudios Latinoamericanos; as do Encuentro Internacional: Pensamiento y Cultura de Nuestra América (Quito, maio de 1980); e do Simposium Latinoamericano por La Educación y la Cultura (Unam, novembro de 1981). Obras de autores isolados, como as do argentino Arturo Andrés Roig, *Teoria y crítica del pensamiento latino-americano* (México: Fondo de Cultura Económica, 1983) e *Filosofia, universidad y filósofos en América Latina* (México: Nuestra América, Unam, 1982); de Darcy Ribeiro, *El dilema de América Latina* (México: Siglo XXI, 1971); de Agustín Cueva, *El desarrollo del capitalismo en América Latina* (México: Siglo XXI, 1977); de Florestan Fernandes, *Poder e contrapoder na América Latina* (Rio de Janeiro: Zahar, 1981); e de Leopoldo Zea, *Latinoamerica en la encrucijada de la história* (México: Unam, 1981), definem o novo perfil da ciência social latino-americana. Estas obras incorporam largas experiências anteriores, até mesmo a do longínquo Congresso Internacional de Escritores, realizado em São Paulo, em agosto de 1954, sob os auspícios da Unesco, do qual participaram Cruz Costa, Leopoldo Zea, Roger Bastide, William Faulkner, Paulo Emílio, Florestan Fernandes, Luiz Amador Sánchez, Robert Frost, entre tantos (atas publicadas pela Editora Anhembi, 1957).

Não parece descabido, entretanto, propor essa nova *avaliação* agora, e não só motivados por uma neurose que remontaria a Sísifo.

A *conjuntura parece nova*, demandando, portanto, uma *reavaliação* mais dura, um pouco na linha do crítico mexicano Carlos

Monsiváis, autor de *Amor perdido* — livro em que faz a revisão, da perspectiva da crítica cultural, de mitos como o da *mexicanidad*. Crítica utilíssima para não cairmos na visão complacente das solidárias mas pouco eficazes esquerdas culturais imersas numa ingênua *latinoamericanidad*, que frequentemente mais evocam o passado do que forjam o futuro. (No momento em que se criam associações de estudos latino-americanos no Brasil — quatro no estado de São Paulo, em 1981 — e agora a Federação de Zea e Darcy, no Rio de Janeiro, em 1982, essa advertência pode ser interessante).

Essa *nova conjuntura* tem suas origens mais imediatas na crise da ordem econômica internacional, iniciada na primeira metade dos anos 1970, crise que se desdobra até hoje, obrigando a uma redefinição de parceiros no plano mundial. Um novo alinhamento, sobretudo no que diz respeito à América Latina, tornou-se inevitável, quando as potências hegemônicas deixaram explícito o papel que destinavam ao mundo latino-americano: o de subcontinente industrial de reserva.

A *politização das ciências sociais* constitui, desta perspectiva, uma decorrência irrecusável e irreversível, não só porque esse processo se agudizou no mundo inteiro, como também porque na América Latina retomaram-se e esclareceram-se fenômenos paralelos que mudaram o rumo dos acontecimentos, jogando a história para um novo patamar: em primeiro lugar, o bloqueio sistemático aos movimentos revolucionários que pudessem dar origem a novos regimes socialistas, a exemplo de Cuba. A desmobilização de forças e projetos sociais foi uma constante, desde o fracasso da "Aliança para o Progresso", e a trágica sucessão de golpes em regimes progressistas como os do Chile de Allende, da Bolívia, do Peru e do Uruguai esclareceu as dimensões, as estratégias e a natureza do capitalismo monopolista. A própria "distensão" e a "abertura" no Brasil — táticas dos governos Geisel e Figueiredo — retomam o arquétipo histórico da conciliação desmobilizadora, velha de um século no Brasil. Em segundo lugar, ocorreu a emergência da nova Igreja, balizada por uma radicalização teológica (para não dizer ideológica), que a empurrou para a Teologia da Libertação (e aqui seria importante recuperar um pouco dessa história e o papel, por exemplo, de Régis Debray). Em terceiro lugar, a emergência de movimentos sociais com novas características, como, por exemplo, o da Nicarágua, de Ernesto Cardenal, e o dos metalúrgicos do ABC, em São Paulo, ou o das propostas para *um novo partido socialista, moderno, laico e de massas no Brasil*, projeto em lenta, porém, inescapável fermentação.

Além disso, parece claro que os limites ideológicos do diálogo Norte-Sul foram dados na prática durante a Guerra das Malvinas. O capitalismo monopolista explicitou suas regras ao relegar os países do hemisfério Sul para a simples condição de "subsistente periférico", não aceitando sequer a mediação de países do subcontinente latino-americano. Esse episódio fundamental obriga a uma nova consideração das ciências sociais, à revisão das teorias da dependência, da temática do capitalismo associado, da questão da democracia e da sociedade civil. E, de uma perspectiva mais ampla, a "interrupção das revoluções", considerada como fenômeno político repetitivo, para usar as expressões recentes de Florestan Fernandes (*Poder e contrapoder na América Latina*, p. 74). Florestan, aliás, advertia, em 1971, para o perigo de um novo tipo de fascismo emergente articulado à transformação da "democracia pluralista" no bojo da contrarrevolução mundial (*ibidem*, p. 33).

O conflito recente, por outro lado, trouxe à discussão a problemática do *nacionalismo*, que se imaginava superada historicamente. Não só manifestos, mas também a criação de partidos, associações de cientistas sociais (Adhilac, por exemplo) carregam a preocupação e estimulam a busca de uma cultura *nacional* (ou regional, pelo menos) e *popular*. Portanto, impõe-se aqui o comentário sobre essas novas indagações e qual seu significado se consideradas à luz das teorias da "modernização" dos anos 1940, dos estudos sobre "resistências à mudança" dos anos 1950, das teorias da revolução dos anos 1960 e das teorias da "dependência" dos anos 1970.

Não parece que os projetos de integração latino-americana e a busca de identidades possam ser produzidos sem uma rigorosa *crítica cultural* — vale dizer, ideológica — prévia, para separar o joio do trigo. Ou, em termos diretos, separar Gilberto Freyre de Florestan Fernandes; ou Octavio Paz de Agustín Cueva ou Carlos Monsiváis; ou as velhas concepções de história da Igreja das novas concepções do grupo do CEHILA; ou os estudos do argentino Alejandro Losada — que opera com o conceito de *sistema cultural* — das histórias de "culturas nacionais" parcelares e monolíticas fabricadas no Peru, no Brasil, na Colômbia etc., ou a América Latina de que fala Gabriel García Marquez daquela de Vargas Llosa.

Hoje, não basta ser "terceiro-mundista", não só porque o termo é vago, mas também porque o próprio CNPq (Conselho Nacional de Pesquisa), em Brasília, se propõe, explicitamente, também ele, "terceiro-mundista". A menos que sofra aqui uma reconceituação histórica, um *aggiornamento*, essa expressão perde sua substância, à força de servir para tudo. E, portanto, *para nada*.

Propostas de periodização para as ciências humanas

Dessa perspectiva, parece útil sugerir uma *periodização* demarcada por *obras significativas* nas ciências humanas (preocupação de arrolamentos, advirta-se), enfatizando-se, sobretudo, de 1945 aos nossos dias. Periodização que poderá auxiliar um possível balizamento dos comentários. Um balanço dessa natureza é temerário, e só pode ser realizado a partir de trabalho coletivo com critérios previamente calibrados: nesse sentido, esta reflexão não passa de uma tarefa inicial e introdutória. Em suma, de um balão de ensaios.

Vamos, pois, indicar os momentos marcantes para a nossa proposta de uma provável *periodização*:

1. Conquista e colonização (séc. XVI e XVIII) com ruptura e destruição das civilizações existentes

Imposição do sistema cultural da Europa capitalista (língua, religião, organização social). Especialização regional na economia, com reforço da unidade hispano-americana nos planos político e cultural (unidade na diversidade).

2. Movimentos de independência (primeiras décadas do séc. XIX): ruptura da unidade superestrutural

Ideologias nacionais isolando cada Estado. "*En ese contexto, el proyecto bolivariano era poco más que una utopía*" (Luís Alberto Romero). A presença inglesa não exerceu a mesma função integradora ibérica anterior, exceto no plano das relações comerciais.

3. Da colonização ao imperialismo

Nos anos 80 do século XIX, novo impacto europeu-ocidental, seguido da presença norte-americana. O pensamento anti-imperialista de

José Martí marca esse momento. Inversão de capitais, com aumento das economias de exportação. Europeização das *elites*. "*Positivismo llegó a constituirse en una verdadera ideología transnacional*" (L. A. Romero). Diferenciações regionais: na Argentina, por exemplo, presença de uma oligarquia capaz de controlar as atividades produtivas dinâmicas, ao contrário das repúblicas centroamericanas. Imigração massiva aos países do Cone Sul e ao Brasil. "Casamento de uma descolonização prolongada, seletiva e parcial com a dominação imperialista" (Florestan Fernandes, *Poder e contrapoder na América Latina*, p. 119)

4. Dos nacionalismos populistas à política da "boa vizinhança"

A crise de 1929 abre um novo período de isolamento latino-americano. Ocorrem estímulos às economias regionais, inclusive ao desenvolvimento industrial. No plano ideológico, o *nacionalismo* toma corpo: as "raízes" culturais e políticas são procuradas (*Raízes do Brasil*, de Sérgio Buarque de Holanda, é exemplo disso, ao lado das obras de Gilberto Freyre, Caio Prado Júnior, Afonso Arinos e Fernando de Azevedo). Ocorrem também novas correntes de opinião rompendo o círculo das *elites* locais, e o exemplo do peruano José Carlos Mariátegui é o maior (sem desprezar a importância que teve na época Haya de la Torre). Dá-se o aparecimento de lideranças que começam a expressar projetos de setores sociais mais amplos (Vargas, Perón, Cárdenas etc.), com caráter nacionalizante. No Brasil, Paulo Emílio Salles Gomes, em notável depoimento publicado na *Plataforma da nova geração* (geração que é a de Antonio Candido e Florestan), registra, em 1944, em pleno Estado Novo, que a direita brasileira manifestava "entusiasmo arrogante e ingênuo pelos generais reacionários da Argentina", que os perseguidos pelo regime "fugiram para cada vez mais longe, para as Guianas e para a loucura" (isso quando não precisaram alguns desses processos lentos "ser vividos dentro da geografia limitada das prisões"). "Em relação à América Latina nota-se cada vez maior interesse pelos acontecimentos que se desenrolam no México de 1910 para cá, e pelas ideias de Raul Victor Haya de la Torre, o pensador peruano que fundou o aprismo" (*Plataforma da nova geração*. Porto Alegre: Globo, 1945, p. 289). Vale notar que Mariátegui só seria traduzido no Brasil nos anos 1970, por Florestan Fernandes.

A partir da Segunda Guerra Mundial (1939-1945), a política norte-americana da "boa vizinhança" se intensifica, reforçando a ideologia pan-americanista — a defesa do hemisfério. O historiador Arthur Preston Whitaker (*Os Estados Unidos e a independência da América Latina*, 1941), crítico dos excessos do pan-americanismo, representa essa tendência neoimperialista, que, *negando a unidade do Novo Mundo, eliminava, por outro lado, qualquer unidade possível na história latino-americana*. Era um crítico desse "neorromanticismo hemisférico" (seu livro foi muito difundido pelas embaixadas dos Estados Unidos no subcontinente, e depois traduzido no Brasil especificamente pela Editora Itatiaia, após 1964), adepto da crença no "destino manifesto", peculiar à fase em que se processava a conquista do Oeste, com seu subproduto do século XX, a ideologia da "nova fronteira" e, portanto, da "boa vizinhança". Herdeiros dessa visão da história latino-americana são o Instituto Pan-americano de Geografia e História e a Organização dos Estados Latino-americanos (OEA) — OEA que não inclui entre seus membros vários países independentes.

5. Da "consciência amena de atraso" à ideologia desenvolvimentista

Após a Segunda Guerra Mundial, iniciam-se nas ciências sociais estudos de "resistências à mudança". O avanço do capitalismo impõe estudos sobre o coronelismo, sobre o caciquismo. Também os chamados "povos primitivos" tornam-se objetos de exame, para posterior "aculturação", para a "integração na sociedade nacional". No Brasil, Victor Nunes Leal publica *Coronelismo, enxada e voto* (1948), desvendando as complexas estruturas de poder no campo; a desintegração da vida rural é examinada por Antonio Candido em *Parceiros do Rio Bonito*: está-se passando nesse período da "consciência amena de atraso para a consciência de país subdesenvolvido", para usar a bela fórmula deste último (*in*: "Literatura e subdesenvolvimento". *Argumento*, nº 1).

Nessa passagem, descobre-se e se combate as disparidades regionais. Nascem as fórmulas duais: atrasado/adiantado; arcaico/moderno; rural/industrial; e a fórmula mais politizada subdesenvolvido/desenvolvido. As *teorias da modernização* ganham notoriedade. Já não se está mais nos quadros da ideologia simplista do *pan-americanismo*, quando, com a guerra e o consequente corte das relações culturais com a Europa, se intensificou o envio de bolsistas para os Estados Unidos. De fato, nos anos 1940 as associações culturais voltadas para os Estados Unidos floresceram, com a consequente "modernização" de nossas instituições de ensino e pesquisa (como a Escola Livre de Sociologia e Política, em São Paulo). Na educação, as marcas de John Dewey são fortes, sobretudo em Anísio Teixeira — que nos anos 1950 e 1960 transitaria de uma óptica liberal para uma perspectiva socialista. Com a modernização das instituições, ocorre a intensificação das *teorias funcionalistas* (alimentadas por

Freyre e duramente criticadas por Antonio Candido, em *Plataforma da nova geração*, 1945).

A partir de meados dos anos 50, difunde-se e intensifica-se a presença norte-americana. As sociedades urbanas massificadas vão adotando aceleradamente padrões culturais (vale dizer, ideológicos, inclusive na justificativa para sustentação de um discurso pretensamente científico) da potência hegemônica. Estrutura-se uma visão "integrada" da América Latina, a visão dos Estados Unidos. Os "Institute of Latin American Studies" reforçam essa visão que, às vezes apoiada no "método comparativo", toma ares de ciência e adquire autonomia ideológica, indo para os currículos escolares, para os atlas, para os manuais e para as casernas onde se alojam os fabricadores de "doutrinas de segurança nacional". Ou seja, esses filhos da Guerra Fria. Essas ideologias descobrem as disparidades, mas *não eliminam a diferença*, a não ser no nível do discurso (diga-se de passagem que, ao menos no caso do Brasil, as teorias de Gilberto Freyre se prestam enormemente a essa ideologia que elimina as desarmonias; os depoimentos de militares do regime de 1964 são explícitos).

Com essa "modernização", a formação técnica dos pesquisadores torna-se aprimorada. A qualificação do cientista social é discutida.

Mas, como resultado da Guerra Fria, surge esse subproduto ideológico, que é o *terceiro-mundismo*, que tem uma importância notável porque se opõe ao *pan-americanismo*. Nesse sentido, à guisa de exemplo, cite-se o Iseb, no Brasil, onde a temática do nacionalismo e do Terceiro Mundo foi discutida, absorvendo teses como as de G. Balandier, importante teórico da *descolonização* (africana, sobretudo).

Na segunda metade dos anos 1950 define-se a teoria e se esboça a crítica do *subdesenvolvimento*. O neocapitalismo como teoria da história se cristaliza em obras como as de Celso Furtado, em que a superação do subdesenvolvimento e a eliminação das disparidades regionais é a meta, além da internalização do "centro dinâmico" da vida econômica. Nessa década organizam-se centros internacionais de pesquisa para a formação de economistas, sociólogos etc. em Santiago do Chile, Buenos Aires, Rio de Janeiro. Em 1961, graduam--se os primeiros sociólogos da Universidad de Buenos Aires (o curso cresceria de 67 alunos em 1957 para 1.500 em 1966). Na Argentina, pontificaria Gino Germani, "o maior representante do estrutural--funcionalismo" (segundo José Nun, "Los paradigmas de la ciencia política: um intento de conceptualización", *Revista Latinoamericana de Sociologia* (1966), cit. por Eliseo Verón, *Ideologia, estrutura, comunicação*, São Paulo: Cultrix, 1970). Define-se uma suposta "sociologia mundial", na verdade uma *ideologia cientificista*, articulando cientistas sociais em nível internacional.

A *Revolução Cubana* (1959-1962) abre nova perspectiva. A *guerra de guerrilhas*, do argentino Ernesto Che Guevara, é de 1960. Na virada da década, uma revisão no interior do marxismo se faz em São Paulo, na Faculdade de Filosofia da Universidade de São Paulo, por professores e pesquisadores perseguidos em 1964 e que seriam aposentados de suas cátedras em 1969 — entre eles Florestan Fernandes, Fernando Henrique Cardoso, Octavio Ianni, Paul Singer, Francisco Weffort —, e que se ocuparam de temas de magna importância como relações raciais, capitalismo e escravidão, urbanização e desenvolvimento, a natureza da sociedade de classes, o populismo, a classe operária. Estudos sobre a classe operária se intensificaram, ao lado de Weffort, Cardoso e Ianni, como os de Theotônio dos Santos, em Minas Gerais.

Estimulada pelos exemplos cubano e argelino (e neste caso foi importante *Os condenados da terra*, de Frantz Fanon), uma visão "terceiro-mundista" se precisa, políticas externas independentes são projetadas, a América Latina transforma-se em tema de reuniões científicas e, mais distantemente, a África e a Índia. Esboça-se a criação de centros de estudos afro-asiáticos e latino-americanos.

Na primeira metade dos anos 1960 a ideologia desenvolvimentista se consolida. Expressões desse momento são as obras de Raúl Prebisch, *Hacia uma dinâmica del desarrollo latinoamericano* (Mar Del Plata: Cepal, 1963) e *Nueva política comercial para el desarrollo* (México: FCE, 1964).

O estrutural-funcionalismo predomina nos centros de educação e pesquisa. O *reformismo desenvolvimentista* — do qual Celso Furtado é uma as melhores expressões — procura alimentar as resistências à mudança no setor rural, na administração, nas relações fabris. A *ideologia do planejamento* difunde-se nos quadros dessa expansão neocapitalista. Assessor do governo norte-americano, Walt Whitman Rostow vem à periferia ensinar a uma burguesia industrial despreparada as manhas do *take-off*. A época é de grande fermentação teórica e de alto consumo das obras de Prebisch e de Gunnar Myrdal (deste último é de 1962 a tradução de *Teoría económica y regiones subdesarrolladas*, editada pelo FCE do México). Estudos sobre "empresários" (evita-se a palavra "burguesia", mais precisa) e sobre operários procuram compreender as "disfunções" sociais: com o aprofundamento das crises sociais, econômicas e políticas, *acaba-se por compreender que tais "disfunções" constituem a regra, e não a exceção*. Desdobre-se que a crise é mais ampla, e que se dá *em sistema*.

O pensamento marxista ortodoxo ainda está balizado por rígidas demarcações, numa visão de história a ser cumprida em etapas. Vivia-se, nesses anos, não muito longe daquele clima ideológico descrito em 1944 por Paulo Emilio na *Plataforma da nova geração*: "falava-se muito em dialética, mas dificilmente se aprendia nesses meios a pensar dialeticamente" (p. 285). Por isso, o texto metodológico de Fernando Henrique, introdutório a *Capitalismo e escravidão no Brasil*, ao combinar reflexões de Marx, Lukács e Sartre, provocou enorme impacto, criando *um novo espaço teórico*. Vale lembrar que o "feudalismo" (por exemplo) ainda era categoria aceita para definir o modo de produção no período colonial. E que Gramsci só foi traduzido em Buenos Aires em 1960 e no Brasil em 1966 (por Carlos Nelson Coutinho, hoje importante representante da linha *euro*). Mariátegui só seria reeditado em Cuba em 1963, e no Brasil em 1975 (com tradução e apresentação de Florestan).

Mas a viragem já se anunciava em 1963, em textos como os de John Gerassi, publicado em português sob o título *A invasão da América Latina*.

6. *A era das revisões radicais: 1964-1969*

Em 1964, Leo Huberman e Paul Sweezy editam a importante coletânea *Perspectivas da América Latina*, reunindo textos em que se prenuncia a iminente revolução latino-americana (Rio de Janeiro: Zahar).

De fato, com o avanço da crise no subsistema periférico (Cuba, Ligas Camponesas no NE, reformas de base), o sistema responde com a *Aliança Para o Progresso*. A partir de 1963, fracassada a política de *aliança* neocapitalista, com os Kennedy à frente, passa-se à escalada repressiva. Regimes ditatoriais se instalam no subcontinente. Após o período desenvolvimentista (anos JK no Brasil, 1955-1960; e do reformismo desenvolvimentista, 1960-1963, com Darcy Ribeiro na chefia da Casa Civil da República e Celso Furtado como ministro do Planejamento), o Brasil torna-se país-chave na América Latina:

torna-se claro que — como se dizia em Washington — a América Latina se inclinará para o lado que o Brasil se voltar. E o Brasil foi para a direita, com o golpe militar de 1964, participando inclusive da Força Interamericana de Paz que invadiu São Domingos em 1965, em operação urdida pelo Pentágono.

No plano das ciências sociais, dá-se início aos acertos de contas com a ideologia desenvolvimentista, que impregnava os diagnósticos de realidade (Cepal, Prebisch etc.); e também com o estrutural-funcionalismo (Gino Germani em especial) e com as teorias da modernização, "variante *criolla*" do estrutural-funcionalismo (para usarmos a expressão caricaturesca do equatoriano Agustín Cueva).

Algumas obras marcam as apreensões do novo tempo, como a de Mildred Adams, *América Latina: evolución o explosión?* (México: Limusa, 1964). Entretanto, foi Paul Baran que forneceu fundamentos teóricos para uma nova perspectiva e análise do capitalismo monopolista, notadamente em *La economía política del crecimiento* (traduzida no Brasil em 1964 pela editora Zahar e no México pela FCE), e, sobretudo, em sua obra de parceria com Paul Sweezy, *Capitalismo monopolista* (Rio de Janeiro: Zahar, 1966). Essas interpretações se contrapunham com vigor às elaborações fortemente ideológicas e largamente difundidas de J. A. Schumpeter, como *Capitalismo, socialismo y democracia* (México, 1963).

Mas as revisões radicais, como já apontamos em estudos anteriores, têm início em 1965, com Rodolfo Stavenhagen, nas "Siete tesis equivocadas sobre América Latina" (revista *Política Externa Independente*, Rio de Janeiro, 1965), contestando as interpretações dualistas do estrutural-funcionalismo e os prejuízos do marxismo dogmático: *foi talvez o texto mais traduzido e editado naquele período*. Nesse mesmo ano de 1965, Francisco Weffort inicia sua crítica ao populismo, em "Raízes sociais do populismo em São Paulo" (*Revista Civilização*

Brasileira, Rio de Janeiro, 1965). Pablo Gonzáles Casanova inicia uma revisão das práticas e ideologias da democracia no subcontinente, a partir do exemplo do México, em *La democracia en México* (México: Era, 1965), preparando as bases para sua sociologia da exploração, além de discutir a problemática do colonialismo interno.

Em 1966, Caio Prado Júnior — que já produzira obras de maior importância sobre a história do Brasil nos anos 1930 e 1940, de uma perspectiva marxista — lança *A revolução brasileira* (São Paulo: Brasiliense, 1966), obra em que sistematiza as críticas à esquerda ortodoxa, em seu despreparo para a análise e interpretação da realidade social contemporânea, que levou-a inclusive à não percepção do golpe militar de 1964. Nesse mesmo ano, embora dentro dos parâmetros do neocapitalismo, Celso Furtado lança seu *Estagnação e estancamento na América Latina* (Rio de Janeiro, 1966), em que pressente a crise econômica que se avolumava. Também José Nun produz um estudo, mais contundente, "América Latina: la crisis hegemónica y el golpe militar" (*Desarrollo Económico*, v. 6, nº 22/23, jul./dez. 1966), oferecendo uma perspectiva abrangente do golpismo que se abateu sobre o subcontinente.

Os teóricos do neocapitalismo (Schumpeter, Galbraith, Prebisch e Furtado) são lidos com intensidade, da mesma forma que seus críticos marxistas ou marxizantes, (estes, envolvidos também na polêmica com a esquerda dogmática). A preocupação dominante já não é com o desenvolvimento reformista, mas com a *penetração acelerada do capitalismo monopolista* — aprofundando a dependência, gerando a marginalidade e fabricando "Estados de seguridad nacional". A expressão "capitalismo selvagem da periferia" ganha concreção histórica.

A *interdisciplinaridade* torna-se uma realidade nas ciências sociais: não mais compartimentos estanques, seja nos centros de cultivo do estrutural-funcionalismo, seja nos núcleos de orientação marxista (onde predominava o economicismo da década anterior). A politização das ciências sociais torna-se um dado normal, o que muito se deve à chamada "cultura do subdesenvolvimento" (no teatro, na literatura, no cinema e na música).

O que é positivo é que, dos anos 1950 para os anos 1960, os debates sobre subdesenvolvimento (genéricos, evolucionistas e economicistas) voltam-se à discussão dos *modos de produção*, dos *tipos de sociedade* (de classes, de estamentos, de castas) e *dependência*.

A crise de 1966. Os meados dos anos 60, de revisões radicais, coincidem com ampla crise das sociedades latino-americanas. Segundo Agustín Cueva (*Latinoamericana*, México, nº 14, 1981), o produto por habitante, que crescera 2,2% anualmente entre 1950 e 1955, para assumir um ritmo de só 1,5% ao ano, entre 1960 e 1965, e em 1966 estanca. A economia latino-americana parecia então tender ao estancamento, de modo incontornável. Por volta de 1966 o capitalismo monopolista estrangeiro passou a controlar os centros mais importantes da indústria da América Latina. Desnacionalização, marginalidade, pauperismo são registrados por Robert Alexander, em *Aspectos políticos da América Latina* (São Paulo: Record, 1966), por José Nun (estudo já editado) e Francisco Weffort, em "Participación económica y participación social" (Ilpes, 1966).

Nessas revisões, fortalece-se a crítica ao *populismo*, às teorias simplistas sobre o *imperialismo* (que não permitiam entender o *capitalismo associado e dependente*, o qual admite, eventualmente, a "modernização" e a transição controladas de fora para dentro, mas não o aprofundamento da descolonização), a crítica às *visões dualistas* da sociedade, em que lutas de classe eram abordadas em perspectiva quase maniqueísta. Nessa altura, uma importante reflexão *metodológica* é realizada por Pablo González Casanova, a partir dessas revisões, com implicações para o aperfeiçoamento das ciências sociais, em *Las categorias del desarrollo económico y la investigación en ciencias sociales* (México: Inst. de Investigaciones Sociales, Unam, 1967).

Mas o vigor da nova crítica se manifesta em obras como as de A. Gunder Frank, "Sociology of development and underdevelopment of sociology", publicado em *Catalyst* (Buffalo, nº 3, pp. 20--73, 1967) e logo disseminado ao Sul do Rio Grande; Régis Debray, *Revolución en la revolución* (Montevidéu: Sandino, 1967) e Theotônio dos Santos, "El nuevo carácter de la dependencia" (Santiago do Chile: Facultad de Ciencias Económicas, Universidad de Chile, 1968); Rui Mauro Marini, *Subdesarrollo y revolución* (México: Siglo XXI, 1969) e o estudo de Fernando Henrique e Enzo Faletto, *Dependencia y desarrollo en América Latina* (México: Siglo XXI, 1969). Na historiografia, é assinalável a *Historia contemporánea de América Latina*, do argentino Túlio Halperin Donghi (Madri: Allianza Ed., 1969). É nesse contexto que surge a reflexão mais sistemática e ampla de Darcy Ribeiro sobre o processo de formação sociocultural da América Latina em *O processo civilizatório* (Rio de Janeiro: Civilização Brasileira, 1968), logo seguido de *As Américas e a civilização* (Rio de Janeiro: Civilização Brasileira, 1970) e *El dilema de América Latina*, estructuras de poder y fuerzas insurgentes (México: Siglo XXI, 1971).

7. *O período de 1969 a 1973: do desenvolvimentismo às teorias de dependência*

Os anos que se abrem a partir da crise de 1968-1969 são ricos de análises agudas sobre a América Latina. A ruptura com a ideologia desenvolvimentista se aprofunda: *percebe-se que jamais os países do subsistema periférico lograrão a autonomia nos quadros do capitalismo.* Os mecanismos ideológicos do capitalismo monopolista são denunciados por Irving L. Horowitz (org.), em *Ascensão e queda do projeto Camelot. Estudo sobre as relações entre ciência social e a prática política* (Rio de Janeiro, 1969) e por Octavio Ianni em *Imperialismo y cultura de la violencia en América Latina* (México: Siglo XXI, 1970).

A crítica econômica, com Tomás Vasconi e Carlos Lessa, desmistificando o desenvolvimentismo (1969), assim como Pedro Paz e Osvaldo Sunkel (1969), levam à compreensão da crise do desenvolvimentismo e do perigo da *nova dependên*cia. José Nun, nesse mesmo ano, analisa o fenômeno da geração de uma superpopulação marginalizada em "Superpoblación relativa, ejército industrial de reserva y masa marginal", na *Revista Latinoamericana de Sociologia* (Buenos Aires, nº 2, 1969).

Nesse momento, vale registrar, ainda, o impacto do pensamento de Herbert Marcuse se faz sentir por toda parte, da Venezuela ao México e ao Brasil. A ideologia do homem unidimensional, típica do capitalismo monopolista, é posta abaixo. E se descobre que a "ideologia é uma dimensão estrutural de toda comunicação, inclusive a da ciência" (Eliseo Verón, 1968).

Como bem observou Agustín Cueva, nesse período

> quase não teve influência no desenvolvimento de nossas ciências sociais o marxismo latino-americano depreciativamente rotulado de "tradicional". Autores como o próprio Mariátegui, Mella, Anibal Ponce ou Rodney Arismendi eram simplesmente desconhecidos, em que pese constituírem os pilares fundamentais do pensamento contemporâneo da América Latina (*Latinoamerica*, nº 14, p. 114, 1981).

A ideologia do planejamento trouxera, entretanto, uma experiência em métodos e técnicas nada desdenhável, e os cientistas sociais que colaboraram em centros de planejamento aprimoraram suas formações, frequentemente dentro de uma óptica desenvolvimentista. Os mais críticos quase sempre se encarregaram de passar, por formas diversas, seu acervo técnico para o campo da esquerda, conforme assinalou Agustín Cueva. Claro está que os deslizamentos ideológicos devem ter, em mais de um caso, "contaminado" as perspectivas da luta armada.

Mas em 1968 no Brasil e em 1973 no Chile tem início a nova e maior diáspora. Com efeito, o golpe dentro do golpe que foi a promulgação do Ato Institucional nº 5 no Brasil, desorganizando as principais linhas de pesquisa, e o assassínio do presidente Salvador Allende, cortando as esperanças àquela altura de uma via pacífica para o socialismo, mostraram os limites estreitos da história do subcontinente. Paralelamente, as crises de desemprego, o aumento da pauperização e a guerra externa dos EUA demonstraram que a crise é do sistema inclusivo. Por outro lado, o "milagre brasileiro", de 1968 a 1973, dá a ilusão ao sistema de que é possível o desenvolvimento na periferia — eliminando, é claro, as liberdades civis e as condições para a investigação científica crítica.

O fechamento do sistema no plano continental leva à aproximação dos cientistas sociais das lutas sociais, a partir do *cordobazo* e dos golpes na Bolívia, no Uruguai e no Chile.

Nesse período, a importância de Louis Althusser é destacável, assim como o manual de materialismo histórico da chilena Martha Harnecker, o primeiro revendo e difundindo o marxismo com rigor e profundidade, e esta última em quantidade.

Haveria a destacar aqui uma floração vigorosa e inspirada nas ciências sociais, aí incluídas a história econômica e a *Formação eco-*

nômica da América Latina (1969), de Celso Furtado. Mas creio que, de um ponto de vista globalizante e interdisciplinar, a obra de Florestan Fernandes *Capitalismo dependente e classes sociais na América Latina* (Rio de Janeiro: Zahar, 1973) representa melhor esse período, por combinar, de maneira crítica, as contribuições da sociologia, da economia e da história para definir a natureza da *dependência*.

Nesse período, as *teorias da dependência* substituem, criticando, o *desenvolvimentismo*. Pensa-se a *dependência* como um problema histórico, com leis próprias — embora seus críticos tenham julgado não existir tal objetivo histórico que pudesse dar origem a uma teoria do desenvolvimento ou da dependência (ver A. Cueva, art. cit., p. 120).

Os limites da revolução continental são dados na prática com o violento combate à luta armada e a montagem de uma unidade de repressão supranacional nos países do Cone Sul e no Brasil. O voluntarismo de ultraesquerda, nutrido em geral por quadros de pequena burguesia urbana, vê-se obrigado a constatar que "uma revolução não se inventa" (tal como dissera certo intelectual, Francis Jeanson, sobre *La chinoise*, de Godard, por volta de 1968). Em qualquer hipótese, a história começa a ser *pensada em sistema*, em centros de estudos de importância no subcontinente.

8. O período 1974-1983: em busca de uma nova identidade

No início do período, repressão em escala continental, sobretudo em 1974-1975. A diáspora favorece o México, a Costa Rica e a Venezuela. Como analisou Agustín Cueva, dá-se uma mudança na correlação de orientações políticas no interior das ciências sociais latino-americanas nos países não fascistizados: "Mudança que, por um lado, se caracteriza por um robustecimento do sentimento democrático e, por outro, por uma debilitação de posições ultraesquerdistas" (p. 117). A complexidade do chamado capitalismo dependente é descoberta, assim como a complexidade e a variedade das sociedades latino-americanas são descobertas. Começa-se a discutir com maior rigor e menor índice de generalidade as teorias da *dependência* e os *modos de produção* no subcontinente (sobretudo na Costa Rica e no México, 1974).

A "distensão" no Brasil e a "abertura" no governo Geisel permitem um desafogo, mas o processo é pontilhado de incidentes que despertam as discussões sobre a questão da democracia, sobre o autoritarismo, sobre direitos humanos, sobre a nova Igreja e o novo sindicalismo, sobre o modelo autocrático-burguês e sobre a *natureza da sociedade civil* nos "tristes trópicos". Desarticuladas as esquerdas convencionais e desmontada a universidade na maior parte dos países da região, a nova Igreja ocupa um lugar de liderança, mercê da aprovação ideológica que a Teologia da Libertação soprou no continente. A revolução da Nicarágua constitui um posto avançado desse processo, que nos grandes centros opera através das comunidades de base.

A ciência social é estimulada por essa renovação, em busca dessas "civilidades" (o que não deixa de ser complexo, estando a Igreja a querer parir a sociedade civil). Além disso, em alguns setores da esquerda a noção de "sociedade civil" é buscada em Gramsci, que chega algo amaneirado à América Latina, mais liberal que socialista. A teoria da dependência é criticada, acerbadamente, em Agustín Cueva (sobretudo em *El desarrollo del capitalismo en América Latina*. México: Siglo XXI, 1977. 5ª ed., 1981. Premio Ensayo Siglo XXI) e, no plano da crítica cultural, em "As ideias fora do lugar", de Roberto Schwarz.

O mundo latino-americano então se organiza em dois grandes blocos, com os países do Pacto Andino e os do Cone Sul. A política externa "pragmática" do Brasil oscila, buscando uma terceira linha (ou quarta, pois Cuba constitui ainda a única e peregrina exceção socialista).

Nas ciências humanas, o período será marcado por uma alta e aguda produção, que procura, de maneira geral, saídas para os impasses da dependência. Nicarágua, El Salvador, as oposições brasileiras, o novo sindicalismo, a nova Igreja, as revisões e acomodações dentro dos partidos tradicionais de esquerda, todos levantam as magnas questões da ciência social latino-americana contemporânea, que são, a meu ver:

a. *A criação de partidos políticos de massa modernos e representativos.*
b. Avaliação das teorias da dependência. Qual a direção que devem tomar os estudos sobre o "capitalismo associado e dependente" e quais as reais possibilidades de seu *esgotamento* próximo (já agora indagando sem o voluntarismo de dez anos atrás)?
c. Qual "integração" comum a ser pesquisada? Existe "sociedade civil" na América Latina? Em caso positivo, quais suas características?
d. Quais as *direções* e *projetos* dos movimentos populares?
e. Quais as linhas mestras dos sistemas ideológico-culturais dominantes? Como planejar, em nível continental, a crítica ideológica, em busca de uma *cultura de resistência*?

Em busca da memória comum

As crises recentes do capitalismo monopolista e o fracasso provisório da luta armada, sobretudo nas regiões meridionais do continente, levam a *uma nova busca das identidades* para um possível modelo de integração. Ernesto Cardenal falava, em 1982, no Departamento de História de FFLCH-USP em São Paulo, de uma Organização dos Estados Latino-americanos (diversa da OEA).

A ciência social não pode estar — como de fato não está — distante dessa busca de uma luta e de *uma memória comum*. Mas qual? Assim é que em 1976 o Seminário de Cultura Latino-americana (Caracas) reuniu intelectuais do mais alto nível e de diversas áreas e quadrantes para estruturar a Biblioteca Ayacucho, que vem publicando as principais matrizes do pensamento latino-americano, de Martí e Mariátegui a — *hèlas* — Gilberto Freyre.

Em 1977, uma verdadeira ruptura de velhos axiomas da sociologia acadêmica latino-americana é realizada por Agustín Cueva, denunciando as ditaduras abertas e terroristas do capitalismo monopolista, mas demonstrando que a crise atual se dá em condições históricas diversas das dos anos 1930 — e que, portanto, o horizonte socialista não é certamente um *Amor perdido* —, visto que hoje

> existe um campo socialista de grande envergadura, uma classe operária vigorosamente organizada nos países "centrais", movimentos de liberação nacional que infligem severas derrotas ao imperialismo, e até uma corrente "terceiro-mundista" burguesa ou pequeno-burguesa, que busca modificar, a seu modo, os termos atuais da dependência (p. 237).

Em qualquer hipótese, conclui, "o estabelecimento desta etapa não é tarefa simples nem o socialismo está na virada da próxima esquina".

Nesse ano, ainda, são propostas as *Bases para uma estratégia de investigação da mudança cultural na América Latina*, analisando as relações culturais entre os Estados Unidos e a América Latina, pelo argentino Alejando Losada e pelo alemão Bertolt Zilly, do Lateinamerika Institut da Freie Universität, Berlim, junto à Associação Alemã de Investigação sobre a América Latina (Adlaf, Berlim, 1977). Baseado no estudo dos *sistemas culturais*, Losada — recentemente falecido na rota Havana-Manágua — propõe elementos para uma nova história da cultura latino-americana.

Em 1978, tem início a série *Latinoamerica: Cuadernos de Cultura Latinoamericana*, editada em alta tiragem pelo Centro de Estudios Latinoamericanos da Unam, dentro de um projeto coordenado por Leopoldo Zea, um grande plano para um melhor conhecimento do pensamento político e cultural desta América — preocupado com o "processo de desentranhar a identidade desta América e com a necessidade de sua libertação". De Bolívar a Euclides da Cunha, de Martí a Che Guevara, Leopoldo Zea procura delinear o mapeamento do pensamento latino-americano.

Finalmente, em 1980 e 1981 são realizados três simpósios de maior importância para definir quais os temas, as dificuldades e os compromissos para um melhor conhecimento do pensamento latino-americano. Em 1980, no Simpósio Integración Latinoamericana: Posibilidades e Impedimentos (Unam, CCYDEL, coord. L. Zea), o historiador das ideias Leopoldo Zea denunciava a monótona substituição de um colonialismo por outro, ao longo da história de "*nuestra América*", tanto que a "integração com liberdade" continuava a ser uma utopia. E que a tarefa maior seria repensar nossa existência "hoje como nunca ameaçada e submetida a fortes pressões pelo colonialismo empenhado em integrar-nos de acordo com seus limitados interesses" (*Latinoamerica*, Anuários, nº 14, p. 323, 1981). Da mesma forma, o Encuentro Internacional: Pensamiento y Cultura de Nuestra

América (Quito, maio 1980) trouxe importantes contribuições para a reconceituação da "dependência cultural", retomada em perspectiva histórica em que se procura remontar aos quadros mentais de longa duração e às linguagens sociais em sua complexidade.

Em 1981, no Simpósio Latinoamericano por la Educación y la Cultura (Unam, nov. 1981), as posições de combate se apresentam mais claras e contundentes. Assim é que em suas *Declarações finais* ficam denunciadas, entre outras posições, todas as formas de intervenção na autonomia dos países da região, notadamente Nicarágua, El Salvador e Cuba, assim como regimes ditatoriais como o haitiano.

Parece claro, hoje, que devemos, para o desenvolvimento das ciências sociais na região, evitar os equívocos e mitos de uma possível *Ideologia de cultura latino-americana*, dessa "latinoamericanicidad" fácil. Ideologia que seria uma espécie de visão freyriana do Brasil ampliada para todo o subcontinente (e que, aliás, algumas esquerdas engolem). O tempo passa; no ano 2000, que se avizinha, as duas das maiores cidades do mundo (para tomarmos um indicador apenas) estarão na América Latina: México e São Paulo. Vale relançar ao debate alguns pontos para meditação, procurando saber se os cientistas sociais vêm — e como — se preocupando com certas questões da América Latina, a saber:

1. A diversidade de tempos histórico-culturais dos diversos povos que a compõem;
2. Tipos de dependência diferentes — *combinados* com formas de estratificação social extremamente diferenciadas — conforme a região;
3. Mecanismos, critérios e conceitos de *legitimação* dos diversos sistemas sociopolíticos;
4. Uma avaliação sistemática de experiências inconclusas de *passagem* para uma ordem democrática: Chile, 1973; Bra-

sil, 1964 e 1968; Nicarágua atual; El Salvador atual etc., e um estudo mais sistemático das políticas culturais e dos conceitos de "cultura" que fomentam a "contrarrevolução preventiva", de que fala Florestan;

5. O tratamento dispensado às *minorias*, conforme a região: índios, negros, mulheres, homossexuais. Verificar o acesso aos empregos, às carreiras e aos aparelhos de Estado. (O pressuposto é que o tratamento dispensado às minorias — que, aliás, são maiorias — é um importante indicador de avanço cultural);

6. O peso das TVs e da indústria cultural em cada uma das regiões, e a participação em seu controle dos diversos grupos socioculturais;

7. Paralelamente, o controle das agências noticiosas que tratam (verificar como) da América Latina;

8. Inventariar e colocar à disposição de um público mais amplo as conclusões dos projetos interdisciplinares que vêm buscando, nos vários centros de investigações, o esboço de uma história *alternativa* do desenvolvimento cultural da América Latina. Por exemplo, o Projeto Losada (Berlim, 1979), o Projeto do Centro de Estudos de História da Igreja na América Latina (CEHILA) etc.;

9. Finalmente, questionar duramente qual a participação da universidade na elaboração de políticas culturais alternativas, levando em conta vários indicadores e *fixando explicitamente objetivos* na consecução dessas políticas. Associar nesse estudo o *tipo de política cultural* adotada ao *modelo de universidade* (forma de gestão, "vocação" estimulada em qual direção, grupos sociais que dela se utilizam, "projetos" sociais nela inscritos etc.).

Está a universidade latino-americana se preparando para os desafios do ano 2000? Não cremos.

Em qualquer hipótese, a expectativa é que esta discussão esteja inspirada, como na poesia de Vinicius de Moraes ("O haver"), nesse "desejo de servir", nessa "contemporaneidade com o amanhã dos que não têm ontem nem hoje".

4. Análise de uma proposta para uma história da cultura no Brasil, de Antonio Candido[54]

SIGNIFICATIVA PARA O ESTUDO da emergência de uma nova história das ideologias culturais no Brasil é a análise de Antonio Candido sobre a "consciência nacional", estudada a partir de registros literários. Não se vincula, como Ferreira Gullar (autor de *Vanguarda e subdesenvolvimento*) à perspectiva da busca imediatista do "caráter nacional" de expressões estéticas em seus desdobramentos políticos. Não está preocupada tampouco, como Dante Moreira Leite, em refazer a história de uma ideologia — a do caráter nacional brasileiro, presente na obra dos grandes explicadores do Brasil. Atento a esses problemas, por vezes mascarados por fortes coberturas ideológicas que tornaram tradicionais e batidos os caminhos

---

54. A temática é tratada em nosso livro *Ideologia da cultura brasileira* (3ª ed. São Paulo: Editora 34, 2009, prefácio de Alfredo Bosi). Este texto faz parte de um artigo mais longo intitulado "A cultura brasileira como problema histórico". Ver "Créditos dos textos" no final deste volume.

explicativos para a chamada história das ideias (literárias, políticas, religiosas, filosóficas etc.) no Brasil, Antonio Candido não as esmiúça. Procura, antes, a partir de indicações muito precisas, levantar pontos (articulados entre si) para uma *revisão da história da cultura* (a denominação é do autor).

Um autêntico *programa de trabalho* fica exposto no seu ensaio "Literatura e consciência nacional", publicado no *Suplemento Literário de Minas Gerais* (Belo Horizonte, ano IV, nº 1.586, set. 1969), cujos pontos básicos procuramos levantar para os devidos comentários.

Parece claro, a partir da consideração de suas indicações, que se trata de texto básico para o estabelecimento de momentos fundamentais para o estudo do processo de emergência de uma historiografia relativa ao *problema da cultura brasileira*, menos isenta talvez de traços ideológicos que outras tentativas anteriormente apontadas.

***

Comentemos, primeiramente, a conjuntura intelectual em que Antonio Candido produziu o referido texto. Delinear em poucos traços as vicissitudes do pensamento político-cultural no Brasil nos anos que medeiam entre 1966 e 1969 implica considerar alguns problemas básicos vividos pela intelectualidade mais empenhada. Não só a cultura de massa já começava a inquietar várias frentes de reflexão — Gullar, Gabriel Cohn e Roberto Schwarz representam bem três linhas distintas e engajadas — como também a temática do nacionalismo que rondava os horizontes "culturais", sutil ou abertamente. Em contraste com o período posterior de abertura para a América Latina — lembremos que um bom indicador dessa abertura foi a obra de Celso Furtado *Formação econômica da América Latina*, de 1969 —, este será marcado por um reencontro — nem sempre radical, antes revisionista, em sentido lato — com a temática da *identidade nacional*. E o revisionismo registrado no plano intelectual, onde germinavam projetos nacionalistas, possuía correspondência insuspeitada no plano mais geral — onde o nacionalismo se ligava à necessidade de proteção estatal às grandes empresas privadas, que resistiram à crise do período anterior. Estas empresas, dependentes de grandes grupos internacionais, marcam a vida econômica do período, que pode ser mais bem entendido no contexto da então proclamada "interdependência".

A chamada fraqueza estrutural da burguesia brasileira não deixaria de se fazer sentir no plano das produções teóricas mais articuladas — o projeto nacional, em suas múltiplas facetas e problemas, continuaria parasitando as reflexões, seja no sentido de seu combate e desmistificação, seja no estabelecimento de um roteiro que procurasse reconstituir os patamares do processo de evolução no sentido de estabelecer uma *cultura* com fisionomia própria.

No plano propriamente intelectual, vinha para a linha de frente a preocupação com o *problema da identidade nacional*.

Neste estudo de Antonio Candido, já não se está em face de uma investigação sobre a história da literatura brasileira em sentido estrito. A própria *constituição* dessa literatura aparece como apenas um dos problemas a ser enfrentados. A montagem e as determinações próprias do quadro ideológico em que essa possível literatura viceja talvez sejam o problema maior a ser perscrutado pelos futuros estudiosos da história das ideologias culturais no Brasil.

O ensaio "Literatura e consciência nacional" torna-se útil, portanto, para tipificar a situação vivida: oferece um *roteiro no qual uma série de pontos básicos fica estabelecida para a consideração da emergência de uma identidade nacional de uma perspectiva histórica.* Embora privilegie o plano da literatura, as considerações sobre o problema do controle social, a historicidade do fato literário ou a utilização ideológica do passado para ajustamento ao presente são suficientes para fundamentar uma *teoria da história da cultura*, não desvinculada de um (por assim dizer) projeto nacional. Não desconhecendo as investigações em que a linearidade de certas elaborações propriamente históricas ficava terminantemente contestada — através de estudos percucientes como os de Florestan Fernandes, Emília Viotti da Costa, Maria Sylvia de Carvalho Franco, entre outros —, Antonio Candido formula uma interpretação ampla da história da cultura no Brasil, sem perder de vista as noções de *continuidade* e de *processo*. Entretanto, elabora uma visão não cumulativa da história, sem desconhecer os marcos da abordagem culturalista. O fato literário é, antes de tudo, cultural, o que, para ele, significa tratar-se também de um fato social, portanto, histórico.

Mais que uma revisão radical, o texto-proposta é de abertura e consolidação de uma linha de crítica cultural. Conhecedor das teorias que pressupõem a descontinuidade entre as produções intelectuais e o mundo social, bem como das que proclamam a continuidade, o autor foge à abordagem paralelística encontradiça, por exemplo, na obra de Cruz Costa, sobre a história do pensamento brasileiro. Para Antonio Candido, não se trata de delinear o desenvolvimento da história da literatura (ou do *pensamento*) em confronto com a história da sociedade (ou da *economia*). A proposição teórica surge mais abrangente, a literatura entendida como sistema de obras que são também instrumentos de *comunicação*: "Neste estudo", escreve o autor, "a literatura no Brasil será encarada mais como fato de história da cultura do que como fato estético, pois se tentará mostrar de que maneira está ligada a aspectos fundamentais da mentalidade e da civilização brasileiras, em vários momentos de sua formação" (p. 8).

A maneira como se instaura uma *história da cultura*, incorporando determinações do nível das mentalidades, eis a questão que interessa no estudo de uma proposta para uma história das ideologias. E a proposta, aqui, é encarada de maneira direta, uma vez que se pode submeter o texto a uma análise ideológica — com vistas ao estabelecimento de um conceito de verdade, também passível de ser desvendado — através da qual seja estabelecido o quadro das variáveis que estão presentes na própria sustentação do texto, apoiado num eixo (foco discursivo) central. Eixo em torno do qual se organizaria uma *história*. E uma *teoria* da história.

Sua postura assumida, de fato, é a do historiador. Explicita a cada passo o ângulo adotado para analisar o processo cultural, fugindo todavia à perspectiva de uma *cronologia linear*. Os momentos decisivos dessa história vão sendo desvendados através de considerações sobre manifestações significativas, "descendo e subindo entre os séculos XVI e XIX, durante os quais o país adquiriu fisionomia própria".

A chave mestra para a compreensão do processo cultural está consubstanciada na investigação da *imposição e da adaptação culturais*. A partir dessa chave o autor elabora um conjunto de posições que implica a revisão radical de teses consagradas sobre a chamada cultura brasileira:

a) A tese veiculada, por exemplo, pela crítica romântica, segundo a qual "as normas clássicas não se prestavam a exprimir a realidade natural e social do país" no período colonial. Já se está, segundo o autor, num momento em que não há mais necessidade de "inventar um passado tanto quanto possível nacional", como fez a intelectualidade da jovem nação no século XIX.

b) Como o resto do "equipamento cultural do português", a literatura foi algo "imposto, inevitavelmente imposto". Não se pode dizer, como para países que conheceram desenvolvidas civilizações pré-colombianas, que a colonização acarretou a destruição de uma produção literária original. Não somos os *"hijos de la Malinche"*, lembra, com Octavio Paz, e devemos abandonar os sonhos nativistas dos tempos de Joaquim Nabuco. "Em verdade, a nacionalidade brasileira e suas diversas manifestações espirituais só se configuravam mediante processos de pressão e transferência cultural" (p. 11).

c) No período colonial, criou-se uma disciplina intelectual firme. "Os padrões clássicos foram eficazes." Em suas diversas formas (humanismo de influência espanhola no século XVII, neoclassicismo de influência francesa no século XVIII), geraram condições para a definição de uma cultura consistente e de resistência "na sociedade atrasada e por vezes caótica do período colonial". "A convenção greco-latina era fator de universalidade", e por ela a produção local se integrava na "civilização do Ocidente" (p. 11). O classicismo, por exemplo, possuía certos traços positivos: com sua disciplina, com suas convenções, permitiu a intelectuais participarem de maneira menos provinciana dos grandes temas contemporâneos. Neutralizou as "tentações da vulgaridade e o perigo potencial de absorção pelo universo do folclore". "O que havia de *artificial* na moda clássica foi compensado largamente por esta circunstância, graças à qual a maioria dos escritores de valor dos séculos XVII e XVIII pareciam menos provincianos, mais abertos para os grandes problemas do homem que os românticos do século XIX" (*idem*). Para mostrar que a disciplina não excluía a liberdade, aponta os exemplos de Gregório de Matos e dos arcádicos.

d) No tocante à "esfera essencial da expressão, a imposição e a adaptação dos padrões culturais permitiram à literatura contribuir para a formação de uma consciência nacional" (*idem*). Nesse sentido, o romantismo teria propiciado a participação de níveis sociais mais modestos, enquanto a literatura clássica pressupunha público mais informado. Não se pode, entretanto, falar em ruptura histórica como houve ruptura estética. Com o romantismo, no século XIX, prosseguiu-se na dupla tendência de diferenciação: incorporando "a mentalidade e normas do Ocidente culto" para a expressão dos "aspectos novos que iam surgindo no processo de civilização do país". No fecho da proposta, Antonio Candido é enfático quanto ao problema da "consciência nacional":

> Esta circunstância dá continuidade e unidade a nossa literatura, como elementos de formação da consciência nacional do século XVI, ou pelo menos do século XVII, até o século XIX. A essa altura, tanto a literatura quanto a consciência nacional já podem considerar-se amadurecidas e consolidadas, como a sociedade, porque já são capazes de formular conscientemente seus problemas e tentar resolvê-los. (*Idem*)

O ensaio, fruto de uma conferência no estrangeiro, partindo de uma reflexão sobre a formação cultural do Brasil, abre perspectivas para uma história das ideologias culturais. A emergência de uma produção nacional, com o que possui de irremediavelmente adaptado, com os empréstimos e os vícios gerados no período colonial — que marcou por três séculos nossa história da cultura —, fica investigada a partir da base social. Sem incorrer nos pecados do sociologismo mecanicista (resguardando, por exemplo, o que denomina de "substância do ato criador"), estabelece as teias sutis que unem a vida social à esfera intelectual. E, nessa articulação, o que é positivo é que nem sempre o resultado aparece marcado pela noção de processo linear, tão cara aos enciclopedistas, e que, apesar da distância no tempo, *continua na base de tantas explicações de história da chamada cultura brasileira.* "Consciência nacional" e processo cultural aparecem em Antonio Candido como níveis distintos, embora articulados, de um só quadro ideológico de uma mesma história. História que pressupõe a temática da independência (e, portanto, a crítica aos compromissos e resíduos de um passado colonial).

Menos clara fica a análise quando desemboca no século XIX, por omitir a dependência mais sofisticada em relação à Inglaterra. A temática da "consciência nacional" fica delimitada por outras molduras não indicadas, sobretudo no tocante aos modelos que então inspiravam a produção nacional. O indianismo, tão importante para a formulação de uma possível identidade nacional, como aponta o autor, parece ter sido um ingrediente ideológico de grande peso, desviando a crítica de pontos nevrálgicos mais agudos dados pela situação de dependência (econômica e cultural) da Inglaterra e (cultural) da França.

Mas a contundência e a eficácia de algumas posições de Antonio Candido se manifestam quando ele trata das relações entre vida cultural e controle social, ou do problema da *mestiçagem* — ponto sempre vulnerável nas teorizações sobre a chamada cultura brasileira.

Ao estudar as relações entre a vida cultural e o controle social (quase se poderia inverter sem prejuízo os termos: vida social e controle cultural), o crítico examina a atividade da Igreja no Estado, nas academias, e o papel de obras literárias de vulto no sentido de fabricar, estimular, procurar e/ou celebrar os valores ideológicos dominantes até a crise do próprio sistema. Algumas agremiações, como a Sociedade Literária do Rio de Janeiro, deslizaram para a faixa política, louvando a Revolução Francesa e discutindo a situação colonial. Ademais, algumas produções posteriores, elaboradas no bojo desse sistema ideológico, já revelaram caráter nativista: *O Uraguai*, por exemplo, que está na raiz do individualismo — "uma das alavancas poderosas de identidade nacional" (p. 9).

Uma das características mais fortes dessa proposta de interpretação está na maestria com que articula os diversos níveis de realidade sociopolítica e ideológica.

O controle social exercido pelas instituições apontadas não se desvincula de um quadro maior em que a repressão, a proibição, a restrição, a discriminação eram exercidas a partir dos valores de setores dominantes da sociedade em formação, profundamente amarrados na tradição cultural do elemento colonizador. *Nesse ângulo é que Antonio Candido parte para a "crítica à ideia errada de que a literatura brasileira seria o produto do encontro de três tradições culturais: a do português, a do índio e a do africano".*

Quanto à tradição cultural dos índios e dos africanos, é peremptório: a presença deles se faz sentir apenas — "e ainda aí menos do que se pensa" — no plano folclórico. Não se pode indicar, segundo sua análise, a existência de uma combinação das três tradições para "formar a literatura". Está-se, antes, em face da "ampliação do universo de uma literatura que já existe, importada por assim dizer com a conquista submetida, com a colonização, ao processo geral de ajustamento ao Novo Mundo" (p. 8).

O crítico vai encontrar exemplo cabal nas restrições impostas pelas forças coloniais às possibilidades de eventual desenvolvimento das "culturas dominadas" (o termo é do autor). Na capitania de São Paulo, a presença indígena marcava os contornos das relações sociais; estabeleceu-se "uma competição cultural que foi resolvida, de um lado, pela fusão racial e espiritual, mas, de outro, por uma acentuada repressão por parte das autoridades". Nessa medida, a Câmara proibia a participação de brancos nos festejos indígenas, bem como sua promoção, punindo severamente os infratores. Ao lembrar que a população era composta em grande parte por indígenas, Antonio Candido completa sua crítica, que por certo propõe a revisão das tradicionais "histórias sociais" e "histórias da literatura": "Mais drástico ainda foi o caso da *língua geral*, falada correntemente na segunda metade do século XVI e proibida na segunda metade do século XVIII, extinguindo-se rapidamente no meio cada vez mais estabilizado dentro da cultura europeia".

Registrem-se observações passageiras, mas de grande alcance para pesquisas futuras sobre estilos de pensamento no Brasil, como aquela sobre o estilo barroco, de ressonância permanente na história cultural do país: "Estilo barroco foi uma linguagem provincial, e por isso gerou modalidades tão tenazes de pensamento e expressão que, apesar da passagem das modas literárias, elas ficaram em parte, como algo visceral do nosso país" (p. 9).

A importância desta *proposta* reside, para além dessas passagens, na consideração e articulação de níveis de realidade tão distintos como o da "consciência coletiva" (p. 10), o da ideologia dos setores dominantes, o do universo do folclore, o do consumo de produção acessível a grupos sociais modestos (século XIX). E, sobretudo, o nível da referida "consciência nacional" — considerados os horizontes das obras dos escritores que anteriormente se dedicaram ao problema da "cultura brasileira".

***

Duas anotações críticas finais poderiam ser feitas à proposta de Antonio Candido, com vistas à elaboração de uma história das ideologias culturais no Brasil. A primeira, sobre um conceito passageiro emitido sobre a sociedade do século XIX, uma "sociedade já constituída e orientada para seu destino próprio", onde o "senso rígido da ordem espiritual e estética era menos necessário". Que a estabilização relativa estava longe de ser atingida atestam os conflitos relacionados com a passagem lenta do regime escravista ao assalariado nas diferentes regiões; os inúmeros movimentos sociais de porte (Insurreição Praieira, Cabanada, Balaiada, Revolução Farroupilha etc.); as tensões sociais, culturais, religiosas que culminariam no movimento de Antonio Conselheiro, para não mencionar a problemática social e cultural relacionada com a ampliação das camadas médias urbanas no fim do século.

A segunda observação, em que se solicitaria maior ênfase na análise da relação entre o exercício de uma disciplina intelectual firme (de inspiração greco-latina, por exemplo) e o tipo de organização social (sociedade de base escravista, por exemplo). A esse tipo de disciplina intelectual corresponderam outras "disciplinas" (controle social) que provocaram a *exclusão* de fontes populares mais significativas — no texto circunscritas pela fórmula segundo a qual a literatura ficou preservada ao serem neutralizadas "as tentativas da vulgaridade e o perigo potencial de absorção pelo universo do folclore" (p. 11).

Não se estaria, neste passo, nobilitando uma concepção de literatura (e de "cultura") em detrimento de manifestações de cunho menos sofisticado mas que nem por isso deixam de ser elementos participantes da *cultura popular*? Em caso negativo, por que não distinguir, para efeito de análise, o plano (ideológico) de cultura nacional e o plano (real) da cultura popular?

"Consciência nacional" e "consciência social"

Ao abordar a problemática mais geral da cultura na América Latina, Antonio Candido aprofundou sua proposta anteriormente discutida. De fato, no ensaio "Literatura e subdesenvolvimento" (publicado em *América Latina en su literatura*. México: Siglo XXI, 1972, ele lançou critérios fundamentais para a abordagem (periodização, interpretação etc.) dos processos de produção cultural na América Latina (no Brasil em particular). Embora a análise focalize mais propriamente o plano da produção literária, fornece pedras de toque para outras esferas do saber. Opera o crítico brasileiro num eixo de exploração ao longo do qual se passa da "consciência amena de atraso, correspondente à ideologia de 'país novo'" (por volta dos anos 1930) para a "fase de consciência catastrófica de atraso, correspondente à noção de 'país subdesenvolvido'" (posterior à Segunda Guerra Mundial), alcançando a temática de massificação contemporânea.

Em seu estudo, extrai consequências que se alçam ao nível de *critérios* para a realização da *análise ideológica prévia* da produção cultural nos quadros de dependência, que deve anteceder qualquer tentativa de elaboração de uma história da cultura latino-americana:

a) Sobre cultura de massa e dependência: "A alfabetização não aumenta proporcionalmente o número de leitores, como a entendemos aqui, mas atira os alfabetizados, junto com os analfabetos, diretamente da fase folclórica para essa espécie de folclore urbano que é a cultura massificada" (p. 339);

b) Critério para pensar a superação da dependência cultural: "Um estágio fundamental na superação da dependência é a capacidade de produzir obras de primeira ordem, influenciadas não por modelos estrangeiros imediatos, mas por exemplos nacionais anteriores. Isto significa o estabelecimento de uma causalidade interna, que torna inclusive mais fecundos os empréstimos tomados às outras culturas" (p. 346);

c) Sobre o nacionalismo cultural do Brasil e seus equívocos, o crítico, ao tratar das tendências regionalistas, indica a superação da modalidade como demonstração de amadurecimento: "Por isso muitos autores rejeitariam como pecha o qualificativo de regionalistas, que de fato não tem mais sentido. Mas isto não impede que a dimensão regional continue presente em muitas obras de maior importância, embora sem qualquer caráter de tendência impositiva, ou de requisito duma equivocada consciência nacional" (p. 353).

Nota-se que Antonio Candido aprimorou aqui sua crítica, operando com maior eficácia a discutida noção de *dependência* e, sobretudo, a de "consciência social" (p. 352). Homem de seu tempo, deixa de lado suas preocupações com a consciência nacional e a literatura e passa a um dimensionamento maior (latino-americano) da literatura no quadro da dependência e do subdesenvolvimento: surgem radicais as reflexões do crítico sobre produções marcadas por "equivocada consciência nacional".

Esse o sinal dos tempos: as balizas para pensar a produção cultural não mais são dadas pela ideologia da "consciência nacional", mas pela noção de *consciência social*. E o dimensionamento não é apenas brasileiro, mas latino-americano: *a história passa a ser pensada em termos de sistemas culturais.*

5. Cultura brasileira ou cultura republicana?[55]

> *E em cada país permanece uma matriz da história, e essa matriz dominante marca a consciência coletiva de cada sociedade.*
>
> Marc Ferro, 1981

> *A principal consequência cultural do prolongado domínio do patronato do estamento burocrático é a frustração do aparecimento da genuína cultura brasileira.*
>
> Raymundo Faoro, 1958

---

55. Conferência proferida no Colóquio "Cem anos de República no Brasil: ideias e experiências", realizado em janeiro de 1990 na Université de Paris IV — Sorbonne. Sob a coordenação dos professores Katia M. de Queirós Matoso e François Crouzet, participaram Eduardo Portella, Michel Debrun, L. C. Bresser Pereira, Denis Crouzet e Elizabeth Pavan-Crouzet, José Guilherme Merquior, Albert Audibert, Boris Fausto e Adriana Lopez, entre outros.

Para uma demarcação histórica

Distante do cenário europeu, o Brasil do século XIX assiste a sua independência de Portugal (1822), entrando para o sistema mundial de dependências sob a tutela inglesa. Ao longo desse século, articula-se um complexo sistema oligárquico-imperial (1822-1889). Nos anos 1880, a abolição da escravatura (1888) e a proclamação da República (1889) criam as condições para uma ordem capitalista moderna, estimulada pela imigração europeia e pelo trabalho assalariado.

Única monarquia da América do Sul, no Brasil tropical oitocentista plasmou-se uma sociedade aristocrática de cunho pesadamence escravista. Escravismo que penetrará fundo nas instituições e, sobretudo, nas *mentalidades*. Charles Darwin, o pai do evolucionismo, chegaria a demonstrar, em conhecida página de seu diário de viagem, profundo desencanto com os costumes gerados pelo escravismo, esperando não mais ter que pisar estas terras. Mas o imaginário que se fabrica nesse período é extremamente rico. No plano social, a insurreição da Confederação do Equador (1824), a republicanista Guerra dos Farrapos e a brutal Guerra do Paraguai marcam as consciências mais vivas. No plano cultural, ressaltam as presenças europeias de um sem-número de pintores, negociantes, militares, arquitetos e diplomatas que escreveram crônicas e desenharam gravuras do mais alto valor memorialístico; no plano econômico, representantes de interesses ingleses, franceses, belgas, alemães etc. definiram com suas ações novos padrões de organização da produção; no plano propriamente intelectual, assiste-se ao surgimento da figura maior da literatura já especificamente brasileira: o mulato carioca Machado de Assis.

Sob aparente placidez da vida imperial, entretanto, esconde-se a verdadeira fisionomia da *nova Nação independente*. A nova oligarquia, gerada pela economia cafeeira, ao longo do período, mostrará seu poderio, mas também sua fraqueza. A República de 1889 nascerá de um golpe militar, não acolhendo as forças mais progressistas dessa sociedade que não se quer mais escravista. O escritor negro Lima Barreto poderá, talvez, ser pensado como consciência limite da nova ordem. Ou melhor, marginal em relação à nova (Velha) República (1889-1930). Resta, no ar, a ideia do Império *liberal* e pacífico, a mais forte fabricação ideológica de nossa história, não obstante terem sido soterrados alguns dos projetos mais avançados de sociedade moderna, como os de Frei Caneca, da República Farroupilha, de Mauá, Lopes Trovão, Raul Pompeia e o de nossos vizinhos paraguaios — entre tantos outros vencidos.

A República brasileira oscilaria, desde o início, entre dois polos: num, as oligarquias, geradas no Segundo Império e impulsionadas pela economia agroexportadora; no outro polo, a caserna, inflada pela ascensão das classes médias. A montagem de uma rígida ordem oligárquica (Primeira República, 1889-1930), estribada na política do café com leite, explica a *política dos governadores* de São Paulo e Minas. A ordem sociopolítica da Velha República assiste às contestações tenentistas (1922, 1924, 1926), aos movimentos do mundo do trabalho (greves de 1917; fundação do Partido Comunista, em 1922) e a um sem-número de manifestações políticas e culturais. Entre estas, avulta a Semana de Arte Moderna (1922), em que frações da burguesia exercitam novas formas de expressão em busca de *nossa modernidade*. Essa rígida ordem estamental-oligárquica só seria abalada — mas não desarticulada — com a chamada Revolução de 1930, de efeitos limitados, em que emerge a figura do gaúcho Getulio Vargas, que dominará a cena política brasileira até 1954, quando se suicida. Durante o Estado Novo (1937-1945) consolida-se nos aparelhos ideológicos do Estado — e fora deles — uma concepção nacionalista de cultura brasileira: no ensino, na rede de bibliotecas, nas interpretações de ideólogos do porte de Fernando de Azevedo, Sérgio Buarque de Holanda, Gilberto Freyre e Afonso Arinos, na concepção de patrimônio histórico e artístico nacional etc. A Segunda Guerra Mundial — quando Vargas vacila entre o apoio ao eixo nazifascista e a adesão aos aliados, optando finalmente por estes — mostrou a desatualização técnico-militar do país em relação às tropas dos países hegemônicos. No plano econômico, dominava a improvisação, num momento em que os Estados Unidos viviam, sob o governo do presidente Roosevelt, os resultados positivos do *New Deal*.

O Brasil, do período do entreguerras ao final dos anos 1950, transitou de uma consciência amena de país *atrasado* para a consciência trágica de país *subdesenvolvido* (Antonio Candido). Os novos alinhamentos políticos do pós-guerra definem uma série de alianças automáticas do Brasil com os Estados Unidos. A presença dos norte-americanos passou a ser fortíssima na reformulação do imaginário desta *província ultramarina*, não somente pelos filmes e histórias em quadrinhos, mas sobretudo na concepção de política, de sociedade (o *american way of life*) e de cultura. Imperava a cultura de *Seleções*, formada na leitura da revista *Seleções* do Reader's Digest, em largos segmentos da classe média. Os principais educadores e políticos viviam com os olhos voltados para o hemisfério norte, quando *modernos*, lendo John Dewey. Era um tempo em que, em São Paulo, encontravam-se Braudel e William Faulkner para, com Roger Bastide, Florestan Fernandes e Paulo Duarte, discutir as "resistências à modernização". Enquanto isso, músicos brasileiros não hesitavam em adotar nomes norte-americanizados como Bill Farr, Johnny Alf e Dick Farney.

Mas a *modernização* (termo dos anos 1950) efetiva do país se daria no governo de Juscelino Kubitschek (1956-1961). Expressão desse período, o Plano de Metas redunda num intenso crescimento industrial. Constrói-se Brasília, e o país entra numa era de reformismo desenvolvimentista e populista. O golpe civil-militar de 1964 encerra a mais longa experiência liberal-democrática do país, iniciada com a Constituição de 1946: com efeito, o temor de uma República sindicalista provoca a organização de um rígido bloco no poder, de cunho *autocrático-burguês*. Após 1964, cortado o caminho para uma ordem socializante e democrática, o país se reenquadra rigidamente nos marcos da Guerra Fria, não sendo mais possível uma política externa independente. Dessa perspectiva, o Brasil vê-se distanciado dos movimentos contemporâneos de descolonização e de reformas que ocorrem em outros países da América Latina, na África e na Ásia. O realinhamento com os Estados Unidos tornou-se inevitável, sob a divisa da "interdependência".

De subdesenvolvido, o Brasil torna-se *dependente*. No período do *milagre econômico* (1969-1974) isso correspondeu à eliminação total das liberdades civis. A cidadania — noção frágil em nossa história — desaparece, só se recompondo palidamente no final dos anos 1970, quando a *nova sociedade civil brasileira* irá procurar outros caminhos para repensar as temáticas do republicanismo, dos direitos humanos, do federalismo e da independência econômica e cultural. Na segunda metade dos anos 1980, a dívida externa mais alta da história da República, a inflação avassaladora, o baixo índice de escolaridade e a fragilidade institucional levantam graves interrogações sobre o Brasil da Nova República, o *país do futuro*.

A *matriz cultural republicana* dos anos 1930-1940 que abrigou a noção lusotropical de cultura brasileira está esgotada. Encerrado também o ciclo militar (1964-1984), impõe-se ao país a busca de sua identidade. Nem paraíso terreal, como sonhavam protestantes franceses no século XVI, nem inferno, como imaginava frei Vicente do Salvador, no XVII. Nem *moderno*, como propunham os modernistas de 1922.

Nesse país imaginário, "o futuro já era", comentava em 1987 o compositor Antonio Carlos Jobim. Trata-se, já agora, de enfrentar a história contemporânea. Para tanto, impõe-se uma revisão crítica dessa cultura.

Em busca de uma cultura

Não se trata, aqui, apenas de procurar os modelos históricos que, no mundo europeu ou no Novo Mundo, inspiraram a formação republicana brasileira. Mas sobretudo de indagar qual a especificidade desse *sistema cultural* centenário, ou, mais propriamente, de diagnosticar a natureza dos processos ideológico-culturais que, na escala do século, fundamentaram certa visão de sociedade brasileira, de nação, de povo, de cultura e, enfim, de República. A própria dificuldade de enraizamento nessa formação sociocultural de noções como sociedade civil, representação, cidadania e *res publica* sugere a necessidade de uma rotação de perspectivas — em busca de um novo ângulo para as pesquisas sobre a questão da cultura no Brasil republicano.

Nessa medida, não só permanece atual a dúvida de Ferreira Gullar, autor de *Vanguarda e subdesenvolvimento* (1969), sobre a existência para os países subdesenvolvidos de um ângulo particular donde se vê a história, como a própria existência de uma cultura brasileira passa a ser questionada. De fato, o pensamento crítico mais recente no Brasil tende a pôr em xeque a própria noção de cultura brasileira, que ao longo do século XIX sempre esteve muito distante dos parâmetros do republicanismo contemporâneo mais avançado nos grandes centros mundiais. Este é o sentido do comentário do sociólogo Florestan Fernandes (1986, p. 18), para quem "nosso padrão de vida cultural foi moldado numa sociedade senhorial", motivo pelo qual nossos escritores raramente se desligaram de uma concepção estamental do mundo.

A crítica histórica a esse padrão não é recente, pois, já em 1958, o gaúcho Raymundo Faoro, em seu estudo clássico *Os donos do poder* — título sugerido pelo romancista Erico Verissimo ao livro não por acaso pouco conhecido e discutido —, concluía de modo radical a longa viagem por seis séculos de uma história que remonta ao Portugal da Revolução de Avis: como falar de cultura brasileira se "a legalidade teórica apresenta conteúdo e estrutura diferentes dos costumes e tradições populares?". A sociedade — a nação — e o Estado se movimentam "em realidades diversas, opostas, que mutuamente se desconhecem". Dessa *cisão* deriva a orientação dos nossos legisladores e políticos de teimar em "construir a realidade a golpe de leis" (Faoro, 1958, p. 268).

Com efeito, o Estado brasileiro se funda e se afirma, desde 1822, a partir — e contra — dos movimentos sociais populares que aprofundaram a descolonização. A *paz* imperial produziu um liberalismo mitigado para cimentar a harmonia entre estamentos e castas (senhoriato, homens livres, escravos), adotando desde meados do século passado a metodologia da conciliação como filosofia de Estado. Liberalismo conservador que seria ultrapassado pelo positivismo dos republicanos militaristas, no primeiro momento da República.

O povo, que assistira à proclamação de 15 de novembro atônito, *bestializado*, vai ressurgir na figura do personagem *classe média* Policarpo Quaresma, nas páginas irônicas do escritor negro Lima Barreto (1881-1922), com sotaque nacionalista, admirando o general-presidente centralizador Floriano Peixoto. Mas essas camadas médias, com *mentalidade suburbana*, têm sua história bem demarcada: o estamento logra impor suas regras de desmobilização até a chamada Revolução de 1930, quando um abalo se produz nas oligarquias dominantes (São Paulo e Minas em particular).

Na década de 1930, período de redescoberta de *outra* história — a história *mestiça*, com Freyre; a história das lutas de classes, com Caio Prado Júnior; a história das mentalidades, com Buarque —, assiste-se, a um só tempo, à *ruptura* com a linhagem positivista e com a visão estamental-escravista. Uma nova memória é buscada por esses netos da oligarquia, que se misturarão logo mais, nos anos 1940, nos aparelhos de Estado, com jovens intelectuais representantes do pensamento radical de classe média. No Estado Novo, gesta-se então a plataforma para o Brasil *moderno* — que logo se descobre *subdesenvolvido*. Mas a *questão nacional* torna-se o foco de outro momento na história da cultura no Brasil, na passagem dos anos 1950 aos 1960, com a produção de um conjunto notável de estudos e ensaios inovadores — Faoro, Antonio Candido, Florestan, Furtado, Wanderley Guilherme, encerrando-se, na vertente marxista, com a *Revolução brasileira* (1966), de Caio Prado Júnior. A temática da *cultura dependente* estava posta.[56] Note-se que a compaginação, no âmbito de outras formações culturais no mundo latino-americano, dos diferentes registros ideológicos pode ser acompanhada ao longo desse percurso, desde a hora positivista — "Ordem e progresso", no Brasil; *"Amor, orden y progreso"* no México — às ideias cepalinas dos anos 1950-1960.

É claro que os avanços democratizantes ocorreram de modo desigual na América Latina no período considerado (1880-1930). No México, prevalece a via revolucionária, enquanto a democrati-

---

56. Sobre a maturidade e a crise da ordem neocolonial, cf. Donghi, T. H. *Historia contemporánea de América Latina*. Caps. 5 e 6. Ver Mota, in: Antunes, 1986.

zação pacífica e os partidos populares avançam no Cone Sul (Argentina, Chile e Uruguai); nas outras regiões, porém, observa-se a oscilação entre *republicanismo militarista* e *republicanismo oligárquico*. Em qualquer hipótese, na vertente mexicana, revolucionária, o resultado se percebe pela existência, ao longo do tempo, de mais *civilidades*, como observou Octavio Paz. O mito da nação — "isto é", define Paz, "aquela parcela do país que assumiu a responsabilidade e o usufruto da mexicanidade" (1984, p. 135) — se cristaliza com maior nitidez naquele país, tanto mais forte lá em razão do confronto etno-histórico multissecular. Com a revolução, plasma-se uma cultura *nacional*, não se podendo regredir ao catolicismo ou ao liberalismo. "A 'inteligência' mexicana não só serviu ao seu país: defendeu-o" (*ibid.*, p. 142). Numa cultura como a mexicana, sua identidade se afirma, pois, pela *negação* do passado.

No Brasil, a reflexão cultural oscilou na República Velha do autoritarismo ao oligarquismo: o pensamento mais crítico será desmobilizado (Pompeia, Lima Barreto). Somente após 1930 manifesta-se a consciência negadora desse passado, com a obra de Caio Prado Júnior em particular: os movimentos populares assumem o primeiro plano na explicação de nossa história, saindo das notas de rodapé. Mas faltou-lhe uma revolução popular. "Meu aristocratismo me puniu", dirá Mário de Andrade em 1942, na sua conferência-ruptura, no fim do Estado Novo, às vésperas da morte.

Como falar pois em cultura brasileira, como faziam os ideólogos do Estado Novo (1937-1945) empenhados em fabricar uma nação, um povo, um "caráter nacional brasileiro"? Nos anos 1950, o ensaísta Faoro, procurando desvendar os *labirintos* da imaginada cultura brasileira, advertirá, em notável página de conclusão de um livro e de uma época:

A civilização brasileira, como o personagem de Machado de Assis, chama-se Veleidade, sombra coada entre sombras, ser e não ser, ir e não ir, a indefinição das formas e da vontade criadora (1958).

A noção de cultura brasileira surgiu assim historicamente no discurso ideológico de segmentos altamente elitizados da população, para dissolver as contradições reais da sociedade: o Estado incorpora esses ideólogos, que elaboram uma noção abrangente e harmoniosa de cultura; "não existe uma cultura brasileira no plano ontológico, mas na esfera das formações de segmentos altamente elitizados, tendo atuado ideologicamente como fator dissolvente das contradições reais" (Mota, 1985, p. 287).

Enfim, uma noção plástica, ampla, que abarcasse as disparidades sociais, econômicas, étnicas, e colocasse o Brasil no concerto das nações. Somente após a abolição dos escravos (1888), a proclamação da República, os movimentos populares (Canudos, Contestado, 1917, 1922, 1924, 1926 e 1930) é que se sistematiza e se cristaliza essa *ideia de nação e de cultura brasileiras*, incorporando muito do pensamento positivista do país da República e dos "tenentes" reformistas. Depois de 1930, o Estado absorve as análises dos *explicadores* do Brasil. A nova etapa pode ser surpreendida já nos acordes do *Hino da Revolução de 1930*, de Heitor Villa-Lobos, mas sobretudo na construção de um *ponto de vista brasileiro*, na *unidade essencial da cultura* e até na proposta de um "Departamento Nacional de Cultura para estudo e interpretação do homem e da cultura brasileiros", conforme propunha Gilberto Freyre (1949) ao presidente Vargas e ao ministro Capanema em 1941 e 1942:

> Nós somos, dos grandes povos da América do Sul, e ao lado do México, *o menos europeu* e, essencialmente, *o menos colonial* na sua cultura, e, por conseguinte, em posição de ser o *pioneiro de uma nova cultura americana*, na qual se valorizem, em vez de se subestimar, os elementos não europeus.

Mas nem tudo foi elaborado a partir de *dentro* da difusa nação. Já em 1934, quando da criação da Universidade de São Paulo, missões europeias para cá se dirigiram, no esforço de ajudar as elites locais a articular centros próprios de *ciência brasileira* (G. Dumas). Atraso considerável fora detectado, por exemplo, em 1934 por Pierre Deffontaines no campo da geografia. Por seu lado, Georges Dumas, um dos artífices das missões francesas, notava a abundância de autodidatas em contraste com o pequeno número de "trabalhadores formados nos métodos de pesquisa e de crítica", "a condição essencial para a produção". Escrevendo ao ministro Capanema, Dumas (*apud* SCHWARTZMAN *et al.*, 1984, pp. 316-322) advertia:

> Tudo isto é para dizer-lhe que, se desejamos que o Brasil tenha o lugar que lhe cabe entre as nações produtoras de valores intelectuais, é necessário criar tão cedo quanto possível estas faculdades de filosofia, ciências e letras que serão a alma de sua universidade *nacional*.

Citando o "lirismo inerente à raça", Dumas propunha diplomaticamente a moderação com "obras da razão", produzidas por "fundações universitárias". Só assim os professores se acostumariam a "pensar por si mesmos" (*ibid.*, pp. 325-329).

LONGE DA REVOLUÇÃO.
A REPÚBLICA E A ORDEM NEOCOLONIAL

Na América do Sul, teria sido historicamente o Brasil de fato o "menos europeu" e o "menos colonial" dos países, nessa visão freyriana?

Nos anos 1880, de uma perspectiva ampla, dois mundos estavam definidos. Um avançado, composto de Estados soberanos e autônomos, impulsionado pelos desenvolvimentos econômicos nacionais, com certa homogeneidade territorial, instituições liberais abrigando a representatividade: enfim, um mundo composto por cidadãos, com seus direitos políticos bem definidos em suas relações com o Estado.

A ideia moderna de progresso ligava-se a esse modelo liberal-constitucional de Estado-nação, e não se restringia ao *mundo sub-desenvolvido*. Ao menos teoricamente, esse modelo de organização do Estado — seja na vertente federalista americana ou na variante centralista francesa — marcava o cenário latino-americano, com suas dezessete repúblicas e um império, o brasileiro, que aliás não sobreviveria aos anos 1880.

O outro mundo, não desenvolvido, estava longe dessas características: eram colônias ou possessões europeias, ou impérios em decomposição. A rigor, segundo Hobsbawm, apenas a Suíça, a França e os Estados Unidos e talvez a Dinamarca baseavam-se nas franquias democráticas. No tocante às repúblicas da América Latina, "impossível descrevê-las como democráticas, em qualquer sentido da palavra".[57]

Este o quadro geral: embora muito difundida, a ideia de cidadania estava longe de ser implantada. A sociedade burguesa proclamava seus poderosos princípios, assentada nos *legal free and equal individuals*. A servidão legal já não existia na Europa, e também a escravidão legal — abolida nas áreas de influência europeia — persistia apenas em Cuba e no Brasil. Mas não sobreviveria à década de 1880. "Liberdade legal e igualdade", conclui Hobsbawm, "estavam longe de ser incompatíveis com a desigualdade efetiva."

Eis a encruzilhada em que foram desmobilizados e jogados para fora da história os abolicionistas mais avançados e radicais como

---

57. Cf. neste passo o estudo notável de HOBSBAWM, E. J. *The age of empire*. Nova York: Pantheon Books, p. 22.

Raul Pompeia (1863-1895), marcado por Flaubert e pelos Goncourt, para quem "todas as violências em prol da liberdade violentamente acabrunhada devem ser saudadas como vinditas santas". E mais: "A maior tristeza dos abolicionistas é que estas violências não sejam frequentes e a conflagração não seja geral".

A linha vitoriosa, mais moderada, representada por Joaquim Nabuco (1849-1910), marcado por Renan e Taine na mocidade, fazia notar que a propaganda abolicionista não devia se dirigir aos escravos:

> A propaganda abolicionista não se dirige, com efeito, aos escravos. Seria uma covardia inepta e criminosa, e, além disso, um suicídio político para o partido abolicionista, incitar à insurreição ou ao crime homens sem defesa e que a lei de Linch ou a justiça pública imediatamente haveriam de esmagar [...]. Suicídio político porque a nação inteira — vendo uma classe, e essa a mais influente e poderosa do Estado, exposta à vingança bárbara e selvagem de uma população mantida até hoje no nível dos animais [...] — pensaria que a necessidade urgente era salvar a sociedade a todo custo por um exemplo tremendo, e este seria o sinal da morte do abolicionismo.

A considerar, finalmente, que na década em que nasce a República brasileira os investimentos europeus na América Latina alcançaram seu ápice. O movimento imigratório no Brasil e na Argentina registrou cerca de 200 mil pessoas por ano, ligando-se à urbanização, à ampliação da rede ferroviária etc. Não se pode dizer, portanto, que seja ela, a República, filha da Grande Depressão.

Matrizes ideológicas

A República nasceu sob a égide do positivismo. Mas, como precisa Faoro, isto quer dizer que ela nada tem com o dogma metafísico da soberania popular, como dizia Comte, pai espiritual de muitos — na primeira hora os mais influentes — republicanos. O sufrágio universal, em consequência, era uma *doença social*, embora de reconhecida utilidade provisória, apesar de seus malefícios contagiosos. Talvez esteja nessa paternidade, que se impôs nas escolas militares, o descrédito de tudo o que vem do povo, tem cheiro de povo, tristeza de povo (Faoro, 1989, p. 45).

A desnecessidade do voto, futilidade do ato cívico, marcava a República verticalista autoritária, atrasada. O *maximalista* Lima Barreto, uma das consciências limite do período, notava em contrapartida:

> Essa atonia da nossa população, essa espécie de desânimo doentio, de indiferença nirvanesca por tudo e todas as coisas, cerca de uma caligem de tristeza a nossa roça e tira-lhe o encanto, a poesia e o viço sedutor de plena natureza. Parece que nem um dos grandes países oprimidos, a Polônia, a Irlanda, a Índia, apresentará o aspecto cataléptico do nosso interior. Tudo aí dorme, cochila, parece morto; naqueles há revolta, há fuga para o sonho; no nosso... Oh! dorme-se... (Barreto, 1975).

A República de 1889 traz a marca autoritária de nascença estampada em sua fisionomia. Em verdade, a aparente ambiguidade ideológica do liberalismo remonta ao nascimento da nação, quando o liberal Hipólito José da Costa propôs que as reformas fossem feitas pelo governo — "o governo as deve fazer enquanto é tempo, para que se evite serem feitas pelo povo" (B. Lima Sobrinho, 1977).[58] Não foi na conivência dos liberais com a escravidão, como bem analisou Faoro, que residiu sua ambiguidade, mas na ênfase que seus agentes deram ao *sistema constitucional*. Ou seja, no Estado, e não no indivíduo.

---

58. Citado por FAORO, R. "Existe um pensamento político brasileiro?". *Estudos Avançados*, v. 1, nº 1, p. 53, out./dez. 1987.

Ademais, não era no modelo da Revolução Francesa, nem nos da espanhola e da portuguesa que se inspiraram nossos constitucionalistas monarquistas, mas sim no constitucionalismo da restauração de Luís XVIII. Daí o prestígio das ideias de Benjamin Constant ao longo do século XIX; excluindo a ameaça democrática, apaga-se Montesquieu e Rousseau de nosso panorama político institucional e se inventa um quarto poder — o Poder Moderador, o da Carta de 1824. O modelo *soi-disant* liberal, desmobilizador, na verdade é *constitucionalista-absolutista-reformista*, e em seu nome se desclassificam os liberais radicais: a passagem está aberta ao pensamento da contrarrevolução — assegurando a difusão das obras de Joseph de Maistre e De Bonald em particular.[59]

Essa a corrente banida, o "elo perdido" indicado por Faoro — e que poderia ter revelado, se não desqualificado, uma *classe* (responsável talvez pela emancipação da indústria nacional). Classe que dissiparia a "névoa estamental" que torna difícil até hoje a compreensão da vida político-ideológica do Brasil. O liberalismo restaurador, ao mascarar o absolutismo do Bragança e ao apresentar o constitucionalismo como sinônimo do liberalismo, desmobilizou os liberais: "Os liberais do ciclo emancipador foram banidos da história das liberdades".

Com efeito, durante todo o período, o poder central aprimorou seus mecanismos de dominação, desqualificando iniciativas reformistas que ampliariam a participação popular, temendo o reformismo que articularia *uma sociedade civil* nestes trópicos. Mudava-se assim a *legitimidade* da *representação*: temia-se sobretudo as eleições diretas sob alegação de "falta de suficiente educação popular".

---

59. O deslizamento ideológico para a direita é notável: em 1855, o general das massas, Abreu e Lima, publicou O *socialismo*, com uma apologia das "ideias de Siéyès".

Nesse sentido, tomam-se os conselhos de d. Pedro II à regente d. Isabel, já em 1876:

> Instam alguns pelas diretas, com maior ou menor franqueza; porém nada há de mais grave do que uma reforma constitucional, sem a qual não se poderá fazer essa mudança do sistema das eleições, embora conservem os eleitores indiretos a par dos diretos. Nada há contudo de imutável entre os homens, e a constituição previu sabiamente a possibilidade da reforma de algumas de suas disposições. Além disto, sem bastante *educação popular* não haverá eleições como todos, e sobretudo o imperador, primeiro representante da nação, e, por isso, primeiro interessado em que ela seja legitimamente representada, devemos querer, e *não convém arriscar uma reforma, por assim dizer definitiva, como a das eleições diretas,* à influência tão deletéria da falta de suficiente educação popular.

Esse o *missing link* da história do Brasil. Nas conclusões de Faoro:

> O socialismo, numa fase mais recente, partiria de um patamar democrático, de base liberal, como valor permanente e não meramente instrumental. O quadro seria, em outra paisagem, o de nível europeu, sem que uma reivindicação, por mínima que seja, abale toda a estrutura de poder. (Faoro, 1987, p. 55)

Mas o desenlace do processo foi fulminante: ao enfrentar a Guerra do Paraguai, o império *liberal* se exauriu. O gabinete liberal — rompido com o marechal Caxias — cai, distancia-se da Coroa e cede passo ao conservadorismo. Os liberais tentam limitar o poder imperial, mas ultrapassam seu objetivo, criticando o regime.

Caxias, por seu lado, braço armado da Coroa, representa uma geração militar no ocaso. A geração militar mais nova encontrará na ideologia *positivista* a alavanca para a crítica ao modelo de exclusão política adotado pela corte, fundamentado na formação da jurisprudência estamental, e não nas novas ciências exatas e sociais. Permanece a visão auroritária, mas já agora *progressista* ("Ordem e progresso", o lema positivista) e humanitarista, defensora da abolição da escravatura.

Nesse *republicanismo militar*, encontram-se atores jovens e distanciados da classe política imperial, aliás pouco renovada. Mas o exército associou-se às elites políticas das oligarquias dos centros cafeeiros, que se beneficiaram da mudança institucional — enfim, *uma república forte que consolida na região a ordem neocolonial* — terminologia de Túlio Halperin Donghi. República democrática no nome, porém aristocrática *de facto*.

O implacável sistema adotado se baseará até 1930 no Partido Republicano. No campo, os *coronéis*; nas cidades, as oligarquias controlando as eleições. No meio do percurso, as greves operárias (de 1917, em particular), a Semana de Arte Moderna e a fundação do PC (1922), o levante dos "tenentes" em 1924, buscando ampliação do regime, das ideias de nação e de cultura. A revolução liberal de 1930, contra as velhas oligarquias políticas, encerra o período.

A República em busca de uma "cultura"

No primeiro momento de sua história, marcado pelo republicanismo oligárquico, a "nação" se debate em busca da modernidade. A Semana de Arte Moderna de 1922 sinalizará, no limite, a tentativa de ruptura com o Brasil parnasiano: "Queremos luz, ar, ventiladores, aeroplanos, reivindicações obreiras, idealismos, motores, chaminés de fábricas, sangue, velocidade, sonho, na nossa arte". Para "uma arte genuinamente brasileira". (Mário de Andrade).

O período se define pela hegemonia dos proprietários rurais, sobretudo os de São Paulo e Minas Gerais. De modo geral, a *intelligentsia progressista* brasileira, esforçando-se para entrar no compasso dos países centrais, deixara-se penetrar — sobretudo nos anos que medeiam do Manifesto Republicano de 1871 à promulgação da Constituição de 1891 — pelas formulações do positivismo e do evolucionismo. Comte, Taine, Darwin, Haeckel e Spencer impregnam os estudos de ideólogos como Tobias Barreto, Silvio Romero, Capistrano de Abreu, Euclides da Cunha, Graça Aranha.

Contra essa hegemonia oligárquica, novos estratos médios e proletarizados, impulsionados pela urbanização, imigração e industrialização, opõem suas visões de mundo, indicando a dissociação entre o Brasil real e o Brasil oficial. Tal ruptura já fora, aliás, vislumbrada por Machado de Assis (1839-1908) em 1861: "O país real, esse é bom, revela os melhores instintos; mas o país oficial, esse é caricato e burlesco. A sátira de Swif nas suas engenhosas viagens cabe-nos perfeitamente".

Silvio Romero (1851-1914), comentando o abalo mental que se viveu no Brasil no último período da monarquia, com a Guerra do Paraguai, a crítica ao catolicismo, à instituição servil, ao monarquismo, ao romantismo, ao ecletismo, ao centralismo e ao *atraso horroroso,* anotou: "Positivismo, evolucionismo, darwinismo, crítica religiosa, naturalismo, cientificismo na poesia e no romance, folclore, novos processos de crítica e de história literária, transformação das instituições do direito e da política, tudo então se agitou e o brado de alarma partiu da Escola do Recife" (*apud* Bosi, 1981, p. 184).

O romantismo cede à força da objetividade realista, inspirada em Flaubert, Maupassant, Zola, Anatole, enquanto uma nova concepção de história funda-se em Comte, Taine e Renan. As fontes da vertente do naturalismo, da qual o autor de O *cortiço*, Aluísio

Azevedo (1857-1913), é o representante máximo, encontram-se em Émile Zola e Eça de Queirós.

Mais que as ideias, entretanto, os conflitos sociais dilaceram a Primeira República, com a crescente presença ordenadora do exército. Note-se que se tratava de um exército sem compromissos com a propriedade territorial, da qual não saíam seus quadros. Já afastado da monarquia (o Clube Militar fora fundado em 1887), abrigava uma tropa cuja direção se negara a cumprir o papel de capitães do mato — como advertira Nabuco — na repressão à rebelião das senzalas. O país — a República inconstituída — nascia pois malformado, com uma taxa de 79% de analfabetos. E a jovem República manteria o analfabeto na mesma situação, garantindo as vitórias das oligarquias pela restrição constitucional ao direito de voto: não por acaso, a Constituição de 1891 não incluiu nos direitos o da instrução primária gratuita.

Não se trata, pois, de simples retórica o célebre comentário de Aristides Lobo sobre a proclamação de 15 de novembro ("O povo assistiu àquilo bestializado, atônito, sem conhecer o que significava"). O exército se articulara contra a desagregação anárquica do país, opondo-se às oligarquias estaduais e ao coronelismo no campo, mas se revelara sintonizado com a inquietação das camadas médias urbanas — o "jacobinismo" precário e, mais tarde, o tenentismo expressariam essa tendência.

Tal desagregação se manifesta na Revolta Federalista (1892-1895), a Revolta da Armada, fuzilamentos e degolas no Paraná e em Santa Catarina, em Canudos (1893-1897), nas sublevações de Mato Grosso (1892-1906), na revolta contra a vacina obrigatória (1904) no Rio de Janeiro e na Bahia, com deportações para o Acre, nas intervenções federais no Rio de Janeiro, Pernambuco e Bahia (1910-1912), na Revolta dos Marinheiros (1910), no Contestado (1912-

1915), nas lutas sertanejas no Ceará (1913) e em todo o nordeste. "As agitações são quase permanentes no sertão brasileiro", anota José Honório Rodrigues.

A *questão nacional* surgiu assim sob várias formas: no caso do Contestado, Rui Barbosa indicava a "germanização e desnacionalização" de parte do território nacional. Como na época escreveu o capitão de Exército Matos Costa, afinal tratava-se "apenas de uma insurreição de sertanejos espoliados nas suas terras, nos seus direitos e na sua segurança" (Rodrigues, 1965, p. 78). Ou como se colhe no relato de um jagunço: "Nóis não tem direito de terra, tudo é para as gentes da Oropa" (*ibid*.).

Notável é, pois, o desencontro entre as importações de ideias e o império da realidade. Na obra máxima desse período, *Os sertões* (1902), de Euclides da Cunha, sobre a revolta de Canudos ("a nossa Vendeia"), sua inspiração evolucionista não o impede de falar dos "estigmas de uma raça inferior" ("A mestiçagem extremada é um retrocesso"). Mas depois de discutir teoricamente o espinhoso problema da miscigenação, sua descrição da luta e da resistência dos jagunços, que em seus 5 mil casebres não se renderam, demole a suposta incapacidade dos mestiços: "O sertanejo é, antes de tudo, um forte".

Destruía-se o mito imperial do herói da raça branca, cultivado no Instituto Histórico e Geográfico do Império; dos anos 1920 aos anos 1930, abriam-se as portas para o redescobrimento do Brasil, com Mário de Andrade, Gilberto Freyre, Caio Prado Júnior, Sérgio Buarque de Holanda, Sérgio Milliet, Manuel Bonfim — entre tantos outros.

O *sistema cultural da República* assim se plasmou e se enrijeceu até 1922, *tournant* dessa história. Ocorreram, por certo, reações à *força armada*, como a campanha de Rui Barbosa (1909-1910); mas ela permaneceria guardiã dos interesses nacionais, "discretamente nacionalista, sobretudo modernizadora. Modernizadora não no sentido do velho estamento português colonial e imperial, mas com o acento na independência real do país — com expressão qualitativamente diversa no seu conteúdo, que bem se ajusta ao autonomismo cultural que se irradia no país a partir de 1922" (Faoro, 1975, p. 551).

Dadas as disparidades socioculturais (Canudos, greves no Sul etc.), *a ideia de nação se reforça*. Mais *a despeito de*, que *por causa de*. Se no Nordeste regride-se para soluções arcaicas, no estado de São Paulo uma nova classe operária se debate na nascente sociedade industrial. No campo militar, as insurreições de 1922, de 1924 e a Coluna Prestes, de 1925, esboçam a trajetória do reformismo que desemboca na chamada Revolução de 1930.

Como analisou Alfredo Bosi, foi num nível sociocultural bem determinado de São Paulo e do Rio que os contatos com a Europa dinamizariam as posições tomadas, dando-lhes feição peculiar. Nesses centros, lê-se os futuristas italianos, os dadaístas e os surrealistas franceses, ouve-se Debussy e Milhaud, assiste-se a Pirandello no teatro e a Chaplin no cinema. Picasso, o expressionismo alemão, o primitivismo da Escola de Paris, Freud, Einstein fermentam a imaginação nova — além dos impactos históricos que tiveram no Brasil a Primeira Guerra Mundial, a Revolução Russa, a escalada do fascismo italiano.

Na *fase heroica* do modernismo (1922-1930), localiza-se a tensão que iria marcar a reflexão, a história e a crítica da cultura no Brasil nas décadas posteriores:

> Nessa fase tentou-se, com mais ímpeto que coerência, uma síntese de correntes opostas: a *centrípeta*, de volta ao Brasil real, que vinha do Euclides sertanejo, do Lobato rural e do Lima Barreto urbano; e a *centrífuga*, o velho transoceanismo, que continuava selando nossa condição de país periférico a valorizar fatalmente tudo o que chegava da Europa. (Bosi, 1981, p. 344)

Mas, a essa altura, a *identidade* da nação já começa a ser precisada, ampliando-se a consciência do hiato entre a realidade concreta do país e a precariedade da resposta política e intelectual dos setores da vanguarda pensante. Ou seja, entre o nacionalismo e o universalismo. Como sintetiza Bosi, "entre a sedução da *cultura ocidental* e as exigências de seu povo, múltiplo nas raízes históricas e na dispersão geográfica" (*ibid.*, p. 345).

Tal consciência dividida caracteriza o citado impacto de 1922, com a Semana, com os "tenentes", com a criação do PC. Mas, no momento seguinte, um conjunto de produções maduras definirá os rumos da cultura brasileira, *ainda não formulada em sistema*, na sequência das obras de Mário de Andrade, Gilberto Freyre, Caio Prado Júnior e Sérgio Buarque de Holanda — enfim, a busca de um *povo* étnica, política e mentalmente caracterizado para compor uma nação.

Nessa transição de uma época a outra — separadas pela crise de 1929 —, um documento indica o fosso que se abrira entre dois quadros mentais: a carta de Paulo da Silva Prado (1869-1943) a seu filho Paulo Caio, este residindo nos Estados Unidos. O paulista, autor do clássico *Retrato do Brasil* (1928), escrevia:

> Você pertence ao grupo "Brasil primeiro país do mundo". Bloco governamental que vai levando o Brasil à ruína e ao esfacelamento, *d'un coeur léger*. [...] Você está embriagado por certos aspectos da vida americana. Há muito mais coisas no mundo que Wall Street, fordismo e dinheiro. Leia, de vez em quando, a *Nation*, e os artigos do Mencken, e a sua *Americana*. Há também pessimistas nos Estados Unidos. (Prado, 1972)

Era o adeus de uma época para outra. E a denúncia de um país que teimava em permanecer na amena consciência de atraso nos *tristes trópicos*.

Conclusão: da cultura brasileira à moderna cultura republicana

Muito tempo deverá ainda transcorrer para que se sedimente um quadro compreensível das transformações ideológico-culturais ocorridas no Brasil republicano. A passagem do sistema cultural do Segundo Império escravista (1840-1889) ao da Primeira República positivista e oligárquica (1889-1930), o criticismo das novas interpretações do Brasil após a Revolução de 1930 (Freyre, Prado, Buarque), o estado-novismo criando a cultura brasileira, a emergência de um pensamento radical de classe média no bojo da Segunda Guerra Mundial, a interpretação dualista (Lambert, Cepal) e a luta contra o subdesenvolvimento nos anos 1950 e 1960, a crítica ao Estado patrimonialista e ao capitalismo dependente (Faoro, Florestan), a montagem do modelo autocrático-burguês com seus mecanismos de exclusão política e cultural, a lenta desmontagem desse modelo e o surgimento de projetos culturais indicando a emergência de uma *nova* sociedade civil nos anos 1980, tudo sugere um percurso complexo, não isento de contradições, recuos e avanços. Percurso em que as noções de nação, povo, cidadania, cultura sofreram várias metamorfoses, desde o momento de fundação, em 1889, de um modelo oligárquico de República.

No arco do tempo, se nos anos 1930 e 1940 ideólogos como Freyre e Azevedo lograram formular para o sistema ideológico da República uma noção de cultura brasileira, já no último período (1975-1989) tal ideia de raiz estamental vem sendo demolida, com a emergência da *nova sociedade civil*. Afinal, esse conceito (de cultura brasileira), o que abarca e nivela? Ao longo do período, a *cultura republicana*, baseada na ideia de cidadania plena, mostrou-se assim precária em vista das formas renovadas de coronelismo, de patronagem, do favor e do privilégio — cultura sempre desmobilizada pelo contumaz patrimonialismo de raiz ibérica e pela velha metodologia da conciliação, remanescente do Brasil oligárquico.

Dessa perspectiva, a noção de cultura brasileira surge como uma fabricação histórica dos ideólogos que, sobretudo na época do Estado Novo, forjaram um conceito-chave suficientemente amplo, plástico e sofisticado para denominar o *todo* sociocultural e incluir o Brasil no concerto da sociedade dos Estados-nação, conferindo-lhe identidade geopolítica. Não por acaso, nesse momento o Estado assumiu a definição do "patrimônio histórico, artístico e cultural" do país (com Rodrigo de Mello Franco, Mário de Andrade, Sérgio Buarque de Holanda, José Honório Rodrigues, Freyre); da compendiação da cultura brasileira (F. Azevedo) por meio do IBGE (Instituto Brasileiro de Geografia e Estatística); da comunicação social (*A voz do Brasil*), musical inclusive (H. Villa-Lobos), e da definição geopolítica.

No campo militar, ressalta a influência da obra *liberal* de Freyre,[60] aplicada porém sobre uma sólida estrutura de formação positivista: o principal atlas histórico e geográfico brasileiro foi elaborado nesses anos por Delgado de Carvalho, positivista a quem o general Golbery do Couto e Silva — o ideólogo estrategista do Brasil-potência (anos 1950 a 1970) — dedicaria seu livro *Geopolítica do Brasil*. Também o general indigenista Cândido Rondon — um dos inspiradores, aliás, de Darcy Ribeiro — marcou-se pela ideologia positivista, nessa fabricação de nação.

Cultura republicana, dessa perspectiva, em sentido moderno, só começa a se definir mais precisamente nos dois últimos lustros. A partir da crítica ao patrimonialismo, da denúncia e lenta desestru-

---

60. Não só *Casa-grande & senzala*, mas também suas conferências, como a citada "Nação e exército". Note-se que Fernand Braudel — que também fez conferências para o Estado-Maior do Exército — exaltou essa interpretação.

turação do modelo autocrático-burguês, da crítica ao populismo e à ideologia da conciliação manejada pelas elites. Com o surgimento, enfim, de uma *nova sociedade civil*.

Em conclusão, as discussões sobre a *moderna cultura republicana*, baseada na ideia de cidadania plena — e em instituições democráticas que a assegurem —, só recentemente começaram a alcançar resultados palpáveis (na Constituinte, nos movimentos de base, na criação de novos partidos etc.). Tal conceito mobilizador emerge das cinzas da ideologia da cultura brasileira — desmobilizadora, com seu cortejo de *valores brasileiros* ("democracia racial", "homem cordial", ideologia do favor etc.).

Trata-se, é claro, de transição complexa: após a demolição da sociedade de *estamentos* e *castas*, procura-se implantar a moderna sociedade de *classes*, ou de *contrato*. À busca do nacional e popular, deverá suceder agora o encontro do *internacional* e *popular*.

Referências bibliográficas

Antunes, R. (coord.). *A inteligência brasileira*. São Paulo: Brasiliense, 1986.
Barreto, L. *Triste fim de Policarpo Quaresma*.14ª ed. São Paulo: Brasiliense, 1975.
Bosi, A. *História concisa da literatura brasileira*. 3ª ed. São Paulo: Cultrix, 1981.
Faoro, R. *Os donos do poder. Formação do patronato político brasileiro*. Porto Alegre: Globo, 1958.
_____. *Os donos do poder. Formação do patronato político brasileiro*. 2ª ed. Porto Alegre: Globo, 1975.
_____. "Uma república em apuros". *IstoÉ/Senhor*, São Paulo, p. 15, 15 nov. 1989.
Freyre, G. *Nação e exército*. Rio de Janeiro: José Olympio, 1949.
Gullar, F. *Vanguarda e subdesenvolvimento*. Rio de Janeiro: Civilização Brasileira, 1969.
Lima Sobrinho, B. *Antologia do Correio Brasiliense*. Rio de Janeiro: Cátedra, 1977.
Machado de Assis, Joaquim M. "1861". *Diário do Rio de Janeiro*, 29 dez. 1861.

Mota, C. G. *Ideologia da cultura brasileira*. 5ª ed. São Paulo: Ática, 1985. (Ed. 34, 2008).

_____. "A cultura brasileira como problema histórico". *Revista USP*, São Paulo, v. 3, nº 18, dez. 1986.

Paz, O. "La 'inteligencia' mexicana". In: *El Laberinto de la soledad*. 13ª ed. México: Fondo de Cultura Económica, 1984.

Prado, P. *Província e nação, paulística, retrato do Brasil*. Rio de Janeiro: José Olympio, 1972.

Rodrigues, J. H. *Conciliação e reforma no Brasil*. Rio de Janeiro: Civilização Brasileira, 1965.

Schwartzman, S.; Bomeny, H. B. & Costa, V. R. *Tempos de Capanema*. Rio de Janeiro/São Paulo: Paz e Terra/Edusp, 1984.

B. DEBATES

1. Uma cultura de partidos

Contar com Napoleões no futuro é se esterilizar.

Mário de Andrade, *O banquete*

O ESTUDIOSO BRASILEIRO da história contemporânea, preocupado com a chamada modelagem das tendências mundiais de longo alcance, terá razões de sobra para se preocupar com os anos 1980. Afinal, nesse fim de século dar-se-ão alguns confrontos fundamentais da história do capitalismo, e a América Latina será uma das regiões do globo em que a crise social e econômica se mostrará — como dizem os matemáticos — em verdadeira grandeza. Ao golpismo militar dos anos 1970 poderá suceder, na próxima década, e como consequência, um movimento geral de libertações nacionais. Obviamente, a questão da cultura estará na base de tais transformações. Uma convergência importante de fenômenos que ocorrem em diferentes planos marcará o período e não é difícil localizá-los, numa análise prospectiva: crescimento explosivo da população; novas frações de classes lutando pela redistribuição da renda concentrada no modelo autocrático-burguês; deterioração da saúde pública; críticas crescentes ao autoritarismo político-militar, à dependência e à massificação cultural; deterioração do ensino público oficial; predação ecológica e fragilidade dos mecanismos de controle das condições gerais de vida (poluição etc.). Cada vez menos será possível discutir qualquer uma dessas questões sem esbarrar nas outras. Em uma palavra, o controle do processo histórico e o aprofundamento da percepção das variáveis econômicas, sociais e ideológicas (amenamente denominadas "culturais") que nele interferem passarão cada vez mais a depender de análises eficientes de cientistas sociais conhecedores de ética política, e sobretudo alinhados. Mas tais questões, entretanto, não serão colocadas provavelmente de maneira abstrata e acadêmica, em nome de "princípios gerais da humanidade" (que não existem, aliás; caso existissem, a repressão política e ideológica não seria tão disseminada, e petroleiros não estariam derramando, impunes, seus carregamentos a torto e a direito nos mares). Nem serão resolvidas em conversas de corredor, nos bastidores de organismos curiosos, como Otan e OEA.

Mais provável será a aglutinação de interesses sociais em partidos políticos renovados, que recuperarão a vitalidade perdida na última década, retornando fortes e incorporando os revisionismos do último período. Nos anos 1980, questões de ética serão cada vez menos tratadas em discutíveis círculos fechados (como o Clube de Roma) e cada vez mais no interior desses partidos nacionais renovados, que levarão ao debate internacional seus projetos e suas determinações.

Dessa perspectiva, e focalizando a América Latina, área de extrema importância para o reequacionamento da expansão do capitalismo monopolista, a intervenção dos Estados Unidos na questão dos direitos humanos aparecerá, na *longue durée*, como mera política complementar àquela de desestabilização do período anterior, que propiciou o advento de regimes militares de direita e extrema direita nos anos 1970. Como não ver tais flutuações de intervencionismo desestabilizador e de campanhas de direitos humanos senão como expressões da necessidade de concentração/desconcentração do capital? As questões culturais da América Latina passarão, mais que nunca, pelas críticas às vicissitudes dos investimentos externos "necessários" ao desenvolvimento, à modelagem do aparelho tributário dos países anfitriões, à criação de mercados internos mais sofisticados, modelados pelo marketing e pelo sistema ideológico centrado na TV, e ao *amestramento cultural* estimulador do consumismo.

No Brasil, em especial, o processo histórico que é dado observar, e que vem do reformismo desenvolvimentista e populista dos anos 1950, pouco apto a enfrentar politicamente o militarismo dos anos 1960, desembocou nos anos 1970 num sofisticado modelo de exclusão cultural montado "lenta e gradualmente". Nessa fase, iniciativas educacionais tipo MEC-Usaid, por exemplo, entraram, destruindo as incipientes linhas de trabalho que vinham se estruturando: a universidade de Brasília, a experiência de alfabetização de Paulo Freire e os ensaios de ação cultural, as faculdades de filosofia como núcleo da organização universitária etc. O modelo, neocapitalista e periférico, procura deitar raízes profundas tentando cooptar até mesmo intelectuais radicais. No plano das ciências humanas, por exemplo, os *social studies* ensaiaram substituir nos anos 1970 o potencial crítico das antigas disciplinas do homem (sociologia, história, geografia etc.) no ensino médio e no ensino superior. Uma verdadeira camisa de força teórica associava-se a um aparato em que teorias de Brutus Skinner (entre outras) ajudavam a amestrar a consciência social. É bem verdade que os *brazilianists* surgiram qual novos heróis civilizadores: em meio ao debruçamento geral da potência hegemônica, vieram mostrar à dormente consciência pública que não era pecado acadêmico estudar a história da República. E é bem verdade — sobretudo — que, ao prestarem esse serviço, ajudaram a desvitalizar os vínculos já rotos de nosso sistema cultural com o sistema europeu, sem dúvida mais crítico e metodologicamente mais estimulante que o americano. Claro, não será absurdo imaginar que, nos anos 1980, tais vínculos venham a ser revalorizados e retomados, pois vários países da Europa de hoje constituem — afinal — os elos fracos da cadeia, e por essa razão oferecem uma experiência cultural e política inestimável.

Nos anos 1970, após as revisões teóricas radicais de 1964 e 1969, em que se elaborou um firme diagnóstico da história do imperialismo ("dependência") na América Latina, e das vicissitudes dos estamentos senhoriais oligárquicos e burocráticos das classes burguesas e pópulares e das castas subalternas, fechou-se o ciclo histórico dos marcos do capitalismo monopolista. Como bem sintetizou o professor Alfredo Bosi:

> O resultado está aí, e é triste mas instrutivo: não temos a grande infraestrutura nacional, mas para escarmento dos liberais, temos um Estado autoritário. Foi no que deu o desenvolvimentismo cego: ele nadava com a maré, e a maré o levou para onde bem quis.

Em vez de se discutir se nos anos 1980 existirá ou não uma cultura brasileira, talvez seja mais eficiente tentar vislumbrar, como, no futuro, projetos, como o Jari deverão representar belos monumentos de uma era em que investidores internacionais não precisaram dar a menor satisfação à imprensa nativa e à cordial opinião pública brasileira. Nessa fase, será possível perguntar a que ficou reduzida a cultura política nacional.

E existirá, por acaso, uma cultura nacional? Talvez o observador venha a notar que, após o fim da era nixoniana (concentração de capital e intervencionismo com mão firme), sobreveio a era da liberalização messiânica na periferia, não só com discursos enfáticos, como os do embaixador norte-americano Crimmins no Brasil, mas sobretudo com o esgotamento do modelo que gerou o "milagre". Perceberá, por certo, que o fenômeno não era apenas brasileiro: Chile, Bolívia, Uruguai, Peru, Argentina foram companheiros de trágicas flutuações programadas.

Mas, de fato, foi no Brasil após o "milagre" que as coisas se alteraram profundamente no plano da cultura. O milagre econômico passou, mas requereu e nos deixou um pesado modelo de exclusão cultural que, sob a égide do AI-5, pôde eliminar os divergentes e apagar até mesmo a ideia histórica de desobediência civil, criando um quadro cultural de cooptação necessário numa era de capitalismo associado. Nesse quadro, soterraram-se as condições para a emergência de uma burguesia nacional e de partidos liberais e nacionais, bem como de partidos que sejam expressão do mundo do trabalho. O sistema cultural viu crescer em seu interior o fenômeno conhecido por "mobralização" do saber, com a formação pré-política de quadros de semicidadãos.

Paralelamente, serviços de segurança nas universidades, censura nos teatros, nos correios, na TV, no cinema, aposentadoria de eminentes mestres eliminaram quase totalmente a possibilidade de germinação de uma cultura crítica. Em contrapartida, a Igreja saiu de sua posição reacionária dos anos 1950 (em que se deu, por exemplo, a reação à campanha da escola pública, no fim daquela década e no início dos anos 1960), partindo para o revisionismo teológico em busca de teoria eficiente para a libertação do homem nessas partes. O ideário do padre Camilo Torres terá calado funda e discretamente nas consciências, sendo reatualizado pela vocação missionária de um padre Casaldáliga, presente nos horizontes de setores mais jovens da população, e com mensagem mais aguda e permanente que a dos tradicionais "heróis culturais" dos anos 1950 e 1960. Esse o quadro que irá assistir à chegada dos anos 1980.

Não se pode deixar de considerar, por outro lado, que a liquidação da extrema esquerda no último lustro terá efeitos sensíveis no panorama político-cultural dos anos 1980. O novo dilema residirá, então, ou na aceitação dos velhos populismos, sempre mais fáceis de ser recolocados em nova *mise en scéne* (reformista "como convém"), ou na reelaboração cultural profunda, em busca de uma cultura socialista renovada. Ou seja, uma cultura socialista nacionalista em face das multinacionais, mas internacionalista em relação ao provincianismo dos tradicionais partidos de esquerda. E a questão central preliminar a se colocar para essa nova cultura socialista é a da democracia interna nas organizações, pois o risco maior que se vai correr é o de cair nas opacas justificativas da necessidade de um centralismo pouco democrático.

Em suma, o grande problema cultural a ser enfrentado nos anos 1980 é o de saber, nos quadros da politização desmassificadora, se conseguiremos escapar da tradição autoritária presente em nossos arquétipos políticos. Uma ruptura positiva com o passado deverá estar sendo estudada na formação de partidos de classe, nacionais e populares. As questões de política cultural dificilmente poderão ser tratadas fora desses parâmetros sob pena de recair naquilo que havia de mais insatisfatório no caldo ideológico anterior a 1964. Ou seja, certo voluntarismo reformista e populista, mas que desembocou — ao fim e ao cabo — no desenvolvimento capitalista e dependente.

A questão nacional, por sua vez, estará presente no transcorrer dos debates culturais dos anos 1980, de ponta a ponta. Não só na reatualização da cultura dos partidos históricos tradicionais como também na elaboração de um novo partido do tipo liberal, que — pela primeira vez — poderá também ser nacional. Não mais dentro da pesada tradição do liberalismo oligárquico, mas mais próximo dos revolucionários liberais históricos franceses ou norte-americanos.

Uma coisa é certa: se nos anos 1970 as questões de cultura foram quase sempre tratadas como caso de polícia, nos anos 1980 — dada a inviabilidade da experiência anterior — os problemas de cultura serão tratados como questões de política. Política científica e nacionalismo surgirão na mesma chave e contexto, por exemplo, ao se reavaliar a necessidade de aumento de qualificação técnica no trabalho científico. A rejeição aos "pacotes" tecnológicos e aos "enlatados" culturais obrigará a formação de quadros para o salto qualitativo, e para isso a universidade e (sobretudo) as funções paralelas à rede universitária deverão ser montadas em novos moldes. Além disso, parece certo que uma maior quantidade de associações e sindicatos não só garantirá a resposta social ao processo como o controlará e o dinamizará. Nos centros industriais mais avançados surgirão provavelmente iniciativas voltadas para a implantação de universidades do trabalho, talvez mais próximas da experiência alemã (que da cubana, por exemplo). É claro que muito se discutirá dos deslizamentos ideológicos de valores burgueses em tais instituições, mas...

Em quatro ou cinco polos estratégicos serão implantados sindicatos e universidades rurais, provavelmente de caráter mais conservador, mas nem por isso menos úteis ao levantamento preliminar dos horizontes e das necessidades do trabalhador rural, que, saindo do coronelismo anterior, vai sendo aprisionado pela agroindústria multinacional. Esse levantamento virá somar-se às incipientes iniciativas já existentes de estudos de cultura regional e que, esparsamente, se iniciam um pouco por toda a parte. A tônica dominante será dada pela busca e articulação de vestígios de *uma cultura de re-*

sistência, propiciando a elaboração teórica e prática de uma futura contra-história do Brasil. A crônica da resistência indígena, a história do sindicalismo, a verdadeira história das relações raciais virão a ser escritas então.

Mas a crise econômica e os problemas derivados da fase de concentração brutal e desnacionalização dos anos 1970 se acentuarão extraordinariamente, provocando, no plano da cultura, importantes deslocamentos ideológicos. Quem melhor se deu conta desse processo foi o professor Theotônio dos Santos, que, em artigo recente publicado na revista *Versus* (maio/jun. 1978), indicava como

> as camadas da burguesia duramente afetadas pelo processo de concentração econômica, monopolização e desnacionalização da economia se veem atraídas pelo movimento popular. Ou, pelo menos, perderam suas aspirações de hegemonia política e ideológica, protegendo-se com uma crítica econômica cada vez mais sem perspectiva diante do atual estado de coisas. Em tal ambiente social, é possível entender que na América Latina se esteja desenvolvendo, no momento atual, uma série de acontecimentos que formam o ponto de partida de uma nova onda de lutas populares de grande porte histórico.

Parece certo que a revisão da sociedade civil (já em andamento) será profunda dada a pressão social. Às vésperas dos anos 1980, até mesmo a velha cultura jurídica está posta em xeque, com a já visível deterioração da profissão do advogado, que necessitará ser revista desde as bases. O problema a ser enfrentado localiza-se não só na inadequação do ensino das ciências jurídicas e sociais como no emperramento da máquina judiciária, ainda funcionando em ritmo colonial. A administração morosa e incipiente da justiça — ainda que possivelmente burguesa — deverá sofrer profunda alteração. A tradição dos "grandes advogados e juristas" será rompida: os estamentos pretéritos deverão ceder lugar às classes futuras, para usar a formulação de Marx. E a razão do movimento dos bacharéis estará na própria deterioração social e profissional, da mesma forma como o redimensionamento da questão da saúde pública se dará a partir da proletarização dos profissionais da medicina. Problemas eternos, como o da medicina preventiva, ganharão novo enfoque a partir da própria pressão de uma sociedade em constante expansão. A intervenção do Estado em setores fundamentais da medicina será uma decorrência quase natural numa era posterior ao capitalismo selvagem e periférico.

O problema maior, entretanto, voltará a se localizar no ensino público, nervo central de qualquer projeto de democracia. A deterioração profissional sofrida nos últimos três lustros[61], a maior da história da República, encontrará uma nova geração de pedagogos absolutamente aptos a equacioná-la, restaurando os antigos nexos entre os níveis de ensino médio e superior. Uma política eficiente do Estado permitirá atacar de rijo o problema básico de formação da cidadania, devolvendo à escola pública o papel de formar uma sociedade altamente politizada. A metodologia de alfabetização progressista será retomada, afastados os exorcizadores dos fantasmas da "subversão" que lançaram o país no mais negro obscurantismo. Por seu turno, a parafernália dos cursos supletivos, dos cursinhos, das "faculdades de pós-graduação" etc. será revista, reconduzindo-se o ensino público aos caminhos que vinham sendo trilhados nos fins dos anos 1950. E, vale notar, tal política educacional — ao que tudo indica — não será apenas uma dádiva de algum governo bonapartista bafejado pelas luzes de eventual despotismo esclarecido periférico; resultará, antes, de uma autêntica e vigorosa pressão social e política de segmentos organizados da sociedade civil. As perspectivas pedagógicas de um Anísio Teixeira poderão ser retomadas, mas com os desdobramentos socializantes nelas implícitas. E sua atualização será surpreendentemente rápida, proporcional ao atraso

---

61. O artigo é de 1978. O autor se refere aos quinze anos posteriores a 1964.

acumulado nos últimos anos, e adequada ao dinamismo social que será atingido em meados da próxima década.

Nesse caso, não só serão inevitáveis o retorno e a reintegração dos intelectuais que viveram a diáspora na última década — o nosso modesto *know-how* —, como também a formação de quadros fora das escolas tradicionais (universidades, escolas de administração etc.) serão necessários. Não será, pois, absurdo que nos anos 1980 se estabeleçam novos núcleos de ensino e pesquisa, ao lado de universidades que não conseguiram se libertar do burocratismo atávico, a exemplo da Escola Prática de Altos Estudos (Paris) ou do Colégio de México. Pois a um novo sindicalismo (que será alterado enormemente a partir das oposições sindicais), a um novo empresariado (que procurará as sendas do reformismo para fugir ao impasse monumental do barril de pólvora social que será o Brasil dos anos 1980) e a uma nova conceituação dos "profissionais liberais" (médicos, advogados, professores) deverá corresponder um novo padrão de produção cultural não oligárquico, em que genuínos elementos nacionais e populares venham a ter sua hora e vez. Isso, está visto, no âmbito dos partidos. Não haverá, pois, cultura "em geral", mas cultura de partidos, em busca de um padrão cultural mais voltado para a mudança que para a conservação.

Nesse sentido, não é difícil concordar com Philip Slater:

> felizmente, não há por que discutir maneiras de iniciar a mudança, visto que esta já está em marcha. Ao mesmo tempo, contudo, acelera-se a patologia da velha cultura, de modo que os perigos que ela engendra crescem automaticamente com a possibilidade de salvação. Nossa tarefa consiste, pois, em encarar com otimismo a transição de um modelo de dominância de cultura para outro.

Com otimismo moderado, digamos melhor, que o caminho é longo e pedregoso.

2. O governo Montoro e a questão da cultura

Após um ano de governo democrático em São Paulo, a questão da cultura no estado ainda está longe de ser equacionada. Desapareceu, é certo, a atmosfera fascistoide do período anterior. Mas a greve do magistério, a irresolução no caso da Unesp, a falta de diretrizes no encaminhamento da problemática do ensino e da pesquisa revelam a total desarticulação entre as esferas da cultura, da educação, da saúde, da ciência e da tecnologia. E a falta de entrosamento entre as secretarias do estado e da prefeitura, ao contrário do que existia nos governos anteriores, quando PDS (e Arena) mandavam ver. Hoje, "descentralização" (qual?) não deve implicar vazio de ideias.

Esse parece ser o problema que o PMDB arrasta desde os tempos da República da Madre Teodora. Com efeito, falta ao governo uma concepção mais orgânica de política (e os danos da bipartição da Casa Civil ainda se farão sentir por uns tempos, apesar da competência de Roberto Gusmão). Uma concepção mais arrojada, à altura do desafio histórico — não nos esqueçamos — que representa suceder este governo à mais devastadora e autoritária equipe que ocupou o poder neste país, encabeçada pelos srs. Paulo Maluf e Calim Eid. Grupo voraz que pode ter todos os defeitos imagináveis, mas que tem consciência de equipe.

Mais que tudo, entretanto, é notável a falta de uma política cultural, em sentido amplo. Ausência que deixa o governador a pé. Claro está, uma política que derive de um projeto agudo e maduramente definido, a partir de análises realizadas pelas pastas de Educação (onde, aliás, ainda há bolsões de fisiologismo e clientelismo), de Saúde (com bom desempenho, mas isolada) de Ciência e Tecnologia (com pálidas conexões com a rede universitária e pastas afins). A Secretaria de Cultura deve ter um papel fundamental, articulando esses núcleos de poder dentro do mais importante estado da federação, funcionando como uma espécie de núcleo gerador, fermentador e crítico de *conceitos*.

Definidas as prioridades e linhas básicas de ação, essa política cultural — que traz em seu bojo o desenho da sociedade que se deseja — passaria a nortear a ação da Secretaria de Planejamento. E não o contrário, como está ocorrendo, vestígio do Estado tecnoburocrático.

Um exemplo, apenas. Pasma o mais desatento cidadão desta capital verificar o impasse em que o governo Montoro se deixou enredar no caso do magistério do Estado. O atual secretário de Planejamento, o agudo professor José Serra, muitas vezes atacou duramente o governo anterior fazendo ver que o aumento salarial do magistério e sua requalificação não eram uma questão contábil; mas sim um problema político. E agora, José? Parece claro que a hora é de fazer ver que o governo está mal servido com tal equipe, que deixa as coisas chegarem aonde chegaram. E, vale notar, o problema não é apenas salarial, mas de requalificação profissional. Argumenta-se que faltam verbas ao governo, mas escasseiam, sobretudo, hipóteses de trabalho, com secretários e assessores que consigam contrapor aos doze pontos iniciais do secretário de Planejamento (corretos, aliás) seus doze pontos de ação. E lutar por eles.

Mas falta sobretudo uma Secretaria de Cultura que saiba coordenar essas esferas da vida do estado, através de uma política cultural orgânica pluralista, descentralizadora e, nada obstante, atuante e eficiente. No caso da Unesp, que vem servindo para afastar a *intelligentsia* do governo Montoro, bastaria a criação de uma coordenadoria para o ensino superior, com nomes de peso de um Ulhôa Cintra, de um Antonio Candido, de um Dalmo Dallari, de um William Saad Hossne. Coordenadoria que deve participar das discussões para a definição de uma política cultural para o estado, transformando a universidade em algo útil, crítico, atuante, prestando assim serviços efetivos à sociedade.

O governador Montoro procura hoje consolidar sua imagem nacional. Tem acertado em vários campos (política energética, teledifusão etc). Mas a brilhante equipe acadêmica que o circunda ainda não logrou oferecer-lhe uma única hipótese de trabalho, em termos de política cultural. Se há iniciativas isoladas dignas de aplauso — como o Sistema Estadual de Arquivos, operado pelo professor J. S. Witter —, não se vislumbra ainda o lineamento básico de sua concepção de cultura. E, portanto, de sociedade e de política. "Diretas já" é ótima hipótese, mas não é tudo.

Navegar é preciso, dizia o doutor Ulysses. Mas que a nau não soçobre, com tão catita equipagem. E que o governo aja logo, visto que a deterioração social pode levar a rumos imprevisíveis.

3. A NOVA SOCIEDADE CIVIL E A CULTURA

A INDICAÇÃO DE CELSO FURTADO para o Ministério da Cultura retempera as esperanças dos que imaginam poder o Brasil tornar-se um dia uma nação moderna. Não que suas formulações a respeito dos chamados "valores permanentes de nossa cultura" não sejam passíveis de discussão crítica. Mas o fato é que se trata de alguém com estatura de estadista, preocupado intensamente com a questão nacional e, desde fins dos anos 1960, com a questão da cultura. Se algumas de suas teses reforçam eventualmente a ideologia da cultura brasileira, de fundo oligárquico-modernizante, isto é assunto para este primeiro semestre de 1986.

Agora, com o novo interlocutor, é chegada a hora de a nova sociedade civil se manifestar sobre a "nossa" cultura. A começar por entender o que é o MinC, uma das fabricações mais controvertidas da Nova República, e que impõe uma série de considerações e advertências. Esse ministério — que será ocupado por um ministro maior do que ele — deveria ter, nesta transição sem fim, concebida por Tancredo Neves, desempenhado o papel de costurador ideológico das diferenças nacionais, pois a ele estava destinado um dos maiores manejadores da metodologia da Conciliação desde o marquês de Paraná, o mineiro José Aparecido de Oliveira. Ao passar para o governo do Distrito Federal, providenciou outro mineiro para o posto, o sofrido e exilado ex-reitor cassado da Universidade Federal de Minas Gerais, Aluísio Pimenta.

Ocorre que, já agora, para que exista uma transição efetiva, cabe ao MinC (se é que tem cabimento tal ministério) estimular a revisão crítica de valores, de instituições e de modos de pensar esta sociedade. Das universidades aos sindicatos, da Fiesp a Serra Pelada. Sua função já não pode ser a de dar o recheio ideológico supostamente popular às visões neo-oligárquicas de um paraíso que jamais existiu aqui (Darwin, entre tantos, deixou impressões péssimas sobre a *Terra brasilis*; historiadores negros americanos, meus amigos, dizem que jamais criariam filhos aqui).

A passagem de uma ordem autocrático-burguesa para um modelo em que os diversos segmentos da *nova sociedade civil* tragam efetivamente à luz do dia e ao debate suas concepções não pode deixar de lado certas medidas preliminares importantes. Por exemplo, o exercício de uma ação permanentemente crítica, que leve proposições do MinC sobre as prioridades socioculturais do país aos outros ministérios, aos sindicatos, às emissoras de TV, às escolas, aos consulados e órgãos culturais outros (hospitais, presídios). Deve questionar os outros ministérios, perguntando — por exemplo — ao Ministério das Relações Exteriores sobre a ação cultural efetiva dos adidos culturais, pagos pela República. Ou discutindo com o ministro das Comunicações o significado dessa distinção entre TVs educativas e as "outras". Portanto, não se trata aqui, apenas, de esperar que o MinC recupere a "memória nacional" perdida (qual?), ou preserve o "patrimônio" etc., até porque o principal já foi "tombado": pessoas, árvores...

Trata-se, antes, de indicar que a nova sociedade civil poderá vir a apoiar criticamente uma intenção séria e laica de se modernizar esta sociedade, em extensão e profundidade. Claro que a noção de cidadania deverá estar na base dessa ação cultural, pois cidadania ainda não existe no Brasil, e os episódios da emenda Bierrenbach, de Godard-Marie, do neoempreguismo na Nova República, o "pacto social" de cima para baixo, o estatismo negligente e incompetente, agora o freudiano Ministério da Irrigação etc. o comprovam. A pré-revolução brasileira hoje consiste em transformar súditos contribuintes em cidadãos, e isso não se faz revalorizando aquilo que o professor Antonio Candido denominou de "consciência amena de atraso'", tão nossa, tão Brasil e tão autoritária.

O MinC não decolará enquanto estiver alimentado por projetos como o do espaçoso presidente da Funarte, ou pelos aplausos corporativistas dos "meus caros amigos" da música ou acossado pela inescapável Embrafilme. Essa é a nossa "revolução cultural": o súdito contribuinte se rebela, não quer mais continuar financiando, através de impostos, visões mítico-dessocializantes (pretensamente "de esquerda") sobre a história e a vida política do Brasil — mas que estão muitíssimo abaixo de produções como *A última ceia*, *Queimada* ou *História Oficial*. E também não aceita financiar uma sede de 150 bilhões de cruzeiros para abrigar o MinC em Brasília, em obra assinada pelo arquiteto Niemeyer, cujos méritos (não) discutimos aqui. A Nova República não pode entrar (se é que saiu dela alguma vez) na mitologia de "Brasil, potência emergente": há poucos meses as revistas do país mostravam crianças esfomeadas do Nordeste de Furtado, comendo calangos. Não vamos discutir o passado ideológico-cultural dessa mesma geração, à qual já pagamos um alto tributo, nem perguntar por que foi construída Brasília, obra demagógica e autoritária, nem discutir por que houve o "ato cultural", intempestivo e narcisista, de construção de um hotel moderno ("moderno"?) no conjunto arquitetônico mais homogêneo do país: Ouro Preto. Quem decide tudo isso, e em nome de quem? E quem paga?

A Nova República enfrenta agora o terceiro *round*, com esse novo ministério. Os mecanismos da velha conciliação foram úteis para desmontar o sistema, mas gerou-se um novo mecanismo de poder que o professor Florestan Fernandes denomina de "o dispositivo". Mais sofisticado, pois a Igreja velha reassume novas máscaras, as forças armadas desempenham um papel mais moderno e "técnico", a escola tem mais verba e mais controle "liberal" (garantindo-se os interesses dos aglomerados particulares) e o pacto social constitui uma espécie de moratória, só que para dentro e ao avesso.

Mas não há fabricação ideológica que cimente a arquitetura desta novíssima República. Nela, entretanto, Furtado, economista brilhante, homem moderno e (vale repetir) laico, entra forte. Mais que ninguém — inclusive mais que o presidente da República — está em condições de propor em novos termos a discussão e estudo das grandes questões nacionais: da dívida externa à reserva de mercado da informática, da produção de tecnologia de ponta à formação de professores, tudo diz respeito à chamada "cultura".

A questão mais importante é sabermos que tipo de sociedade desejamos. Outros ministros ou secretários de cultura não teriam nem o currículo nem a biografia do ex-superministro (de governo eleito pelo voto direto, diga-se) para enfrentar os titulares das pastas econômicas. Furtado tem. Como experimentou o poder em período crítico, e como examinou em seus trabalhos acadêmicos modelos de desenvolvimento histórico-cultural e econômico-social — da Coreia à Costa Rica, da China à CEE —, tem cacife para transformar sua pasta num centro irradiador dos projetos hipóteses, problemas, dúvidas e críticas da nova sociedade civil moderna e laica.

A nova cidadania brasileira, por ser também anticoronelista, desburocratizadora e antifisiológica, recebe com evidente ceticismo o novo ministério, mas certamente dará seu apoio crítico a Furtado, *en espoir*, e talvez a um ou outro ministro. Até porque a conciliação de Tancredo ficou para trás, e as atuais consultas não saíram dos limites restritos da velha pajelança dos "cardeais".

Em suma, nesse momento de desafio histórico-cultural, que Furtado transforme sua pasta que é essencialmente de crítica ideológica e não deve servir de biombo, nem ser manipulada para reduzir esta sociedade de 130 milhões de pessoas a um mercado de 30 milhões ou 40 milhões, num processo "cultural" embrutecedor, que arredonda as diferenças, "disfarça a favela e esconde as coisas", como denunciava Oduvaldo Vianna Filho em 1974 — ou seja, num baluarte da derrocada do *Ancien Régime*. Que estimule a formação de uma nova sociedade, lute pela efetiva nacionalização do controle da economia e acabe conosco, este aglomerado de súditos contribuintes sem voz nem vez, transformando-nos em *cidadãos*.

4. Dos 1980 aos 1990
(Uma visão do Brasil em 1992)

Que Brasil queremos? A esta altura, talvez a sociedade brasileira já tivesse respostas mais claras a questões de cunho histórico e cultural, *se as suas elites não tivessem sido tão imediatistas* em suas iniciativas e vivências nas últimas quatro décadas. Certamente não é este o Brasil que queremos, mas o fato é que não se criaram aqui fundações de pesquisa como a Guggenheim, a Kellogg, a Adenauer, a Agnelli e a Lelio Basso, a Ford (que poderiam ter os nomes de ilustres empresários e estadistas nacionais associados nesses empreendimentos de investigação) para respostas mais profundas, mais pesquisadas, de longo prazo. O problema é que continuamos individualistas, superficiais, temos pressa. Até nova negociação com o FMI, ou novo "choque" ou "pacote", ou golpe.

Não somos ainda uma nação, pois não sabemos quem somos, nem aprendemos a pensar a longo prazo. Tampouco a esquerda vem sabendo escoimar os vícios do clientelismo, do sectarismo e do fisiologismo que combatia na ditadura, e aqui refiro-me diretamente ao PMDB, ao PT e ao PDT. Pior que isso, algumas lideranças vêm beirando o pitoresco!

No plano da cultura, assistiu-se no Brasil dos anos 1960 aos 1970 à passagem de um modelo participativo de tipo reformista, desenvolvimentista e pacifista para um modelo de exclusão social e política altamente individualista. A época do chamado "milagre econômico brasileiro", nos primeiros anos da década de 1970, correspondeu ao rigoroso fechamento do sistema — ou seja, o país entrou numa ditadura aberta sob o Ato Institucional nº 5 e na luta armada, expressão do dilaceramento máximo da sociedade brasileira.

As interpretações da história do Brasil dividiram-se em dois campos nítidos: de um lado, as visões de uma história "pacífica", "cordial", fruto da miscigenação étnica e de uma adequação do homem "brasileiro" nos trópicos com fortes pendores "modernizantes". Embora à força, o Brasil para muitos estava dando certo, logrando desempenhar o papel de potência emergente que trilhava as sendas do desenvolvimento na periferia, despontando inclusive como país avançado na indústria bélica. O lema "segurança e desenvolvimento", forjado pelos ideólogos da Escola Superior de Guerra, dominava o cenário político-ideológico deste país alinhado no lado de cá da Guerra Fria.

Nos anos 1970, com a *détente* de Kissinger, o regime ditatorial passa a adotar, com Geisel-Golbery, a ideia de distensão. A luta armada fora vencida, o capitalismo selvagem predominava, e o autoritarismo altamente centralista já podia se liberalizar. Da distensão de Geisel à abertura de Figueiredo, o modelo autocrático-burguês se aperfeiçou, ("quem for contra a abertura 'eu prendo e arrebento'...").

Paralelamente, desde meados da década de 1970, as lutas pelos direitos humanos, pela democratização e pela reforma social polarizam as forças emergentes da nova sociedade civil. É quando se destacam algumas instituições como a OAB, a SBPC, a ABI, a CNBB, as comissões de direitos humanos, contra a ditadura e o desrespeito a valores mínimos vigentes em sociedades civilizadas. O governo Carter, em particular, chegou a enviar mensageiros para alertar o sistema quanto aos desmandos que estragavam a imagem externa do país.

Tal movimento irá desembocar na luta pelas eleições diretas, depois pela eleição indireta de Tancredo Neves no colégio eleitoral, e pela Constituinte, que só ocorrerá em 1988. Mas vale notar que o tema da Constituinte — que polarizou a intelectualidade mais responsável do país — fora lançado em reunião da SBPC em 1977 em São Paulo, em mesa da qual participaram os professores Paulo Sérgio Pinheiro, José Alvaro Moisés, Chico de Oliveira e outros, além do signatário deste artigo. O conjunto social e político-cultural brasileiro chega aos anos 1980 com a vitória do capitalismo dependente e associado, selvagem na periferia. Os direitos e obrigações sociais mínimos continuavam praticamente desconhecidos nestas regiões. A ideia de cidadania permanecia ainda vaga, e a "cultura brasileira" não passava de uma cristalização ideológica, um sistema de símbolos, de códigos controlados aberta ou sutilmente por um pequeno estrato das classes dominantes.

Dos incipientes Centros Populares de Cultura, da universidade pública e da escola de ensino médio de bom nível para a formação da cidadania dos anos 1950-1960 passou-se nos anos 1970--1980 para a ideologia do marketing, com a vitória do ensino privado (com cerca de 75% da rede universitária em mãos de grupos particulares), com a solução *by-pass* dos cursinhos e supletivos, e com a consagração dos shopping centers como centro de referência cultural para as novas gerações de consumidores.

Em síntese, de um *éthos* em certa medida democrático e socializante voltado para a coisa pública, transitou-se para um novo *éthos*, individualista, consumista e pobremente neocapitalista. No plano da cultura institucionalizada, processou-se o aplastamento e a mediocrização da universidade (salvo as três de São Paulo, e uma ou duas outras, federais, que ainda lutam por sua requalificação), das bibliotecas e dos serviços de preservação da memória cultural. A Biblioteca Nacional do Rio de Janeiro ou a Biblioteca Municipal de São Paulo não lograram acompanhar o tempo de suas congêneres dos Estados Unidos, da França, da Inglaterra ou da Alemanha. Bem ao contrário, são hoje pálidas sombras dos tempos de diretores escritores como Sérgio Milliet, Sérgio Buarque de Holanda, José Honório Rodrigues e Rodrigo de Mello Franco.

De outro lado, e contra essa visão de história do Brasil edulcorada, pacífica e "cordial", opõe-se a tradição crítica. Segundo ela, não se trata tão simplesmente de restaurar os padrões anteriores ao golpe de 1964, pois o populismo dessa época, também ele, elidia os principais problemas nacionais: clientelismo político, fome, miséria, marginalidade, falta de uma política de saúde pública, analfabetismo. Trata-se, já agora, de articular as forças sociais que poderão compor uma nova sociedade civil, que combata os velhos modelos liberais de periferia altamente elitistas e defensores da "democracia dos mais iguais" — e também os caudilhescos. Fortalece-se a tese de que a modernização, apesar de Collor, pode ser um valor positivo, desde que concomitantemente se desconcentrem os poderes do Estado, desmobilizando nosso burocratismo atávico que inibe soluções efetivas e públicas nos campos da saúde, da educação, da pesquisa, da justiça.

Que modernização é essa? Que Brasil queremos? Certamente é muito outro, em que as expressões de cultura não se resumam em mais uma edificação de Niemeyer ou num subsídio estatal ao setor tal ou qual. Por certo que ao Estado não deve competir a alimentação de um sistema permanente de subsídios, sistema que acaba inibindo ou desmobilizando a criação de novas estruturas de produção cultural. Mas, em contrapartida, o Estado tampouco pode se desobrigar de tarefas básicas, como a criação, manutenção e modernização de bibliotecas públicas, de centros de investigação científica e cultural e de arquivos dinâmicos. Esse é um tema que a ideologia tecnocrática dos diversos regimes e governos não deixa emergir: a ideia de que ao Estado incumbe a iniciativa de implantar essa base fundamental do sistema cultural, associando nesse projeto a rede escolar pública — base da democratização de oportunidades, motivo pelo qual *o ensino deve ser primeiríssima qualidade*.

Mas os apressados ideólogos da modernização que aí estão, se combatem o padrão estamental do Estado burocrático-patrimonialista, não podem, entretanto, acreditar tão somente nas lei do mercado, da oferta e da procura. Historicamente, isso jamais ocorreu na vida dos países que hoje compõem o chamado Primeiro Mundo. Nesses países, houve muito investimento do Estado. Desobrigar o Estado de suas tarefas básicas revelaria uma visão simplista e oportunista da história. Nos campos da saúde (onde se mede também um padrão cultural e científico), da alimentação, dos direitos humanos, da educação, da pesquisa, da justiça é que estão os principais referenciais de uma sociedade. O grau de modernidade que marca e define um governo — seja o de Juscelino, Geisel, Sarney, Collor ou Itamar — só poderá ser precisamente avaliado se considerados seus avanços nos campos indicados.

Já não se trata, portanto e apenas, de verificar o grau de inserção do Brasil na ordem mundial, ou a internacionalização de nossa economia. Até porque ela já está amplamente internacionalizada. Trata-se antes de analisar como e em que setores ela está inserida nessa ordem, e em que condições. O Brasil Primeiro Mundo — com seus shoppings, seus líderes *yuppies*, suas escolas de uma elite exclusiva e exclusivista, seu imaginário "fora do lugar" — em geral encobre as ambiguidades da reprodução cultural e política de novos quadros para o capitalismo dependente. (Aliás, a contraprova disso pode ser encontrada na constatação de que um alto índice de filhos dessas lideranças vão "completar seus estudos" ou "obter título de Ph.D. em universidade estrangeira", retornando para trabalhar em "assessorias" de instituições ou empresas que se beneficiaram desses mecanismos admirados por multinacionalistas *naïves*.)

A essas lideranças político-culturais agrada imaginarem-se, em sua desinformada onipotência e encoberto autoritarismo, atuando num país que poderá — sempre num futuro próximo — enquadrar-se no clube fechado dos países do Primeiro Mundo. Ou, quando menos, ocupar a liderança dos países semimodernos ("semiperiféricos") do Terceiro Mundo neocapitalista.

Em qualquer hipótese, a solução política, social e econômica deste país passa pela requalificação cultural *lato et stricto sensu* de sua população. Não se trata sequer de discutir as velhas opções "socialismo *vs.* capitalismo", pois as definições e referências absolutas e absolutistas foram por terra. Com seus 50 milhões de habitantes tecnicamente marginalizados, doentes, famintos, à margem do mercado e também da cidadania política, não se poderá ir muito longe — seja na vertente ideológico-cultural do primeiro-mundismo, seja na do terceiro-mundismo neocapitalista.

Qual o padrão de civilização que queremos para este país? Certamente não se trata de anunciar receitas, mas de advertir que a nova sociedade civil deve pressionar no sentido de que os governos explicitem políticas públicas em que se evidenciem prioridades, preocupações e soluções com temas como o necessário e urgente planejamento familiar (tema tabu cultural), com o menor, com a saúde, com a reforma agrária (sem a qual, historicamente, teria sido impossível assistir à evolução do próprio capitalismo!!!). E com uma política industrial e social que tenha a fundamentação, o vulto e a coragem de Franklin Delano Roosevelt quando propôs e implementou — com todas as consequências — seu *New Deal*, sem o que os Estados Unidos não teriam emergido internacionalmente no período do entreguerras. Na periferia do capitalismo, corremos o risco de ter o *New* arcaico sem o *Deal*...

5. Nós, Portugal e o ano 2000

> *Ora, neste mundo de mitos é, afinal, o ritual o que vale; mas o ritual não respeita os valores fundamentais, é no fundo uma forma de esquecimento.*
>
> VITORINO MAGALHÃES GODINHO,
> *O naufrágio da memória nacional e a nação no horizonte do marketing* (1987)

SIMBÓLICA A PRESENÇA do presidente de Portugal, o socialista Jorge Sampaio, nas comemorações da Independência do Brasil, inspecionando as tropas ao lado do presidente Fernando Henrique Cardoso. Às vésperas do ano 2000 e, portanto, da comemoração dos quinhentos anos do chamado Descobrimento efetuado por Pedro Álvares Cabral (mas não terá sido Duarte Pacheco Pereira o descobridor, em 1498, segundo Barradas de Carvalho?), a visita do presidente Sampaio abre uma série de possibilidades para uma reconsideração das relações Brasil-Portugal. E põe uma interrogação.

Os diagnósticos sobre as vantagens de um esforço de aproximação dos dois países no fim deste milênio já foram feitos, aliás com competência, pela equipe ministerial e empresarial portuguesa que visitou nosso Instituto de Estudos Avançados da USP há poucas semanas, com o primeiro-ministro António Guterres à frente. Ficou claro o modo como o governo luso encara a chamada globalização, a parceria com o Brasil no plano empresarial, e assim por diante. O próprio primeiro-ministro deixou claro, ainda, que seu governo não se preocupa apenas com a formação dessa nova cidadania europeia, mas também com os excluídos, que também lá existem, sob formas variadas. Além do mais, participar da União Europeia custa caro e tudo o que lá foi investido já está sendo cobrado. *Business as usual.* Mas faltaram discussões sobre relações culturais e universitárias!

Do lado brasileiro, com o chanceler Luiz Felipe Lampreia à frente, profundo conhecedor de Portugal — onde já serviu como embaixador — e dos mecanismos e técnicas de negociação internacional, parece que algo novo vem ocorrendo. Lentamente, começa-se a inventariar o contencioso de impasses nas relações entre as duas economias e também entre nossas instituições culturais, muitas vezes ao sabor de iniciativas individuais e episódicas. Há indícios claros de que grupos sólidos desejam passar — tardiamente, é verdade, neste país de capitalismo tardio — da teoria e da retórica à prática, para que a chegada do ano 2000 não seja tão melancólica. Pesquisadores e instituições que desejam demonstrar que nossa história comum não se reduziu apenas a um "negócio", como diagnosticou o historiador Caio Prado Júnior. Tenta-se hoje uma mudança de qualidade, e novas vozes se fazem presentes. Para tanto, instituições culturais como universidades, fundações, museus, arquivos e bibliotecas se preparam — por vezes com recursos ridiculamente diminutos, quase nenhum apoio oficial — para um encontro que projete o diálogo atlântico para um novo patamar.

É de notar que a reflexão, a pesquisa e alguma divulgação dessas iniciativas já tiveram início há algum tempo. Do lado brasileiro, mencionem-se a Cátedra Jaime Cortesão em nosso referido IEA-USP, o Centro de Estudos Portugueses e o Museu Paulista da USP, a Casa de Portugal de São Paulo, a Academia Lusíada, o Gabinete Português do Rio de Janeiro, a Universidade Federal do Rio Grande do Sul e a Universidade Estadual do Rio de Janeiro, entre outras. Do lado português, a atuação da Comissão Nacional para as Comemorações dos Descobrimentos coordena uma série de projetos e iniciativas de vulto.

A Fundação Calouste Gulbenkian o (onde hoje atua o combativo historiador Joel Serrão) há muito cultiva sobriamente esse intercâmbio, e a Biblioteca Nacional, em Lisboa, oferece hoje, sob a orientação do historiador Francisco Bethencourt, um modelo de atuação com informatização e avançado sistema de bolsas (inclusive para pesquisadores brasileiros), facilmente "acessáveis". Já as universidades, encantadas pela sereia da União Europeia, mantêm-se operosas, mas ainda pouco abertas a um real diálogo com a produção intelectual brasileira. Claro que há exceções, sendo hoje mais evidente e aguda a do professor Boaventura de Souza Santos, diretor do Centro de Estudos Sociais de Coimbra, e a *Revista Crítica de Ciências Sociais*.

Mas fica no ar a pergunta: visto que o ano 2000 se aproxima com velocidade vertiginosa, não estaria na hora de as instituições envolvidas nas celebrações explicitarem melhor seus programas, projetos e iniciativas, para que não apenas os especialistas possam se manifestar e participar, mas também a sociedade civil dos dois países e uma vasta comunidade esparramada pelo mundo? Essas datas, embora revestidas de muita carga ideológica — e talvez por isso mesmo —, têm o mérito de provocar velhas discussões, mas também novas reflexões, de favorecer revisões e refundações, de sugerir necessidades de retificação do curso da história e rediscutir nossos processos civilizatórios tantas vezes ambíguos e propor novos valores.

Afinal, nesta conjuntura histórica, em que o mundo se reorganiza em novos blocos, abrindo espaço para um repensar do mundo luso-afro-brasileiro, e se articulam frentes político-sociais para o aprofundamento do processo democrático lá e cá, talvez seja chegado o momento de "redescobrir" o Brasil. E também Portugal. Ou já teremos passado da hora?

6. O Brasil no mundo ibero-americano em 2002

> *O que é grave é que o "problema da descolonização" não foi e continua a não ser colocado como e enquanto tal.*
>
> Florestan Fernandes,
> *Poder e contrapoder na América Latina*, 1981

Com as crises econômicas e sociais que atingem vários países da América Latina — notadamente Argentina, Colômbia e Venezuela, cujas sociedades civis se debilitam a cada dia que passa —, o Brasil vai adquirindo maior presença no mundo ibero-americano. Apesar dos pesares (e, sobretudo, apesar da persistente dívida social e educacional), certa credibilidade internacional e densidade de ação vêm garantindo a governabilidade.

Vale a pena acompanhar esse processo, pois na reorganização mundial, sobretudo após o 11 de setembro e a intensificação da guerra no Oriente Médio, o Brasil poderá vir a ter papel cada vez mais significativo. Não se recordará aqui a quadra histórica dos anos 1955-1964, em que nosso país "quase" logrou alcançar a liderança dos subdesenvolvidos e não alinhados, ativado por uma política externa independente: o golpe de Estado de 1964 e, depois, as cabeças congeladas na Guerra Fria tiraram-nos da rota. O trabalho de muitos, inclusive o de Afonso Arinos de Mello Franco, foi por água abaixo. Agora, porém, o contexto é outro: até as lideranças da União Europeia insistem na relocalização do Brasil no concerto internacional como interlocutor e parceiro insubstituível.

A política externa brasileira já lavrara um tento na 11ª Reunião de Cúpula Ibero-Americana, realizada no Peru em novembro do ano passado, quando os 21 países presentes assinaram documento em que defendem com veemência as regras que "tornem o comércio internacional menos injusto entre países ricos e pobres". O Brasil, com apoio do Peru, conseguiu incluir as principais teses que a Presidência e o Itamaraty vêm defendendo com firmeza desde outubro. Essa estratégia de "alianças de geometria variável", como propõe o chanceler Celso Lafer, adquire hoje nova densidade, pois alguns interlocutores, como a Argentina, já não têm o mesmo poder de fogo (seu presidente e cossignatário da declaração, Fernando De La Rúa, já está fora da história). Em contrapartida, o Brasil caminha para uma transição segura, dentro dos quadros institucionais normalizados. E, sobretudo, sublinhe-se que surge ele como força que pode aprimorar sua interlocução não subalternizada com os Estados Unidos.

É nesse novo contexto que os esforços para a consolidação de um sistema político-cultural ibero-americano adquirem sentido. O Brasil tem um papel a ser construído e burilado nesse novo quadro. Como contrapeso à hegemonia norte-americana, o mundo ibero-americano tem suas próprias exigências, desafios e mensagens, como se constata num documento notável escrito e filmado, de autoria de Carlos Fuentes, *O espelho enterrado* (é bem verdade que a parte luso--afro-brasileira é bastante modesta). Setores da diplomacia brasileira e de outros nichos do governo já perceberam isso. O caso da Espanha torna-se paradigmático, pois houve uma convergência brilhante entre o Itamaraty, lá representado pelo embaixador Carlos Moreira Garcia, e o ministro da Ciência e Tecnologia, Ronaldo Sardenberg, lá representado pelo ativo membro da Finep dr. Airton Young. A criação e implementação continuada — uma política, enfim — de intercâmbios de longo prazo com a Espanha, não somente no plano empresarial e tecnológico, mas também no universitário, vem sendo progressivamente estimulada, numa relação paritária, em que há trocas efetivas e criativas. E que poderá servir de modelo para nossas relações latino-americanas, Mercosul inclusive.

Com efeito, a Espanha passou a ter nos últimos anos uma presença marcante no mundo universitário — particularmente na educação, na história, nas ciências sociais, no jornalismo e, como sempre, na literatura (um dos melhores suplementos culturais da atualidade aparece aos sábados no *El País*). Várias exposições sobre o Brasil, mas sobretudo a criação de centros de estudos brasileiros em algumas universidades prestigiosas têm oferecido uma visão renovada do que se passa deste lado do Atlântico. Nesse tópico, para o recém-criado Centro de Estudios Brasileños da Universidad de Salamanca, o combativo reitor Inácio Berdugo Gomez de la Torre escolheu para dirigi-lo o historiador José Manuel Santos Pérez, que vem desenvolvendo projetos e estudos sobre as cidades ibero--americanas e sobre a história comparada ibero-americana, entre outros projetos. O centro abriga as áreas de história, direito, ciências sociais, literatura, economia. E não por acaso, Salamanca, capital europeia da cultura em 2002, concede neste ano o título de doutor *honoris causa* ao presidente brasileiro. Por iniciativa do reitor Zapatero, a cátedra de estudos brasileiros na Universidade de Castilla-La Mancha também inicia suas atividades, seguidas de um importante seminário na Casa de América em Madri, "Brasil-Espanha: uma cooperação exemplar", com apoio da Fundação Hispano-Brasileira e do atuante embaixador do Brasil. Destaque-se ainda, entre outras, a Fundação Tavera, em seu projeto amplo sobre as independências dos países latino-americanos. Núcleo novo também é o de Vigo, coordenado pelo historiador Carlos Sixirei Paredes, que se especializou em história do Brasil na USP.

Que o momento atual de construção de uma nova identidade é fecundo o provam os 193 centros ibero-americanos que participam do Universia.net, o maior portal universitário de língua espanhola, ou obras como *Las universidades ibero-americanas y la sociedad del conocimiento,* do historiador Celso Almuiña e outros, ou *La formación doctoral en América Latina y la colaboración de las universidades españolas,* de Jesús Sebastián, todos de Valladolid, cidade da educadora Maria José Sàez Brezmes. Nesses diagnósticos gerais, a presença do Brasil ainda não corresponde à importância do que aqui se produz, seja nas ciências exatas e naturais, seja no vasto campo das humanidades. Mas os universitários espanhóis estão cientes e criam condições para pesquisas e publicações para melhor conhecimento recíproco.

O mundo se move, portanto. E a universidade, que vem sofrendo embates, ameaças e desafios nos dois continentes, está de certa forma atenta, pois realiza em Coimbra, neste mês de maio, o III Encontro de Reitores de Universidades do Brasil, Espanha e Portugal, por iniciativa do Grupo Tordesilhas, criado na Espanha em 2000, com sentido bastante crítico. São de esperar propostas e diagnósticos cada vez mais objetivos e críticos, que tragam o debate universitário sobre a ibero-América para o século XXI, que, aliás, já começou.

7. Ideia que deu certo, Darcy

Numa tarde de janeiro de 1988, estando eu na direção do recém--criado Instituto de Estudos Avançados da USP, Darcy procurou-me animado, falando da criação de um centro de atividades culturais na Barra Funda. Telefonara na véspera, dizendo que estava em São Paulo e que desejava conversar comigo no instituto.

No dia seguinte, 29 de janeiro, uma bela manhã de verão, com a Cidade Universitária meio vazia por conta das férias, Darcy surgiu sorridente em minha sala. Estava acompanhado de Antonio Candido, outro notável estudioso da América Latina. Manhã de emoção, pois Darcy fora paraninfo de minha turma de formatura na Faculdade de Filosofia da USP em 1964, mas não pôde comparecer, pois já estava no exílio. Candido, um dos participantes de primeira hora da criação do IEA-USP, era uma forte referência em minha trajetória, como se pode constatar em meu livro *Ideologia da cultura brasileira*.

Darcy e Antonio Candido vinham falar, com enorme entusiasmo, de um projeto de criação de um centro de estudos de América

Latina em São Paulo. Sorrimos com alguma ironia, pois São Paulo nunca se pensou muito latino-americana... Mas Darcy convencera o então governador Quércia a deixar uma marca cultural e política mais nítida em seu governo, de molde a ficar na história. Seu espírito fazedor e entusiasta permanecia o de sempre.

Ambos me propunham que nosso novo instituto da USP abrigasse as reuniões para a criação do tal centro de estudos. E que eu coordenasse no instituto um projeto de criação do "recheio" do centro da Barra Funda, para o qual a "casca" já estava sendo encomendada ao arquiteto, amigo de Darcy: nada menos que Oscar Niemeyer. Não precisou de muito tempo para que eu aceitasse o desafio, até porque ambos me davam carta branca. Eu já andava sobrecarregado com a criação, havia apenas dois anos, do IEA; mas o convite era sedutor, e a problemática da América Latina me fascinava desde o colégio Roosevelt, no fim dos anos 1950.

Meses antes, nesse sentido, houvera um esboço de criação de um centro dessa natureza. Meu amigo Paulo Mendes da Rocha chegou a ser convidado a pensar um edifício a ser construído no alto da serra do Mar, em terras do estado. Um espaço cultural voltado para o Atlântico, para o qual fez uns debuxos e chegou a conversar comigo.

Mas agora a ideia do Darcy vinha com toda força, já considerando ele, naquele estilo impulsivo, o centro como um fato consumado, "pois o governador batera o martelo". No dia 29 de janeiro de 1988 tivemos a primeira reunião no campus da USP e, no dia 4 de fevereiro, um almoço-reunião com o então reitor Goldemberg. Curioso é que eu discutira com Goldemberg, no ano anterior, projeto de criação de um centro de estudos do Terceiro Mundo, que não prosperou (a USP olhava muito pouco para o Terceiro Mundo...).

Embora no ar, acertada a ideia geral com Darcy, faltava agora a equipe que iria pensar o conteúdo e as atividades do tal centro latino-americano: cursos? cátedras? bilioteca? atividades de extensão? bolsas para pesquisadores?

Tudo isso Darcy deixou por minha conta. Apenas disse que o projeto arquitetônico já estaria sendo pensado por Niemeyer, e que Carybé já estaria fazendo uns murais etc. Que ficasse em nossas mãos a definição do conteúdo. "Não inventem muitos cursos, pois não será uma faculdade"; e insistia, que houvesse "um belo salão de atos, para protocolos com autoridades de outros países latino-americanos".

Consegui reunir alguns colegas de alto nível, não muito entusiasmados pela ideia, dada a resistência ao governo Quércia, e passamos vários dias discutindo caminhos e objetivos para o hipotético centro. Entre os participantes, Alfredo Bosi (que depois se tornou editor da revista *Nossa América*), Aracy Amaral, Carlos Vogt, Octavio Ianni, padre Oscar Beozzo, Enrique Amayo-Zevallos, Paulo Sérgio Pinheiro, Nestor Goulart Reis, além do próprio Paulo Mendes da Rocha. Darcy fora para a Alemanha e desaparecera com sua amada de então; só vim a reencontrá-lo no dia 20 de julho de 1988, num jantar no Hotel Ca'd'Oro, quando, saboreando uma vodca muito especial com caviar, discutimos o centro, agora batizado de Memorial.

Foram discussões muito vivas, as desse grupo brilhante, com insistência na criação de uma biblioteca latino-americana de excelência (o que não ocorreu até hoje), cátedras (só implementadas em 2007 por Fernando Leça, que "refundou"o Memorial), de uma boa revista, de um centro de estudos latino-americanos, de um núcleo de atividades culturais abertas para o público, de bolsas para pesquisadores criteriosamente selecionados etc.

Darcy e eu imaginávamos implantar, naquele espaço imenso, um panteão com as estátuas dos libertadores da América Latina (não chegamos a selecionar quais seriam, mas me recordo, entre os brasileiros, dos nomes de Tiradentes, José Bonifácio e Frei Caneca).

Nunca tivemos, entretanto, uma reunião sequer com o arquiteto Niemeyer, sempre solicitada por nós a Darcy, que monitorava a distância o projeto, sobretudo em suas reuniões com o governador Quércia, em São Paulo, e com Niemeyer, no Rio. Com o governador, estive apenas uma vez, e ele me atendeu polidamente, sob um retrato a óleo da figura estamental de Armando de Salles Oliveira. Contrastes...

Deixei a coordenação do "miolo" do projeto quando o rude secretário de Segurança Fleury pôs a polícia a cavalo em cima dos professores do Estado, que reivindicavam melhores salários. "Como podemos falar em 'libertadores da América Latina' quando o governo reprime e agride professores?", perguntei a Darcy, e saí do projeto em protesto. Depois, escreveria para o *Jornal do Brasil* um artigo contra o governo, que transformara o Memorial em cabide de empregos: o título do artigo era: "Pedestal sem monumento".

Ao lado do Memorial, em inércia chocante, o Parlatino nunca exerceu a função para a qual foi criado, transformando-se numa agência de turismo político de uma falsa ideia de América Latina. Quem sabe um dia mude, se as ideias de Fernando Leça forem ouvidas pelo governo paulista... o que é pouco provável.

II. Educação, professores, universidade

A. ENSINO E ESCOLA

1. O HISTORIADOR BRASILEIRO E O PROCESSO HISTÓRICO[62]

Em memória de Francisco Iglésias

MEUS NOVOS COLEGAS,

Ao ser convidado para arcar com a responsabilidade de paraninfar esta turma de jovens historiadores na Universidade Federal de Minas Gerais, muitas perguntas vieram-me à mente, e, como não poderia deixar de ser, a principal indagação era saber até que ponto eu conseguiria traduzir em termos claros e maduros os problemas que vocês vivem, que nós vivemos. Seria eu capaz de traduzir as perplexidades e frustrações de pelo menos duas gerações de professores e pesquisadores? Acho que sim, ao menos em parte. Até porque essas frustrações atravessam de ponta a ponta a comunidade

---

62. Oração de paraninfado, proferida na Universidade Federal de Minas Gerais, Belo Horizonte, em 16 de dezembro de 1974.

mais empenhada de professores e alunos, e não apenas uma parcela dos universitários da UFMG ou da USP. Essas frustrações possuem dimensões até hoje inéditas, em termos de história do Brasil.

Cabe-me neste ritual de iniciação de novos historiadores e professores de história à confraria historiográfica apontar algumas das razões dessas frustrações, tentando eliminar, se possível, o tom cavernoso próprio da solenidade. Ademais, a principal tarefa do historiador é estudar o passado, mas tendo como perspectiva o futuro.

Ao entrarem para a comunidade dos professores de história e historiadores de ofício, parece que me cabe a tarefa de adverti-los quanto a alguns percalços que poderão vir a enfrentar. E, se tiverem crença, vocês os enfrentarão. Na verdade, nossa comunidade trabalha com as costas coladas à parede, e sua tarefa não é das mais simples: nós somos os *consentidos*, os que ficaram para contar a história. Nosso ofício é singular e aparentemente ambíguo: se, por um lado, ele se define pela defesa da universidade e das instituições em que se produz o conhecimento, por outro, nosso labor deve apontar para as linhas mais fortes do processo de renovação do pensamento crítico — e, com frequência, esbarramos na problemática do poder, dentro e fora da universidade, dentro e fora das escolas em que irão lecionar. Afinal, não foi com problema dessa natureza que se empenhou Florestan Fernandes, paraninfo da turma de 1964 da Faculdade de Filosofia, Ciências e Letras da USP, que, ao fazer parte de uma das últimas cerimônias desse tipo, forneceu documento fundamental para a possível história da cultura no Brasil (que um dia será feita), denunciando punições inconcebíveis e ameaças inaceitáveis a mestres do maior gabarito científico — punições que ele próprio viria a sofrer algum tempo depois?

Nossa comunidade, que não é pequena e já possui alguma tradição de reflexão e luta (por exemplo, pela autonomia universitária), vive atualmente no fogo cruzado da cultura de massa — que nos despolitiza e despolitiza nossos alunos, consumidores também dos testes ditos objetivos, das técnicas quantitativas e, para efeitos de lazer, dos "enlatados" — e da cultura oficial que, com exceções de um Manuel Diégues Junior entre tantas outras exceções, fabrica e dinamiza um quadro ideológico de extrema pobreza, mas que acaba por ter uma função política na montagem do sistema. Na nossa especialidade, os estudos históricos, veja-se quanta confusão se fez e se faz quando se fala da "memória nacional", um dos pratos diletos do historiador crítico.

Como ensinar-lhes (tamanha pretensão) numa última aula a noção de processo, e dizer-lhes que estão ingressando numa comunidade ainda traumatizada pelo processo histórico da última década? Nós que estudamos o processo histórico, quase fomos por ele engolido. Como dizer que as coisas vão bem na seara historiográfica, quando podemos verificar, com um simples golpe de vista, que no processo cultural brasileiro a universidade viu serem alijados de seus quadros figuras eminentes, personalidades que estavam a meio da carreira como Florestan Fernandes, Octavio Ianni, Fernando Henrique Cardoso, Paula Beiguelman, Maria José Garcia Werebe, Bento Prado Júnior (hoje com trinta e poucos anos de idade em 1974), ou uma historiadora e professora do porte de Emília Viotti da Costa? Ouço dizer que há, ainda hoje, elementos responsáveis no Brasil, ocupando posições de mando, mas que parecem, creio, desatentos para esse aspecto grave, para esta página negra da história da cultura no Brasil.

Minha geração (se posso falar em geração), como a de vocês, jovens colegas, viu-se privada da convivência crítica de intelectuais e professores como Caio Prado Júnior, José Honório Rodrigues — dois dos maiores historiadores do Brasil de todos os tempos. São nossos contemporâneos, estão vivos, são reais... mas viveram e vivem apartados de nossa convivência, trabalharam fora dos centros universitários mais dinâmicos do país: não tivemos a presença desses mestres dinamizando nossas preocupações com o estudo do passado. Mais sorte tiveram alunos de universidades como Oxford, Columbia ou Austin, por exemplo, que chegaram a ouvir suas aulas.

E mais: somos obrigados a ler a cada passo notícias sobre o ritual desengonçado da preservação da chamada "memória nacional" — memória que, em boa parte, está no exterior, nas bem equipadas bibliotecas estrangeiras (sobretudo nos cento e tanto centros norte-americanos onde se cultivam os estudos de história do Brasil). Ou, então, o que não é lisonjeiro para um povo dirigido por lideranças que se dizem nacionalistas, somos obrigados a constatar que imensa parcela das pesquisas básicas sobre a reconstrução do nosso passado, inclusive do passado recente, são financiadas por entidades estrangeiras (a despeito de, há 25 anos, José Honório Rodrigues vir pugnando por um Centro Nacional de Pesquisa Histórica): vemos, assim, sob os nossos olhos, e enquanto historiadores e professores de história, que alguns de nossos alunos ou ex-alunos mais talentosos são obrigados a recorrer a poderosas fundações internacionais, em geral norte-americanas, que subsidiam pesquisas *in loco*.

Claro que o processo de colonização das consciências não é mecânico e tão esquemático, mas não resta dúvida de que um amplo conjunto de pesquisadores brasileiros e norte-americanos funciona como uma imensa superestrutura fornecedora de diagnósticos para investidores estrangeiros. Ou seja, esses pesquisadores constituem uma vanguarda dos avanços do capitalismo monopolista nesta área dependente. Para exemplificar o que digo: parece ser possível indicar uma crise nos estudos históricos nos Estados Unidos sobre o Brasil, nos últimos anos, área considerada já suficientemente conhecida para as necessidades de expansão do capitalismo norte-americano; neste sentido, estaríamos para assistir a uma vitalização dos estudos sobre a África ex-portuguesa — uma nova e promissora área de investimentos.

Se falei há alguns instantes da frustração que atinge nossa geração — a que está, agora, um pouco para lá ou um pouco para cá dos trinta anos — e que reside no fato de não ter convivido com mestres como Florestan, Caio e José Honório, devo acrescentar a desconfiança surda para com os próprios quadros acadêmicos em que se cultivam estudos históricos (em sentido lato). Observemos algumas carreiras universitárias de figuras eminentes como Antonio Candido (em São Paulo), ou Francisco Iglésias (em Minas Gerais), ou José Honório Rodrigues (no Rio de Janeiro): não entendemos o fato de só agora, em 1974, Antonio Candido chegar ao posto de titular, quase às vésperas de sua aposentadoria. Da mesma maneira, será difícil para vocês, que hoje ingressam na irmandade dos professores de história, saberem por que José Honório *nunca* foi chamado a ocupar uma cátedra de história do Brasil no Rio de Janeiro, onde poderia ter criado uma equipe de primeira qualidade de pós-graduação, um grupo de pesquisa institucionalizado, um curso de excelência.

Mais assustadores, entretanto, nos dias que correm, parecem os episódios não tão infrequentes de perseguição, como é o caso do professor Paulo Emílio Sales Gomes, da USP, principal pesquisador da história do cinema e professor de mérito internacional.

Como dizer a vocês que o "ofício de historiador", de que falava Marc Bloch, é ameno e a travessia calma quando, na verdade temos, aqui e agora, tantos problemas a superar!

Não obstante, caminhamos um pouco nos últimos tempos. Dez anos atrás ainda nos víamos obrigados a polemizar com alguns de nossos professores mais renitentes, que relutavam em aceitar Celso Furtado nas bibliografias de história do Brasil por tratar-se de um economista. Hoje, sem termos avançado no tocante à interdisciplinaridade dos cursos e das pesquisas, parece (salvo os casos incuráveis) que temos um pouco menos de horror às questões de método e de interpretação. Passado o sarampão dos estruturalismos, parece que se retoma o caminho da reflexão mais consistente, calçada nos clássicos e na linhagem que veio dar em Pierre Vilar, em Hobsbawm, em Dobb, em Soboul, em Godinho, em Genovese, em Florestan. A noção de processo e sobretudo as noções irmãs de processo cultural e processo político vêm sendo retomadas, e a busca da compreensão do sentido histórico das manifestações sociais volta para a linha de frente da consciência social dos cientistas.

E avançamos em mais de um sentido: até seis ou sete anos atrás, antes das revisões radicais, as pesquisas começavam (e acabavam) com a citação das teses básicas de um C. Furtado, ou um N. W. Sodré. Hoje, parece haver ruptura com os velhos quadros explicativos e estão aí dezenas, ou mesmo centenas de obras que dão bem a medida de novas orientações e matrizes — quase todas de alto nível e frutos do estilo de trabalho criados pelas faculdades de filosofia. Podemos falar de uma nova geração de pesquisadores, e até mesmo de uma "novíssima". Esse fenômeno faz com que refortaleçamos a crença na velha ideia de processo cultural, e que se restabeleça a convicção de que, mesmo com as cicatrizes e os traumatismos causados pelas demissões de incontáveis mestres, com a perda parcial da autonomia da universidade, com o êxodo de figuras válidas e críticas, a história tem dinâmica própria, e sentido inexorável.

Ao redigir esta oração de paraninfo, várias vezes veio-me à mente o exemplo português. Quando pesquisava nos arquivos de Lisboa em 1967 e 1968, tive o privilégio de conhecer mestres como V. Magalhães Godinho e Joel Serrão, e também o privilégio de conhecer alunos (alguns provenientes das então colônias) que ainda mencionavam, com orgulho, comovidos, a última aula, a aula de despedida, do historiador Magalhães Godinho, que não fora suportado pelo regime salazarista: impressionou-me a fé com que afirmavam não estar tão longe assim o dia da volta dos mestres para suas cátedras, com o surgimento de um novo contexto. De fato, de 1969 a 1974 a distância não é tão grande. Não quero fazer transposições apressadas, mas, uma vez que acredito no milagre dos peixes e gosto de "falar de coisas reais", como Milton Nascimento, creio ser possível vislumbrar o retorno para suas cátedras de professores do porte de um Florestan, de um Ianni, de uma Emília Viotti da Costa, de um Amílcar Martins, de um Fernando Henrique Cardoso, de um Gianotti, e a incorporação de intelectuais como Furtado e tantos outros, cujo arrolamento se tornaria impossível, dada a imensidão da lista. (*Aplausos; as pessoas se levantam para aplaudir.*)

Por não se tratar de pregação ingênua, mas de necessidade histórica de criar-se *aqui* (e não fora do país) massa crítica para se estimular a tão falada imaginação cultural e política, permito-me voltar a uma tradição da história da universidade, em que professores apontavam problemas (e soluções, às vezes) aos governantes mais abertos.

> Dirijo-me, daqui, ao senhor *ministro da Educação para dizer que se torna tarefa* PRIORITÁRIA *a elaboração da estratégia da volta de tantos cientistas para nutrir os quadros acadêmicos, tendo em vista a necessidade urgentíssima de montagem de centros e cursos de excelência para a formação de quadros científicos.*

A história contemporânea está cheia de exemplos de países em desenvolvimento acelerado que foram à breca por ausência de quadros não digo técnicos, mas *científicos*. E para formação integral desses quadros, maior ênfase deverá ser dada às ciências *humanas*, ciências fundamentais no processo de autoconhecimento histórico.

Meus jovens colegas,

Há um provérbio húngaro segundo o qual "aquele que os deuses detestam, fazem-no professor". Eu gostaria de dizer que a trajetória que vocês ora iniciam é o próprio desafio aos deuses, e não apenas húngaros... *Creio que o melhor destino que um cidadão pode dar a sua vida é ser professor de história num país do Terceiro Mundo*: um destino alto, um destino nobre. E numa área em que a história, sempre fabricada a partir de fora, passa por uma viragem profunda: sua elaboração começa — apenas começa — a ser feita a partir de dentro.

Não há que esquecer, na trajetória, o fato de serem vocês frutos de uma Faculdade de Filosofia, Ciências e Letras. Esse tipo de instituição sempre fez seu ponto de honra a renovação permanente, os seminários críticos, o ensino atualizado, a pesquisa apurada segundo métodos e técnicas sempre bem calibradas. Formar professores e pesquisadores é sua meta, e agora, em campo, vocês vão se aprimorar, sentir as dificuldades e resolvê-las — ou buscar as melhores respostas para resolvê-las.

Nessa função é a de redefinir (tarefa permanente) nossos alvos, nossos temas de pesquisa e de aulas, nossos métodos para a abordagem mais eficaz da realidade, e integrar nossa história na história da América Latina e dos povos do Terceiro Mundo. Nisso distinguimo-nos dos outros, frutos de instituições mais antigas.

Que cada um leve a chama. O combate é duro, sobretudo numa época em que os poderosos princípios da massificação invadem nossas oficinas artesanais. Os últimos cinco anos foram especialmente maus para a instituição ("reforma universitária", demissões etc.); necessário se faz colher os frutos da experiência e reafirmar a fé em nosso artesanato.

(Ao final do discurso, alguém do serviço de segurança corre e arranca das mãos do paraninfo o texto do discurso, mas é alcançado pelo formando Amílcar Martins Filho, que o resgata e o devolve ao orador. Em São Paulo, o jornalista do Jornal da Tarde *Laerte Fernandes acompanhava a distância o evento, para tomar providências no caso de prisão do orador.)*

2. Um alerta em defesa da escola pública ("Adeus às almas")

Um GRAVE ALERTA aos educadores do país, eis o que representa o artigo da jornalista Irede Cardoso, publicado na *Folha* de 12 de janeiro de 1982, sob o título "Ação do MEC preocupa área da Educação". Segundo ele, constata-se que o Brasil, também do ponto de vista da política educacional, está numa encruzilhada histórica.

De fato, é preciso que se diga ao governo, em especial ao ministro Rubem Ludwig, *que o país está perdendo o ponto*. E que o sistema educacional joga um papel decisivo nessa tragédia — talvez sem retorno, se se confirmar a atual tendência de passagem das intransferíveis responsabilidades educacionais do Estado aos negociantes do ramo.

Nos países de tradição republicana respeitável, a educação sempre foi indicador principal da situação nacional. A capacidade de produzir conhecimento próprio, de mobilizar recursos nacionais através da escola crítica, em busca de autonomia cultural efetiva, eis o que marcou a atuação de grandes estadistas, de Napoleão a De Gaulle; de Roosevelt a Mao Tse-tung.

No Brasil, a atual tendência histórica se reveste da maior gravidade porque vêm sendo esvaziadas quaisquer tentativas de vinculação da escola — da universidade em particular — com a questão nacional. O sistema ideológico criado sob o AI-5 soube se recompor e adquirir novas fisionomias para mistificar e sonegar a miséria e o desemprego, nada retóricos aliás. Oportunistas de todos os calibres se infiltraram nos aparelhos de Estado; revistas culturais regrediram, trilhando o caminho inverso ao da abertura política, já bem distantes da combatividade de um Mino Carta; as questões sociais cada vez mais se tornam tema de repressão, mas não de equacionamento político, como na República Velha. O Quarto Mundo nos ronda, escoltado pela Nova Direita "competente".

De um ponto de vista histórico, uma sociedade só pode ser avaliada pela importância que seus segmentos mais responsáveis dão à produção e transmissão crítica da cultura. Ora, o referido artigo de alerta denuncia precisamente isto: o Estado brasileiro vem, cada vez mais, delegando a particulares suas responsabilidades. E não se concebe que a população contribuinte não seja consultada, ela que pagará três vezes o ensino: no imposto, na tesouraria da escola e na qualidade perdida.

Quando o próprio MEC reconhece que a imensa maioria dos universitários (75%) estuda em escolas particulares, fica-se a perguntar: que fim levou a tradição democratizante, nacional e laica dos revolucionários franceses de 1789 a Anísio Teixeira, de Sud Menucci a Fernando de Azevedo e Florestan Fernandes? E a qualidade de nossos colégios do Estado e de nossos grupos escolares, perdida sobretudo após 1964?

O papel do Estado laico sempre foi decisivo no sentido de assegurar ensino público bom e gratuito a todos. A formação do *citizen*, do *citoyen*, sempre foi ponto de honra de uma República que se preze. Questão de autonomia cultural e de a independência política. De soberania nacional, enfim.

Além disso, não se entende como um governo que instituiu recentemente um prêmio que leva o nome do professor Anísio Teixeira — que entendia a escola pública como a maior invenção democrática da humanidade — agora venha abrindo mão progressivamente de seu papel histórico. Além disso, os custos das escolas pagas já não estão sendo tolerados por uma população cada vez mais carente — de merenda, mas também de bons cursos de pós-graduação. Daí uma retomada da procura da *escola pública*, que vem assistindo uma lenta, gradual e irrevogável revalorização por parte da sociedade.

Conclui-se que algo vai mal no Brasil, e pior em Brasília. Ou o ministro Ludwig está mal assessorado, ou acha-se sem forças para deter a ação de grupos ligados à escola paga. Neste caso, poderá vir a ter a opinião pública ao seu lado, se resolver travar a última batalha da educação pública nesta fase histórica. Bastaria um decreto para marcar sua gestão.

Hoje, a sociedade brasileira e o atual Estado não caminham na mesma direção. Um deles está errado. Os melhores cientistas do Brasil, assim como os militares, sempre estudaram na escola pública gratuita. A situação mudou. E, a persistir tal tendência, até a própria Academia Militar das Agulhas Negras corre o risco de se transformar em escola particular. Aí, adeus às almas.

3. Os professores e a saída da crise

A PROLONGADA GREVE dos professores do Estado de São Paulo — mais de dois meses, após impasses incompreensíveis, numa sociedade que se pretende moderna — já provocou danos irreparáveis à educação formal de milhares de crianças e jovens. Análises da catastrófica situação da escola pública em nosso país revelam que nem no proclamado mais rico estado da federação as autoridades educacionais conseguem formular soluções altas para a saída efetiva da crise. E, pior ainda, torna-se a cada dia mais patente que, na terra dos bandeirantes, nenhum avanço conceitual se registra de Maluf a Quércia. Entre duas catástrofes, o governo Montoro representa uma pausa discreta no prolongado vendaval de erros que indicam carência profunda de estadistas no governo paulista. No breve interregno do vice-governador Almino Affonso, ao que parece, tentou-se ampliar o quadro das negociações, mas seu espaço foi logo demarcado, como num jogo de facas.

Não se trata portanto de abrirmos aqui mais uma vertente de reflexões sobre os impasses do confronto magistério *versus* governo.

Nem de procurarmos no exemplo federal qualquer luz ou inspiração, embora — sejamos justos — seja admirável que o Ministério de Educação tenha sobrevivido à passagem do ministro (!) Hugo Napoleão. E que resistirá por certo à do sr. Carlos Sant'Anna — pois o estamento burocrático é multissecular, sólido, esperto.

Trata-se aqui antes de denunciar a liquidação de uma profissão, essencial para a formação republicana. O fato grave é que as "articulações" do Palácio dos Bandeirantes nas negociações escamoteiam da população aquilo que é óbvio: a falta de uma política educacional de profundidade e de alto nível, *que recupere a escola pública e a profissão magisterial*. Grave não é o fato de o sr. Quércia estar ameaçando punir os mestres, substituí-los etc.; gravíssimo é o abandono da profissão por parte de centenas e centenas de jovens que veem suas ilusões docentes perdidas. Sem falar no desalento de antigos professores dos ex-melhores colégios públicos da República, que, hoje aposentados e setentões, não chegam a receber quatrocentos cruzados novos por mês! Que República é esta que trata seus professores dessa forma, quando não a cassetetes?

A firmeza e a resistência do corpo docente deste estado hoje constituem a melhor lição, a aula mais digna que se pode dar à nova sociedade civil, a ser construída. Em lenta elaboração que não passa pelos canais "competentes" do velho fisiologismo e da conciliação dos "assessores de coisa nenhuma" da velha "sociedade civil". O tema da escola pública — que hoje comemora duzentos anos, com Lakanal, Condorcet, abade Grégoire é para estadistas, e não para tardios construtores de pedestais sem monumentos — como o custoso e ambíguo Memorial da América Latina —, tão carente (ela) de professores bem formados e pagos com salários decentes!

Dado o impasse prolongado, e visto que os mestres estão obviamente com a razão, a saída única e digna está desenhada no futuro imediato: a demissão do sr. Chopin Tavares de Lima, seguida de uma reconsideração profunda por parte do governo Quércia da questão da educação e da cultura neste estado. E a retomada imediata das negociações, em profundidade, pois o problema — todos sabemos — não é só salarial. Nas novas negociações, entretanto, o governo perceberá que os professores, os pais de alunos e setores da nova sociedade civil amadureceram muito durante a última greve-denúncia, que aliás não beneficia a imagem do PMDB do dr. Ulysses Guimarães.

Que o governo de São Paulo demonstre agora também ter aprendido algo. E sobretudo o governador Quércia que, se nos anos 1970 se empenhara na construção de uma imagem de estadista jovem, moderno e progressista, hoje já terá percebido que nenhum político contemporâneo passou à história como estadista sem ter oferecido soluções em profundidade no plano da cultura, da educação e da saúde.

1989

4. A nossa revolução cultural

> *O que existe de política? O silêncio é a resposta. Dissera-se um país onde o povo só sabe que existe politicamente quando vem o fisco bater-lhe à porta. O que dá razão a este marasmo?*
>
> Machado de Assis, 1861

Às vésperas da detonação de um novo processo político-educacional neste país, que ainda não logrou se livrar dos vícios do *Ancien Régime* de 1964 nem da Nova República do diretório, algumas reflexões prévias se impõem.

A recente mudança de titular na pasta da Educação sinaliza o esgotamento de um ciclo de compromissos do Executivo com setores historicamente desvinculados da causa da escola pública republicana. Dessa forma, o Executivo, esgotados outros mecanismos para "fabricar" sua imagem "moderna", parece afinal disposto a buscar sua identidade profunda. Se não vem logrando fazê-lo no plano das relações internacionais, tampouco da política econômica e das relações trabalhistas, poderá entretanto mudar o diapasão do debate político no país se for fundo para valer na questão educacional — base da histórica *questão nacional*.

Com efeito, a indicação do ex-reitor da USP, professor José Goldemberg, para o Ministério da Educação abre uma nova perspectiva para esse setor fundamental de nossa vida pública. Sua presença já provocou mudança no Emendão, marcando pontos para a causa da escola pública. Começou bem, portanto. E o próximo passo está no encaminhamento de negociação salarial alta, retirando esse tema monocórdico da ordem do dia e acabando com a greve. Dada a gravidade da situação a que se chegou, não é de espantar que os mestres eventualmente distraiam sua atenção de assuntos propriamente pedagógicos. Jamais a humilhação, o aviltamento da profissão docente chegou a nível tão baixo.

Mas a virada se dará em seguida. Os recursos da pasta deverão ser repensados, mais bem fiscalizados e realocados. Parece óbvio que preocupações do tipo merenda escolar, asfaltamento das ruas e estradas etc. deverão passar para outras instituições — LBA, Ministério de Ação Social ou Transportes. O ministério precisa voltar a ter — se é que alguma vez isso aconteceu, após 1964 — sua preocupação centrada na tarefa educativa propriamente dita. Limpar o campo para, finalmente, se encaminharem a sério respostas a questões antigas: afinal, *o que é uma universidade?*

Como, onde e para que se formam professores para os três graus? Como utilizar suas vocações para a docência, a pesquisa e serviços de extensão à sociedade? Quantas são as universidades em território nacional e *a que vieram?* Quais as suas classificações no *ranking* nacional e internacional? Quais suas formas de gestão? O que nos ensina a experiência das fundações? A comunidade mais abrangente participa de sua gestão? Como avaliar adequada, madura e firmemente a produção universitária? Dada a enxurrada de criações de universidades por vezes artificiais país afora, saberá o novo ministro criar um sistema de avaliação que, se correto, poderá chegar a propor a desativação de faculdades de fim de semana e outras? Como se comportará o Conselho Federal de Educação nesse desafio coletivo? Tem ele cumprido as funções para que foi criado? E o Clube dos Reitores?

A oportunidade histórica se abre agora aos políticos mais perspicazes, que começam a transformar o setor educacional em efetiva prioridade de suas plataformas, com um olho também nas próximas eleições. O Ministério da Educação estará no centro das negociações, já agora com uma perspectiva crítica sobre a escola pública, a particular *qualificada* e a "pagável", neste país em que as distorções se tornam regra geral (afinal, recorde-se que na gestão Goldemberg na USP somente o ensino público ficou na berlinda como "improdutivo", o que foi aproveitado de modo obscuro por jornal desta capital).

Claro está que a instituição universitária abriga — como qualquer outra — vícios corporativistas complexos. Mas, como chegou ao fundo do poço, seus segmentos mais vivos e avançados saberão fazer a hora. Com senso de realidade e firmeza, nossa *revolução cultural* pode estar aí. Jamais houve conjunção tão favorável à escola pública, com lideranças de peso no timão: Goldemberg, Fernando Morais, Maria Yedda Linhares no Rio de Janeiro, Roberto Lobo (USP), Carlos Vogt (Unicamp), Landim (Unesp) e tantos, tantos outros, como o ministro da Cultura, o escritor Sérgio Paulo Rouanet, em postos de decisão. Além, é claro, na Câmara dos Deputados, do professor Florestan Fernandes, uma liderança inconteste no campo da educação.

Nesse esforço coletivo de requalificação educacional, talvez se possa responder — tardiamente, é verdade — à pergunta dos revolucionários franceses da Convenção em 1793 e começar a falar a sério em *modernidade* no Brasil: "A igualdade civil dos cidadãos proletários está restabelecida, mas a instrução e a educação lhes faltam. Eles suportam todo o peso do título de cidadãos, mas terão eles a capacidade de alcançar as honras que o cidadão pode pretender?".

1991

5. Educação no fim do século: uma proposta para a nova sociedade civil

> Os antigos estavam convencidos de que educação e cultura não constituíam uma arte formal ou uma teoria abstrata distinta da estrutura histórica objetiva da vida espiritual de uma nação.
>
> WERNER JAEGER, em *Paideia*.

REQUALIFICAÇÃO CULTURAL: eis a fórmula-chave para o período que se abriu durante o último processo político-eleitoral no Brasil. As reflexões que se seguem talvez não sejam exclusivas de uma particular visão do historiador. Até porque, em certos momentos históricos, ocorrem circunstâncias que fazem com que a experiência individual seja mais geral do que imaginamos.

A sociedade de massas malformada nesta região do planeta, em que a escravidão foi o regime de trabalho dominante durante mais de três séculos, brutalizada pelo capitalismo periférico conduzido por uma elite que, desde os tempos coloniais, sempre preferiu enviar seus filhos para estudar no exterior, requer agora uma definição mais clara nesta encruzilhada histórica no fim do milênio.

O esforço atual para essa requalificação da sociedade brasileira impõe uma discussão profunda sobre o tipo de formação que se almeja para a nova cidadania que se está plasmando entre nós. E que difere da massificante experiência — por exemplo — dos chamados Tigres Asiáticos, que parecem hipnotizar segmentos *naïves* de nossa elite empresarial. O segmento mais aberto, porém, olha para as transformações da China continental, a velha China.

Nossas opções históricas são — e devem ser, vale reafirmar — *outras*. A democracia e a participação não nos fazem confundir com a experiência coreana, seja do norte ou do sul, ou a de Cingapura. De culturas autoritárias, inclusive a remanescente no último governo paulista, de tradição clientelista indisfarçada, estamos fartos.

Com efeito, no debate educacional, os conteúdos programáticos passam hoje a ocupar o centro dos debates sobre o futuro do país. Como transformar um aglomerado de pessoas em cidadãos ativos, críticos, empenhados na construção de uma democracia moderna? Muito do que se assiste no atual debate político-cultural brasileiro, do PMDB ao PFL, passando pelo PTB e PSB, tem relação com a baixa qualidade da *formação intelectual e técnica de seus quadros*.

Não se trata mais, apenas, de reiterar a crítica ao burocratismo, ao clientelismo pseudocultural, aos lobistas de sempre do Ministério da Educação, aos programas estabelecidos por órgãos em que se encastelaram pedagogos de meia confecção, parideiros de "programas" e de currículos escolares de ocasião.

Essa crítica, pertinente sem dúvida num país em que "especialistas em educação" montaram conglomerados empresariais e escritórios nada desprezíveis, já é conhecida e deve ser mantida. A preocupação, embora tardia, deve se voltar para os conteúdos, para a construção de nova *paideia*, de um novo ideal educacional neste país que se quer nação. Voltamos ao ponto fulcral da velha questão nacional, tema histórico cultivado por historiadores e cientistas políticos. Além de estadistas como San Tiago Dantas e Hermes Lima, que viam na educação a peça-chave para solução duradoura dos problemas nacionais.

Qual a *formação* desejável para a vitalização da ordem republicana atual? Como atuar na sempre falada *mentalidade*? Como mudá-la? Como iniciar o processo de revolução cultural que vimos cobrando das novas lideranças da sociedade civil? (cf. "A reconstrução de uma perspectiva histórica", *O Estado de S.Paulo*, 2 out. 1994, p. D5).

Os mais argutos dirão que somente no bojo de uma *revolução de fato* é que se poderia pensar numa mudança de padrão cultural em profundidade.

Mas não. Até porque profundo processo de mudança de *mentalidade* já teve início, nos anos 1970, na resistência contra a ditadura. Depois transformou-se no combate ao modelo autocrático-burguês que explica nosso capitalismo selvagem de periferia, a liquidação do serviço público na saúde e na educação e as remanescências dos autoritarismos nos vários campos.

As mudanças de mentalidade são lentas e por vezes quase imperceptíveis. Mas existem. E o que aprendemos, o que vem mudando?

Em primeiro lugar, sabemos, hoje, que a política cultural, educacional e científica deve ser pensada em sua totalidade. E deve considerar, como nossos maiores — Anísio Teixeira, Fernando de Azevedo, entre muitos outros — consideravam, os diversos níveis de escolaridade de modo integrado. O proclamado sucesso dos ginásios do Estado dos anos 1940-1960 deve-se ao simples fato de terem funcionado articuladamente com o curso primário — um curso sólido, com professores preparados, razoavelmente bem pagos — e o curso superior.

Tais ginásios recebiam o aluno bem alfabetizado, ampliavam sua formação científica e humanística, *politizavam-no* (no sentido greco-latino, se se quiser, com história, geografia, filosofia, literatura, línguas) e o impulsionavam com o curso superior.

Os tais "generalistas", de que tanto se necessita hoje, eram formados com rigor já nos cursos ginasial e colegial. Tais escolas públicas, descendentes diretas da Convenção republicana de 1793 na França, tiveram seus horizontes notavelmente ampliados entre nós, e hoje faz sentido recuperarmos um pouco dessa experiência, ao lado dos colégios de aplicação e das escolas vocacionais. Em salas de aula, tínhamos por vezes dois professores de disciplinas diferentes, e gente com formações distintas (lembro-me que o dramaturgo Jorge Andrade foi professor de uma escola vocacional, por exemplo).

Ensaiava-se no dia a dia escolar a famosa interdisciplinaridade, atualmente muito em moda, apesar de pouco praticada. Algumas boas escolas particulares aproveitaram, e muito, essa experiência, saindo do confessionalismo estreito que as caracterizava, para ficar num só exemplo.

Ampliar as relações entre educadores dos três graus deve ser portanto prioridade no planejamento da nova sociedade civil.

Em segundo lugar, não se deve desconsiderar que o conteúdo dos programas gerais para escolas de ensino fundamental e médio deve ser mais ou menos uniforme e constante por todo o país, como em qualquer outro país em que a educação é levada a sério. Não se trata de autoritarismo. Nada de "propostas" periodicamente repropostas e requentadas por especialistas no *dernier cri* de tal ou qual "modelo" ou governo. Certa continuidade foi resguardada entre a Segunda Guerra Mundial e o golpe de 1964, e o conteúdo, mais que o programa oficial, que funcionava apenas como uma referência, era garantido pela competência do professor. E também do diretor da escola, que "diretorava". Em geral bem formado, aceitava a emulação, as experiências inovadoras, a disputa pelos melhores mestres para suas salas de aula. E os inspetores de ensino eram educadores de mérito reconhecido, mais maduros, que ajudavam na requalificação e na *orientação* (palavra gasta) do sistema. O bom professor, criativo e competente, sabia como utilizá-los. Não ficava ele ao sabor das "políticas" educacionais de tal ou qual governo, moda, cursinho (invenção que prosperou com a ditadura), secretário ou editora. Num país com alto índice de migração interna, e de imigração variadíssima, garantia-se uma formação mais ou menos comum a todos os cidadãos brasileiros.

Os mais críticos dirão que assim se revitaliza uma ideia errônea e passadista de nação e de cultura. Não creio, e penso ter combatido certos ideólogos rançosos da chamada cultura brasileira em meu *Ideologia da cultura brasileira*. Certa unidade programática também existe em outros países em que o federalismo é levado a sério, resguardando-se as peculiaridades regionais. Evitam-se perversões do "modelo qualquer coisa", que rompe com a tradição clássica e coloca no lugar a inspiração da hora, do "cotidiano", da "região", do bairro de um professorado mal pago e portanto não inspirado.

E as civilizações, e o mundo contemporâneo, e os problemas de nosso tempo, onde ficam? Exemplo? Recentemente, encontrei um estudante que teve *três* vezes cursos sobre o Egito antigo no ensino fundamental e ensino médio, e nada de história do Brasil contemporâneo, nem do desmoronamento do mundo soviético. Certa sequência, portanto deve ser assegurada em nível nacional, e, claro, a variação regional será resguardada aos professores, que saberão adequar, dosar, selecionar informações e fazer infletir os trabalhos escolares no sentido da experiência coletiva da região.

Um bom curso sobre a geografia e a economia agrícola mesopotâmica ou egípcia pode ser útil na Amazônia ou na Bahia. Assim como o estudo da mineração na Grécia clássica ou na América pré-colombiana e colonial ajudará os mineiros a compreender o seu drummondiano estar no mundo. A própria ideia de nação, tão questionada nestes tempos de globalização e modernização "sem fronteiras" (?), poderá ser entendida em sua complexa historicidade. Afinal, a Palestina, a ex-Iugoslávia, o próprio México com seus "índios" de Chiapas, a Comunidade Econômica Europeia, Espanha, Alemanha, a ex-União Soviética, entre outras, não se debatem com os problemas do nacionalismo?

A abertura das escolas para novos temas e campos do saber contemporâneo deve ser acelerada. Não só para aquilo que é óbvio, mas ainda não chegou aos currículos de modo consistente, como é o caso da América Latina (já existem bons manuais, escritos por mestres competentes), mas também da Ásia, a China em particular, assim como do Japão.

E na reflexão contemporânea, estudos sobre os Tigres Asiáticos, tão apreciados pela *bourgeoisie conquérante* brasileira, onde um alto índice de avanço capitalista é obtido com baixa taxa de liberdades democráticas e salários escabrosos, como os que atingem a grande massa do professorado. Do qual se espera uma requalificação desta sociedade.

Claro está que, paralelamente, um esforço poderia ser feito, por essas mesmas lideranças, no sentido de criar, entre nós, colégios para uma experiência internacional entre jovens, combinando bolsas com intercâmbios baseados numa seleção criteriosa. Sempre se dirá que as verbas são insuficientes, que as prioridades etc. Mas o fato é que esta sociedade pode dispender parte de seus lucros em projetos que a ajudem no salto qualitativo, democratizante, que no limite permitirá a mobilidade de seus netos, que não necessitarão andar com guarda-costas e carrões com vidros negros em futuro próximo para ir a uma escola medíocre.

O terceiro ponto: a universidade continua muito aquém de sua missão. É bem verdade que vinte anos de ditadura, ou mais, foram conturbados, quando não perdidos. Hoje, cobra-se muito dela e pouco se oferece. Mas também é verdade que as novas gerações, que em tese deveriam ser mais informadas, mais cosmopolitas e internacionalistas, ainda não deram seu recado. Algumas faculdades relutam mesmo em oferecer cursos noturnos. Outras nem querem ouvir falar em cursos de extensão, de férias ou nos importantíssimos cursos para a terceira idade. Que aconteceu com os então novos mestres estruturalistas, marxistas, liberais radicais, anarquistas e outros dos anos 1970 e 1980, muitos na carreira docente e na pesquisa?

À universidade incumbe formular uma pauta de temas e de instrumentos de trabalho (o livro é apenas um desses instrumentos, embora o mais importante) nos vários campos do saber, das matemáticas à ética política e à história, da psicanálise e da psicologia social à economia política, da medicina social ao direito civil.

A universidade deve abrir, ao menos em seus primeiros anos, cursos interdisciplinares gerais, com matérias que ampliem os quadros gerais de referência. Assim, o estudante de medicina poderá entender os vários *campos e conceitos* da medicina, que variam de civilização para civilização. E o estudante de jornalismo poderá compreender que a informação é um produto histórico e que sem saber história ele apenas arranha a superfície dos acontecimentos.

A formação de professores para o ensino fundamental e o ensino médio foi abandonada, o que é da maior gravidade. As faculdades de educação — inclusive as das maiores universidades do país — não são ouvidas, nem por seus colegas de Brasília, para a formulação de uma política nacional de educação, talvez porque não tenham nada a dizer (ou terão?). Mesmo porém num plano mais modesto e local, a verdade é que a universidade pouco tem feito para vincular, como queria Gramsci, os três níveis de ensino.

A fragmentação tomou-se a regra nesta sociedade do espetáculo em que a cultura do marketing domina e dá a sensação de que se vive o fim da história, das ideologias, das nações, das civilizações.

Nestas épocas de crise e de fragmentação cultural, o retorno ao estudo dos clássicos é aconselhável. Em todos os campos, mas em particular na história. Não por ser nossa especialidade, mas os estudos históricos podem ser de grande valia, por trabalharem com a *duração* e a perspectiva. Como a filosofia, a literatura, o teatro e o cinema, a geografia política.

Reconstruir uma perspectiva histórica num país como o nosso, com a carga legada pelo período colonial e pelo império, de cujos *quadros mentais* — "prisões de longa duração", segundo Fernand Braudel — ainda não nos livramos, só pode ser tarefa coletiva, a ser assumida num pacto talvez silencioso pelo grupo-geração que chega à maturidade neste fim de século. E que tem a pesada responsabilidade de transformar, fora da metodologia desmobilizadora da conciliação, este aglomerado de gente, o lumpesinato imenso em que a sociedade brasileira está se transformando, verdadeiro barril de pólvora, numa sociedade de cidadãos criativos, úteis, qualificados culturalmente, com boa perspectiva internacionalista de suas particularidades.

Que a universidade resista a avaliações apressadas e provas de competência, aplicadas por quem talvez não a tenha, é compreensível. Que não se *repense radicalmente*, que não arrebente seus guetos internos e sestros, que não se atualize institucionalmente para a nova fase que se abre para a emergência de uma nova sociedade civil é intolerável.

Nova sociedade civil que já se faz sentir e se manifesta também em vários quadrantes do mundo, de Chiapas a Johannesburgo, de Pequim ao Timor. Timor, onde continua preso o líder Xanana Gusmão ("Timorenses não podem falar português. Professor denuncia opressão da ocupação indonésia, que já dura dezenove anos", *O Estado de S.Paulo*, 3 dez. 1994. p, A13), condenado a vinte anos pelo governo indonésio, e para quem não há solidariedade, pois nossas esquerdas, nossos liberais e nossos pós-modernos já não sabem sequer onde fica essa parte do mundo.

1995

6. Educação, cultura e democracia para o terceiro milênio: nós e a nova sociedade civil brasileira [entrevista]

1. Meu conceito de educação é bastante amplo e dinâmico. Tem na base certa ideia de libertação do homem, seja da natureza, seja das dominações e servidões que ao longo da história o próprio homem se impôs. Trata-se de um processo extremamente dinâmico, de *práxis* no sentido grego, que envolvia teoria e prática a um só tempo. Um processo de combate aos velhos quadros mentais anteriores em todos o níveis e que são, como diria Braudel, prisões de longa duração histórica. Portanto, não adianta "internetizar" o Brasil sem formular antes a questão de conteúdo: qual país, qual o projeto educacional e cultural desejável? Em todo caso, meu projeto de educação tem muito a ver com as ideias de Florestan Fernandes, que estudou o Brasil e a América Latina melhor que ninguém entre nós. E como poucos no mundo. Também admiro, num plano mais amplo, a atuação do professor Dalmo de Abreu Dallari, meu amigo e grande interlocutor (de quem discordo às vezes no campo teológico).

2. Constata-se, no Brasil, a vitória do modelo autocrático-burguês de periferia ou semiperiferia do capitalismo que se implantou entre nós neste século, e que se cristalizou após 1964 e 1968. E que se abriu nos anos 1970-1980, mas não perdeu sua característica básica, que é a exclusão social, a geração de uma população imensa de despossuídos e desqualificados culturais que compõem o exército industrial de reserva, com salários baixíssimos. O que é política e economicamente interessante para a manutenção de um estado de coisas em que Sarney continua, agora presidindo o Senado da República, Antonio Carlos Magalhães pontifica como vice-rei da Bahia, Jarbas Passarinho escreve suas memórias como se tivesse sido um estadista da República (ora, um signatário do AI-5!). E assim por diante. O sr. Delfim Netto continua fazendo suas "análises" para banqueiros e agiotas mal-informados e assim por diante. Houve não aumento da qualidade do ensino, mas a massificação daquilo que ele tem de pior: na massa perde-se a identidade política e cultural, e é isso que interessa ao sistema. Cria-se uma população de boçais, com esses programas de TV domingueiros que deseducam no pior sentido do termo. Nem em Miami ou Hong Kong se vê isso. Até o jornalista Fernando Morais foi secretário de Educação e não atacou o problema. Mais grave é que a sociedade reage pouco a isso: pais e mestres (que deveriam compor associações fortes, verdadeiras ONGs). Em suma, o que levou a isso foi a ditadura, foi o regime de 1964, que deixa essa sequela da qual levaremos ainda muito tempo para nos livrar.

3. Já houve no Brasil uma formação humanística muito boa nas escolas. Usava-se a cabeça, davam-se quadros gerais de referência, o raciocínio fazia parte do trabalho em sala de aula. Havia debate em sala, análise de texto, redação etc. A memória era cultivada, havia certo sentido do trabalho, por assim dizer, artesanal. Por exemplo,

tínhamos cartografia, gostávamos de fazer mapas, com as escalas (que nos davam o tamanho do mundo). Hoje, temos computadores, DDD, aviões velozes etc., mas ninguém sabe onde ficam os Tigres Asiáticos. A esquerda brasileira também não sabe onde fica Timor Leste, onde está preso há vinte anos Xanana Gusmão, que lidera a libertação dos portugueses timorenses da ditadura indonésia. Uma vergonha.

4. Hoje, prefiro falar em nova sociedade civil, incorporando os idosos, os menores, os chamados "índios", os homossexuais, as mulheres, os despossuídos. As ditas minorias, que em nosso país são a maioria. A velha sociedade civil é aquela dos tempos de JK, que aderiu ao padrão urbano-industrial que deu no que deu. São Paulo, por exemplo, entrará em colapso em oito ou dez anos, e os Malufs todos, locupletados, lavarão as mãos. Tudo bem na terra de Ayrton Senna, uma triste metáfora de nossa história contemporânea, onde se cultiva a sociedade do espetáculo e a cultura do marketing.

5. Conceito de cultura? Imagino uma cultura de fundo humanista, onde se leiam os clássicos com calma e método. Uma educação interdisciplinar, mas que dê o básico de cada disciplina. Que se ensine a ler o mundo e a ler livros inteiros, ainda que poucos. Que se ensine o que Amílcar Cabral, o grande líder revolucionário da Guiné-Bissau, dizia em 1973, pouco antes de ser assassinado pelo regime salazarista: "Cultura, fator de libertação? Não, libertação, fator de cultura".

Aí está uma rotação de perspectivas que procurei incorporar nos livros que escrevi com Adriana Lopez (*História e civilização*. 4 volumes. São Paulo: Ática, 1994). São livros de história geral e do Brasil com uma visão de processo civilizacional que penso estar faltando. Um pouco de recuo e perspectiva, para sabermos aonde estamos indo. Esse é o problema: qual padrão civilizatório desejamos? Como sabê-lo, se não conhecemos as várias *civilizações*, se não sabemos de suas historicidades?

6. A hora é de mobilizar supervisores, diretores e professores. Um dos segredos das boas escolas dos anos 1940-1950 e também de algumas escolas destes anos 1990 é que tinham à frente grandes educadores (que não precisam ser famosos ou "ter mídia", como se diz). Gente que saiba o tamanho do mundo e um pouco de história. E que tenha curiosidade cultural. Por vezes, o professor já entra em sala derrotado, e não só pelos salários.

Falta às vezes um toque de liderança, de carisma. Um grão de utopia, sem o que *qualquer* profissão torna-se terrível, e a vida, um inferno. Você viu o filme *Sociedade dos poetas mortos*? Em suma, não vamos esperar uma palavra de ordem dos ministros ou secretários para mudar o ensino: até porque o processo já começou, e quem é o combustível e leva essa história somos nós, professores. Nós somos a vanguarda, devemos nos assumir enquanto tal e nos preparar cada vez mais para essa guerra em que estamos. Em qualquer hipótese, isto aqui é melhor que a Bósnia e que o Chile de Pinochet. Basta de lamúria, não?

7. Devemos, em nossas comunidades, localidades, prefeituras, delegacias de ensino, colocar em contato os agentes culturais concretos e ver o que dá. Em geral dá certo, sobretudo se soubermos envolver associações de pais e mestres, empresários, padeiros (para as merendas) etc. etc., envolvendo assim a sociedade civil. O que falta quase sempre é imaginação. Em Brasília, creio que já seria uma revolução se os ministros da Educação e da Cultura tivessem uma reunião mensal. E que se fizesse das *escolas* a base da revolução cultural para o terceiro milênio. Com bibliotecas, computadores, merenda e tudo o mais: os bons professores que se mobilizem; os outros que vão trabalhar em outra coisa, ou fiquem

em casa e não aborreçam (o mesmo digo para os da universidade, é claro).

8. Deveria o governo da República rever o sistema de concessão de canais de rádio e TV. Que inclua pesadamente programas de formação e de cunho culturais. E que se limite a propaganda, pois o Brasil é a terra de ninguém nesse campo. Um desrespeito total. E que se dê mais força às TVs educativas. Falta um sistema de fiscais — de inspetores — *bem formados* que digam às emissoras o que não devem fazer. Muita liberdade, mas com conteúdo. O capitalismo selvagem de periferia não pode continuar a ditar as regras assim, nesse universo BBB do "faço tudo por dinheiro" de algumas TVs domingueiras. Que se chame a universidade para ajudar nisso, inclusive na fiscalização. Estamos abrindo mão de um papel de supervisores da educação e da cultura em nome de um democratismo de fundo culposo e culpógeno. Medo de sermos a favor da censura etc.? Isso é trauma ainda da ditadura. Mas agora está na hora de assumirmos nossa responsabilidade cultural e política. Os jacobinos da Convenção Republicana de 1793 na França não tinham esses pruridos.

9. A universidade? Muitas congregações e conselhos universitários são totalmente alienados. É preciso rachá-los, reorientá-los, num autêntico processo de desmontagem de um quadro mental danoso, pseudo-oligárquico, pseudocientífico, que apenas preserva guruzinhos pós-modernos que se satisfazem com a microfísica de seu poder local. Acho que a universidade — até para sobreviver — terá que viver um *aggiornamento* radical. Redescobrir o mundo, reorientar seus objetivos, arejar-se e reencontrar seu sentido de utilidade. Veja você: as faculdades de filosofia quase não estão mais formando quadros docentes para o ensino médio. Então, quem está? Esta sociedade está caminhando para o suicídio. A nobreza

universitária precisa voltar a pensar nisso antes que a Revolução — ou o que é pior, a Contrarrevolução preventiva de sempre — a estoure....

10. Acho que o governo brasileiro tem gente bem formada agora para uma interlocução. Paulo Renato é figura competente e creio que poderá fazer algo, *a conferir*. Nossa geração, que é também, por exemplo a de Marilena Chaui, teve que passar por exames de avaliação nos colégios de aplicação para se formar e sair por aí dando aula. Fui professor do ensino médio e muita gente, como o hoje sociólogo Gabriel Cohn e o cientista político Eduardo Kugelmas, hoje grandes professores da USP, estagiou comigo. Fomos treinados e nos treinamos. E isso ocorreu em quase todos os campos, da medicina à teologia, da engenharia à dança (veja a competência do Grupo Corpo!!! Ou de João Gilberto, Gil, Caetano! Por que não tentarmos em nossas modestas profissões?). Em suma, vamos ter que rever muita coisa e enfrentar o problema. Uma nova postura. Mas será preciso *não ter medo de agir, onde quer que estejamos*. Não vamos aguardar de pijama, de beca universitária nem em casa, de mau humor, que chegue o grande dia da revolução cultural. Até porque, vale repetir, com FHC e seus ministros ou não, ela já começou.

Uma democracia em profundidade não se constrói somente com boas intenções. Basta de lamúria. Como dizia o grande historiador socialista francês Georges Lefebvre: "Agora, ao trabalho!".

1995

7. A diminuição da história

> *Suas orientações vão sendo universalizadas, com receituário único, independentes da história, cultura e condições de infraestrutura de cada um desses países".*
>
> Mirian Jorge Warde e Sérgio Haddad,
> na apresentação de *O Banco Mundial e as políticas educacionais* (1996)

A filosofia da educação que preside as atuais mudanças no sistema educacional brasileiro — e paulista — vai se revelando aos poucos. Sua pedra de toque é o ajustamento do sistema para criar um "novo homem", que seja "um trabalhador rápido, eficiente e adaptado à vida competitiva do mercado". Essa advertência surge num documento recente, sereno e bem redigido por professores e historiadores do núcleo regional de São Paulo da Associação Nacional dos Professores Universitários de História (Anpuh), criada no início dos anos 1960 por antigos mestres, e que mantém a seriedade e a responsabilidade que o momento requer.

A diminuição da carga horária semanal de história — e, como se não bastasse, também de geografia — nas escolas da rede pública, decidida pela Secretaria de Educação do Estado de São Paulo no início deste ano letivo, surge como um perigoso sinal dos tempos sombrios com que nos acena o governo do estado. Paradoxal é que se trata de um governo que tem tudo para liderar um processo nacional de democratização do ensino com qualidade, abrangente, crítico e bem pago. Um governo que já teve à frente figuras como as dos professores Carlos Alberto de Carvalho Pinto e André Franco Montoro, da PUC-SP, responsáveis também pela criação de melhores condições para a pesquisa e para a universidade. Quem não sabe que, apesar de tudo, a Fapesp[63] continua sendo um paradigma nacional, criada no tempo de Carvalho Pinto? E quem não percebe hoje que a universidade paulista assistiu, após a última ditadura, a seu melhor momento sob o governo Montoro — e vive, hoje, dias de desencantamento e agonia?

O pior é que tal medida contra os professores de história e de geografia, disciplinas pilares de uma formação democrática, se conjuga com a implantação, em universidades privadas — com a aquiescência do Ministério da Educação —, das chamadas "plenificações". "Plenificações" que constituem um barateamento do ensino, no pior sentido, e permitem aos institutos de educação superior a aplicação de programas de "formação pedagógica para portadores de diplomas de educação superior que queiram se dedicar à educação básica". Com essa medida se liquida candidamente a ideia da vinculação entre o ensino e a pesquisa na formação de profissionais, criando-se a singela figura do anônimo e "democrático" repassador de informação, porém sem formação.

Tem-se aí um exemplo de como estão sendo desqualificados muitos profissionais com formação em ciências humanas, sendo

---

63. Fundação de Amparo à Pesquisa do Estado de São Paulo.

levados até mesmo ao desemprego ou à desesperança, perdendo aulas e assistindo à abertura do caminho para a reintrodução de uma panaceia parecida com os estudos sociais da época da ditadura, em nome da tal "flexibilização" profissional.

Três objeções devem ser feitas, direta e frontalmente, aos responsáveis pela atual política educacional neste estado (e neste país).

Em primeiro lugar, não é diminuindo a carga horária de matérias como história e geografia, nem de nenhuma outra disciplina, que se reduzem custos do Estado. É de imaginar que nem mesmo os neoliberais assumidos toleram esse estratagema primário. Ou será necessário relembrar a importância antiga dos estudos históricos para a formação da cidadania, numa quadra em que ela corre riscos inimaginados? Parece chegada a hora de as lideranças educacionais relerem as obras e os projetos de Fernando de Azevedo e Anísio Teixeira ("Que classe, que elite dirige o desenvolvimento? Com que propósito o dirige? Em que velocidade o quer fazer marchar?"), para retomarem a sério a discussão dos nossos problemas educacionais e voltarem à antiga ideia de formação, não abandonada em países centrais. São Paulo, lembre-se, não é Hong Kong nem Miami.

Em segundo, notar que, da época da abertura política até nossos dias, surgiu no cenário nacional uma nova e vigilante sociedade civil, que não tolera *experts* em educação ditando regras "flexibilizadoras" de cima para baixo para servir a uma indecifrada globalização. Há que consultar associações desses profissionais que labutam e mantêm (ou mantinham) viva a chama de um ensino democratizante com qualidade.

Em terceiro, perceber que, agindo dessa forma, se está enfraquecendo a periferia, onde o Brasil continua situado, conforme advertência de geógrafos, como Antonio Carlos Robert de Morais e Milton Santos.

Enquanto isso, nos países centrais, as políticas educacionais refortalecem os sistemas de ensino, aprimorando a pesquisa, a universidade, e até criando novos centros de estudos brasileiros.

O ministro da Educação, Paulo Renato, que conviveu com grupos de financiamento em Washington, não desconhece isso. Ou desconhece?

A hora é de crise, e, para entendê-la, há necessidade de nossos "gestores" educacionais descerem de seus carros oficiais, voltarem à escola e frequentarem o mundo real. Pois esse tipo de "educação a distância" não está dando certo, está na contramão e pode ter consequências histórico-culturais irreparáveis.

1998

8. Prefácio de *A escola do homem novo*

Na renovação da historiografia que ora se processa no Brasil, são assustadoramente raros os jovens pesquisadores que se debruçam sobre a história da Europa, da Ásia e de outras culturas e povos. Dificuldades no trato com as fontes documentais, mas também certo comodismo misturado com traços de discreto chauvinismo, explicam o fato de não termos núcleos de pesquisa nem centros intelectuais deveras voltados para a história contemporânea geral. Curiosa ambiguidade, pois se vive um momento em que, paradoxalmente, se proclamam a excelência e a necessidade da globalização, da internacionalização, da internetização e do cosmopolitismo cultural. Ideologias...

A jovem historiadora e professora Carlota Boto logrou escapar dessa armadilha que aprisiona alguns talentos de sua geração. Firmando-se como pesquisadora de nossa história da educação, da cultura e das mentalidades, não descurou Carlota Boto da necessária navegação pelas águas da história da Europa, à qual nossas vicissitudes estão inescapavelmente vinculadas.

Licenciada em pedagogia e em história pela Universidade de São Paulo, Carlota Boto obteve o título de mestre em história e filosofia da educação pela FEUSP em 1990. Sua dissertação — *Rascunhos de escola na encruzilhada dos tempos* — versava sobre o discurso pedagógico da Primeira República no Brasil. Já ali se visualizava sua preocupação com o tema da democratização do ensino público como alicerce de certa construção da nacionalidade.

Ao ingressar no programa de doutorado em história social, sob minha orientação, vinculada ao departamento de história da FFLCH-USP, Carlota Boto direcionou seu interesse para arquivos e bibliotecas portugueses, onde recorreu a fontes documentais e ao acervo bibliográfico, tendo em vista desvendar a problemática da história da educação e do ensino em suas raízes ibéricas, mediante a detecção de matrizes de pensamento que estão na base de formulações sobre a nacionalidade, lá e cá. Este trabalho de doutorado, sobre a escola primária no Portugal do século XIX, está em fase final de desenvolvimento.

Ideia de nação, ideia de cultura, forjadas nas salas de aula e nas cabeças dos educadores, políticos e professores do mundo luso-brasileiro, eis o objetivo central das pesquisas da promissora docente da Universidade Estadual Paulista (Unesp, *campus* de Araraquara).

É nesse meio-tempo (entre o mestrado concluído e o doutorado por fazer) que surge este notável ensaio. Com o objetivo de procurar no debate da França revolucionária as origens de certo discurso, ainda atual, sobre a educação, a investigadora vai às fontes, mas não deixa de recorrer à bibliografia existente sobre o tema. Trata-se de trabalho de fôlego, descompromissado das atividades de obtenção de créditos e da burocracia que, por vezes, entorpecem — no Brasil como em Portugal — nossos cursos de pós-graduação. É um belo exercício de historiador, mas com um objetivo muito preciso: o de vistoriar momentos e atos fundadores da acepção de *escola pública*, que tanto marcaram os horizontes mentais de nossa modernidade ocidental e a cultura pedagógica daí advinda. Com efeito, o discurso da educação, até hoje, é bastante tributário do debate francês, desde a Ilustração, mas fundamentalmente desde a Revolução Francesa, sobretudo no período curto, mas fecundo, da supremacia jacobina. Foi este, como se sabe, o ponto máximo da ideia de revolução; a ruptura efetiva com arcaicas concepções educacionais e político-culturais do Antigo Regime. O tema, sem dúvida, é neste texto desenvolvido com argúcia e com o talento que somente grandes historiadores — que, por definição, devem ser excelentes escritores — possuem.

Nasce uma historiadora, e este acontecimento deve ser saudado. Tanto mais quando se sabe que, em nosso país, vivemos aos solavancos; projetos incompletos, ideias fragmentadas e modismos educacionais que não lograram, por enquanto (grife-se *por enquanto*), impor-se no sentido de criar o *homem novo*, de que tanto falavam os revolucionários franceses, mas também "cubanos", como Ernesto Che Guevara, portugueses, como o historiador maior Vitorino Magalhães Godinho; ou brasileiros, como nosso querido Florestan Fernandes. Dessa perspectiva, chamo a atenção dos leitores para o segundo capítulo, no qual são iluminadas as discussões sobre o tempo presente. O estudo de Carlota Boto recupera o calor dos debates que firmaram no pensamento contemporâneo a *escola* como um dispositivo estratégico de divulgação da ciência, de formação do sentimento nacional e de percepção da regeneração da sociedade.

A formação da cidadania; a necessária competência republicana no campo das políticas públicas; a escolarização e a educação pública como valores fundantes da democracia; a discussão sobre a escola e os debates sobre o modelo de cidadão que se quer formar:

tudo isso é revisitado pela historiadora paulista, com transparência e boa escrita raras entre profissionais de nossa historiografia atual. O convívio com Diderot, D'Alembert, Condorcet, Lakanal, Lepeletier e Robespierre talvez nos ajude, e às nossas lideranças educacionais e universitárias, a reencontrar, pela pista do passado, os caminhos por ora perdidos do futuro.

1998

9. Diagnóstico de nosso tempo, Karl Mannheim: da "carência de resistência mental"

Outro título para este artigo poderia ser "Mannheim e nós". Entretanto, *Diagnóstico de nosso tempo* é o título de uma coletânea clássica de artigos e conferências do sociólogo, e, dessa forma, chamo a atenção dos leitores para a importância de suas ideias na formação de nossa machucada contemporaneidade. De "nossa vida danificada", como diria Theodor Adorno, outro alemão que animou nossos horizontes.

Com efeito, Mannheim deixou marcas profundas no pensamento brasileiro, sobretudo naqueles segmentos da *intelligentsia* universitária paulista que trabalharam, nos anos 1950 a 1970, no sentido da atualização e democratização da universidade e da escola em geral. Em particular, deixou traços naqueles professores cujos projetos intelectuais se centravam nos aspectos redistributivos da educação democrática. Fora de São Paulo, não há como negar sua influência — entre outras, como a do historiador John Dewey — num educador como Anísio Teixeira, um dos intelectuais que, neste país, mais se preocuparam e se dedicaram à problemática da escola, do ensino, do planejamento e da formação da cidadania. Anísio é um grande e esquecido personagem de nossa história recente, ativista cultural como seu amigo Monteiro Lobato, mas vem tendo sua obra revisitada, republicada criteriosamente pela UFRJ (Universidade Federal do Rio de Janeiro) e discutida nestas vésperas do centenário de seu nascimento.

Momento oportuno, pois, para atualização histórica e reencontro intelectual com esses dois personagens que nos ajudaram a caminhar ao longo século XX, iluminando o caminho e nos animando entre tantos desacertos, aberturas relativas e derrotas irreparáveis. Anísio morreu em 1971, no auge da ditadura civil-militar que ensombreceu o país, desviando-o de uma rota reformista democrática, sem ter visto o resultado das lutas pela democratização, os impasses surgidos e as derrapagens que nos trouxeram ao ponto em que estamos. Faz falta, pois ele se preocupava muito com o "fator humano" na educação, o que não parece óbvio nos dias atuais...

Já Karl Mannheim (1893-1947) foi um autor muitíssimo lido em nossa escola da USP, a velha Faculdade de Filosofia, Ciências e Letras da rua Maria Antonia. Creio mesmo que o venerando sociólogo, nascido em Budapeste mas formado em Berlim, Paris e Freiburg, era por nós tão ou mais frequentado que Marx e Max Weber (mas isso é praticamente impossível de medir). O importante é que Mannheim deixou algumas ideias e pistas para pensarmos a democracia moderna em contextos de crise, assunto em que ele era escolado (e nós não), pois viveu pelo menos duas grandes crises: a de 1929 e a da Segunda Guerra Mundial, quando, com a escalada do nazismo, se viu obrigado a deixar, em 1933, sua cátedra em Frankfurt e se exilar na Inglaterra.

Sua obra é notável. E atualíssima, sobretudo quando adverte para os perigos da sociedade de massas e da falta de planejamento e controle social. Nesse ponto preciso é que enfatiza, sem demagogia nem pedagogismo tecnocrático, a importância da educação, alertando os "países que ainda desfrutam liberdade para algumas das deficiências de seu sistema em face das condições modificadas do mundo". Indaga das causas da falência dos ideais liberais e democráticos em seu país, nota sua complexidade, mas constata que "ninguém pode negar que a *carência de resistência mental* tenha desempenhado papel considerável nesse desmoronamento". Mais:

> Não só era ainda o sistema educacional daqueles países inadequado para a educação de massas, como os processos psicológicos que agiam fora da escola eram deixados sem nenhum verdadeiro controle social e, por isso, forçosamente, levaram-nos ao caos e à desintegração.

Para concluir, acentua Mannheim: "Nenhum sistema educacional é capaz de manter a estabilidade emocional e a integridade mental da nova geração se não possuir uma estratégia comum às agências sociais estranhas à escola". Para ele, somente por meio de "um ataque coordenado contra os efeitos desorganizadores da sociedade de massas sobre o espírito do indivíduo se pode ter esperança de deter psicoses em massa como as que se manifestaram na Europa continental".

Mannheim criticava também o desprezo que os educadores da era liberal votavam ao estudo do contexto social nos debates sobre educação. Não se tratava, pensava ele, de formar apenas uma personalidade independente, mas cidadãos preparados para atuar no meio em que teriam de agir e sobreviver. Os fins educacionais não poderiam ser entendidos se desligados das "situações que cada era histórica é chamada a enfrentar", nem da ordem social para a qual eles são concebidos.

Nesta quadra em que o sistema escolar brasileiro resiste, tentando se recuperar e se atualizar, e frentes de pensamento crítico se rebelam contra as pautas do Banco Mundial e suas políticas educacionais para a América Latina, em que a rede das universidades públicas (inclusive no estado de São Paulo) vive o maior desmonte de sua história, vale reler e meditar sobre os diagnósticos de Mannheim.

Suas advertências, proferidas em conferência na University of Cambridge há exatos sessenta anos, onde estava em exílio, ainda ecoam neste país. Pois corremos o risco de repetir, neste exílio tropical, uma história semelhante dentro de cinco, dez ou vinte anos, pois nesta região do planeta agentes de uma cultura de massas desqualificadora vão aplastando as frentes de pensamento crítico, tentando isolá-lo dos avanços e conquistas positivas do século xx.

1999

10. Apresentação de As luzes da educação

A OBRA QUE O LEITOR tem em mãos representa uma contribuição efetiva para o entendimento dos primeiros passos de nossa vida coletiva enquanto nação. Com efeito, com esta pesquisa que lhe conferiu o título de doutor(a) em história social pela Universidade Federal do Rio de Janeiro, a professora Tereza Maria Fachada Levy Cardoso oferece uma visão original da problemática da educação e de sua história ao longo período em que o mundo luso-brasileiro transitou do antigo sistema colonial para o sistema mundial de dependências e, sob a preeminência inglesa, para o neocolonialismo.

No arco do tempo, do reformismo pombalino do século XVIII ao reformismo liberal, logo coarcado pelas elites estamental-escravistas da ex-colônia, reformismo limitado que se prolonga e se amesquinha no século XIX, retardando o surgimento de formas novas de vida política e social. De resto, a Abolição e a República tardias fazem parte dessa história, como também o fato de serem muito modestos os esforços de "ilustração" das gentes da colônia, parte do império pouco aquinhoada com a concessão de postos de professores régios.

Tereza Fachada examina com rigor, limpidez e serenidade esse período de constituição de matrizes de pensamento (ou, em seus termos) de "matriz referenciadora", em que os professores régios tiveram, apesar de suas imensas limitações de toda sorte, um papel fundamental na construção da nova nação, com impedimentos menos intelectuais do que propriamente ideológicos. De modo geral, eram pessoas bem formadas, estudadas, inquietas, ligadas à pesquisa. Apesar de orientarem suas atividades para o reforço do sistema, por vezes derrapavam para além dos limites do tolerado, como o poeta Silva Alvarenga ou o próprio Luiz dos Santos Vilhena, professor de grego em Salvador que, além de algumas formulações curiosas e inconformistas, deixou o longo e mais importante documento para a compreensão da sociedade luso-brasileira na virada do século XVIII, a famosa *Recopilação de notícias soteropolitanas e brasílicas*, obra que serviu de base para inúmeras interpretações do Brasil no século XVIII, sobretudo a melhor delas, elaborada por Caio Prado Júnior.

Quando as aulas régias foram abolidas com o Ato Adicional, em 1834, quando as províncias reagiram à excessiva centralização no plano educacional, o tom geral da atividade dos professores régios era bastante conservador, marcado "pela continuidade dos modelos de pensamento de nossa elite cultural", como nota a professora Tereza Fachada.

A historiadora da educação, da cultura e das mentalidades já produziu livro de mérito, sobre a *Gazeta do Rio de Janeiro*, em que examina com rigor a história da cidade no período decisivo de 1808 a 1822, além de ser autora de vários artigos e ensaios oportunos e inspirados — sempre marcados por sua incontida vocação de pesquisadora crítica. A registrar, neste passo, seus estudos e propostas no campo da educação e da tecnologia, sempre com ênfase histórico-crítica, sem o que nada é possível.

Agora, nesta obra, Tereza esquadrinha as vidas e o tempo desses mestres formadores, suas raízes histórico-ideológicas, formações e práticas enquanto professores. Alguns, entre eles, figuras referenciais na precária sociedade ainda imersa nos horrores do "viver em colónias" (a expressão é do perturbador Vilhena, que retomei em capítulo específico de meu primeiro livro, *Ideia de revolução no Brasil, 1789-1801*, publicado em 1970), horrores que aliás não foram extirpados com a Independência. A notar que muitos dos personagens do livro de Tereza se tornariam figuras de proa na nova ordem estabelecida após 1822.

Mas o que a pesquisa revela de mais importante é a possibilidade de abertura — embora limitada — e transformação das mentalidades a partir da ruptura da Coroa portuguesa com o jesuitismo na época de Pombal. A instituição das aulas régias foi a inauguração de uma prática e de um conjunto de valores que ultrapassaria o período pombalino, embora — claro está — sempre com vistas à reformulação do Estado monárquico. Esses professores *régios* — vale grifar —, *ilustrados* e nem sempre — ou quase nunca — liberais constituíam a vanguarda possível e viajada da pesquisa, da inovação, de certa crítica dentro do sistema. Esse ponto merece atenção, pois como ressalta a autora, "o pioneirismo da iniciativa portuguesa na implantação de um sistema público de ensino na Europa tem sido apontado ainda de forma tímida pela historiografia portuguesa". Vale reforçar essa perspectiva.

Alguns desses professores cresceram historicamente e deixaram marcas, como Januário da Cunha Barbosa (cônego, deputado, escritor e, depois, fundador do Instituto Histórico e Geográfico Brasileiro), José Gonçalves dos Santos (o padre Perereca), Manuel Inácio da Silva Alvarenga (professor de retórica e poética, nomeado em agosto de 1782 pelo vice-rei Luiz de Vasconcelos e Sousa, poeta, advogado, bacharel por Coimbra, tendo participado da Sociedade Literária do Rio de Janeiro, e preso pela Devassa de 1794). E o mais conhecido de todos, José da Silva Lisboa, o visconde de Cairu, que regia a disciplina economia política, cadeira criada em fevereiro de 1808, tendo mesmo chegado a diretor-geral dos estabelecimentos literários.

Eis, portanto, um livro que merece atenção e vale a pena ser lido com calma. Essa visão ilustrada, a construção da nação a partir de cima, a própria ideia do que é ser professor (que os catedráticos do Império e da República herdariam, com reverberações em nossos dias, em nossas universidades e nos organismos centrais desta República), o persistente e limitado *reformismo ilustrado* (mas não liberal ou, menos ainda, socialista) têm uma origem (ou matriz) que obriga a ler com interesse redobrado o estudo sereno e brilhante de Tereza Fachada.

2002

B. Universidades

1. Universidade: o fim de uma época

> *Esperávamos que, como em Paris, os professores e as congregações conseguissem ou mantivessem a sua independência.*
>
> Anísio Teixeira, numa das reuniões da
> Sociedade Brasileira para o Progresso da Ciência (sbpc)

A universidade brasileira estará, de fato, morta? Que foi feito, no Brasil, da ideia de universidade? Engavetados os projetos de "universidade liberal", de "universidade popular", de "universidade de trabalho"; de "universidade crítica" e de "universidade aberta", sobrou o vencedor, trágico projeto de universidade *corporativista*. E, como tal, desajustado ao tempo, não servindo aos gregos, acaba por aborrecer aos troianos. Cortados os contatos com o resto da sociedade, a "ordem" se estabelece e, uma vez consolidada, mata a ideia de universidade — lugar privilegiado pelas sociedades, através dos séculos, para a reverificação das experiências, a contestação dos resultados, teorias e métodos de pesquisa, em *qualquer* campo do saber. Desde Abelardo, no século xii, a história se repete: de tempos em tempos, é necessário sacudir-se a poeira, para a sociedade — a que deve servir — perguntar o que ela é, o que ela vale, para onde vai. (A universidade deve ser uma invenção da sociedade para ela mesma *se* perguntar o que *vale*.)

No Brasil, embora muito nova como prática social, a ideia de universidade vem sendo acalentada desde os inconfidentes mineiros do século XVIII, que a colocavam em lugar de destaque no seu projeto nacional. José Bonifácio também dela cogitou, mas foi necessário mais de um século para a ideia se materializar.

Falemos francamente, entretanto: até hoje, a ideia não deu certo entre nós. Alguns professores, como Anísio Teixeira, Fernando de Azevedo, Almeida Júnior, Darcy Ribeiro, Florestan Fernandes, às vezes com o apoio de segmentos sociais expressivos, às vezes não, lograram em raros momentos de nossa história republicana impor seus multifacetados pontos de vista. Mas foram momentos excepcionais, dos quais sobraram restos de carcaças de instituições que já foram famosas: Universidade de São Paulo, Universidade do Distrito Federal e Universidade de Brasília, entre outras. Reprimidas, domadas e burocratizadas, essas instituições secaram. A universidade passou a reproduzir em ponto menor o modelo fechado de sociedade em vigência: nada pedindo à sociedade, esta a tolera, oferecendo baixos salários, desde que não a conteste em seus fundamentos. Estabeleceu-se, assim, uma espécie de pacto de mediocridade. E, nessa composição, esvaziou-se a ideia de autonomia, fundamento histórico para outras autonomias que viriam, por exemplo, a eliminar a política de importação cega de pacotes tecnológicos.

Burocratizada e sem autonomia, a universidade viu reduzido seu espaço para a pesquisa científica, para a formação de novos professores e cientistas críticos e atuantes, para os serviços de extensão à comunidade, para a agitação de ideias — naquele lugar que é o verdadeiro laboratório para testar teorias que alimentarão o debate nacional. O México soube enxergar bem o problema, e o Colégio de México não se furta à missão de formar quadros de alto nível. A França, a Itália, os Estados Unidos, o Canadá não descuram da formação de suas (desculpem) elites. No Brasil, não ficamos nem numa coisa nem noutra: a "democratização" não eliminou o elitismo e dessocializou a universidade.

Hoje *pede-se muito à universidade, mas nada se lhe dá*. Não me refiro, logicamente, a certas universidades que se transformaram em instrumentos para repasse de verbas federais, às vezes sendo segundo ou terceiro orçamento do Estado em que se localizam; e não me refiro tampouco às universidades particulares que "incharam": cobrando caro aos estudantes, ainda pedem complementação ao governo federal, sob o sorriso complacente do Conselho Federal de Educação. O silêncio imposto à universidade é muito suspeito, já se vê. A luta pela defesa da escola pública, pela universidade crítica, pelo ensino laico e gratuito deve ser retomada, por uma questão de... regeneração nacional.

Assim, a questão que se coloca é a seguinte: quem faz as leis que regem a universidade brasileira? E mais: a imensa comunidade acadêmica vem sendo ouvida? Através de quais mecanismos? Como os principais centros universitários brasileiros são representados nos órgãos que comandam, planejam e executam a política científica e cultural da República? E como restaurar o nexo vital entre o ensino fundamental, o ensino médio e o ensino superior, relembrando a velha tese de que o aluno universitário é um *produto* de etapas anteriores?

A redefinição da sociedade civil, com novas forças sociais empurrando o processo político para a democratização efetiva, obrigará a rever o papel da universidade. "Castrada e sangrada", como diria

Capistrano de Abreu, a ela caberá mais uma vez dar ao ensino o velho sentido — que sempre teve — de ato de libertação.

Captar os projetos socioculturais e políticos das classes fundamentais e traduzi-los em termos científicos para um reequacionamento coletivo, eis sua tarefa. Forjar uma política científica nacional, eis o objetivo. Mas, para chegar lá, primeiro ele terá que se democratizar internamente. Regida pelos mais competentes, saberá dizer aos governos o que quer e o que não admite em questões de cultura. E será respeitada. A universidade se transformará no campo da geração de utopias — e os menos imediatistas *sabem* o que isso significa para uma civilização.

1979

2. A CRISE E A SUPOSTA LEGALIDADE

DECEPCIONANTE — para dizer o menos — o encaminhamento que o governo democrático de São Paulo vem dando ao problema da sucessão para a reitoria da Universidade Estadual Paulista Júlio de Mesquita Filho. Nos desdobramentos do processo, a imprensa vem revelando como um grupo poderoso se entrincheirou na Unesp, criando sua própria "legalidade". Assim, a Unesp assistiu, ao longo do tempo, à manipulação e distribuição de títulos, cargos e verbas sem nenhum controle por parte da comunidade de professores e alunos. Esta comunidade, por sua vez, excluída dos centros de decisão, passou a discutir o sentido de sua existência, descobrindo suas aspirações e formulando projetos para uma universidade moderna, num processo que culmina (mas não se esgota) no episódio da escolha de seu dirigente máximo. Esse o impasse atual, que coloca o governo Montoro numa encruzilhada decisiva fundamental para sua credibilidade futura.

Era previsível tal polarização, dado o enquistamento desse grupo na Unesp, adepto da política sistemática de "ação entre amigos" (denunciada com detalhes nesta *Folha* pelo dr. Mário Montenegro, professor emérito daquela universidade). Menos previsível era a tibieza do governo Montoro, dado fundamental, entretanto, com o qual joga esse grupo de falsos defensores da "lei e da ordem".

Hoje, o embaraço do governo deriva da falta de uma política para as universidades paulistas. Se, em outros campos, vem ele revelando uma competência inatacável (teledifusão, política energética, fechamento da Paulipetro etc.), não logrou ainda esboçar sequer pontos para uma política cultural — dentro da qual os problemas da universidade, do ensino fundamental e do ensino médio, da saúde, da ciência e da tecnologia seriam devidamente enquadrados. Problema, aliás, do PMDB paulista.

No caso da Unesp, o que falta hoje é uma decisão política, na qual o supersecretário Roberto Gusmão, com sua indiscutível competência, terá papel decisivo. Ou seja, amplos setores das comunidades ligadas à docência e à pesquisa, a opinião pública em geral e democratas de todos os matizes aguardam um ato político através do qual o sr. governador designe provisoriamente uma personalidade acadêmica do mais alto nível e de notório reconhecimento público para enquadrar a Unesp na escala das instituições respeitáveis de nível superior. É chegada a hora de instaurar uma sindicância — aberta à imprensa — para apuração das várias irregularidades que vêm sendo apontadas publicamente, sendo óbvio que uma auditoria rigorosa só pode ser de competência do governo do Estado.

Verificará o governo que, na Unesp, houve — entre outras coisas — uma eleição... patrocinada pelo próprio conselho universitário. O ex-reitor publicou portaria no *Diário Oficial* autorizando a consulta, tendo feito sua apologia nesta mesma *Folha* em 19 de março de 1983. O ex-reitor, o ex-vice-reitor e mais quatro membros do colégio eleitoral formaram uma chapa, foram candidatos (haja legislação!), não se desincompatibilizaram dos cargos, fizeram campanha e provavelmente se autovotaram. Depois, excluíram o nome do mais votado (dr. William Saad Hossne, com 64% dos votos) e incluíram um outro com 1,2% dos votos. Essa é a briga de hoje, pela inclusão do nome do dr. Saad na lista, dentro das regras propostas pelo próprio conselho. Não se trata, portanto, sequer (ainda) da eleição direta.

Mas, já agora, espera-se mais do governo. Chegou a hora de pôr um paradeiro a essa "ação entre amigos". Nada de pró-reitores fora de lugar (pois só podem exercer o cargo em situações dadas por afastamentos eventuais). Nada de listas sêxtuplas em que os "mesmos" escolhem os "mesmos", sem audiência de outros segmentos (órgãos colegiados, inclusive). Nada de situações obscuras, como a que parece existir na criação de uma faculdade de direito no *campus* de Franca, problema em boa hora levantado e que está sendo investigado pela atenta congregação da Faculdade de Direito da USP. Que o governo democrático não transija, e terá o respaldo da comunidade e da opinião pública. Do contrário, corre o risco de se afogar na travessia desse pequeno (embora pantanoso) Rubicão.

1984

3. O MEC E O "ÓDIO CÍVICO" DOS MESTRES

A MAIS LONGA GREVE a que o ensino superior do Brasil já assistiu vai revelando as misérias do modelo autocrático implantado após 1964. Entretanto, vinte anos de regime militar não conseguiram quebrar a espinha dorsal da universidade brasileira. E mais, os valores acadêmicos se reforçam quando uma entidade com a tradição da Sociedade Brasileira para o Progresso da Ciência (SBPC) reassume, sob a presidência do combativo professor e biólogo Crodowaldo Pavan, a defesa da escola pública, gratuita e democrática, reunindo dezenas de associações nacionais científicas e de ensino.

Inúmeras manifestações de colegiados universitários vêm denunciando a situação de descalabro a que se chegou, e que se traduziram até mesmo no desconforto de ministros do MEC, como o semântico Eduardo Portela e Rubem Ludwig, este último possuído de compreensível "ódio cívico". Mais contundente foi a manifestação da congregação da Escola de Engenharia da Universidade Federal de Minas Gerais, que, após justificar as reivindicações dos professores e funcionários das universidades autárquicas, critica o descaso com que as autoridades governamentais tratam do problema da universidade em nosso país; denuncia a incompetência; revela a inversão de valores, mostrando que a instituição universitária não pode ficar sob o julgamento de "quem não devia sequer passar-lhe à porta".

O MEC, por seu lado, continua funcionando à base de "informações" e estigmatizando os grevistas, técnica sempre utilizada por regimes ditatoriais para desqualificar as manifestações democráticas da sociedade civil. Preocupado agora com a "restauração da normalidade da vida acadêmica nas instituições federais autárquicas", o MEC não se pergunta se era "normal" a situação anterior à greve: péssimas condições de ensino e pesquisa, baixíssimos salários, falta de autonomia universitária, subordinação da escola às normas "emanadas" do Conselho Federal de Educação (quem elegeu os conselheiros?), subordinação aos valores tecnicistas da Seplan etc.

Um falso impasse está criado, e o atual titular da pasta "está sem resposta a dar", recorrendo a ameaças de punição. Reitora da Universidade Mackenzie quando, em 1968, despejaram-se tiros e ácidos sobre o prédio da Faculdade de Filosofia da USP, a hoje ministra — reconhecida por Pierre Balmain por suas qualidades insuspeitas — deveria aconselhar-se com seu antecessor, o atual ministro-chefe da Casa Militar, o general Rubem Ludwig. E saberia, pela Casa Militar, o seguinte:

1) Há "insuficiência de recursos governamentais para custear a educação gratuita";

2) É "importante consolidar institucionalmente a rede federal existente de ensino superior, que é minoritária em participação no atendimento da demanda e em número de instituições";

3) "A reforma acadêmica é um processo dinâmico";

4) Deve-se buscar "o ponto de equilíbrio no que tange à participação dos diferentes segmentos da comunidade universitária

(docentes, alunos e servidores) no processo de tomada de decisões, em todos os níveis, desde os departamentos e colegiados de cursos até os conselhos de administração superior";

5) "A competência profissional não pode estar dissociada da responsabilidade do cidadão com a sociedade em que está inserido";

6) "É admissível a discussão de formas alternativas de assegurar a multiplicidade de interesses da massa estudantil em tantos órgãos de nível estadual e nacional quantas forem as linhas ou tendências predominantes no âmbito da movimentação dos estudantes universitários".

Era esse tipo de resposta que o ministro Ludwig mandava circular em 1981. Por sua vez, o ex-presidente Geisel, em 1979, escolhia reitores por eleição direta, entre professores que nem mesmo pertenciam aos *campi*, como ocorreu na Universidade Federal de São Carlos.

Mas a "abertura" acabou. Já a ministra indicou interventores, hoje desqualifica interlocutores e, sobretudo, não manda nada.

Em conclusão, como afirmam os engenheiros de Minas: os professores e servidores estão aguardando alguma manifestação do governo que possa ser levada a sério e considerada. Mas que não seja fabricada pela "comunidade de informações".

1984

4. Escola pública, vestibular e democracia

Esgotado o ciclo militar, a requalificação da universidade brasileira aparece como uma das tarefas prioritárias, a ser enfrentada de imediato. Com efeito, a formação sólida e socialmente responsável de professores — não só do ensino superior, como também da extensa rede do ensino fundamental e do ensino médio — e de pesquisadores de excelência está na base da retomada da questão nacional. Qualquer que seja o ângulo de abordagem, informado ou não por visões partidárias, a retomada da escola pública — o direito universal à educação — surge como tema central da nova etapa a ser cumprida de maneira inescapável. Referências anteriores não faltam, do revolucionário francês Condorcert às obras de Anísio Teixeira, Almeida Júnior e tantos outros, que estão aí para uma reavaliação crítica, já agora sem a quantofrenia que levou à deformação de várias "gerações sem palavras", massa treinada para responder a "testes", com a qual se supunha possível tornar o Brasil uma "potência emergente".

A escola pública foi desmontada justamente quando se fortalecia o processo crítico de sua intervenção na vida político-cultural, científica, tecnológica e econômica da sociedade brasileira. Deixou, como regra geral, de ser fonte geradora de pensamento original e centro de resistência cultural. A universidade tinha autonomia ao menos para discutir temas, avaliar critérios e selecionar candidatos que, em geral, provinham de antigos colégios do Estado em que a formação não se reduzia a uma série de receitas, apostilas fragmentárias e "dicas" para o preenchimento de testes sobre temas e questões fabricadas ao sabor da hora. "Formação", eis uma palavra que teve significado nos meios educacionais de ensino fundamental, médio e superior até 1964.

Mas a história não foi nessa direção, de crítica e consolidação do alto nível da escola pública brasileira. O resultado está aí, com a universidade em frangalhos, sem conexão com os outros dois graus. O Mobral, e o fracasso do Mobral, dizem o resto.

A passagem dos anos 1960 aos 1970 marcou um fechamento impensável da instituição universitária. O corpo docente como um todo perdeu a já pequena possibilidade de se expressar institucionalmente, assistindo à montagem da máquina que aí está, calcada na ilegitimidade e nos arranjos de verdadeiras "máfias" que passaram a dominar os colegiados. Perdeu sua voz ativa internamente, embora tenha passado a fazer denúncias cada vez mais sólidas, através de associações de classe, como a Andes e Adusp.

Grave é o fato de que esse modelo excludente consolidou o corporativismo e o enquistamento de grupos de proveniência discutível, com organismos parauniversitários passando a ter força e poder de decisão sobre a seleção da parcela da sociedade que teria "direito" a ingressar nos cursos superiores ou, quando menos, disputar a partida num jogo criteriosamente definido. De onde vem a "autorização" para que esses grupos parauniversitários formulem provas e selecionem candidatos para faculdades que não participaram, nem de longe, do processo de seleção?

Agora, a democratização da sociedade e da universidade deverá explicitar essa questão. Na medida em que o docente não participa da seleção direta dos seus alunos, sente-se frustrado e socialmente desmobilizado. Esse é um dos fossos que separam a universidade da sociedade. E nele atuam empresas comerciais disfarçadas em cursos que "treinam" suas clientelas para que um dia possam dizer que "entraram numa universidade". Ora, "treinar" não é preparar, formar. É compreensível, nesse modelo, que a desmobilizada escola de ensino médio também não consiga orientar ninguém para nada, visto que a universidade deixou de dar referência, dizendo o que quer e a que vem. Daí ser impossível dissociar a urgente abertura dos colegiados universitários da definição de projetos científico-culturais e da formação da cidadania.

Como reestimular as "vocações" e diminuir o êxodo dos jovens universitários com esse conjunto de absurdos que são as primeiras, segundas, terceiras etc. "opções", com esse regime classificatório baseado em médias, "testes" etc. e não em redações, entrevistas e currículo escolar? Somente quando a universidade remover o entulho autoritário que a sufoca (listas sêxtuplas, baronias etc.) é que voltará a ter voz ativa na seleção, avaliação, permanência — ou não — de seus membros — professores, alunos e funcionários.

1985

5. Tancredo e a universidade

> *Toda contemporização ou insinceridade na abertura de um rumo eficaz de reforma social se liquida num reforço do processo antidemocrático e na debilitação a curto prazo da própria democracia.*
>
> San Tiago Dantas, 1963

Após deixar o governo de Minas, e já no discurso de lançamento de sua candidatura à Presidência da República, Tancredo Neves defendia a necessidade de revalorização da universidade. Finalmente, na voz de um governante, voltava-se a incluir a universidade nas prioridades nacionais. Segundo afirmou, deveria ela recobrar seu papel e ser fator de um novo renascimento cultural, após tantos anos de sombras. Bom início de uma nova era. Mas...

Ocorre que, já entrando na Nova República, os mecanismos reprodutores de velhos costumes continuam intactos. Neste fim de Antigo Regime, e apesar de esboços democratizantes, os piores costumes autoritários gerados pelo modelo de exclusão e consolidados pelo AI-5 permanecem dominando a vida universitária. Portanto, se não se quiser confundir a nascente Nova República com o Estado Novo, impõe-se a crítica a uma série de pseudossoluções que estão sendo dadas aos problemas da maltratada e mal paga comunidade universitária. Pseudossoluções que demonstram que os mecanismos de legitimação, das "autoridades" acadêmicas são ainda mais discutíveis que aqueles que sustentaram o finado colégio eleitoral de Brasília. Resguarde-se, entretanto, a diferença: enquanto em Brasília produz-se um estadista com a capacidade de voo de Tancredo Neves, a universidade continua assistindo — salvo exceções raríssimas — à geração de burocratas mudos e pedestres. Um exemplo recente? O conselho universitário da USP não deu quórum para concessão do título de doutor *honoris causa* ao dr. Sobral Pinto. E se isso ocorresse em Coimbra?

Assim é que, mercê do modelo autoritário que fabrica as famigeradas listas sêxtuplas para escolha de reitores (onde, no limite, é possível aos mais "hábeis" emplacar uma posição nas votações dos atuais colegiados fechados), a universidade vem perpetuando um sistema de poder e de "saber" que pouco ou nada oferece à moderna sociedade civil que hoje se deseja construir no país. Vale lembrar, a propósito, que a implantação das listas sêxtuplas — golpe de morte na autonomia já precaríssima — se deveu à necessidade de beneficiar um professor e capitão de fragata da Universidade de Brasília, o qual, aliás, se perpetuou no poder. E o resto da rede universitária brasileira teve que engolir o "modelo" que ainda aí está.

Várias comunidades universitárias combativas se contrapuseram a essa camisa de força. Por exemplo, a Universidade Federal de São Carlos reelegeu democraticamente o reitor William Saad Hossne, um dos mais respeitados e independentes cientistas do país, após sabatinas acadêmicas públicas com professores, funcionários e alunos, além de outros candidatos. Tudo isso se chocava com os interesses do PDS local, de inspiração malufiana. O que aconteceu? O Palácio do Planalto, "bem aconselhado" pela ministra Ester Ferraz, resolveu despachar para a florescente universidade um interventor. (Recorde-se, a propósito, que o presidente Geisel respeitara os resultados da votação da comunidade em 1979.)

Nas universidades estaduais, o problema é o mesmo. O jurista Dalmo Dallari obteve na última sucessão reitoral na USP 18 mil votos, mas o conspícuo conselho universitário não levou esse fato em consideração na elaboração de discutível lista sêxtupla, da qual foi escolhido o novo reitor (colocado em quarto lugar) pelo ex-governador Maluf. Recorde-se que, para a eleição do reitor anterior, homem de "poucas palavras" e ideias parcas, os alunos que ainda concordavam em participar do conselho votaram em intelectuais como Antonio Candido, Oscar Sala, William Saad Hossne, Dalmo Dallari etc. — acompanhados por um discreto e perplexo senhor, representante da Federação das Indústrias, o dr. Einar Kok. Vale notar que outras representações da sociedade civil — OAB, ABI, SBPC, CRM, sindicatos etc. — não têm assento no dito conselho.

Hoje, a abertura ainda parece estar longe, ao menos na universidade. Mas a efetiva democratização da escola não pode ser descartada na construção da Nova República. Nessa medida, para a criação de uma nova mentalidade universitária, torna-se inadiável a remoção do entulho autoritário, que poderá ter início através de uma série de medidas rápidas e simples.

Não há necessidade — ao menos para isso — de se esperar pela Assembleia Nacional Constituinte, quando se estudará a fundo e organicamente projetos educacionais (no plural) para a escola pública. Por ora, a extinção imediata das listas sêxtuplas se impõe. E, claro, seguida da eleição direta de dirigentes, com discussão prévia de suas plataformas científico-culturais, o que ensinará as instituições a se conhecerem melhor, a adensar projetos e a definir — finalmente — suas vocações. Como observou há tempos o professor Simão Mathias, da SBPC, tal medida desoneraria inclusive a Presidência da República e os governos estaduais dessa embaraçosa e indevida tarefa. Além disso, só esse fato já dará início efetivo ao processo de discussão para revisão da instituição universitária, permitindo que já em 1985 sejam amadurecidas teses que serão levadas à Constituinte em 1986. Revisão que abrangerá do Conselho Federal de Educação ao vestibular, da desativação dos aspones à pós-graduação. Na educação, há *experts* demais e educadores de menos.

Com as listas sêxtuplas (ou tríplices, que seja) absurdas, não há autonomia nenhuma, nem Nova República que aguente. E a capacidade de lideranças autênticas está sempre ligada à produção intelectual. A comunidade sabe, e Brasília também.

Em contrapartida, os exemplos das universidades de Brasília, de São Carlos, da Unesp (em que, recentemente, a comunidade não foi atendida), da USP (com recentes indicações de pouco votados e mal classificados participantes de listas sêxtuplas, sobretudo na Escola de Comunicações e na Faculdade de Educação, escolhidos por um reitor idem) são eloquentes e atropelam até mesmo a ética mais primária.

Essa é uma das questões detonadoras da discussão de um novo processo cultural e político, e à universidade cabe dar o exemplo, tão logo seja desamordaçada. Isso aliás já deixamos implícito na análise publicada nesta página, sobre "O PMDB e a Nova República" (26 dez. 1982), quando afirmávamos que ao PMDB (hoje na situação), bem como aos demais partidos de oposição, faltava uma política cultural em sentido amplo, que abarcasse a problemática dos fundamentos culturais da nova sociedade civil brasileira. Sem isso, continuaremos na Velha República, com a "sociedade civil" sendo apenas mais um tema para a hora ilustrada da sobremesa dos donos do poder.

1985

6. Universidade:
para além do neorrepublicanismo

> *Felizmente, não há por que discutir maneiras de iniciar a mudança, visto que esta já está em marcha.*
>
> Philip Slater

No chamado problema cultural, uma coisa é certa: tanto os zeladores do Antigo Regime militar como os gerentes civis da Nova República demonstram que a mediocridade não é apanágio só da direita. Com a Nova República, vem surgindo uma concepção duvidosa de cultura, que nada mais é senão a metodologia da Conciliação erigida em razão de Estado, desde 1850.

Mas à desmontagem dessa engenharia ideológico-cultural, o professor Michel Debrun deu início em seu instigante livro *A conciliação e outras estratégias*. Demonstrando que o liberalismo existe no Brasil só no plano das ideologias — mas não no das práticas políticas —, sua visão coincide, em larga medida, com a do sociólogo e constituinte Florestan Fernandes. O que mudou, nos últimos anos, diz

Florestan, é que ao *sistema* sucede hoje um "modelo político", mais sofisticado, que pode ser batizado de "o dispositivo". As práticas do Ministério da Educação, hoje controlado pelo PFL, não nos deixam mentir: a escola pública continua esquecida, enquanto os interesses particulares dão a tônica da Nova República. E o Ministério da Cultura, se ainda não detonou nenhuma revolução cultural em profundidade, mal consegue mobilizar o empresariado "ilustrado", demonstrando que o neoliberalismo ainda não é bom negócio cultural.

Esse é o pano de fundo para a compreensão do tema da universidade. Com efeito, após muitos anos de resistência aos desatinos do regime de 1964 (Suplicy de Lacerda, cassações, Mobral, Estudos Sociais, licenciatura curta, estranhos na direção do MEC etc.), a avaliação do resultado da política educacional indica problemas não só de ordem cultural, mas de ordem econômica. Ou seja, cerca de 75% do ensino superior do país está nas mãos de grupos privados. Apenas 25% continua nas mãos do Estado.

Essa a avaliação econômico-social. As avaliações científico--culturais vêm demonstrando que o rebaixamento da qualidade do ensino e da pesquisa é avassalador, sendo maior na rede federal, e catastrófico no ensino particular (onde quase não há pesquisa).

A retomada da questão da requalificação intelectual do quadro universitário é inadiável, e não deve aguardar os próximos ademanes do Ministério de Educação e da Cultura, nem as "últimas" orientações das agências de financiamento. Impõe-se, antes de mais nada, para o rompimento da ideologia do Estado pedagógico neorrepublicano que aí está, a mobilização da comunidade científico--cultural do país a fim de:

1. Restabelecer agressivamente o espaço de ação da escola pública, em todos os níveis, com revalorização salarial e intelectual de seus corpos docentes.

2. Eliminar a parafernália de cursos supletivos, de cursinhos, das "faculdades de pós-graduação".

3. Implantar critérios cristalinamente discutidos para avaliação do atual corpo docente e para seleção de nossos profissionais, em todas as instituições, independentemente de serem estáveis ou não.

4. Criar, nos centros industriais mais avançados, universidades do trabalho (ver as experiências alemã, cubana etc.).

5. Em cinco ou seis polos estratégicos do país devem ser implantadas universidades rurais, com vistas ao levantamento preliminar de problemas e necessidades do trabalhador rural que, saindo do coronelismo anterior, vai sendo aprisionado pela agroindústria multinacional.

6. Repensar as áreas de humanidades. Como todas as disciplinas possuem historicidade própria e requerem mais interação com as humanidades, impõe-se uma verdadeira *revolução curricular*. Assim, por exemplo, o físico necessita de quadros de referência histórico-culturais, o médico não pode prescindir de uma formação mínima no campo da sociologia etc.

7. Rever as funções do Conselho Federal de Educação, visto ser ele o depositário de uma política uniforme de "currículos mínimos" para um país de dimensões continentais e com características regionais tão distintas: os "currículos mínimos" da Universidade do Pará não se adaptam necessariamente ao Rio Grande do Sul.

8. Partir para uma nova conceituação do que venham a ser "profissionais liberais" (médicos, advogados, professores, dentistas, arquitetos, jornalistas, engenheiros etc.).

Em poucas palavras, há que fazer notar a existência de *uma nova sociedade civil*, que se sente sufocada não só pelo *modelo autocrático-burguês* do regime militar cedente, hoje metamorfoseado, e também conhecido pelo nome "o dispositivo". Essa *nova sociedade civil* não cabe dentro das malhas da Nova República, não aprecia a "democracia pelo alto" também no plano da educação e da cultura, nem a Constituinte de meia confecção.

Essa nova sociedade emergente necessita de uma universidade que não seja nem elitista, nem populista, mas sim contemporânea e humanista, no sentido maior desses dois termos. Uma universidade democrática — que, para sê-lo, só pode ser *pública* — e que ofereça, ao menos na partida, oportunidade e condições idênticas a todos os cidadãos. Como propunha, aliás, o professor Anísio Teixeira, um estadista da educação.

1990

7. Remobilizando a universidade

UM DOS PRINCÍPIOS BÁSICOS que se aprendem na pesquisa científica é o de não brigar com a realidade antes de compreendê-la. No caso do ensino universitário em nosso país, evidências de problemas são claras e preocupantes. Sobre a universidade brasileira sabemos hoje várias coisas, como, por exemplo, o fato de haver grande defasagem entre a explosão de matrículas nos últimos dez anos e a estagnação do número de estudantes que concluem o curso superior. É fácil o acesso aos inúmeros diagnósticos fornecidos pelas agências de fomento à pesquisa pelo Núcleo de Pesquisa sobre o Ensino Superior da USP e por vários órgãos internacionais, por associações nacionais de docentes, pelo IBGE e assim por diante.

A própria imprensa vem alertando para fatos graves. Em editorial, este jornal indicava que, em 1994, as matrículas nas instituições públicas e privadas eram superiores a 1,6 milhão, porém, pouco mais de 240 mil concluíram o curso naquele ano. Perguntando se estavam os professores interessados em debater os motivos dessa evasão, apontava a existência de cursos mal avaliados, "vazios de objetivo" (*O Estado de S.Paulo*, 13 ago. 1997, p. A3). A prolongada crise das universidades públicas e a lentidão no processo de qualificação de universidades particulares acrescentavam um complicador ao panorama educacional do país.

O que não temos claro nesses diagnósticos sempre sombrios é a avaliação de quanto nos distanciamos de uma ideia qualquer de universidade. Seja da ideia de universidade liberal e humanista (embora, na prática, um tanto oligarquizante) que presidiu, por exemplo, a criação da Universidade de São Paulo, seja de ideias de universidades voltadas para as coisas mais concretas deste mundo, como a universidade técnica ou a universidade do trabalho no ABCD, que não saíram da gaveta. Em verdade, ficou-se no meio do caminho, com as universidades públicas esparramadas por *campi* periféricos e distanciados da vida nas cidades, assistindo ao inchaço de seus quadros docentes e funcionais, banalizando a carreira e os títulos, desmobilizando seus quadros de missões mais fundamentais, como a formação de professores para o ensino médio e técnicos nos diversos campos, do restauro ao jornalismo.

A relação universidade-sociedade foi congelada pela noção estreita de ensino e pesquisa pela maior parte de suas congregações, departamentos e colegiados. Mesmo as faculdades mais combativas e avançadas perderam o sentido histórico de sua razão de ser, aliás, bem conceituada em seus estatutos.

No caso de nossa gloriosa Faculdade de Filosofia da USP, o objetivo continua lá, escrito muito claramente: ela foi criada para formar professores e pesquisadores e ministrar cursos de extensão à comunidade. E por algum tempo fez isso com brilho. Ora, a ditadura explica a decadência, mas não explica tudo. Estaremos formando hoje, de fato, professores, além do restrito círculo dos que se dedicarão ao ensino universitário?

E, no caso da Faculdade de Arquitetura e Urbanismo, estará ela formando, de fato, urbanistas para nos orientarem no caos urbano a que parecemos condenados?

Atenho-me somente a essas unidades vanguardeiras, pois, excetuados alguns outros poucos institutos, as faculdades não lograram em sua vivência atingir a meta mais geral, e óbvia, que deveria nortear sua existência. Qual seja a de integrar num só e amplo projeto institucional a diversidade de suas disciplinas e especializações, resguardando ainda a variedade teórica e a disponibilidade para a experiência. Claro que isso não é fácil de obter, historicamente, e creio que só em poucas circunstâncias tal ocorreu no Brasil — bons exemplos seriam a citada Faculdade de Filosofia da rua Maria Antonia, entre 1955 1968, e a Universidade Federal da Bahia, na gestão do reitor Edgard Santos, nos anos 1950 para os 1960, momento histórico-cultural admiravelmente descrito no livro *Avant-garde na Bahia*, de Antonio Risério. Estavam na vanguarda do pensamento educacional brasileiro, em sintonia com o Instituto Nacional de Estudos Pedagógicos (Inep) do professor Anísio Teixeira, e constituíam pontos referenciais de cultura e crítica para outros centros de pesquisa ligada à docência, em que se ensaiavam convivência crítica e confrontos de teorias e experiências.

Em suma, havia ideias e conceitos no ar. Não havia "vazios de objetivo", muito ao contrário. Quanto às universidades particulares, foram raríssimas as que procuravam, e não persistentemente, em suas congregações e reitorados, discutir a própria ideia de universidade, ideia muito aviltada após o golpe de Estado de 1964. Mas valerá a pena lembrar que algumas poucas abrigaram — como a PUC-SP — o pensamento crítico nos anos de chumbo.

Mas o que falta às universidades na atual quadra histórica? A resposta é simples: falta projeto renovador. E falta, sobretudo, coragem das congregações, dos departamentos e conselhos para regressarmos ao tempo das perguntas simples. E se perguntar para que foram criadas, em que contexto e desafios históricos, e em seguida indagar para que serve a instituição universitária hoje. Que tipo de profissionais está formando e para qual sociedade? Como recuperar o tempo perdido? E, nesse percurso, vale comparar nossas escolas com as de outros países, reestudando, ao mesmo tempo, novos vínculos com a sociedade para superar o discutível e opaco papel que hoje a universidade desempenha. Em verdade, um papel que não seja o de mero trampolim para a escalada social de novas frações da burguesia emergente, nem sempre comprometidas com a construção de uma nova sociedade civil democrática.

Sem disposição coletiva e atualizada para repensar "vocações" tanto do alunado como dos docentes, reconceituar planejamento e conteúdo dos cursos oferecidos e reavaliar o alcance social, científico e cultural das pesquisas em curso, a universidade não vai sair do impasse em que se encontra. E, pior, continuará correndo o risco de ficar fora do mapa no milênio que desponta.

Domesticada como está, sem projeto, a universidade não chegará a lugar algum. É hora de relembrar o professor Anísio, em sua famosa palestra na Associação Brasileira de Educação (1952): "O que importa, na cultura de um povo, é o atrito, a oposição, pois esses são os elementos que promovem o revigoramento e a vida de suas instituições e maneiras de ser".

1998

8. Liberdade acadêmica e reforma

A INSTITUIÇÃO UNIVERSITÁRIA está se repensando. É bem verdade que, por vezes, a universidade se vê obrigada a discutir seus problemas mais por motivação externa a ela própria, como é o caso do editorial deste jornal intitulado "Liberdade acadêmica" (*O Estado de S.Paulo*, 2 fev. 1998, p. A3), texto percuciente que merece atenção tanto por parte dos reformadores como dos conservadores e abúlicos. Mas há também diversos setores ligados à educação que hoje se mobilizam, procurando estratégias para renovação da universidade pública, a exemplo do grupo de trabalho de alto nível criado no Instituto de Estudos Avançados da USP, sob a coordenação dos professores Alfredo Bosi, Alberto Carvalho da Silva (um dos fundadores da Fapesp) e outros, para discutir e defender a universidade e a pesquisa públicas — ora passando por uma fase difícil —, apesar da resistência de tantos. O espírito que anima tal grupo é o de, entre outras coisas, alertar para a mentalidade cartorial dominante no país, que avassala a academia e certos setores do governo.

Em outra vertente, constituem-se grupos que analisam o papel da universidade particular, que não pode continuar sendo um mero negócio, em geral expandido à sombra da última ditadura. Ressalvadas as conhecidas e honrosas exceções, a universidade privada tornou-se simples escada rolante de promoção social, distante da pesquisa e da valorização da docência universitária: a maior parte do corpo docente aviltado é horista, sem garantias, sem horizontes, quase sem bibliotecas, laboratórios ou salas para cumprir um mirífico tempo integral, escrever suas teses, descobrir coisas novas, fazer avançar a ciência. Faltam, em geral, condições mínimas de trabalho. "Universidades" há que reproduzem até os hábitos, por assim dizer, intelectuais e atitudes adquiridas em certos cursinhos. Há exceções, vale frisar, e até se desenham frentes de *reforma* no seio das universidades particulares, evocando princípios que o educador Anísio Teixeira apontava em seus luminosos artigos na clássica *Revista Brasileira de Estudos Pedagógicos*, nos anos 1950-1960.

Por seu lado, tornou-se ambígua a situação da universidade pública, que, burocratizada sobretudo durante o período ditatorial, hoje se vê em situação paradoxal perante o Estado. Estado que "concede" e defende a liberdade acadêmica, mas teima em deter em suas mãos uma série de mecanismos de controle, inclusive salariais. No caso das universidades públicas do Estado de São Paulo, os salários estão estancados há mais de três anos, como se acreditassem as autoridades que o Plano Real devesse também alcançar a esfera da educação e da pesquisa. Para complicar o quadro, o Estado, por vários mecanismos, continua ditando o que considera "paradigmático" (termo da moda), estabelecendo critérios do que é bom ou mau, do que é científico ou não, do que é culturalmente legítmo e do que não é. Claro que o modelo centralizador napoleônico, de meia confecção, nos asfixia. Nos Estados Unidos, por exemplo, seria impensável imaginar universidades como Stanford, Harvard ou Princeton — elas sofrem de outros males, que não vêm ao caso — se submetendo aos ditames de Washington, precisamente porque *lá se leva a sério a liberdade acadêmica*. Ademais, a avaliação dessas universidades não depende do poder central, pois elas próprias tomam a iniciativa de convidar periodicamente seus avaliadores.

Aqui, aceitamos pacificamente o modelo centralizador e já ninguém se lembra da figura serena do professor de história da ciência Simão Mathias, que, defendendo o princípio da autonomia universitária, julgava nem mesmo devêssemos enviar ao governador a lista tríplice para reitor da USP, mas apenas informá-lo do resultado da eleição independente.

Tempos opacos, pois não existe ainda propriamente uma *real* liberdade de criação institucional. Necessário, portanto, cultivar outra vez, sem nostalgia, aquela atitude vaga que, nos anos 1950-1960, denominávamos "espírito universitário", dos conselhos e departamentos aos cafés. Pois, em verdade, não se discute mais a necessidade de uma *reforma* universitária nem sequer a existência de outros modelos de universidade ou padrões civilizatórios. Antes, tropeça-se num emaranhado de siglas, leis, decretos, emendas e incisos, fala-se mais em "créditos", "módulos" etc., numa linguagem próxima do javanês, que somente ágeis "técnicos" em educação dominam, sem tempo para responder, afinal, o que é *universidade*.

O mundo acadêmico esvaziou-se, assim, do sentido de missão universitária que lhe transfundiam personalidades nacionais como Fernando de Azevedo, Anísio Teixeira, Almeida Júnior, Thales de Azevedo, Edgard Santos e tantos outros que, marcados pelos valores de seu tempo e arautos de projeto social liberal-democrático, pensavam a universidade em sua dimensão maior, agregando-lhe o sentido de "formação" universal e também o prestígio de que as gerações posteriores, como a minha, se beneficiaram. Depois,

Florestan Fernandes, Paulo Freire e o primeiro Darcy Ribeiro, entre outros, apontariam novas linhas de pensamento crítico e utópico, discutindo o papel da universidade e dos intelectuais universitários em suas relações com a sociedade e com a cultura em geral, incluída aí a *intelligentsia* não universitária, hoje não por acaso cética e distanciada em relação aos *campi*.

De certo modo, tal processo verificou-se também em anos recentes na universidade americana, como observou o professor Russel Jacoby em 1987, quando se aprofundou o descontentamento com os descaminhos de certas disciplinas, ciência política, economia, estudos internacionais, entre muitas, e ocorreu — como agora no Brasil — a ênfase que a universidade passou a dar à profissionalização estreita. Nota ele que esse processo ocorreu em detrimento de uma formação universitária mais ampla e, em contrapartida, alertou para a necessidade de a universidade esforçar-se para "recapturar uma cultura pública". Mas já era tarde. Decorrência disso, um "espectro ronda as universidades americanas ou, ao menos, seu corpo docente: o enfado" (*Os últimos intelectuais*, p. 13).

No caso do Brasil, onde a *intelligentsia* não acadêmica — escritores, políticos, jornalistas — vê, para além das distâncias dos centros urbanos, poucas razões para se aproximar da universidade, o esforço para readquirir uma cultura pública deverá passar por uma profunda rediscussão da missão da universidade. Antes que também seja tarde demais.

O desafio, agora, é as lideranças universitárias terem capacidade e coragem para "zerar" as discussões e voltar a fazer perguntas simples em suas respectivas comunidades, congregações etc., para detonar o "movimento de mudança de mentalidade" que o professor Anísio propunha em 1960. Entre tais perguntas, estas: como modelar a universidade do século XXI? Para que e a quem servirá? Que *projetos socioculturais* deverão nela estar inscritos? Em que direção devem ser atualizados seus currículos, em face das transformações sociais, científicas, culturais, tecnológicas e de *mentalidade* das últimas décadas? Que tipos de "universitários" está formando hoje e deverá formar amanhã? Afinal, o que significam no Brasil, neste dealbar do século XXI, além das "liberdades acadêmicas", as responsabilidades acadêmicas?

1998

9. Uma universidade para o século XXI

INICIATIVA DE MÉRITO foi o I Encontro de Reitores do Brasil, Espanha e Portugal, realizado em junho último na Casa do Tratado de Tordesilhas, na Espanha. Com efeito, nas celebrações dos quinhentos anos de Brasil, a Espanha, estimulada por nossa diplomacia, soube aproveitar a oportunidade para produzir algo com implicações positivas para o futuro.

No lugar mais que simbólico em que foi assinado o Tratado de Tordesilhas, reitores de algumas das mais importantes universidades dos três países, seus ministros de Ciência e Tecnologia e embaixadores, intelectuais e empresários passaram a limpo suas diferentes experiências, disposições, apreensões e propostas para uma cooperação mais efetiva e inteligente entre as universidades, tanto no plano da ciência e tecnologia quanto no das produções histórico-culturais respectivas. Foram constatadas as lacunas e falhas de informações recíprocas e, no campo dos estudos de história, do direito, da crítica, das culturas regionais, a necessidade de estabelecer uma base comum para atualização da cooperação supranacional.

Projetos de retomada das relações culturais entre os povos do mundo ibero-americano também foram avaliados, até porque já vivemos épocas em que, mesmo sem internet, DDD e "educação a distância", nos conhecíamos melhor, quando menos desde a independência das ex-colônias ibéricas.

Não foram poucas as sugestões para se efetivarem as reaproximações, por meio de cátedras, seminários, missões, reconhecimento de títulos. Avaliações recíprocas já estão em curso, como se propôs na Universidade de Valladolid, por sugestão de uma das organizadoras do encontro, a educadora Maria José Brezmes; e um centro de estudos brasileiros está sendo criado em Salamanca, por iniciativa do reitor daquela universidade, dr. Ignacio Berdugo, e do embaixador brasileiro, Carlos Garcia. Mais: sugeriram-se reformas que tornem a universidade ibero-americana mais aberta às demandas crescentes do mundo contemporâneo, sem adesão imediatista e ingênua às leis do mercado. Finalmente, um modelo de universidade que promova o efetivo desenvolvimento social de nossas comunidades, como propôs o reitor Cláudio Lembo, da Universidade Presbiteriana Mackenzie, um dos articuladores do encontro e da criação de um centro de estudos americanos em São Paulo com vocação ibero-americanista.

Numa época em que a universidade brasileira vive crise de inspiração, tais debates se tornam deveras importantes. Até porque, na reorganização do sistema mundial, novos blocos político-econômicos e pactos supranacionais se estabelecem em todo o planeta, e o mundo ibero-americano tarda em se estruturar adequadamente, de modo a dar uma resposta não apenas econômica, mas também político-cultural de longo prazo. Afinal, desde Duarte Pacheco Pereira — negociador português em Tordesilhas — e Camões até Cervantes, de Quevedo e Unamuno a Anísio Teixeira e

Caio Prado Júnior (que, aliás, participou da Guerra Civil Espanhola), esse vasto e riquíssimo mundo da civilização ibero-americana, que inclui dos chicanos aos pataxós e mapuches, deve ter um recado que ultrapasse os marcos da União Europeia ou do Mercosul. Do ponto de vista do desenvolvimento tecnológico, os respectivos ministros, cientes dos entraves históricos e burocráticos, indicaram novos caminhos e medidas que venham a permitir atualização nas pesquisas entre os três países, porém sempre com foco nas universidades. Até porque sabem que não haverá desenvolvimento autossustentado nos três países sem investimento pesado e continuado nessa instituição milenar.

As universidades brasileiras (públicas, particulares, confessionais e comunitárias) ali representadas levaram suas propostas, de modo diferenciado, mas crítico. Fizeram-se ouvir em Tordesilhas, em Valladolid e em Salamanca, num diálogo em que a retórica usual desses congressos foi abandonada em busca de um entendimento moderno. Valorizaram-se formas novas estáveis, como redes de pesquisa e redes educativas para estimular a circulação de conhecimentos, mobilidade de estudantes, professores e pessoal administrativo; e de métodos para a implantação dessa "nova ordem universitária", em que os esforços se somem nessa busca de estratégias para a melhoria da qualidade de vida das comunidades envolvidas. E com o apoio efetivo dos setores produtivos, que também vivem o desafio de uma urgente adequação aos novos tempos. Veremos.

Finalmente, não deixa de ser curioso o fato de universitários representando instituições multisseculares, como Salamanca, Valladolid ou Coimbra, se disporem, numa atitude progressista, a trocar paritariamente suas experiências com lideranças universitárias de um país como o Brasil, onde a instituição ainda procura seu lugar na sociedade. Existe uma base histórico-cultural comum, por assim dizer, civilizacional, que justifica, facilita e requer esse diálogo. Mas há que reconhecer o desprendimento que isso exige de lado a lado, pois em nosso país ainda temos muito a aprender, sobretudo no que diz respeito ao reconhecimento da importância do trabalho dos universitários, dos pesquisadores, dos escritores, dos intelectuais brasileiros, aqui e no exterior. Ponto para o ministro Ronaldo Sardenberg e para nossa diplomacia na Espanha, que, assessorada por Airton Young, da Financiadora de Estudos e Projetos do MCT, ajudam o país a participar desses esforços que *promuevan el desarollo social de nuestras comunidades,* como se propôs na "Carta de los rectores" lá negociada e assinada neste ano 2000.

2000

10. Por uma nova universidade

> Seria útil que se escolhesse um guia com cabeça bem formada mais do que exageradamente cheia [...] Mais ainda: que exercesse suas funções de maneira nova.
>
> MONTAIGNE (1533-1592),
> *Ensaios* (trad. de S. Milliet)

INÚMEROS PROFESSORES, pesquisadores, escritores (restam uns poucos), críticos e artistas vinculados à vida universitária esperam que o novo ministro da Educação tenha clareza quanto ao desafio tremendo que temos pela frente. Qual seja, o de implantar finalmente, neste país, uma universidade em sintonia com nossa história, oportunidade perdida pelo governo cessante. Desafio que representa o retomar da vigorosa linhagem de atividades críticas que, após a década de 1920, se traduziram em projetos de requalificação social, intelectual, científica e política do país, quase todos bloqueados ou emasculados após 1964.

Tarefa hercúlea, para a qual poderá contar com número expressivo de sábios e pesquisadores "seniores" marginalizados, dispostos a trabalhar em ação coletiva. Pois o que se logrou — e o verbo é forte — nos últimos anos, para além ou aquém das cifras e dos índices oficiais, foi a liquidação da própria ideia de universidade. Ao menos daquela universidade pensada dentro dos paradigmas que foram arduamente batalhados, discutidos e construídos por Anísio Teixeira, Fernando de Azevedo, Júlio de Mesquita Filho, Lourenço Filho, Darcy Ribeiro, Leite Lopes, Paulo Freire, Luiz Hildebrando, Florestan Fernandes, Antonio Candido e seus sucessores. E, em todos os ramos do conhecimento, por inúmeros outros combatentes pela emancipação do país a partir da formação de um pensamento autônomo, crítico, inovador e útil aos interesses nacionais profundos.

A República, sobretudo a partir dos anos 1930, carecia de uma rede universitária de vanguarda: projetaram-se novas e ágeis instituições, atualizaram-se outras, criaram-se centros, fundações e conselhos de pesquisa que, em seus primeiros passos, infelizmente foram coarctados. Muitos sobreviveram a 1964, desviados porém de seus objetivos iniciais, ou foram mutilados, como a inovadora Faculdade de Filosofia, Ciências e Letras da USP, que serviu de modelo para tantas outras; igualmente rendidas à banalização do cotidiano universitário. Em síntese, burocratizaram-se e afastaram-se de sua missão primeira: formar professores/pesquisadores para o sistema universitário e, sobretudo (vale enfatizar), para o ensino médio. Com a desmobilização sistemática, venceu a mediocridade.

Daí a necessidade de o novo governo tomar tento, pois não será fácil mexer nesse sistema que apresenta resultados, números, sorrisos que parecem dizer que tudo vai bem. Não vai nada bem. A maior parte do tempo dentro da universidade é gasta com burocracia do pior tipo, sobretudo com atendimento a critérios de produção de uma tecnoburocracia vesga, que aplica no Brasil o que aprendeu

— e aprendeu mal — nas agências de financiamento sediadas nos Estados Unidos.

O modelo norte-americano não é isso que se está tentando implantar aqui. Além disso, não valem os mesmos critérios aplicados em escolas privadas de péssima qualidade — onde não se faz pesquisa porque não se sabe fazer, e porque é caro — para universidades de excelência como a USP, a UFRJ, a FGV, algumas PUCs e poucas congêneres. Note-se que Harvard, Stanford, Yale, Princeton, Columbia, Berkeley ou a Universidade de Londres não dançam ao sabor de "avaliações" externas, federais ou quaisquer outras; são elas próprias que determinam seus critérios de seleção, reorientação ou desativação de seus departamentos, centros e professores/pesquisadores.

Portanto, que se revejam o papel, os critérios e os mecanismos da hiperburocrática Coordenadoria de Aperfeiçoamento do Ensino Superior (Capes) e de outras agências de fomento, utilizadas intempestivamente como referencial externo e absoluto para uma instituição muitíssimo mais antiga, produtiva e útil do que elas: a universidade. Em caso de dúvida, estude-se o modelo Fapesp.

A universidade brasileira perdeu sua autonomia. Acha-se ela, hoje, submetida a mecanismos de avaliação cujos *experts* raramente são os melhores cientistas e intelectuais de suas próprias especialidades, faculdades ou, em raros casos, do exterior. Mecanismos frios, cuja eficácia duvidosa nos impõe, além do ritual de nossas instituições, os ritmos ciclotímicos das múltiplas burocracias federais e uma série de exigências, normas, portarias, relatórios, reuniões que secam a imaginação científico-cultural no próprio berço. Até mesmo em universidades autárquicas e sólidas como a USP. Hoje praticamente não há paz, ambiente e bibliotecas nos *campi* para escrever um bom livro ou desenvolver uma pesquisa prolongada e, se possível, inovadora.

Dessa perspectiva, uma apreciação mais funda, *qualitativa*, da universidade brasileira não confirma o otimismo das cifras oficiais. Espera-se que o novo governo reverta com urgência esse quadro. Para começar, vale perguntar: por que não transferir as universidades públicas para a esfera do Ministério de Ciência e Tecnologia ou criar um ministério de assuntos universitários? Não está na hora de rever as prioridades de pesquisa na universidade? Por que não criar mecanismos efetivos que obriguem muitas das universidades privadas a implementar efetivamente a pesquisa, em vez de continuar cultivando — quando o fazem — certos simulacros que as distanciam do ensino precariamente profissionalizante?

As universidades públicas são caras? Elas permanecem, não obstante, como as melhores, apesar de terem sido muito maltratadas. Em contrapartida, não é menos verdade que, nesta nova fase de nossa história, os conselhos universitários e as congregações das universidades públicas deverão, por seu lado, se mexer, revisitando seus próprios estatutos, estudando-os e aplicando-os de modo a espantar o torpor que vem tomando conta dos *campi*. E sobretudo rever currículos defasados em praticamente todos os campos, dentro das novas perspectivas históricas e teóricas de nosso tempo. Recuperar sua autonomia, enfim.

Em artigo nesta mesma página ("Universidade e interesse nacional", 25 nov. 1998), sugerimos que, em face do crescente mal-estar que vinha tomando conta da universidade neste país, Brasília consultasse universitários de mérito, de várias partes do Brasil, para um diagnóstico. A sugestão continua válida, mesclando nomes de intelectuais e pesquisadores de variados quadrantes. Se o novo governo quiser reaproximar o Palácio do Planalto da inteligência, deverá convocá-la para a busca de saídas para o colapso iminente do atual modelo. A universidade poderá voltar a ser a alavanca da nacionalidade, como pensavam o norte-americano Thomas Jefferson, o alemão Wilhelm von Humboldt e o nosso José Bonifácio. Ou o professor Anísio Teixeira, mais citado que lido, compreendido e aplicado.

2002

11. A UNIVERSIDADE DEVE BUSCAR NOVOS CAMINHOS
[ENTREVISTA]

FORMADO NA FACULDADE DE FILOSOFIA, Ciências e Letras da USP, em 1963, o historiador Carlos Guilherme Mota tornou-se professor titular na mesma escola vinte anos depois. Um dos fundadores do Instituto de Estudos Avançados da USP (IEA), autor de mais de uma dezena de livros — *Ideologia da cultura brasileira (1933-1974)* é seu *best-seller*, mas *Revolução Francesa* é o que mais gostou de ter escrito—, professor visitante de universidades como Stanford ou Londres, participa da criação do centro de estudos brasileiros da Universidade de Salamanca, na Espanha. Atualmente, além do programa de pós--doutorado do IEA, dá aulas na pós-graduação na PUC-SP e no programa de arquitetura e urbanismo da Universidade Mackenzie — e participa da criação da Escola de Direito de São Paulo, da Fundação Getulio Vargas. Para falar sobre o panorama da vivência universitária hoje, ele teve, com *Ensino Superior*, a seguinte conversa:

Ensino Superior: Mudou muito o mundo acadêmico dos anos 1960, quando o senhor se formou, para hoje?

Carlos Guilherme Mota: Mudou muito. As relações entre professores e alunos eram aparentemente mais formais, porém mais cálidas. Até 1964, era frequente o uso de gravata, e mulheres com calça comprida não eram bem aceitas. Mas o mundo mudava rapidamente, os Beatles e a bossa nova despontavam. O chamado Terceiro Mundo começava a ter voz. Na Faculdade de Filosofia, Ciências e Letras da USP, que Anísio Teixeira considerava a mais bela experiência da história da educação, havia excelente convivência, inclusive com escapadas nos intervalos para os bares e pequenos restaurantes da rua Maria Antonia e adjacências, que incluíam a Biblioteca Municipal. Cultivávamos certa postura (termo-chave da época) interdisciplinar e sobretudo uma enorme curiosidade por outras áreas do conhecimento, além de nossa própria especialidade.

Ensino Superior: O senhor fez história, embora confesse que seu sonho era a filosofia.

Carlos Guilherme Mota: Tive um professor de filosofia no Colégio Estadual Presidente Roosevelt, João Vilalobos, que foi uma figura marcante. Eu fazia o científico (não o clássico), por supor que me daria mais alternativas para a escolha da profissão. Um equívoco total. Perdi tempo, mas percebi o quanto era interessante o campo cultivado por meu avô (um técnico em educação primária exilado por Washington Luís em Ubatuba, depois ligado ao *Estadão* e a Sud Menucci) e por meu pai, professor naquele mesmo colégio e excelente mestre no secundário. Eu estudava latim, espanhol, francês, história, adorava português, mas o melhor eram as aulas de filosofia do "Vila". Comentava cinema, livros, o cotidiano, religião. Certa manhã de sábado, com uma belíssima camisa azul, ele olhou pela janela da sala de aula e disse: "Talvez os senhores não saibam que vivem na mesma cidade de Florestan Fernandes". E discorreu longamente sobre a importância da sociologia, os estudos sobre o Brasil, relações raciais, teoria do subdesenvolvimento, educação e o papel de Anísio Teixeira. Isso naquele ano em que saía a obra fundamental de Celso Furtado, *Formação econômica do Brasil* (1959). Um tempo de reformas e vagas ideias de revolução.

Ensino Superior: Aí veio a dúvida entre filosofia e sociologia?

Carlos Guilherme Mota: Meu sonho era a filosofia, para onde muitos de meus colegas, como Marilena Chaui, Ulysses e Heleny Guariba (morta na luta armada pela repressão em 1971) se encaminharam. Almejava dar aulas no curso secundário, sem dúvida, em que comecei a trabalhar logo no segundo ano da faculdade. Mas o problema é que não havia muito mercado de trabalho como professor de filosofia, e aí optei pela história: poderia dar mais aulas para sustentar a mim e à futura família. A história do pensamento sempre me fascinou: por instigação do professor Vilalobos, li Ernst Cassirer (*A filosofia da ilustração*), Dilthey, Rickert e — veja só o que era o ensino médio — trechos da *Paideia*, de Werner Jaeger. Não sei se entendia bem, mas o fato é que tudo isso despertava minha curiosidade para as formas de pensamento. Como é que as pessoas pensavam em seus respectivos contextos histórico-culturais?

Ensino Superior: Daí a união da história com a filosofia?

Carlos Guilherme Mota: Daí em diante, preocupei-me com o que hoje se chama história das mentalidades, ou das representações mentais, ou história social das ideias, que é minha disciplina na pós-graduação do departamento de história da Faculdade de Filosofia da USP. Meu mestrado, em 1967, foi sobre as formas de pensamento nas inconfidências do século XVIII, e meu doutorado, em 1970, sobre a primeira revolução republicanista no Nordeste brasileiro, em 1817. Como seus contemporâneos pensavam a revolução, a reforma, a sociedade e a independência? Como se pensava o Brasil? Com que instrumental conceitual eles percebiam o que estavam vivendo? Esse é meu tema de vida, e por isso venho escrevendo há algum tempo meu *Ideia de Brasil (1808-1889): sociedade, direito, espaço, cultura, mentalidades*. Uma obra em vários volumes sobre a formação do Brasil, suas matrizes de pensamento. De entremeio, vi-me obrigado a uma pausa para saber como se articulou uma poderosa ideologia político-cultural na última ditadura (e remanesce até hoje), que redundou no meu livro *Ideologia da cultura brasileira (1933-1974)*, com polêmico prefácio de Alfredo Bosi, mais radical que o próprio livro. Enfim, meu tema é esse: existe um pensamento brasileiro sobre o Brasil?

ENSINO SUPERIOR: Mudou algo do seu tempo de doutorando para hoje?

CARLOS GUILHERME MOTA: No meu tempo de doutorando, na virada da década de 1960-1970, ainda havia o regime de cátedra. Os catedráticos tinham um papel forte em nossas vidas, às vezes demasiado. Meu catedrático e orientador, o professor Eduardo França, segurava, com seus hábitos pessoais, manias e exigências ridículas, o desenvolvimento de minhas pesquisas. Levava meses para ler e devolver capítulos com sua crítica. Um inferno. Vi-me obrigado a pedir a presença, em São Paulo, de um professor mais velho e reconhecido, o mineiro Francisco Iglésias, para dizer a meu catedrático que minha tese de doutorado estava no ponto de ir para defesa (1970)... O que mudou? Hoje evitamos projetar nossas manias nos mestrandos e doutorandos, encaminhando os pesquisadores para temas e problemas fundamentais, vinculados a questões maiores da história do Brasil e da história contemporânea. Até porque o tempo para finalizar as teses ficou apertado, com as novas exigências da Capes, que obriga a feitura de teses em dois ou quatro anos, e de outros órgãos que "zelam" pela vida da universidade. Precisamos cumprir tarefas que alimentem as estatísticas dos neoliberais produtivistas que tomaram conta do poder universitário neste país. A Capes, que já teve função muito positiva, transformou-se num monstro, com avaliadores e critérios que não são bem conhecidos e nem sempre reconhecidos. Outro problema é que os "veteranos", supostamente mais experientes e eruditos (no caso dos estudos históricos isso é mais notório e importante) não são ouvidos e, o que é pior, são submetidos a uma disciplina burocrática burra e desesperante, como se fossem iniciantes. Não há um mês que passemos sem ter de fornecer dados para "atualização" de nosso cadastro, novo *curriculum vitae*, mais dados para a "unificação" das informações das agências financiadoras, mais isso e aquilo. Com o tempo perdido, poderia escrever mais um bom livro.

ENSINO SUPERIOR: O senhor disse, numa entrevista, que a universidade está em dívida com a sociedade. Em que a universidade está falhando?

CARLOS GUILHERME MOTA: A maior parte das lideranças universitárias está domesticada. Houve um apagamento de memória histórica do caminho trilhado e pouca renovação das lideranças e das pautas de reivindicação. Saímos de um modelo europeu de universidade para um modelo norte-americanizado, ficando com os vícios de um sem as qualidades do outro. Perdeu-se contato com outros segmentos da Educação e apagou-se o compromisso com a formação de quadros para o ensino médio (o departamento de história da FFLCH-USP está retomando essa questão). Alguns departamentos ficaram autistas, distanciando-se do mundo e da sociedade, formando apenas mestres e doutores para alimentação do universo exclusivo da rede universitária. O professor e médico Alberto Carvalho da Silva, um dos criadores da Fapesp e membro-fundador do IEA na gestão do reitor Goldemberg, dizia que há instituições que ficam doentes como as pessoas e que, se não tomarem cuidado, podem morrer. Há vários ramos gangrenados. Acho que a universidade brasileira ficou corporativista de vez, como advertira Florestan Fernandes, já em 1968. Está na hora de reorientar-se a partir de dentro, em busca de novos objetivos, reencontrando sua utilidade social. Antes que a sociedade a cobre rudemente. A hora é de se reformar e de reconquistar sua autonomia perdida.

Ensino Superior: Se o senhor tivesse que propor linhas de trabalho e diretrizes, quais seriam?

Carlos Guilherme Mota: Antes de mais nada, pois prezo a autonomia, que cada faculdade ou instituição de educação superior coloque em suas pautas de reuniões menos questiúnculas burocráticas e repense seus objetivos básicos nos quadros da globalização. Que não preste muita atenção ao preenchimento de infinitos formulários do MEC, mas volte a fazer as perguntas fundamentais. Para que serve isso? Para quem? Que tipo de sociedade visamos em nossos horizontes? Uma revisão de currículos, com mais atenção para a atuação dos novos profissionais, pois hoje eles saem da universidade sem saber nada de história, de geografia, de política internacional, de direitos internacionais do cidadão. Nem de rudimentos do Direito. Efetivamente, o atual modelo de universidade está ruindo, e suas rachaduras estão visíveis: todos falam em interdisciplinaridade, mas a compartimentação é ainda a mesma dos anos 1930-1940, com umas tantas maquiagens em programas interdisciplinares, sem o horizonte humanístico das mentes interdisciplinares dos intelectuais formados naqueles anos. Talvez seja por isso que figuras como Milton Santos, Aziz Ab'Saber, Antonio Candido ou Manuel Correia de Andrade, entre outros, evoquem um tempo perdido, uma idade de ouro da universidade.

ENSINO SUPERIOR: Repensar o currículo e o que mais?

CARLOS GUILHERME MOTA: E que cada profissão, ou escola formadora, repense seu próprio passado, sua inserção nessa história do Brasil, como já vêm fazendo alguns cursos de Direito, hospitais e faculdades de arquitetura e urbanismo. É preciso discutir a própria noção de departamento. Não creio que seja a melhor forma de organizar a universidade, tendo-os como ponto central. Que se reconsidere e se atualize a ideia de uma faculdade central, como foi a Faculdade de Filosofia, Ciências e Letras no modelo da USP, com seu colégio de aplicação, que ia dando certo até 1970. A ditadura civil-militar de 1964, esperta, acabou com esse modelo. Seria preciso definir cursos básicos mínimos para todos (com destaque para esse "todos") os primeiros anos, com alta porcentagem de humanidades, cursos introdutórios, mas com ênfases diferentes, conforme os campos do saber e do fazer, para que os estudantes tenham quadros gerais de referência. A nova ordem mundial requer essa (in)formação, em todos os campos, mas a universidade brasileira está cada vez mais provinciana, ensimesmada e curupira, entrando para uma pós-modernidade fictícia para inglês ver. A China, a União Europeia, a inquietante hegemonia norte-americana estão aí, e nossas elites político-culturais não sabem sequer com que temperos estão sendo deglutidas.

ENSINO SUPERIOR: O senhor participou do processo de avaliação em Princeton. Que diferença viu entre a vida acadêmica americana e a nossa?

Carlos Guilherme Mota: Tive uma experiência *sui generis* em Princeton, onde, por indicação do professor e historiador Stanley Stein, participei do *advisory board* do programa de estudos latino-americanos, de 1992 a 1998. Esse conselho, composto de uns nove membros externos à universidade (com gente de várias especialidades e países envolvidos, agentes financeiros e um ex-aluno de nível), se reunia uma vez a cada ano e meio para recontratar ou descontratar professores, pesquisadores. Discutíamos as ênfases, ouvíamos os setores envolvidos — representantes de graduandos, pós-graduandos, dos professores com e sem *tenure* "estabilidade", o diretor da faculdade, o tesoureiro e até o reitor (certa vez, um prêmio Nobel em Física, muito simpático em suas calças jeans), numa agenda rígida, mas descontraída. Depois, elaborávamos um relatório que passava por vários debates, com sugestões de mudança, correção de rota, elogios. O curioso é que nunca fui chamado para informar meus colegas "avaliadores" no Brasil como a coisa funciona lá. Cheguei a escrever no jornal O *Estado de S.Paulo* e em outros veículos, chamando atenção sobre a experiência, mas não houve interesse. Pena. Curioso é que não cogitamos tampouco fazer troca de experiência com as universidades latino-americanas ou com as portuguesas e espanholas, apesar da alegada afinidade e "irmandade". Uma retórica vazia, convenhamos. É como dizia recentemente uma educadora espanhola: no Brasil, a avaliação ainda está no século XIX.

Ensino Superior: O alto nível das escolas é a constante nos Estados Unidos?

Carlos Guilherme Mota: Lá também existem escolas de muito baixo nível. O diferencial é dado por universidades de excelência (Harvard, Princeton, Yale, Stanford, Berkeley), com muito investimento de particulares e com grande descortíno de suas elites (que não temos aqui). Universidades que, aliás, não são "avaliadas" pelo governo central em Washington. Elas têm autonomia, não abriram mão disso, e isso é algo que perdemos aqui! Delegamos para instâncias externas à universidade sua avaliação. Quantas vezes tenho sido "avaliado" por colegas com menos informação, tarimba, bibliografia e currículo do que eu? Isso não pode continuar. Na gestão dos professores Fernando Henrique Cardoso e Paulo Renato perdemos a autonomia! Mesmo assim, sou a favor do "provão", como sou a favor do exame da OAB (Ordem dos Advogados do Brasil) para os recém-formados ou da residência para os jovens médicos. Mas, sobretudo, sou a favor de uma profunda revisão de todos esses currículos, a ser feita pelas respectivas escolas, ouvidas em todas as suas instâncias.

ENSINO SUPERIOR: Afinal, qual o papel da universidade hoje?

CARLOS GUILHERME MOTA: Nesta entrada de milênio, há que repensar as próprias noções de universidade, de escola, de aprendizagem. De *formação*, sobretudo. Teorias abundam, seminários e congressos também. Mas nada mudará sem vontade política, que encaminhe as novas utopias que vão surgindo. Creio que a mais plausível vem associada a essa nova sociedade civil que está nascendo, se manifestando de variadas formas, com novos paradigmas para pensar de modo mais abrangente os processos civilizatórios desejáveis, em contraposição aos que nos conduzem à barbárie. Uma nova sociedade civil que se internacionaliza. Veja, por exemplo, o caso de George W. Bush e dessa discutível hegemonia norte-americana. Um retrocesso. Estamos despreparados para enfrentar com instrumentos analíticos o grave contexto que se abre nesta entrada de século. O que sabemos dos Estados Unidos, inclusive dos setores progressistas que lá militam, de gente que vem de Thomas Jefferson até Susan Sontag, Ralph Nader e a nova esquerda liberal? O mesmo em relação à Espanha, pois perdemos a referência cultural. Temos "afinidades", mas não sabemos quais. O mesmo com o resto da América Latina. Quem sabe das soluções que estão sendo dadas na Cidade do México, uma megalópole do porte de São Paulo? Vamos nos globalizar, sim, mas construindo e aprimorando os filtros adequados. Aqui reside o principal papel da universidade brasileira hoje: ou ela o assume, ou vai para o museu de revolutas eras.

2002

12. Universidade: a hora da reforma

> *A erosão de uma vida pública forte deforma as relações íntimas que prendem o interesse sincero das pessoas.*
>
> Richard Sennett, 1974

Tarefa espinhosa a ser enfrentada pelo atual ministro da Educação, com legitimidade indiscutível, é a de equacionar e resolver o velho problema da autonomia das universidades neste país. Criadas de cima para baixo, tardiamente, elas ainda ostentam as marcas do "Estado pedagógico" da ditadura de Vargas, sobrevivendo como braço ilustrado do estamento burocrático que, ora banalizado, engrossa o equivocadamente desprestigiado funcionalismo público.

Numa era de "declínio do homem público" (R. Sennett), o tema volta a ser essencial para o *aggiornamento* da nação, que aguarda esforço coletivo para a formação consistente de uma cidadania culta, democrática e inovadora. Mais diretamente: a universidade, readaptada aos novos tempos republicanos, tarda em reencontrar seu lugar na vanguarda da nação, como soube fazê-lo, em sua hora e vez, gente do porte de Armando de Salles Oliveira, Anísio Teixeira,

Lourenço Filho, Nestor Duarte, Julio de Mesquita Filho, Fernando de Azevedo, Paulo Duarte e, mais recentes, Florestan Fernandes, Paulo Freire, Darcy Ribeiro e Aziz Ab'Saber, entre tantos. Pois a verdade é que, com esse novo conceito de cidadania, forjado nas lutas da nova sociedade civil brasileira, perdendo lastro, corre a universidade o risco de se esgarçar, de se estropiar na voragem da sociedade do espetáculo, da hegemonia do marketing e da cultura da violência.

Que universidade? A Universidadede São Paulo, referência nacional, tendo estimulado a criação de várias gerações de pesquisadores de excelência, assim como suas filhotas igualmente tardias (Unicamp e Unesp), escapou do aplastante modelo federal, desconhecedor *ab ovo* do que venha a ser autonomia. Mas se emaranharou, nas últimas décadas, nesse estranho estatismo oligarquizante, disfarçado de pseudoliberalismo democrático. Em realidade, um autoritarismo senilizado, ainda vigente em congregações e conselhos universitários pseudodemocráticos, bem como nas visões de mundo de boa parte de seus membros. Paralelamente, nas universidades (ou melhor, escolas) particulares pouco se fez, sobretudo em termos de pesquisa inovadora, de ponta, salvo raras exceções de algumas sufocadas faculdades, alguns departamentos e programas de pós-graduação de universidades católicas e protestantes. Posteriormente, dos anos 1970 para frente, à sombra da última ditadura, sabe-se da avalanche de faculdades de meia confecção, de cursinhos que se transformaram em "universidades", de aglomerados pseudouniversitários que se beneficiaram de maiorias conjunturais de caros amigos nos conselhos de educação. Dessa perspectiva, como falar em autonomia universitária?

Sim, a dicotomia ensino público/ensino particular precisa ser revista. Ambos devem mudar. Universidades há, em outros países, em que seu reconhecido caráter público não representa impedimento — bem ao contrário — para que a instituição particular ou mesmo confessional se beneficie de financiamentos ou captação de fundos por meio de atividades diversas, como cursos de férias de alto nível, ateliês etc. É o caso de Stanford, uma instituição particular. Os modelos das universidades de Berkeley ou de Salamanca, ambas do Estado, podem inspirar as atuais autoridades educacionais (e previdenciárias), pois indicam que o setor público também se pode beneficiar com recursos gerados por atividades de vária ordem (cursos de férias e de extensão pagos, por exemplo) e por uma parcela — sempre minoritária, vale enfatizar — de alunos-cidadãos pagantes. Talvez isso ajude a dissipar a má imagem social dos *campi* brasileiros, desertos durante quase três meses de férias por ano.

Outro tema importante é o da filantropia. Conceito sobre o qual persiste escassa compreensão quanto ao que representa em escolas ditas confessionais, sérias como as PUCs ou a Universidade Presbiteriana Mackenzie. Nestas, a filantropia se traduzia numa ponderável parcela de bolsas para necessitados, que vinham sendo ofertadas com critério e rigor. Condição recentemente retirada *ex abrupto* pelo governo federal, que deve ser objeto, espera-se, de exame mais cuidadoso por parte dos atuais ministros Buarque, Berzoini e Palocci. Porque não se deve mexer no pouco que está dando certo. Vale examinar com maior cuidado universidades particulares que prestam efetivo serviço público à nação, a exemplo de congêneres famosas em outros países, como Harvard, Princeton, Stanford. Pois no Brasil ficamos no meio do caminho, com os defeitos de um pseudoestatismo à francesa, mais as perversões da departamentalização e da avaliação à americana e... salários de Terceiro Mundo. Com estímulo do governo e maior aporte de fundos de particulares lúcidos, ainda tímidos no Brasil, poderão elas sonhar em ultrapassar seu modestíssimo desempenho de hoje.

Por seu lado, urge que as universidades públicas redefinam seus vínculos com o Estado, examinando a fundo essa autonomia fictícia, a inadimplência crônica e a dependência de agências financiadoras externas, buscando novos meios que permitam reencontrar os objetivos fundamentais perdidos no atual modelo de gestão. Com suas congregações banalizadas, conselhos universitários entorpecidos e departamentos inoperantes, a universidade corre o risco de perder — mais uma vez — o bonde da história. Já, agora, sem a (des)culpa da ditadura.

2003

C. A USP

1. O ALERTA DA USP

O MANIFESTO DA CONGREGAÇÃO do Instituto de Física da Universidade de São Paulo, dado a público estes dias, constitui o mais importante alerta da universidade desde a extinção do AI-5. Muito se tem falado e escrito sobre a crise da universidade nos últimos tempos, mencionando-se desde a falta de condições de pesquisa até a inversão de valores em virtude da adoção do atual modelo corporativista na reforma efetivada há cerca de dez anos (1970).

Para alguns, a situação seria contornada se se enfrentasse a "crise espiritual" que atinge a instituição; mas se esquecem que tal esvaziamento "espiritual" se deve a fatores bem objetivos, que vão desde a política deliberada do Estado em cortar os vínculos da universidade com a sociedade até a recusa vicária em modificar as regras corporativistas internas para a gestão da coisa pública. Temem um modelo aberto em que forças novas implementem projetos mais voltados para as reais necessidades da comunidade. Em síntese, o modelo vigente de universidade foi estruturado no governo Médici, mas o país mudou muito de lá para cá. A universidade ficou parada no tempo.

O alerta do Instituto de Física da USP é importante não só pela alta qualidade dos professores e pesquisadores que o subscrevem, mas também pela clareza do projeto de universidade que eles valorizam e defendem. É esse projeto que está sendo bombardeado, de várias formas. Em primeiro lugar, pela desastrosa política salarial e orçamentária adotada pelas autoridades do Estado em relação à USP. Como não têm faltado advertências, estudos, diagnóticos, apelos e protestos, é-se levado a pensar que tal política é deliberada.

Em segundo lugar, essa política vai atingindo seu objetivo, dada a asfixia salarial, que é a deserção de parte do corpo docente em tempo integral, para que possa "obter remuneração muito mais compensadora fora da universidade". Como bem adverte o documento dos físicos de nossa principal universidade, o regime de dedicação integral é uma das maiores conquistas da USP. Foi esse regime de trabalho que permitiu a equiparação da pesquisa aqui realizada com a de instituições do melhor nível internacional. Ademais, essa dedicação exclusiva pressupõe boas condições de trabalho, desde salários condignos até bibliotecas atualizadas e laboratórios. Como "os salários atingiram os níveis mais baixos da década", o esvaziamento se apresenta agudo. Em terceiro lugar, adverte-se para um ponto que concerne à própria questão da independência do país: formar pessoal e gerar conhecimento em áreas de vanguarda, como as de energia nuclear, fontes alternativas de energia, física dos plasmas ou fusão nuclear, implica a existência de condições para o desenvolvimento de pesquisa básica. Como os físicos advertem ainda para a necessidade de evitar distorções entre pesquisa básica e aplicada, não buscam eles "complementações" salariais aqui ou ali, para resguardar sua independência e para não se transformarem em "mera firma de consultoria".

Os físicos da USP feriram a questão central. A qualidade e a autonomia da universidade residem nisso, e corre-se o risco de já ser tarde para recuperá-las. Ao afirmarem que sem tecnologia de vanguarda não há avanço no desenvolvimento econômico, os físicos jogam para o governo a responsabilidade pelo atraso cada vez maior de nosso país em relação aos grandes centros de pesquisa.

Deixando de lado o fato de que os problemas não são menores na "área" de ciências humanas (que deveriam se incumbir de diagnósticos precisos e avançados da realidade social brasileira), o documento dos físicos evidencia a existência de esforços para recolocar a USP no compasso de seu tempo. Tempo do novo manifesto dos empresários, do novo sindicalismo, da Igreja renovada, da nova Fiesp, da expressão dos diversos grupos marginalizados e de um modelo político que, bem ou mal, aponta para as eleições diretas em 1982. A USP se move.

1980

2. USP: A SAÍDA PARA A CRISE

A ATUAL GREVE DOS FUNCIONÁRIOS da maior e mais importante universidade do país esclarece em toda a sua dimensão a situação limite a que o poder público deixou chegar a instituição universitária. A quem interessa o atual impasse da USP? É óbvio que já não se trata, apenas, de negociar os péssimos salários do setor de serviços, para transformá-los em (apenas) sofríveis. Aliás, chama a atenção do mais desprevenido observador o fato de tal movimento evidenciar a deterioração total (aliado à incapacidade de gerenciamento da reitoria) dos serviços administrativos de uma universidade que, malgrado seu enorme orçamento, já não possui verbas sequer para os selos da correspondência. Os funcionários que não estão desiludidos ou marginalizados do mercado de trabalho têm normalmente um "bico" fora, onde em geral ganham mais do que em horário integral na USP.

Eis o que falta: uma política salarial efetiva, compatível com os padrões de uma moderna instituição de ensino e de pesquisa (que a USP deixou de ser). Mas essa revalorização efetiva não pode deixar de estar vinculada a uma reciclagem profissional do funcionalismo universitário, que, falando claramente, deve ser diferenciado e altamente qualificado, dada a especificidade de seu trabalho. Nessa perspectiva, soam farisaicas as atuais "reformas" administrativas da cúpula uspiana, uma espécie de acerto "por cima". Além disso, sabe-se que as "baronias" é que mandam, de fato, lá.

Enquanto isso, o sr. governador do Estado vem sendo engabelado. Precisa ele perguntar-se — e também os funcionários, a associação dos docentes e o flutuante corpo discente — como se chegou a tal deterioração institucional. A quem ela interessa? Quem a está alimentando? Desde quando? Pois parece claro que a metodologia da desconversa vem sendo posta em prática pelo sr. reitor, há tempos, descarregando pelos corredores suas responsabilidades sobre o desinformado Palácio dos Bandeirantes — que embala seus sonhos na doce ilusão de uma suposta autonomia universitária, que aliás nunca existiu. Foi esse jogo de tirar o corpo fora que deu no que aí está.

Para a saída da crise, o primeiro passo reside na renúncia do atual reitor, escolhido pelo ex-governador Maluf numa lista sêxtupla votada pelo conselho universitário, onde, aliás, se qualificou mal. A incompetência loquaz já mostrou seus limites, após dois anos. Esse o ponto de partida para o início de um diálogo honesto entre a reitoria da USP, pela qual já passaram figuras do porte de Ulhôa Cintra, Hélio Lourenço e Miguel Reale, e o governo do Estado, com vistas à revalorização do profissional universitário, à discussão de sua utilidade social e à retomada da instituição como centro de inovação científica, cultural e tecnológica.

Espanta que nem mesmo a distensão do general Geisel, iniciada em 1974, tenha chegado ainda à USP. O mandarinato dominante continua o mesmo. Hoje, quando o país avança para novo patamar histórico, rumo à democracia, impõe-se que funcionários, professores e alunos da USP deixem de ser massa de manobra. A reforma urgente da instituição deve estar na ordem do dia do *campus* e do conselho universitário, com vistas à redefinição do poder interno, a uma reforma administrativa em profundidade e a uma atualização curricular ampla, pluralista, moderna e útil.

E ao governo Montoro urge articular e definir uma política cultural para as universidades. Pois não será admissível, historicamente, que o governo mais recheado de uspianos deixe a instituição morrer, governada por um colégio eleitoral menos "sofisticado" que o do PDS.

Portanto, em termos de USP (bem como de Unesp e Unicamp), não há outra saída: Reforma já.

1984

3. Um novo pacto para a USP (1984)

NA SEMANA PASSADA, foi detonado um movimento de longa duração que define nova fase do processo de renovação da USP. Movimento que colide frontalmente com as brincadeiras (complementares, aliás) de pseudoanarquistas e com a metodologia da desmobilização da alta cúpula administrativa. Com efeito, dia 14 último reuniram-se no anfiteatro do departamento de história representantes de quase todas as faculdades, escolas e institutos, com professores, funcionários e alunos gravemente preocupados com a "insensibilidade" de seus dirigentes e com a timidez do governo Montoro em definir uma política cultural para as universidades paulistas. Desde o Instituto de Oceanografia até a Politécnica, da Medicina à Física e ao Direito, os representantes das três categorias aprofundaram o levantamento de problemas que incidem em três pontos principais: a) más condições de trabalho e ruptura do horizonte institucional, redundando no rebaixamento da qualidade da pesquisa e do ensino e na perda da autoimagem da USP; b) a extrema centralização das decisões nas mãos de um número reduzido de pessoas, que ascendem aos postos diretivos através de mecanismos, conchavos e compromissos muito discutíveis; c) necessidade de serem ativados mecanismos despertadores e atualização da universidade.

A seriedade com que se travaram os debates relembra as melhores tradições (perdidas) do que já foi a USP. Fato novo, entretanto: a discussão rigorosa, madura e realista foi coordenada por representantes da Adusp, Asusp e DCE-USP, e contou com representantes da sociedade civil. Finalmente, alguns resultados palpáveis foram alcançados, dando novo alento àqueles cujo ceticismo em relação à USP (e a suas intermináveis reuniões) só reforçava o projeto desmobilizador da reitoria.

Entre as *decisões* tomadas naquela reunião, a partir de documento previamente distribuído — "Burocracia e poder na USP" —, contendo levantamento crítico de problemas em torno da democratização e requalificação da maior universidade do país, merecem destaque: 1º) ampliação da comissão de estudo do estatuto da USP, com vistas à detecção dos pontos nevrálgicos que sacramentam o centralismo absurdo que enfeixa nas mãos do reitor uma série de mecanismos, comissões etc. para tomada de decisões que não levam em conta os anseios e expectativas da comunidade; 2º) estudo dos pontos básicos para a nova campanha de renovação da USP, inclusive com vistas ao fornecimento de informações para a elaboração de programas de futuros candidatos a postos diretivos; 3º) criação de comissões tripartites (professores, funcionários e alunos) em todas as unidades, para levantamento de dados sobre a atual estrutura e para divulgação das informações; 4º) levantamento da situação administrativa e orçamentária; 5º) campanha pela convocação anual de assembleia geral universitária de acordo com o atual estatuto, para que o reitor preste contas de sua gestão (lembrando que essa assembleia pode ser convocada extraordinariamente pelo conselho universitário).

Muitos foram os temas levantados, como o da necessidade de requalificação técnica e salarial dos funcionários; o reestudo da carreira docente; a atualização dos vestibulares; a segurança no *campus*; a questão das fundações (internas) que se servem da USP e nada dão em troca; a administração comandando e bloqueando a pesquisa e a docência, e não o contrário; necessidade de controle do orçamento por parte das unidades, sem o que não podem elaborar novos projetos; extensão de serviços à comunidade (debates, conferências, músicas, teatro, rádio, crítica, TV etc.). E, claro, discutia-se a eleição direta para a diretoria de unidades e a reitoria (já agora com programas definidos), além da preparação do 2º Congresso da USP.

A meu ver, é fundamental o papel a ser desempenhado por essas comissões tripartites, hoje em fase de constituição em cada unidade e coordenadas pelas associações e pelo DCE. Deverão elas relembrar a cada universitário que ele não é vassalo contribuinte, nem capacho. É cidadão.

1984

4. A USP VELHA DE GUERRA

CURIOSA, TARDIA E EQUIVOCADA a proposta de "novas estruturas para a USP" publicada nesta *Folha* (20 ago. 1984, p. 3), assinada pelos professores Guerra Vieira e Camargo Vieira. Parecem admitir mesmo a existência de um conflito da docência e da pesquisa com a administração, na maior universidade do país. Estamos de acordo. Ocorre que o primeiro signatário da proposta vem a ser exatamente o magnífico reitor da instituição. E, dado o documento, fica claro que ele não conseguiu, após quase três anos de mandato, racionalizar a administração e transformar a USP numa universidade moderna. Problema que, aliás, não parece ter afligido seu antecessor, professor Valdir Muniz Oliva, homem de poucas palavras e ideias.

Propor agora um "rearranjo" é, no mínimo, decepcionante, embora seja visível a existência de interesses em jogo, assim como é certo que a comunidade universitária não será arrebanhada nesse lance. Lance que envolveria o próprio Palácio dos Bandeirantes, que teria rejeitado proposta anterior da reitoria. Quanto aos defeitos de sua "proposta", ressalto os seguintes:

a. Numa universidade já superburocratizada, pretende-se criar ainda mais uma instância na hierarquia dos colegiados;

b. Aumentando o número de reitorias (?), triplicam-se as correspondentes burocracias, para saciar apetites da "superior administração";

c. Não se indica a forma como se procederá à escolha dos membros dos colegiados e dos executores administrativos, como aliás era de esperar;

d. Absurda a preocupação com a "clivagem" (palavra-chave da proposta) da USP em setores, quando o que se deseja é exatamente alguma articulação simples entre os diversos setores. Melhor lema seria: "Por uma USP simples e sem clivagens".

Mas tudo isso é para a "comunidade externa" O fato é que o governo Montoro está elaborando proposta mais abrangente e crítica para as três universidades paulistas (USP, Unesp e Unicamp), e a reitoria da USP não quer ficar fora da conversa. Mas, para entrar na conversa, há que fazer uma boa administração, começando pelo socorro a setores totalmente desassistidos, como é o caso calamitoso das bibliotecas da Faculdade de Filosofia.

Finalmente, a proposta reitoral suscita algumas perguntas. Por que não se faz, sobre o tema, uma consulta ampla, desde o conselho universitário até os departamentos, para que se manifestem? Por que não se racionaliza a complexa e bizarra carreira docente, sobretudo agora que se propõe um exótico quarto regime de trabalho? Não está na hora de ampliar a representação docente e discente no conselho universitário, introduzindo uma representação equivalente de funcionários? Por que não se inclui no conselho representantes de outros segmentos da sociedade civil (OAB, Crea, ABI, CRM, sindicatos etc.), além do patronato? Por que não fazer eleição direta dos representantes das faculdades no conselho? Por que não divulgar e discutir nos departamentos e nas faculdades o orçamento da USP? Por que não convocar a assembleia universitária anual, como manda o estatuto?

Mas o leitor, a essa altura, deve estar se perguntando em sua condição de cidadão contribuinte: por que o conselho universitário não insere em suas pautas temas verdadeiramente universitários, voltados aos interesses da sociedade, da cultura e da ciência?

Terminemos com Vieira: "O que se vê, e não se remedeia, ainda que se esteja vendo quatrocentos anos, ainda que se esteja vendo uma eternidade inteira, ou não se vê, ou se vê como se não vira" (padre Antônio Vieira, *Sermão da quinta-feira da Quaresma*, 1669).

1984

5. 1934-1984: UM BALANÇO DA USP

Aos 43 ANOS, o professor Carlos Guilherme Mota, duas filhas, titular da cadeira de história contemporânea na Universidade de São Paulo, reúne apreciável currículo: formado na própria USP, com especialização em Toulouse, na França, e professor convidado na Inglaterra e nos Estados Unidos, atualmente coordena quatro coleções para segundo grau na linha dos grandes temas históricos, das grandes biografias e polêmicas do mundo de hoje. No entanto, foi através do seu livro *Ideologia da cultura brasileira: 1933-1974* (Editora 34, 2008) que ele ganhou notoriedade além dos limites do *campus*. Aqui, ele faz para *Interação* um balanço dos cinquenta anos da Universidade de São Paulo.

INTERAÇÃO: Como o senhor vê a Universidade de São Paulo no momento do seu cinquentenário?
CARLOS GUILHERME MOTA: Vejo a USP chegar aos cinquenta anos como uma jovem velha. Ao mesmo tempo que enfrenta problemas iniciais não resolvidos, apresenta traços de senilidade precoce.

Interação: Comecemos então pelos problemas iniciais?

Carlos Guilherme Mota: O professor Anísio Teixeira dizia que a USP era uma reunião de congregações que se reunia para discutir o orçamento. Isto quer significar — e a situação predomina até hoje — que estamos longe da interdisciplinaridade, que é a única maneira de restaurar o ideal de *Humanitas* e de *Universitas* que deveriam marcar a USP, conforme consta da sua proposta de criação, em 1934. E em 1984, estamos mais longe dela. Podemos até dizer que na velha formação liberal da USP, sempre esteve no ar alguma ideia de concepção humanística. Dentro dessa visão, por exemplo, o médico e o politécnico de então eram mais abertos às humanidades. O engenheiro até sabia seu latim. Isto tudo desapareceu, principalmente nas últimas fases da USP.

Interação: Que fases a USP teve?

Carlos Guilherme Mota: A divisão pode ser estabelecida assim: 1934-1945 — é a universidade das oligarquias, com a presença das missões estrangeiras e o peso dos velhos catedráticos; 1945-1964 — dá-se a formação do pensamento radical de classe média; 1964-1969 — começa-se a descobrir a América Latina e surgem trabalhos como os de Florestan Fernandes, Octavio Ianni, Dante Moreira Leite; 1969-1976 — período de ditadura mais forte, com o sufocamento da universidade, marcado no final pela morte de Vladimir Herzog e pela famosa reunião da SBPC (Sociedade Brasileira para o Progresso da Ciência); 1977-1984 — emergência da nova sociedade civil e da abertura. Procura-se desalojar do *campus*, sem sucesso, setores mais reacionários e começa-se a ter consciência de que a USP tem que responder à problemática deste novo país emergente.

Interação: Mas vamos voltar ao passado, à questão da senilidade precoce. Quais os sintomas?
Carlos Guilherme Mota: É aquilo que acabei de dizer. A senilidade está no fato de que não consegue superar suas dificuldades para responder aos desafios da sociedade; ao espaço conquistado dentro dela pela tecnocracia; à incompetência para gerenciar seus recursos internos. Mas, atenção: não obstante todos os problemas, a USP constitui ainda a principal massa crítica do país, responsável por 50% a 60% da produção científica nacional.

Interação: Quer dizer que a trajetória da USP foi completamente distorcida como escola?
Carlos Guilherme Mota: O problema não está na concepção de escola no seu sentido mais amplo — democrática, laica e gratuita — como se dizia nos anos 1950. A USP tem respeitável tradição de defesa da escola pública e de formar quadros de pesquisadores e professores particularmente na velha Faculdade de Filosofia, Ciências e Letras. Aliás, tal proposta se encontrava no seu regimento: formar professores para a rede. Ocorre que esta linha de trabalho sofreu os embates de 1964 e principalmente do Ato Institucional nº 5, em 1968. Acresce que este golpe surge quando a universidade se preparava para uma reforma profunda, uma atualização das suas estruturas, um novo projeto que havia sido mais ou menos levado a discussão pelo reitor Hélio Lourenço, cassado. A ditadura caiu violentamente com sua mão pesada sobre a USP.

Interação: E...
Carlos Guilherme Mota: O projeto foi engavetado, e surgiu outra "reforma", parida no ventre da ditadura: um modelo fechado, cooperativista, autocrático e sobretudo ilegítimo. Foi como advertiu

o professor Florestan Fernandes em 1968: "Hoje temos uma universidade problema; quem sabe amanhã a teremos corporativista".

INTERAÇÃO: Como se manifestou o corporativismo na universidade?

CARLOS GUILHERME MOTA: Ele se manifesta em vários setores. No roteiro da carreira, por exemplo, que é extremamente complexo. Há vários patamares — cinco — a ascender, sendo que a carreira afunila no pico. Mais ainda: os concursos só muito recentemente são feitos com base em regras formais e não por indicação dos pares. Sabemos que em muitas unidades costuma-se viver a democracia dos "mais iguais". O corporativismo reside também nos mecanismos administrativos: há uma quantidade impensável de comissões, subcomissões e instâncias, de modo que a burocracia domina a docência e a pesquisa, quando deveria ser exatamente o contrário. E o reitor, além de enfeixar os cargos de confiança nas mãos, tem poderes para indicar as comissões, as subcomissões, as subsubcomissões etc.

INTERAÇÃO: Neste modelo não há espaço para aspirações populares?

CARLOS GUILHERME MOTA: Veja: o reitor sai de uma indicação do conselho universitário, cuja abreviação, por pudor, em âmbito oficial, é C. O. — *conselho oniversitário*. É um órgão superior composto de reitores de faculdades e representantes de congregações, além de representantes de classes dirigentes, tipo Fiesp (Federação das Indústrias do Estado de São Paulo). Não se tem representantes da sociedade civil — tipo Ordem dos Advogados do Brasil, Comissão de Justiça e Paz e sindicatos. Este conselho organiza a lista sêxtupla que vai ao governador. É claro que, mesmo com baixa votação que o leve à quinta ou sexta posição, num conselho que já não é dos mais democráticos, você pode ser guindado à posição mais alta. Tudo isso dentro de uma concepção gerontocrática ou titulocrata. É um equívoco. Este C. O. não discute ensino de pesquisa ou serviços extensivos à comunidade. Não se indaga sobre as preocupações da sociedade, da abertura e do papel da universidade.

Interação: Qual seria o modelo, no seu entender, ideal?

Carlos Guilherme Mota: Qual seria o modelo? Seria aquele que tente responder aos desafios de uma sociedade cujos desajustamentos e carências culturais primitivas aumentam devido ao modelo econômico e social que lhe foi imposto. Por exemplo: dizem que a USP é grande, mas ela não controla nem os seus próprios vestibulares. Eu não sei sequer quem são meus alunos de segunda e terceira opção. Queremos saber pelo menos que tipo de alunos teremos! No tópico dos vestibulares, queremos que sejam mais críticos, atualizados e abrangentes, socialmente. A universidade não apita no vestibular. É a cultura dos cursinhos.

Interação: Quais as consequências?

Carlos Guilherme Mota: O problema vai rebater na pós-graduação, onde os alunos aprendem o *bê-á-bá*. Se quiserem nos chamar de elitistas por causa dessa crítica, que aguentemos o ônus. A USP tem que dar padrão. Não, é claro, como nos tempos dos professores de luvas brancas de 1934. É preciso, porém, que a universidade saiba observar o que está se passando a seu redor.

Interação: O senhor considera que a USP esteja divorciada da população?

Carlos Guilherme Mota: O professor Alfredo Bosi disse que a USP passou ao largo das discussões sobre o nacional e o popular. Ficou com as mãos limpas, mas vazias. Mas não devemos esquecer que nos anos 1960 produziu críticas dignas de registro no pensamento latino-americano: a escola histórico-sociológica, com a equipe brilhante formada por Florestan Fernandes, Fernando Henrique Cardoso, Octavio Ianni, Luiz Pereira, Maria Sylvia de Carvalho Franco etc. Discutia-se sistematicamente teses levantadas por Celso Furtado, fora da órbita de neocapitalismo da Cepal (Comissão Econômica para a América Latina), que foram de capital importância: as relações sociais e de classes no Brasil; o subdesenvolvimento, a industrialização e as tentativas que cairiam na teoria da independência...

INTERAÇÃO: Mas este não foi um momento que resgata a USP, por assim dizer?

CARLOS GUILHERME MOTA: Ela estava no rumo de uma universidade crítica. Mas em 1968 a Faculdade de Filosofia, Ciências e Letras foi praticamente destruída; houve a mudança do organograma no qual a FFCL ficava no centro, como queriam os fundadores em 1934.

INTERAÇÃO: Como ocorreu o ataque?

CARLOS GUILHERME MOTA: A verdade dessa história ainda não foi contada. Isolaram-se as humanidades, e os elementos mais ativos foram banidos: Mário Schenberg, Leite Lopes etc. E houve a ascensão dos grupos de direita capitaneados por Gama e Silva, Moacir do Amaral Santos, Alfredo Buzaid, Teodoreto Souto. Como disse Fernando Henrique Cardoso, os banidos foram tirados por colegas, e não apenas por militares. A USP foi capaz de criar um serviço de segurança que sussurrava pelos corredores o desejo de "pendurar no laço Florestan Fernandes e Fernando Henrique Cardoso".

INTERAÇÃO: O senhor sabe como o corpo docente reagia internamente?

CARLOS GUILHERME MOTA: Houve uma linha de resistência teórica interna: aumentou-se, e muito, a produção na pós-graduação. Mas a linguagem era hermética, difícil, dominada pelo "sociologismo", que funcionou como uma camada de proteção. O clima era de medo e de cuidados; cuidados principalmente na busca de termos mais brandos para a expressão. Era um medo comunitário. Mas nem sempre os mais radicais foram os banidos: baniu-se também, devido à competência, uma geração que começava a assumir postos na carreira. Somente agora Marilena Chaui, Alfredo Bosi, Weffort e outros estão chegando aos postos mais altos. No entanto, houve também acomodação do corpo docente. Por outro lado, deu-se o recrutamento de gente não qualificada, que não precisou competir. Um detalhe curioso: há muita gente que está nos partidos de oposição hoje, mas que, no colegiado ou na universidade, adota o corporativismo.

INTERAÇÃO: É uma constatação bastante curiosa.

CARLOS GUILHERME MOTA: Talvez haja ainda muitos pontos para a gente refletir. Por exemplo: intelectuais da USP como Florestan Fernandes tomaram posições mais vigorosas após a aposentadoria compulsória de 1969. Professores como Crodowaldo Pavan, Oscar Sala, José Goldemberg tornaram suas ideias mais claras *após deixar a USP*! Isto é um alerta interessante para esses miasmas uspianos que andam pelos corredores da burocracia.

INTERAÇÃO: Como quebrar a estrutura de corporativismo, de burocracia, que permeia a universidade?

CARLOS GUILHERME MOTA: Falta à USP a fala social e científico-cultural, que aliás deveria ser algo normal na universidade.

Precisamos, como já disse, transformar a USP num laboratório da sociedade; fazer um levantamento do perfil do seu professor e do repertório dos grupos sociais que por ela transitam. Seu professor não deve ser mais visto como um "eleito", mas efetivo agente político-cultural. Veja bem: os oceanógrafos do *Barão de Teffé* [64] estão fazendo também um trabalho político na exploração antártica. Na USP deve haver uma cogestão de alunos, funcionários e professores que fixe os objetivos sociais e políticos da universidade, em um C. O. que só tem mandarins e classes dirigentes não quer ou não pode definir.

INTERAÇÃO: Por que o senhor repisa o "laboratório social"?

CARLOS GUILHERME MOTA: Porque somente descobrindo a sociedade real que a cerca a USP poderá servi-la, como é seu dever. Além disso, muitas classes sociais passam por dentro dela e depois são vozes no silêncio. Acho que o novo perfil da USP também deveria se basear na descentralização efetiva, que não implique novas reitorias, mas a abertura de colegiados superiores com representação das forças da sociedade civil. E deve eliminar barreiras e hábitos mentais que têm impedido a articulação nos seus diversos campos. Ora, um médico tem tanta necessidade de conhecer história quanto um historiador necessita de rudimentos de psicanálise ou de matemática.

1984

---

64. *Barão de Teffé* é o nome do navio oceanográfico brasileiro que tem transportado nossas equipes de pesquisadores na exploração do Polo Sul.

6. MUDAR A USP:
MERITOCRACIA × LEGITIMIDADE

A USP COMEÇA A SE MOVER. As questões relativas à representatividade acadêmica de seus órgãos apresentam-se a cada dia de maneira mais aguda. Ou seja: pergunta-se cada vez mais se os dirigentes da maior e mais tradicional universidade do país sabem para onde se dirigem. Afinal, por que eleições de diretores de unidades, que deveriam ser entendidas como simples rotina, passaram a constituir momentos de alta tensão?

Para o cidadão comum, alheio ao verdadeiro gueto cultural em que a USP se transformou, essas escaramuças nem sempre são entendidas corretamente. Possuem elas, não obstante, um significado profundo, que atinge a todos — sobretudo aqueles setores da população que almejam para seus filhos um ensino superior de alta qualidade, dado por mestres de excelência, colocando-os da melhor forma no mercado de trabalho... gratuitamente.

A verdade é que os dirigentes da USP — ressalvadas as peregrinas exceções de sempre — *não sabem* para onde estão caminhando.

Se algum dia o projeto cultural e político da USP foi claro e explícito, explica-se porque se procurava conquistar no plano da cultura o que se perdera no plano político com o Movimento de 1932. Procurava-se formar "novas elites dirigentes". Mas agora esse papel foi esvaziado e ainda não se definiu claramente o novo papel. A massificação existe, por certo, mas não se deve exagerar, atribuindo-lhe significação especial; afinal, se comparada às maiores universidades do mundo, a USP é uma pequena universidade, quatro ou cinco vezes menor que a Universidade Nacional Autónoma de México, considerando o número de alunos.

O mal não está aí, mas na distribuição interna do poder e na discussão e fixação de projetos culturais (logo, políticos), baseada hoje em discutíveis fórmulas de reconhecimento de mérito; a meritocracia. Essa postura, na verdade, configura o último baluarte ideológico daqueles que se aproveitaram das condições excepcionais criadas pelo AI-5 (da lavra, aliás, do raivoso uspiano Gama e Silva). "Meritocracia" (os mais titulados nos postos-chave) que oculta a velha noção basilar, antiga, mas sempre renovadora, de *legitimidade* universitária — que sempre deve ser testada em provas abertas, públicas, sem plágios, sem "pré-eleitos" e — sobretudo — "pré-eleitas".

Claro que esses requisitos devem se estender à *eleição* (e não indicação) de membros do Conselho Estadual de Educação — que devem ser reconhecidos pela comunidade por suas *obras* e pela clareza do processo pelo qual se arvoram em guardiães da estrutura normativa da USP.

Assim, a USP está passando por uma crise profunda de legitimidade, que se traduz na indisfarçável desconfiança em relação a suas formas de gestão. Ou seja: essa crise de legitimidade — que, no fundo, é uma crise de identidade, pois, nesse modelo, falta-lhe projeto — se reforça quando os diferentes setores que participam de sua vida não se sentem *representados* nos organismos diretores da escola.

Há poucas semanas, um alto dirigente do Ministério da Educação e Cultura dizia: "Ora, a reforma universitária é um processo dinâmico". Ou seja, a boa universidade não deve parar de discutir suas formas de organização. E a USP estagnou. Deixou de se perguntar: a quem serve? Quais os pressupostos, as condições de produção e a utilidade social do conhecimento que produz?

Agora, o novo desafio é buscar fórmulas de convivência não corporativas, críticas, e para isso deverá sempre considerar que não pode continuar sendo a metáfora da sociedade autoritária.

Recentemente, um alto dirigente da USP, lúcido, indagava da possibilidade de uma universidade ser democrática em uma sociedade que não o era. A essa pergunta estadual, nada melhor que a resposta federal: "A reforma universitária é um processo dinâmico". Claro, não deve parar nunca.

O fato é que a USP ainda não se libertou totalmente de seu sono oligárquico. A despeito dos esforços de centenas de professores e pesquisadores — que, sem verbas, são alijados da gestão do "bem comum" —, ainda são enormes as restrições a uma escolha aberta dos dirigentes. Escolha em que a competência esteja associada à representatividade. Muitas são as vozes competentes que ainda estão no silêncio, mercê dos mecanismos através dos quais se bloqueia a desejável renovação.

Mas a transição já começou. E não começou apenas na USP. Conforme se informava na semana passada em Brasília, o que o ministro pretendia era "transformar o país numa grande arena de debate". Para discutir o ensino gratuito, as fundações, a melhor representatividade dos diversos segmentos da vida acadêmica na estrutura universitária. Assim a USP — através de seu conselho universitário, de suas congregações, de seus departamentos, de institutos e museus — deverá buscar fórmulas mais adequadas, no sentido de conciliar sua estrutura normativa com os anseios da comunidade. Hoje, a dissociação chegou ao limite.

A USP possui atualmente cerca de 4.500 professores e o dobro de funcionários. A representação estudantil nos colegiados é a metade daquela das universidades federais. A integração interdisciplinar permanece uma utopia, e a Faculdade de Filosofia — núcleo articulador da velha USP, onde se paria a "ciência fundamental" de que falava Júlio de Mesquita Filho — foi liquidada (mas não a memória).

O fim de uma época chegou. Não veio com um estrondo, mas ao som de centenas de carimbos, ruídos de canetas arranhando atas malfeitas, de folhear de regimentos que comemoram a vitória do modelo burocrático de exclusão social. Vitória precária, como a dos monarquistas constitucionais às vésperas da Revolução Francesa.

MAIO 1985

7. Programa mínimo

Quero deixar claro, inicialmente, que *não* me autolancei na disputa pela reitoria da USP, pois estou envolvido em outros projetos no momento. Mas vi meu nome mencionado numa entrevista do vice-reitor prof. Ferri e em outra do prof. Luís Guimarães, diretor da Física, e num cartaz da Odontologia. A carta-convite que me traz aqui se refere a "candidatos naturais à reitoria".

Sobre a disputa, repito o que disse à *Folha de S.Paulo* (19 out. 1985): *sinto-me tão candidato quanto todos os outros professores doutores*, pois creio que de doutor para cima qualquer cidadão da USP deve — em princípio — reunir qualidades culturais e administrativas suficientes para responder pelo governo da instituição em suas instâncias mais altas.

Visto que já participei dos processos de democratização da Universidade Federal de São Carlos (terceiro lugar na *lista eleita pela comunidade,* competindo com Aziz Ab'Saber, Dalmo Dallari, e Modesto Carvalhosa e William Saad Hossne, vencedor) e da USP (aqui obtive o segundo lugar na última eleição da Faculdade de Educação e o primeiro na minha própria faculdade, além de ter sido eleito chefe do departamento de história pelos professores, funcionários e alunos em 1982), de ter participado da eleição do prof. Dallari da última vez, *e notando que as humanidades estão pouco representadas aqui*, entendo que tenho a obrigação moral de trazer elementos que ajudem a estabelecer mecanismos de *democratização para a requalificação científico-cultural* da nossa USP — numa palavra, de *aggiornamento* institucional.

Deixo claro, ainda, que não me inscreverei amanhã, mas vou fazer campanha; só prosseguirei nesta caminhada se colegas professores, funcionários e alunos julgarem realmente importante fazê-lo. Caso contrário, peço que me dispensem. Mas quero deixar mais claro ainda que não estou apalavrado (conchavado) nem dentro do C. O., nem fora, nem pelos partidos, nem pelo palácio, e muito menos aceito a ideia de "consenso" em torno de nomes cujas ideias não foram analisadas, confrontadas, discutidas, negociadas ou rejeitadas. Assim, passo a falar de um programa mínimo, de nove pontos, não necessariamente para mim, mas para qualquer *rector*. Ou melhor, *para o próximo reitor*.

Programa mínimo: nove pontos

1. Entendo o papel do reitor como o de um dos principais agentes instauradores de uma nova USP. Sua função não será controlar, mas detonar e coordenar o processo de *implantação de mecanismos democráticos que requalifiquem a atividade científica, cultural e tecnológica da USP*, nas dimensões do ensino, da pesquisa, dos serviços de extensão, valorizando o *trabalho* universitário em todos os níveis, restaurando a confiança da instituição junto à comunidade de professores, alunos e funcionários, bem como à comunidade nacional e internacional. E o respeito perdido junto ao governo.

Para tanto, deverá diagnosticar e enfrentar — e só poderá fazê-lo com o apoio efetivo da comunidade — questões delicadas e complexas como a da autonomia financeira, a salarial, a do recrutamento (e também descontratação ou rejeição) nos corpos docente, discente e funcional. Deverá coordenar a política na nova USP a partir dos estudos de *grupos de trabalho eleitos,* e não através de "comissões de alto nível" fabricadas pelos *lobbies* da hora. Deverá, sobretudo, convocar a estatuinte.

2. Um ponto doutrinário inegociável reside no esforço que a USP deverá promover em defesa da escola pública, a única verdadeiramente democrática, reafirmando seu caráter não lucrativo e crítico em todos os níveis, setores, departamentos, institutos e serviços.

3. A USP deve buscar novas formas de *descentralização* e, *pari passu,* de *legitimação* de seus organismos diretores. Nem sempre haverá necessidade de ação direta, o que poderia conduzir a desgastantes exercícios de assembleísmo (que se esgotaram na atual fase); mas impõe-se a busca de formas indiretas de *representação* (que não se confundem com as atuais), não menos legítimas e certamente menos flutuantes. Em qualquer hipótese, devem ser acionados os dispositivos estatutários que obrigam à convocação de assembleias universitárias, detonando o processo de discussão aberta e transparente da USP, rumo à estatuinte. Fundamental, entretanto, é que nessa fase de transição os mecanismos de consulta (vale dizer, *eleições*) se multipliquem rapidamente, e o reitor legítimo terá força para convocá-las em todas as direções (inclusive utilizando-se de *plebiscitos* etc.). O novo estatuto, a ser editado no mais breve prazo, deverá consagrar a participação das entidades da *nova sociedade civil* nos organismos diretores (OAB, SBPH, CRM, Crea, Apeoesp, Fiesp, Ciesp, sindicatos etc.).

4. A USP deverá reorganizar com urgência sua estrutura propriamente acadêmica, atualizando programas, currículos e *mecanismos de seleção* de docentes, funcionários e alunos, buscando formas de integração acadêmico-científica que respondam aos problemas postos pela realidade sociocultural do país e *das próprias disciplinas* lecionadas, não cedendo burocraticamente à atual *divisão ideológica do trabalho intelectual* (Poli, Direito, Medicina, Educação etc.). Nesse sentido, a reconsideração do papel da Faculdade de Filosofia — a mais bela ideia na história da educação de todos os tempos, segundo Anísio Teixeira — no organograma da USP deverá ser o ponto fulcral da política científico-cultural do novo reitor.

5. A USP deve retomar o controle de seus exames vestibulares e procurar resgatar seus vínculos com a rede do ensino fundamental e do ensino médio, recriando inclusive colégios de aplicação. E *deve assegurar ao aluno uma circulação maior entre os diversos cursos, departamentos* e *unidades* (museus inclusive).

6. A nova USP deverá planejar melhor a rica produção no *nível da pós-graduação*, onde a massa crítica existente permite já a criação de Escola de Altos Estudos, ou Instituto de Estudos Avançados, enfatizando as investigações interdisciplinares e multiplicando seus vínculos internacionais. Tudo isso pressupõe que a USP tenha *um fundo de pesquisa próprio*, que a torne independente das agências financiadoras externas a ela.

7. A USP deverá criar uma autêntica editora, moderna, útil, e não a serviço de grupos.

8. A USP deverá providenciar a inadiável requalificação técnico-administrativa e salarial de seus funcionários. Não valem os argumentos de que o funcionário da universidade é igual a qualquer outro.

9. A USP deverá desenvolver *programas de estudos brasileiros*, dentro de uma perspectiva histórico-sociológica *crítica*, em todas

as unidades. O ponto de partida é que cada setor do saber — seja científico, artístico ou tecnológico — deve preservar sua especificidade, *não desconhecendo, porém, o contexto em que a instituição está implantada. Idem para programas de história do Terceiro Mundo,* para romper com a ficção esquizofrênica da velha USP de permanecer com a cabeça no Primeiro Mundo enquanto as realidades concretas permanecem patinando no Terceiro (ou Quarto) Mundo.

Finalmente, o reitor só conquistará *autoridade* e *legitimidade* se providenciar diagnósticos críticos e se implementar mecanismos de democratização em *todos os níveis,* pois a falta de democracia é que faz que pessoas qualificadas deixem de acreditar no que estão fazendo. Aliás, a meu ver, o novo reitor e o C. O. *não terão outra saída,* pois a USP será ingovernável, como se comprova hoje.[65]

OUTUBRO 1985

---

65. Obs: Disputaram a eleição, participando de debates públicos, os professores Jacques Warcovitch, Flavio Fava, Caio Dantas, A. Guimarães Ferri, Crodowaldo Pavan, C. G. Mota, Dalmo de Abreu Dallari, Guilherme Rodrigues da Silva e José Goldemberg, o escolhido.

8. Para uma discussão sobre a Faculdade de Filosofia

NA ASSEMBLEIA DE PROFESSORES, funcionários e alunos do dia 12 de março último, à qual não pude comparecer por estar participando, juntamente com o dr. Hélio Bicudo, do ato relativo ao transcurso do primeiro aniversário da morte do educador e um dos criadores da USP Paulo Duarte, parece ter ficado clara a necessidade de *acelerar* o processo de reconceituação e democratização de nossa faculdade.

O episódio da escolha de um novo diretor traz à luz uma série de antigos problemas desta escola, que merecem discussão e que deverão — a meu ver — transformar-se em pontos de partida para a fixação de plataforma de eventuais "diretoráveis". Ou, quando menos, em tópicos que não poderão deixar de ser considerados, qualquer que seja o escolhido pela comunidade, através de votação direta.

Sumariamente, as considerações que oferecemos à discussão são as seguintes:

1. A gestão fecunda do professor Ruy Coelho representou a ruptura da ordem autoritária (para não dizer fascista) em nossa

escola. Embora não tenha sido o mais votado para a lista sêxtupla (discutível em si mesma), soube ele responder com elegância e lucidez aos desafios do momento histórico, representando um momento de "abertura" institucional. A descentralização das decisões e o menosprezo pelo burocratismo autoritário trouxeram um alívio para a faculdade. Seu alto nível intelectual garantiu o *clima* para algumas (tímidas) discussões com vistas à reconceituação da escola.

2. Mas a gestão Ruy Coelho representa apenas uma etapa de *transição* da ordem autoritária para a ordem democrática da nova Faculdade de Filosofia. Portanto, a transição não deve ser prolongada, visto que os departamentos e setores mais críticos e atuantes do corpo docente, funcional e discente já vêm se manifestando pela escolha direta não só do reitor da USP, mas também do diretor da faculdade, dos chefes de departamento e de outros postos de direção.

3. O novo diretor desta faculdade deverá, nessa medida, fazer avançar o processo que conduz ao estabelecimento de novas regras de organização, consolidando os *mecanismos de consulta ampla* — que já vêm sendo testados aqui e ali — que garantam a *legitimidade* dos dirigentes desta unidade. Legitimidade, para nós, indissociável da qualificação científico-cultural dos postulantes, qualificação que nem sempre se traduz na titulação bizarra que a USP fabricou ao longo de décadas, para garantir a "democracia dos mais iguais". Foi esse corporativismo que nos silenciou, tirando-nos da posição de vanguarda na luta pela democratização da escola pública no país.

4. O novo diretor deverá fazer valer a voz de nossa faculdade no conselho universitário, demonstrando que esta unidade foi tirada na última reforma do centro do organograma da USP, pulverizada e perseguida até policialmente. E hoje, burocraticamente. Deverá rebater e desmistificar as críticas que lhe são feitas pela alta administração da USP, dona do discurso da "competência".

5. O novo diretor deverá contestar, no conselho universitário, a forma como vem sendo gerida a USP, desde as portarias reitorais à não convocação de assembleia geral, da lista sêxtupla à babel de comissões que esvaziam o poder dos colegiados das unidades; da não participação dos colegiados na discussão do orçamento e de *nossas reais prioridades de ensino e pesquisa* à existência de grupos paralelos que cuidam de questões básicas da universidade, como é o caso do vestibular. Claro que os mesmos *mecanismos de consulta* à comunidade devem ser propostos ao conselho universitário, mas sem a lista sêxtupla e sem que o governador tenha que participar da escolha. No conselho universitário, o diretor deverá ainda propor a modificação do estatuto, de molde a incluir uma parcela representativa e efetiva dos estudantes e funcionários, a partir de propostas vindas desses setores, e também representantes da sociedade civil, como a OAB, ABI, Apeoesp, CRM, Crea, o Instituto dos Arquitetos etc. e, naturalmente, representantes sindicais, além da Fiesp, Ciesp etc., que já têm assento no conselho universitário.

6. O novo diretor deverá observar as conclusões do 1º e 2º Congressos da USP, ampliar os serviços à comunidade (conferências, seminários, exposições), retomando os vínculos da Faculdade de Filosofia com o ensino médio e combatendo a "cultura dos cursinhos", expressão máxima do ensino pago nos dias de hoje.

7. O novo diretor deverá providenciar estudos (e divulgá-los) para que se conheça o verdadeiro *perfil* social, econômico e cultural do nosso professorado, alunado e corpo funcional. Isso permitirá estabelecer em bases concretas a discussão sobre critérios democráticos que regulem de maneira uniforme (respeitadas áreas e especialidades) os mecanismos de *contratação* e *rejeição* nas três categorias. Claro que isso implica a reformulação do estatuto da Faculdade de Filosofia e a eliminação da figura do membro nato nos colegiados.

8. O diretor deverá ainda:

a. Assegurar condições materiais satisfatórias para todos (prédios, bibliotecas de alto padrão etc.);

b. Diminuir o descompasso entre a Faculdade de Filosofia e as outras unidades, estimulando a criação de vínculos que permitam maior circulação de professores e alunos pelos diversos campos de saber;

c. Acabar com as "pistas" que obrigam o aluno a ser compartimentalizado num só departamento;

d. Oferecer condições efetivas para a requalificação técnica e salarial dos funcionários, melhorando não só as condições materiais de trabalho como sua participação nos colegiados centrais e departamentais;

e. Atualizar os currículos da graduação e reconceituar a pós-graduação, através de uma ampla e profunda discussão interdepartamental;

f. Organizar, anualmente, uma semana denominada *Jornadas da Faculdade de Filosofia*, para discussão dos problemas da unidade (tal semana poderá ser a primeira do ano, funcionando também como de recepção aos calouros, com aulas inaugurais etc.);

g. Avaliar, em reuniões abertas no salão nobre, o problema da decantada "unidade" da Faculdade de Filosofia, sobretudo quando se anuncia a criação de mais dois ou três departamentos. Como criar mais *partes*, sem reconceituação do *todo*? E, sobretudo, como criá-las sem ouvir a comunidade envolvida?;

h. Prestar contas publicamente, no fim de cada ano, da política adotada, submetendo seu relatório ao debate.

9. Finalmente, o novo diretor deverá rejeitar a atual metodologia da desconversa e da desqualificação dos interlocutores adotada pela atual reitoria. Deverá relembrar a cada professor, funcionário e

aluno que ninguém é súdito contribuinte, nem capacho. E que não se constrói a nova USP sem destruir a velha de guerra.

1985

Referências bibliográficas

Algumas das ideias acima foram desenvolvidas nos seguintes artigos publicados na *Folha de S.Paulo*: "Um alerta em defesa da escola pública" (15 jan. 1982); "USP: a saída para a crise" (2 maio 1984); "Um novo pacto para a USP" (22 jun. 1984); "O MEC e o 'ódio cívico' dos mestres" (2 jul. 1984); "A USP velha de guerra" (29 ago. 1984); "Escola pública, vestibular e democracia" (19 jan. 1985) e "Tancredo e a universidade" (13 fev. 1985). Sobre "O PMDB e a Nova República", ver *Folha de S.Paulo*, 26 dez. 1982; e sobre o governo Montoro, ver "O governo Montoro e a questão da cultura" (*Folha de S.Paulo*, 17 abr. 1984).

9. USP: POR UMA NOVA MENTALIDADE

A ESCOLHA DO FÍSICO José Goldemberg para a direção da maior universidade do país abre perspectivas novas para a cultura nacional. O *aggiornamento* esperado e brigado nestas duas longas décadas poderá tirar ideias, vozes e projetos das sombras e transformar essa monstruosidade burocrática — um aglomerado de compadres e carimbos — numa instituição crítica útil, empenhada. É que ao reitor, sabatinado e votado, cabe, mais que a qualquer outra pessoa, o papel de agente deflagrador de novas ideias e projetos científico-culturais. Mais, o ex-presidente da Cesp deixou publicamente expressa a sua decisão de orientar a participação acadêmica em direção às grandes questões nacionais, como a Constituinte.

Essa disposição abre novo horizonte. A USP real vai se manifestar — como vem fazendo, através de inúmeros de seus membros mais críticos, empenhados na difícil construção da *nova sociedade civil* — e talvez surjam contrastes com a USP velha, oficial. Portanto, o desafio agora é estabelecer mecanismos de democratização das decisões que derrubem a "meritocracia" e a "titulocracia", mas também que não alimentem os vícios do assembleísmo e do neopopulismo. Mecanismos de democratização vários que permitam a explicitação de critérios no sentido de serem requalificados científica, cultural e salarialmente os quadros docentes, técnicos, e funcionais da USP. Essa democratização é importante, pois a falta de participação nos organismos decisórios faz com que pessoas altamente qualificadas deixem de acreditar no que estão fazendo. Além do que, assim como está, a USP tornou-se ingovernável.

O desafio é enorme, pois a instituição vive um de seus momentos mais depressivos. Perdeu identidade: já não é oligárquica, e resiste a tornar-se "popular". Hoje, a fina flor da classe média "competente" envia seus filhos para obtenção de títulos no exterior. Ou, quando menos, na FGV. Há vários anos a voz da USP desapareceu da cena nacional, e nem mesmo as brisas do "novo-republicanismo" sopram no Butantã.

A sociedade brasileira também perdeu referência em termos de civilização, engolfada que foi pelo capitalismo selvagem periférico. O país com seus 30 milhões de habitantes em estado de miséria absoluta e 40 milhões em pobreza relativa — e com um futuro incerto para cerca de 64 milhões de jovens hoje com menos de dezenove anos — começa a exigir que as instituições lhe deem referências, no sentido de encontrar um padrão civilizatório que a ciência, a crítica cultural e a reflexão sobre a produção artística lhe devem. Mas como exigir isso da universidade, se ela perdeu o controle da própria vida, dos exames vestibulares à formação de professores para o ensino médio?

O novo reitor tem energia, currículo e legitimidade para detonar e coordenar o processo de implantação dessa nova mentalidade nas dimensões do ensino, da pesquisa, dos serviços de extensão, revalorizando o trabalho universitário em todos os níveis, restaurando a confiança da instituição junto aos professores, alunos e funcionários, bem como junto à comunidade científica nacional e internacional. E o respeito perdido junto ao governo. Em países civilizados, os governos vão à universidade para ouvir o que ela tem a dizer, e não o contrário.

Questões delicadas e complexas como a da autonomia financeira, a salarial, a do recrutamento (e também rejeição, vale grifar) nos corpos docente, discente e funcional deverão desde logo ser enfrentadas, e o reitor necessitará contar com o apoio efetivo da nada abstrata comunidade. Um ponto doutrinário inegociável reside na defesa da escola pública, única verdadeiramente democrática — ponto de honra aliás também desta *Folha* —, reafirmando seu caráter não lucrativo e crítico em todos os níveis, escolas, departamentos e serviços.

Descentralizar a usp, buscando *pari passu* formas novas de legitimação acadêmico-científica dos seus organismos diretores, eis outro desafio. Nem sempre haverá necessidade de "ação direta", o que poderia conduzir a desgastantes exercícios de assembleísmo (que se esgotaram na atual fase), mas impõe-se a busca urgente de formas indiretas de representação (que não se confundem com as atuais), não menos legítimas e certamente menos flutuantes. Fundamental, portanto, é que na fase de transição que ora se inaugura, os mecanismos de consulta se multipliquem rapidamente, e o reitor legítimo terá força para criá-los em todas as direções. Não é impensável que no fim do percurso a instituição venha a ter um novo estatuto consagrando a participação das entidades da nova sociedade civil nos organismos diretores (oab, abi, sbpc, Apeoesp, Crea, crm etc., ao lado das atuais Fiesp e Ciesp e também dos sindicatos).

Pesadas tarefas aguardam portanto a coletividade uspiana e seu novo reitor: busca de novas formas de organização acadêmico-

-científica que respondam aos problemas postos pela realidade cultural do país; desmontagem da ordem burocrática que conduziu à atual divisão ideológica do trabalho intelectual; reconceituação do papel da Faculdade de Filosofia — a mais bela ideia na história de educação, segundo Anísio Teixeira — no organograma da USP; retomada do controle dos seus exames vestibulares; resgate dos vínculos com o ensino fundamental e o ensino médio; criação de um Instituto de Estudos Avançados, articulando os cursos de pós-graduação dispersos; criação de um fundo de pesquisa próprio, que torne a USP independente das agências financiadoras externas a ela; criação de uma editora moderna e útil; implantação de programa de estudos brasileiros (não confundir com problemas brasileiros etc.) e de programa de estudos sobre o Terceiro Mundo", dentro de uma perspectiva histórica crítica, em todas as unidades, para que em cada campo do saber (científico, artístico ou tecnológico), e sempre preservando suas especificidades, seus profissionais não desconheçam o contexto em que atuam. Em suma, parece chegada a hora de romper com a ficção esquizofrênica da velha USP de permanecer com a cabeça (supostamente) no Primeiro ou Segundo mundos, enquanto o país real permanece patinando no Terceiro (ou Quarto) Mundo.

1986

10. Nem Princeton, nem Maputo

Para Alberto Luís da Rocha Barros, *in memoriam*,
José Goldemberg e Geraldo F. Forbes

Leitores de diversos quadrantes escrevem indagando sobre o Instituto de Estudos Avançados da Universidade de São Paulo: o que faz, o que pretende, o que publica? Ou, como perguntava dois anos atrás o professor emérito Florestan Fernandes, ao pisar pela vez primeira em sua vida na sala do conselho da universidade da qual fora cassado em 1969, para a conferência do mês: "Avançado em quê, é este Instituto?". No decorrer de sua exposição sobre os limites da revolução burguesa no Brasil, entendemos o sentido profundo do nosso IEA: representa ele um espaço aberto, uma fissura no modelo autocrático-burguês ainda em vigência no país.

A realidade é que o IEA-USP, inaugurado em 25 de agosto de 1986, tornou-se um fato irrecusável na vida nacional — e não só universitária. É ponto de encontro de pesquisadores, jornalistas, políticos, intelectuais em geral, muito mais aberto que seus congêneres nacionais. E deve bem à iniciativa entusiasmada do físico e reitor José Goldemberg, que, com visão de estadista, em 20 de fevereiro de 1986, logo após sua eleição, que significou a derrocada de toda uma concepção corporativa de universidade, constituiu uma comissão interdisciplinar de estudos para a criação de um instituto de alto nível no seio da USP, recuperando o espírito da velha Faculdade de Filosofia, Ciências e Letras, mas adequando-o aos novos (nem tanto) tempos. Responsabilidade enorme, de vez que, em geral, todos os pesquisadores universitários cultivam uma escola ideal, *avançada*, em seu imaginário, quando não no próprio currículo (cf. debate com o historiador José Honório Rodrigues em 1978, publicado em *Tempo e sociedade*. Rio de Janeiro: Vozes, 1986, p. 159). Ademais, não se deve esquecer que o Institute for Advanced Studies de Princeton foi criado para receber o exilado Albert Einstein, assim como o Colégio de México para absorver notáveis intelectuais espanhóis escapados da Guerra Civil.

Ocorre que toda escola tem sua própria história. A oligárquica USP, após anos de trevas e, antes da posse do reitor Goldemberg, de uma estranha queima de arquivos, saindo de uma época em que muitos de seus professores ajudaram a gerar o AI-5, a ideologia e as *técnicas* do milagre econômico, começou a abrir-se lentamente e a se reerguer. Nesse redescobrimento difícil, que passa pela avaliação e a autocrítica, vários descompassos se revelaram entre os diversos setores: nas humanidades, por exemplo, registra-se uma grave evasão escolar de nada menos que 40%, que obriga a uma revisão de todo o sistema universitário.

Mas também se descobre, ainda que dispersa e magoada, uma mentalidade universitária extremamente crítica e bem formada, embora muito mal paga, nos quadros da geração intermediária. Daí a evolução da ideia de um instituto na USP: se, no fim dos anos 1970, a proposta era a criação de um organismo para recontratar os mestres cassados pela ditadura, já agora, após a anistia, o projeto se enriquece com o aproveitamento — sim — de ex-cassados fatigados pela burocracia universitária, porém ao lado de personalidades que jamais — por "falta de títulos" — puderam apresentar os frutos de seu labor intelectual, de seus saberes e fazeres nos quadros da universidade. Muito menos em atividades trans ou multidisciplinares. Assim é que, ao lado de um sociólogo e escritor, Octavio Ianni, passaram-se a encontrar na USP personalidades como o historiador Jacó Gorender, o jurista Raymundo Faoro ou o crítico e poeta José Paulo Paes — intelectuais de notável saber que nunca participaram da titulocracia imperante na universidade brasileira, reduto dileto da pequena nobreza estamental-burocrática.

A necessidade de uma instituição ágil e desburocratizada que, no coração da USP, pudesse estimular essa nova respiração ganhou significativos e decisivos adeptos, em todos os graus da hierarquia e também fora da universidade. E assim a comissão de criação do IEA acolheu as várias sugestões críticas que, elaboradas, conduziram ao atual modelo uspiano.

Qual modelo? Nem tanto Princeton, nem só Maputo, nem muito École des Hautes Études de Paris. Talvez o modelo de Berlim, banhado no estilo da Casa de las Américas e do Wilson Center. Um modelo paulistano, enfim. Defendendo a escola pública (fornecendo subsídios para nossos constituintes), combatendo a titulocracia e oferecendo melhores condições de trabalho para os pesquisadores convidados, o IEA não promove cursos nem dá títulos (mestre, doutor). Por meio de convites a pesquisadores e professores de notável saber, nacionais e internacionais, o instituto vem adensando algumas áreas escolhidas como prioritárias: "biologia molecular" (coordenador: Gerhard Malnic), "economia e política" (coordenador: Paul Singer), "história, ideologias, mentalidades" (coordenadores: Alfredo Bosi e Carlos Guilherme Mota) e "ciências ambientais" (coordenadores: J. Tundisi e Aziz Ab'Saber). Essas as ênfases principais que determinam as linhas básicas de atuação, definidas pelo conselho diretor interdisciplinar, composto de seis membros (dois escolhidos pelo reitor, dois pelo conselho universitário e dois pelo próprio conselho diretor do IEA; um a dois membros devem ser externos à USP).

Também os grupos de estudos são importantes, pois alimentam a discussão substantiva do instituto, acolhendo visitantes internacionais e nacionais e ajudando a fixar o horizonte intelectual dos cerca de oitenta pesquisadores de alto nível que hoje compõem o que denominamos de "senado invisível" — entidade não regulamentada, mas que, com altíssimo poder de crítica, seleção e autoavaliação, define os caminhos do IEA. Entre tais grupos de estudos, destaquem-se, a título de exemplo, os de "política científica e tecnológica" (coordenador: Gerhard Malnic), "biotecnologia" (coordenador: Hernán Chaimovich), "o psíquico nos campos do social" (coordenador: Norberto Abreu e Silva; orientador: Bento Prado Júnior) e sobre "a questão urbana" (coordenadores: Nestor Goulart, Celso Lamparelli e Milton Santos). E registrem-se grupos conjunturais de trabalho, como "A Constituinte e o ensino público no Brasil" (coordenador: Alfredo Bosi) e "Museus e coleções da USP" (coordenadora: Ana Mae Barbosa).

O objetivo geral é estimular pesquisas e atividades que intensifiquem contatos de pesquisadores, docentes e alunos da universidade com as correntes intelectuais mais significativas de nosso tempo, do país e do exterior. E que propiciem maior ligação da universidade com a sociedade. Para tanto, convidam-se personalidades como John K. Galbraith ou Raymundo Faoro (que, apresentado por Antonio Candido, pronunciou a conferência inaugural, mais do que simbólica), Paulo Autran ou Leopoldo de Meis, para falarem à comunidade sobre suas especialidades, na sala do conselho universitário — até então fechada ao público em geral.

O instituto oferece estágios, junto a seus grupos de pesquisa, por período determinado, a pesquisadores e docentes da USP e outros produtores culturais do Brasil e do exterior, para a realização de atividades que resultem em obra original. A versão recente ao português de poesias de William Carlos Williams, produzida pelo poeta José Paulo Paes, é exemplo disso, bem como as reflexões do físico Bernard Feld sobre a energia nuclear, ou as do matemático Jean-Louis Koszul sobre o grupo Bourbaki, ou as do instigante Hans-Joachim Koellreutter sobre música contemporânea. Ao lado das conferências de Antonio Candido, Fraginals, Ferro, Galbraith, Goldemberg, Hill, Quijano, Morse, Vovelle, entre outros — todas gravadas em vídeo —, o IEA publica a revista *Estudos Avançados* (já em seu número 4) e promove uma série de simpósios, como "Democratizando a economia: discurso e *práxis*", com o Wilson Center, de Washington; ou "Interpretações contemporâneas da América Latina", organizado pelo professor Octavio Ianni; ou "USP: conceito de universidade", sobre a avaliação, necessária e polêmica. Dentro em breve se realizarão dois seminários importantes: um sobre "Os militares e a questão nacional" e outro sobre "O Brasil e a ordem econômica internacional".

Como a inserção no mundo contemporâneo — a preocupação com a nossa modernidade perdida — é fundamental, o instituto participa de convênios com a École des Hautes Études (Paris), com a Casa de las Américas (Havana) e com o Woodrow Wilson Center (Washington, com Richard Morse), entre outros, e faz parte, por intermédio do vice-diretor e biólogo Gerhard Malnic, da Federação Internacional de Institutos de Estudos Avançados.

Ressalte-se, finalmente, que o IEA procura não duplicar funções já existentes no interior da USP. Combina em seus programas não só a experiência de disciplinas diversas, mas também a de pesquisadores de *gerações* distintas — independentemente de títulos. O único título requerido é o talento, e alguma preocupação com o papel dos intelectuais e da universidade na construção de uma nova sociedade civil democrática neste país.

O instituto não possui grandes bibliotecas, laboratórios ou orquestra. Uma sólida porém modesta biblioteca de referência vem sendo criada pelo professor Ab'Saber, e um bem cuidado Gabinete de Leitura José Honório Rodrigues, voltado para o estudo da questão nacional, está sendo instalado na praça central da USP, na sede do IEA, aberto a todos.

No mais, no desenvolvimento de nossas atividades, cultivamos as palavras (além da suave ironia) de Machado de Assis: "A dispersão não lhes tira a unidade, nem a inquietude e constância".

1988

11. Os últimos intelectuais

Convenhamos que é muito particular o mundo da universidade pública, entre nós. Ela que, por definição, deve ser a estimuladora de uma nova mentalidade, vem sendo violentamente maltratada neste período em que o chamado Brasil novo revela o que persiste de mais patológico na sociedade brasileira: arrivismo, corrupção quase generalizada, abandono precoce de padrões culturais clássicos, exacerbação da cultura de marketing e vitória do intelectual *high-tech* de periferia.

A resistência a esse estado de coisas revela-se débil, e a esquerda universitária também vacila frente ao corporativismo estamental. Por sua vez, as discussões sobre a *glasnost* e sobre o neoliberalismo, aqui — diga-se —, mais colaboram para a relativização banal dos conceitos de política, de resistência e de história do que para uma revisão vigorosa e transformadora das humanidades.

Mas o mundo real não para. Os exemplos externos são preocupantes, e sugerem que nem tudo são flores nestas Américas indescobertas: o professor Campbell, de Detroit, aquele que inspirou seu ex-aluno Robin Williams na interpretação do anticonvencional mestre de *Sociedade dos poetas mortos*, foi demitido após 28 anos de atividade. E aqui ao lado, na tradicional Universidad San Marcos, no Peru, liquida-se literalmente o pensamento humanístico, com tanques militares nos pátios da escola, já agora com escasso protesto de solidariedade internacional.

Em São Paulo, a universidade, a escola pública em geral e alguns setores da imprensa independente vêm se dando conta da urgência de reorganizar suas estruturas e reativar seu organismo.

Dessa perspectiva, o que significa a iniciativa da USP de trazer para suas salas de aula "nomes que os estudantes só conhecem por livro ou pelo renome que alcançaram" (*O Estado de S.Paulo*, 30 jul. 1991, p. 10)? Inclusive o professor Antonio Candido, que lecionou "por muitos anos" (*sic*) na velha Faculdade de Filosofia. E a justificativa é que, por esse caminho, seriam revalorizados os cursos da USP, sobretudo os de graduação mal-amados, se combateria a evasão etc. etc. A iniciativa é louvável, até porque abre a possibilidade de profissionais externos à USP, como Paulo Autran, Walter Hugo Khouri e dezenas de outros, participarem da formação de uma nova mentalidade. Arrebente-se o corporativismo brutal dos departamentos!

Tudo bem até aqui. Ressalte-se, ademais, a corajosa ênfase que o reitor Roberto Lobo e sua equipe dão à graduação — à desprezada formação de quadros competentes —, em sintonia, aliás, com o escritor e secretário Fernando Morais, um feroz defensor da requalificação da escola pública. Mas...

O fato é que as humanidades, frustradas, se viram o filme de Robin Williams, não assistiram aqui a sua revolução cultural, esperada desde 1968. Os departamentos — que já não podem ser a unidade básica da organização universitária, visto terem fracassado em toda parte — e as faculdades encontram-se estagnados, a carreira é sumamente burocrática, reproduz-se um sistema pseudodemocrático em que todos valem mais ou menos a mesma coisa — produzam ou não. Eliminou-se praticamente a competição, não temos a tal *mobility* dos norte-americanos, num regime de trabalho em que o salário corresponde à qualificação comprovável, nem a disputa vertical do modelo francês. Departamentos há em que a carga docente é simplificada e banalizada ao extremo, aumentando desnecessariamente as multidões em sala e eliminando o trabalho prático, com bibliotecas que pararam nos anos 1960 — com que tantas, débeis, em vez de uma só, de altíssima categoria? Pior: departamentos há em que o índice de descontratação de maus profissionais é zero. Por tudo isso, vem diminuindo o interesse de professores visitantes estrangeiros em trabalhar no Brasil, com salários baixos e falta de condições de pesquisa. E quem ousa proceder à avaliação desses departamentos, passar por cima de sua incobrável "autonomia"?

Por que, então, convidar Antonio Candido de volta? Para dizer, como o historiador Richard Morse, ou Paul Newman: *I'm back*? Afinal, ele formou tanta gente, orientou com denodo muitos pesquisadores, em sua postura transdisciplinar sempre atendeu a todos, exerceu postos administrativos cabulosos, inclusive no sertão do estado. E, sobretudo, sempre deu aula na graduação, desdobrando-se nos cursos noturnos que as faculdades do interior teimam em não implantar "por falta de alunos". Aposentou-se na hora exata, num país em que a aposentadoria precocíssima ou o aeroporto vêm constituindo o *leitmotiv* essencial dos jovens intelectuais entediados, saudosos de um Primeiro Mundo que jamais tiveram ou terão. E continua ele escrevendo, dando seu recado na educação pela noite de seus vários escritos.

Deixemos Antonio Candido em sua paz relativa, a paz do pico do Jaraguá. Pois, além de continuar residindo pacatamente no país, sempre está atento e presente às coisas essenciais da vida pública.

A solução? Trabalhar melhor os novos grupos-gerações que chegam, combater o espectro do enfado que ronda as universidades, como advertiu Russell Jacoby em seu belo livro *Os últimos intelectuais*. Texto editado, aliás, pela USP, por um dos sucessores de Candido, o professor e escritor João Alexandre Barbosa. Leitura de intervalo, recomendável para intelectuais ausentes perdidos nas universidades, que ainda não lograram perceber o que, no mundo contemporâneo, se entende por *cultura pública*.

O desapreço pela cultura pública é o responsável por esse enfado, que, em nossas universidades públicas estaduais, possui leve tom oligárquico. Nostalgia de um tempo perdido, o dos catedráticos vitalícios, estáveis e em geral reacionários. "Há sempre uma fazenda nas conversas", notava Drummond. Ou — resguardemos o duplo sentido — um sítio.

1991

12. MEIA PALAVRA NÃO BASTA, PREFÁCIO DE *REMINISCÊNCIAS*

O LIVRO DA JOVEM HISTORIADORA Sônia Maria de Freitas traz ao leitor um desafio que não se resolve até o momento em que alcança a última página. Consiste tal desafio na localização da própria autora, presença ausente, interlocutora e entrevistadora, despojada aparentemente da teoria ou visão de mundo, modesta, mas eficiente na feitura destas *Reminiscências*.

A contribuição destas páginas pode ser localizada em duas dimensões principais: a primeira, no levantamento e organização de uma memória das origens da principal instituição universitária brasileira multidisciplinar voltada para a moderna formação de professores e pesquisadores, a Faculdade de Filosofia, Ciências e Letras da Universidade de São Paulo. O esforço da reconstituição dessa memória é notável, pois as maneiras de ver o mesmo processo flutuam conforme a fala — a formação, a origem social, a inserção na vida político-cultural — dos atores dessa história. Particularmente interessantes são os depoimentos de Cleonice Berardinelli, de Miriam L. Moreira Leite e, de outra geração, Célia Quirino, por revelarem o olhar e a vivência das mulheres naquele núcleo de organização intelectual que se propunha avançado. Sem dúvida, faltam depoimentos que muito aprofundariam e ampliariam a problemática desenhada pela autora — como os de Gilda de Mello e Souza, Maria Isaura Pereira de Queirós, Paula Beiguelman ou Alice P. Cannabrava —, mas já é possível vislumbrar a riqueza do caminho indicado por ela. Qual era o mundo sociointelectual e político em que viveu uma inesquecível Gioconda Mussolini? Em que medida essas mulheres, por seus trabalhos, suas posturas e suas culturas mudaram o conceito de mulher no trabalho e no campo intelectual neste país?

A segunda dimensão da contribuição deste livro reside na aplicação de uma metodologia em história oral que enriquece o arsenal do historiador de história contemporânea, e da qual o inglês Paul Thompson vem desdobrando novas implicações. Embora pessoalmente eu seja menos entusiasta em relação a essa metodologia — por observar que nossos colegas antropólogos, etnógrafos e sociólogos há décadas vêm operando no campo, com resultados notáveis —, não desconsidero os progressos mais recentes que, desde os estudos de Jan Vansina e William Moss aos de Enid Douglass e Paul Thompson, e aos de Jorge Balán, Eugenia Meyer, Eclea Bosi e Aspásia Camargo na América Latina, se verificam para a consolidação dessa — digamos — disciplina. Sem mencionar ainda os diálogos cada vez mais intensos entre história e psicanálise, gerando o campo da psico-história em que se destacam o historiador Peter Gay e a psicanalista Elizabeth Roudinesco.

A pesquisa de Sônia Maria de Freitas sugere essa nova postura, embora se restrinja apenas ao levantamento das informações com um novo olhar. Para o bom leitor, meia palavra talvez não baste, pois desejará saber como esses participantes de uma experiência universitária de vanguarda se integravam no processo maior de criação de uma universidade, com seus desafios e ao mesmo tempo reconhecimentos sociais, políticos e culturais. Que representavam essas pessoas enquanto grupo sociocultural? Contrapunham-se a quê?

O bom leitor encontrará respostas variadas e bastante fecundas enquanto pistas para ulteriores aprofundamentos de pesquisa nos depoimentos de Décio de Almeida Prado, Antonio Candido, Erasmo Garcia Mendes, Sala, Senise, Castrucci e França. Todos se tornaram catedráticos ou lideranças em seus departamentos e áreas conexas, com variada sorte em suas opções político-ideológicas. Da crítica literária à história, à física e à matemática, têm-se os rudimentos do horizonte de um "grupo-geração" (a expressão é de Paulo Emílio) que pensou e ajudou a construir a vida universitária da mais moderna escola da primeira metade do século XX no Brasil. Anísio Teixeira, vale relembrar, olhando a Faculdade de Filosofia, disse ser a mais bela experiência da história da universidade de todos os tempos. Apesar do possível exagero, como não se surpreender com o modelo interdisciplinar paulista, voltado para a formação de quadros docentes e de pesquisa, do qual vieram participar jovens intelectuais como Bastide, Braudel, Lévi-Strauss, Ungaretti, Wathaghin e inúmeros outros? Sem mencionar uma plêiade de apoiadores do porte de Júlio de Mesquita Filho, Paulo Duarte, Mário de Andrade, Sérgio Milliet, entre muitos, e de "figuras de dentro", como Fernando de Azevedo e Cruz Costa.

Os depoimentos colhidos por Sônia Maria de Freitas abrem a possibilidade de uma "releitura" menos machucada da Faculdade de Filosofia, a mais atingida pelas contrarrevoluções preventivas de 1964 e 1968. Ela também possuiu seus remansos aristocráticos e até reacionários, como o leitor depreenderá da leitura de mais de um depoimento. Nem todos fizeram a carreira completa na faculdade, como Cleonice e Décio. As lutas internas, os mecanismos de promoção ainda devem ser mais bem pesquisados, sem o que não se entenderá por que uma Alice Cannabrava ou uma Mafalda Zemella não tiveram vez na escola, a despeito de suas altas qualidades intelectuais.

Faltam naturalmente depoimentos, em particular no campo da filosofia e da geografia, dois setores da faculdade que lograram constituir "escolas", para não falar da sociologia. Nela, o papel de Florestan Fernandes foi revolucionário. E os de Eurípedes Simões de Paula, com sua vivência de diretor por muitos anos e combatente da FEB, de Ruy Coelho — do mesmo grupo-geração de Antonio Candido e Décio — e de Aziz Simão, o sociólogo clarividente que representou a persistência do antigo "espírito da faculdade" até há bem pouco tempo, quando faleceu ainda lidando, preocupado, com os descaminhos da instituição.

O livro de Sônia terá suas incompletudes e até possíveis defeitos, mas revela empenho, inteligência e discrição. E não é este um dos méritos de nossa querida Faculdade de Filosofia, cultivado pelos melhores de seus rebentos?

Uma palavra, para terminar. A partir da crônica mundana que se pode captar com prazer em alguns dos depoimentos, sobretudo os femininos, que revelam uma visão de mundo da pequena burguesia intelectual, poderíamos imaginar como se locomoviam naquele meio personalidades, mulatas, negras, homossexuais. Esse discurso ainda não está liberado na instituição que foi tão liberadora em seus melhores tempos.

O campo está aberto, a marcha iniciada. Que não se percam depoimentos de gente notável como Antonio Soares Amora, Isac Nicolau Salum, João Villalobos, Segismundo Spina, Carolina Bosi, José Aderaldo Castelo, Emília Viotti da Costa que contribuíram decisivamente para dar personalidade a nossa escola, independentemente de sua idade, formação ou teoria política. Aliás, a própria ideia de "geração" sempre foi muito criticada entre nós. Afinal, com qual idade mental morreram Jean-Paul Sartre ou Herbert Marcuse?

1993

13. Do outro lado da rua: a Escola Livre de Sociologia e Política vista pela Faculdade de Filosofia da USP

TALVEZ EU SEJA O COMPONENTE desta mesa aparentemente mais externo à Escola de Sociologia e Política. Em primeiro lugar, gostaria de dizer que alguns dos meus colegas, inclusive o professor João Batista Borges Pereira, aqui presente, poderiam estar falando melhor sobre aquilo que nós, de fato, éramos e somos, vizinhos permanentes, fraternos e associados à Escola Livre de Sociologia e Política. Eu poderia fazer um pequeno depoimento, pois também participei de alguns momentos de crise da Escola de Sociologia, mas não é desses momentos que gostaria de falar. Gostaria de dizer da importância da Escola de Sociologia e Política como uma espécie de amigo ou vizinho que vem à celebração, vem à festa acadêmica para também participar.

Esta escola marcou muitos de nós, ali, na rua Maria Antonia. Nosso grupo-geração, particularmente aquele que vinha dos anos 1950 para os 1960 e que, de alguma maneira, se preparava para um mundo e acabou aterrissando noutro, após 1964. A Escola de Sociologia nos marcou por várias razões. Em primeiro lugar, pela própria ideia de escola. Essa palavra era forte para nós, e olha que tínhamos uma grife muito boa, que era a velha Faculdade de Filosofia, Ciências e Letras. O fato de a Escola de Sociologia ser uma "escola" nos impressionava muito, pois era uma vizinhança densa, séria, aberta. Em certa medida, se já éramos os iracundos ou democratas da vanguarda daquele momento, a Escola, como bem disse a professora Maria Helena Berlinck, já era mais ainda, pelo menos no relacionamento do dia a dia, uma vez que não tinha aquele peso e a pompa de alguns de nossos catedráticos franceses e outros tantos autóctones. Então a Escola Livre, especialmente pela palavra "Livre", mexia muito com nosso imaginário, como se diz hoje.

Por outro lado, sentíamos que alguma coisa diferente acontecia nesta Escola, na qual se formaram figuras que já nos marcavam fortemente, como Darcy Ribeiro, que foi nosso paraninfo em 1963 foragido naquela altura, ou Florestan Fernandes. Tivemos também outras figuras marcantes naquele dia a dia mais discreto. Figuras essas mais tímidas, quase inibidas, em algumas situações falsamente inibidas, como Gioconda Mussolini, ou então figuras que acabaram por participar de movimentos críticos, como Cândido Procópio Ferreira de Camargo, de difíceis transições e que passaram a existir em nosso imaginário de maneira tão forte. Essas figuras foram compondo nosso panteão, nossa constelação intelectual, nosso quadro de referências para enfrentar a tempestade próxima. Para meu campo em particular, o da historiografia, como não lembrar o peso que teve Roberto Simonsen, aqui evocado pelo professor Octavio da Costa Eduardo. Tínhamos nos seus trabalhos, já nos primeiros anos de faculdade, uma pesquisa séria que fugia das mitologias paulistas, bandeirantes e toda essa coisa de "raça de gigantes" do pitoresco

Alfredo Ellis Júnior. Era daqui, da Sociologia e Política, e não da nossa faculdade, infelizmente, que vinham os recados mais fortes no campo da historiografia.

De toda forma, também Sérgio Milliet, com seu *Roteiro do café*, já havia deixado uma referência muito forte para nós, um livro de 1937, escrito certamente nesse ambiente, mas sobretudo com aquela atitude discreta do intelectual que evocava alguma coisa que hoje Russel Jacoby chamaria de "os últimos intelectuais". Era aquele um homem institucional, mas não muito. Um homem militante, mas também não muito, apenas quanto à implantação da cultura geral e universalista. Em suma, um intelectual às voltas com o tema da transdisciplinaridade, da interdisciplinaridade sem alarde, que já estava posto aqui.

Havia também algumas outras questões. Certo rigor que vinha, que emanava do trabalho de todos esses professores operosos, dos quais um nos criava um problema de ordem bibliográfica, que era Octavio da Costa Eduardo. Na hora da classificação, de organizar bibliografia, não sabíamos se Eduardo era nome ou sobrenome. Esse era um problema que foi facilmente resolvido lendo seus excelentes trabalhos.

Bom, e depois? Depois, além de Florestan e Darcy, sobretudo com Florestan, certa postura transitou da Escola de Sociologia e Política para nossa escola também. E foi, sobretudo, a de Florestan, pois ele realmente nunca deixou de mencionar todos os seus embates, ao longo da sua trajetória, o fato de ser um filho da Escola de Sociologia e Política com todos esses nomes: Octavio da Costa Eduardo, Oracy Nogueira, Gioconda Mussolini, Cândido Procópio. Toda essa gente fecunda, como também Donald Pierson e essa figura notável que ainda precisará, pelo menos da parte da historiografia, de uma avaliação mais forte: Herbert Baldus. Acho que a expressão "postura científica" traduz bem o que esses professores, esses amigos nos ensinaram.

Não poderia deixar de falar finalmente, já que estamos numa reunião na São Paulo do "capital", do capital simbólico que esta Escola teve e continua tendo. Esse capital foi alimentado também em momentos muito difíceis para nós. Gostaria de lembrar alguns nomes, além desses historiadores que foram mencionados (Roberto Simonsen, Sérgio Buarque de Holanda), também de outras figuras como Odilon Nogueira de Mattos. Quem viveu no Butantã nos anos 1950, 1960 e 1970 sabe bem a importância desse homem discreto, que o saudoso Eurípedes Simões de Paula chamava de Odilão. Uma figura notável, de uma erudição serena, um homem tranquilo e solidário nos momentos mais complexos que nesta casa viveu, acolhendo professores como Evaldo Amaro Vieira, como o fantástico Maurício Tragtenberg e também alguns exilados de outros Estados, como o pernambucano Reynaldo Xavier Pessoa. Estou citando aqui pessoas muito mais ligadas à história e às ciências políticas, mas também há que mencionar José Chasin. Lembro-me de defesas de teses aqui que não sabíamos se iriam ou não até o fim, se iríamos terminar cercados pelos militares ou não. Esta Escola era também, para nós, um bastião, e isso dentro de um debate extremamente aberto, interdisciplinar, crítico e frequentemente – é importante dizer – alegre e interessante.

Essas são as menções que eu gostaria de fazer. Naturalmente, muitos amigos ficaram de fora, mas acho que palavras como "postura", "clima", ideia de "escola" e de "escola livre" resumem a influência marcante desta instituição. Tenho a impressão de que é chegada a hora, numa cidade como esta, e nesta que é uma Faculdade muito marcada também pelos modelos anglo-saxônicos, de adotar em São Paulo outro sentido de investimento, ou seja, um investimento efetivo de capital, e não apenas simbólico, porque penso que a Escola Livre de Sociologia e Política precisaria alcançar um outro momento, mais institucionalizado, estável e bem apoiado financeiramente, que ela merece, e que São Paulo e todos nós merecemos.

Quem dá mais?

2001

14. Oração por ocasião da recepção do título de professor emérito pela FFLCH-USP (2009)

Prezada diretora professora dra. Sandra Nitrini, em quem saúdo os membros da minha congregação e desta Faculdade aqui presentes. Historiadora Marina de Mello e Souza, chefe do nosso departamento de história. Professor Gabriel Cohn, ex-diretor desta faculdade, em quem saúdo os ex-diretores e professores aqui presentes. Professor Cesar Ades, diretor do Instituto de Estudos Avançados. Dra. Sandra Dolto Stump, representando o reitor Manassés C. Fonteles, da Universidade Presbiteriana Mackenzie. Professor Antônio Angarita, vice--diretor da Escola de Direito da FGV. Dr. Fernando Leça, presidente do Memorial da América Latina, e dr. Eulógio Martinez Filho, do Incor. Prezado dr. José Clóvis de Medeiros Lima, assistente acadêmico, ex-aluno desta faculdade, licenciado em filosofia, em quem saúdo o *corpo funcional* da escola *e também os alunos*.

Agradeço as mensagens de congratulações enviadas pelo presidente Lula da Silva e pelo governador José Serra, e por meus amigos os professores José Goldemberg, ex-reitor da USP, Claudio Lembo, ex-governador de São Paulo, Miguel Reale Júnior, ex-ministro da Justiça, professor Dalmo de Abreu Dallari, e por outras autoridades e amigos.

Queridos colegas Francisco Alambert, acolhendo sua saudação generosa, e Maria Helena Capelato e Ulpiano T. Bezerra de Menezes, que, para aprofundar minha emoção nesse ato, conduziram-me do recolhimento na sala da diretoria até este salão nobre. Minhas amigas e meus amigos:

Hesitei em aceitar vir a esta congregação em dias tão difíceis. Mas logo concluí, após consultar vários colegas e a brava diretora desta Escola, que a congregação é o fórum máximo de nossa faculdade, instância que *não pode nem deve parar suas atividades*, muito menos com a presença de polícia no *campus*. Pois foi no espaço desta congregação que o educador Fernando de Azevedo — o primeiro professor a receber o título de emérito nesta escola —, Cruz Costa e Eurípedes Simões de Paula repeliram as investidas do governador Jânio Quadros. Espaço em que, na pior quadra de nossa história, sob a última ditadura, a brava professora Maria Isaura Pereira de Queirós assumiu a liderança de plenárias, após a cassação de notáveis mestres e do reitor eleito Hélio Lourenço. Pretendemos ser fiéis a eles e a elas, Maria Isaura e congregação.

Antes de começar a oração que eu havia preparado para este momento, quero deixar claro — e de maneira serena — *meu repúdio à presença, ainda hoje, de polícia no campus*. E desde logo afirmo que a culpa *menor* — sublinhe-se — é da própria Polícia Militar; talvez nem seja dela, mas de quem a chama ou autoriza, pois — não sejamos hipócritas — ela foi útil, e ninguém reclamou quando a cidade de São Paulo parou, aterrorizada pelo PCC, naquele fatídico dia 6 de maio de 2006, e o então governador, o professor Claudio Lembo, viu-se só, sem PSDB, PT, DEM, PSB, sem lideranças patronais, sindicais e universitárias, e sem ninguém da "sociedade civil" acoelhada para apoiá-lo. Embora tenha havido quem o houvesse procurado, exigindo a lei de Talião para os delinquentes rebelados.

Neste momento difícil para a universidade, o recurso à força policial somente se deve à incompetência das autoridades universitárias atuais e à falta de capacidade de negociação, capacidade que deveria embasar a gestão de uma instituição já veneranda.

A *nossa* USP não pode ser confundida com quartel, nem partido, nem sindicato, nem hospital de dementados (com todo o respeito aos efetivos dementados). Ficando óbvio que o governador José Serra anda mal assessorado e mal informado, no dia de ontem sugeri ao meu amigo professor Miguel Reale Júnior, ex-ministro da Justiça, que auxiliasse na organização de uma comissão de personalidades dos vários quadrantes político-ideológicos e culturais do Estado para assessorar o governador. Mais uma vez, nada.

Por outro lado, *não posso aplaudir depredações do bem público no campus*, nem assalto a bandejão, que onera trabalhadores e alunos carentes, nem outras ações do gênero, que considero *antipolíticas*. *Condeno tais atitudes* com a autoridade de quem foi *eleito* três vezes *pela* comunidade de funcionários, professores e alunos: para chefiar o departamento de história *em gestão paritária* muito produtiva, da qual participaram vários professores presentes neste ato; para a direção desta faculdade, embora não tenha tomado posse; e votado para entrar na disputa à reitoria em 1985. Urge, isto sim, para o enfrentamento dos novos tempos, renovar o conceito de ação sindical neste *campus*, refundar a Adusp — que tem uma história de lutas contra a ditadura e pela modernização desta instituição — e auxiliar na *atualização do papel e das linhas de ação do estudantado*. Estudantado que está ansioso por se informar e se renovar, pois a maioria silenciosa não quer engrossar as fileiras dos *nerds* e dos *yuppies* das faculdades conservadoras e/ou "produtivas" apenas voltadas para o mercado, nem participar do pseudoesquerdismo festivo de uma pequena burguesia predatória, tola e desorientada. Ora, o jovem revolucionário Saint-Just, o amigo de Robespierre, morto aos 23 anos, não brincava em serviço, nem ficava depredando o *bem comum*!

E diga-se desde logo que o qualificativo recente de "USP produtiva", veiculado pela imprensa, em contraposição a uma "USP improdutiva", que abrangeria nossa Faculdade de Filosofia, não é nada justo e muito menos produtivo! Caso se levasse a sério a proposição de que existe uma "USP operosa" em contraste com a "outra USP", como parece entender o professor Roberto Macedo, da FEA-USP, em artigo publicado ontem em *O Estado de S.Paulo* (17 jun. 2009, p. 2), valeria informá-lo de que nossa Faculdade de Filosofia vem obtendo há tempos bons índices de alta produtividade com qualidade, tradição que vem de nossos mestres humanistas, de Fernando de Azevedo às gerações atuais. E fazer notar que não estamos ansiosos para nos atrelar ao *mercado*, nem nos agrada o ensino a distância e expedientes do gênero, pois *nosso desafio e vocação é o da formação de quadros docentes e de pesquisa no campo nada rentável — diria até patriótico — das humanidades*. Desnecessário dizer ao meu amigo Roberto Macedo que o cidadão que se dirige para o campo das humanidades não tem o mesmo perfil nem muito menos alimenta as mesmas expectativas financeiras, existenciais e utópicas (?) daquele que se volta para o mercado de capitais e para o reforço do *establishment*. Sabe ele que, em Harvard (uma universidade privada e de elite), professores de economia, e não apenas de economia, cultivam solidamente as humanidades, sobretudo os estudos históricos.

Sei que tal não é o pensamento dominante na sua FEA, mas vale a pena, abrindo o foco e as mentes, voltar a discutir a fundo a questão da *produtividade*, que *para nós não tem qualquer valor sem o sólido embasamento que as mal-amadas ciências humanas — em nossa* USP, *vale grifar — oferecem*, e todos os campos do conhecimento. Há três anos participei, com o lúcido historiador Joseph Love e outros, de um seminário internacional na FEA (pago) com professores e alunos norte-americanos e brasileiros (pagos) e fiquei estarrecido de ver como o pensamento "técnico" e quantofrênico sufocou aquilo que Wrigth Mills denominava *imaginação histórico-sociológica*, desidratando-a de modo inadmissível.

A NOSSA USP

Quanto à nossa USP com raras exceções, parece afogada no "abraço sufocante da carapaça administrativa" (R. Faoro). Ainda parafraseando o jurista e historiador, "em lugar de renovação [...] velhos quadros e instituições anacrônicas frustram o florescimento do mundo virgem. Deitou-se remendo de pano novo em vestido velho, vinho novo em odres velhos, sem que o vestido se rompesse nem o odre rebentasse". A conclusão é de Faoro:

> O fermento contido, a rasgadura evitada geraram uma civilização [*cultura institucional?*] marcada pela veleidade, a fada que presidiu ao nascimento de certa personagem de Machado de Assis, claridade opaca, luz coada por um vidro fosco, figura vaga e transparente, trajada de névoas, toucada de reflexos, sem contornos, sombra que ambula entre as sombras, ser e não ser, ir e não ir, a indefinição das formas e da vontade criadora. Cobrindo-a, sobre o esqueleto de ar, a túnica rígida do passado inexaurível, pesado, sufocante. (*Os donos do poder*. Prefácio de Gabriel Cohn. São Paulo: Globo, 2008, pp. 837-8).

"Nossa USP", ah! a nossa USP talvez tenha se distanciado das ideias de seus criadore. Ela está muito atrasada do ponto de vista administrativo, fora do compasso nacional de *abertura* a que se assistiu no país em relação às universidades federais e mesmo em relação — por exemplo — à Unicamp. *Nossa Faculdade de Filosofia, colocada no centro do organograma de 1934, ao procurar historicamente sempre fugir desse abraço sufocante do atual modelo de gestão, por não desejar ser apenas uma sombra que ambula entre sombras, aparece hoje (sobretudo na mídia, para muitos ingênuos e desatentos), como uma instituição que cultiva o radicalismo pelo radicalismo.*

Não! O que nós aprendemos a criticar, a partir desta escola, é a banalização dos *valores educacionais* defendidos por nossos maiores (de Anísio Teixeira e Darcy Ribeiro a Goffredo da Silva Telles Jr., Vilanova Artigas e Florestan Fernandes), e não abrimos mão de discutir o efetivo *papel da universidade, da docência e da pesquisa* numa sociedade de classes como a nossa, procurando romper com o padrão burocrático-estamental e autoritário centralizador, reforçado no período da ditadura. Padrão "modernizado" por tacanhos tecnoburocratas, pseudocientistas e "juristas" de plantão.

Dado o fato de ser uma instituição complexa, em que *a legalidade deve se aproximar o máximo possível da legitimidade, o que não vem acontecendo,* continuo defendendo a tese que sustento há 24 anos, de que *a eleição para o posto máximo desta autarquia pública deve ser* DIRETA, pois *só a consulta universal à comunidade assegura a estabilidade institucional nos momentos de crise, como o atual. Ou de reformas, que já tardam.* Um pouco disso conseguimos quando do processo de eleição do professor Goldemberg, mas logo a instituição recuou, dada a reação da cúpula. Devo lembrar todavia que alguns êxitos aquele reitor e físico logrou, tomando decisões que por vezes passavam por cima do conselho universitário de então, nem sempre escolhendo (por exemplo) o primeiro da lista tríplice para diretor de Faculdade (caso do professor Dalmo Dallari, que fez gestão marcante na faculdade de Direito), criando o Instituto de Estudos Avançados, e assim por diante.

Pois o professor Goldemberg estava em larga medida *legitimado* e respaldado pela eleição direta da comunidade e, em seguida, pela do conselho, e foi fiel ao seu programa de candidato à reitoria. Mais: desde que tomou posse, visitou todas as congregações, submetendo-se a debates, inclusive nesta Faculdade. Diga-se, *en passant*, que o governador era um professor, André Franco Montoro. Mas daí para a frente foi outra história: a do fechamento do modelo universitário.

Observações preliminares

Enquanto historiador, gostaria de fazer alguns comentários prévios.

O primeiro, abrindo o foco sobre o momento atual, pois a conjuntura mundial impõe uma breve reflexão. O mundo vive o colapso do socialismo real, o esgotamento (e, alguns casos, o fracasso) dos movimentos de libertação colonial e o ressurgimento de discutíveis populismos e *messianismos religiosos de massa*. Mas, em contrapartida, acontecimentos históricos como a eleição de Barack Obama, a consolidação da União Europeia e o despertar desta outra China (e agora as Bric) desafiam a imaginação histórica, inclusive dos que nos situamos à esquerda, obrigada a tardia atualização.

O segundo comentário: no plano nacional, neste *país de contrarrevoluções preventivas permanentes*, que datam de 1822, 1824, 1840, 1889, 1930, 1937, 1945, 1964 etc., ainda vivemos constrangidos pelo *modelo autocrático-burguês*, como diagnosticou o professor Florestan

Fernandes em 1975, em sua obra *A revolução burguesa no Brasil*, obra de resto pouco lida pela esquerda. Urge rever sua última intervenção em 1994, no programa *Roda Viva* (TV Cultura), que recomendo sobretudo à esquerda universitária (à direita não adianta recomendar nada). Tal modelo, *autocrático* e não democrático-burguês, ainda permanece na quadra atual, mal disfarçado, apesar dos movimentos de reforma e contestação dos anos 1960, de crítica à dependência e defesa da revolução dos anos 1970, de tortuosas conciliações dos anos 1980 e de impasses, conciliações e derrapagens ideológicas dos anos 1990. Esse *modelo, diagnosticado pelo eminente sociólogo-historiador desta casa, ainda não foi desmontado* nem mesmo pelos governos Fernando Henrique e Lula. Ao contrário, reforçou-se *malgré-eux* o capitalismo selvagem e senzaleiro, contra uma *débil sociedade civil* democrática. Como advertia o historiador português Vitorino Magalhães Godinho em 1987, na quadra atual assiste-se "ao naufrágio da memória nacional e da nação no horizonte do marketing".

No plano local, ou seja, na história institucional desta escola, após o momento dos inquéritos policial-militares (os IPMs) no *campus, acolitados por alguns professores desta casa, agindo em nome da chamada "maioria ordeira"*, passamos asperamente do modelo autoritário francês de cátedras para um mal implantado modelo departamental à americana, pseudodemocrático. Para complicar, tivemos que engolir a semestralização e os chamados "estudos brasileiros" no modelo da ADESG, e assim por diante. Saimos da cultura do *andamento* e entramos na cultura do *timing*, dançando a música de avaliadores externos nem sempre bem avaliados... muito longe dos ideais de Anísio Teixeira, Almeida Júnior, Fernando de Azevedo, Lourenço Filho.

Ainda assim, nossa faculdade, resistindo como podia, *teve e desempenha* um decisivo papel de *escola requalificadora* e estabilizadora da consciência criativa universitária brasileira. Sem bairrismo, a Faculdade de Filosofia, mesmo sangrada, continua a ser uma referência, inclusive em termos de produção científico-cultural. (Aos colegas da faculdade do professor Roberto Macedo, recorde-se que a historiadora Alice Cannabrava, uma das mais brilhantes professoras da Faculdade de Economia e Administração da USP — em verdade a única mulher a ocupar a direção —, saiu de nossa Faculdade de Filosofia).

Nesse contexto *geral* e *local* é que se vem impondo a *redefinição da própria ideia de ciências humanas*, enfrentando-se a equivocada divisão ideológica do trabalho intelectual vigente, que isola os especialistas em compartimentos estanques. Mas, sobretudo, impõe-se a necessidade de aprofundar a discussão sobre *formação de novos professores*, dada a explosão conceitual que ocorreu em cada uma das nossas disciplinas, com os (nem tão) novos objetos, métodos e técnicas, desconstruções, reinterpretações e desenganos.

Por fim, a pergunta que não quer calar: *continuamos, de fato, a formar professores combativos para a rede escolar, oficial ou particular, uma das duas finalidades precípuas da* FFCL, *hoje* FFLCH, *definidas em seu estatuto?* E nossos pesquisadores, em geral muito bons, *estão na ponta de qual corrida* (para evocar o festejado Roberto Schwarz)? Ora, estas perguntas não se colocam para a FEA e outras Faculdades que parecem se distanciar dessa responsabilidade social e política. Parafraseando o que se costuma dizer do México: elas se situam muito longe de Deus e perto demais dos Estados Unidos. Eu acrescento: demasiado perto das empresas e muito longe da sociedade real.

Mas, o que aconteceu com a USP, ressalvadas poucas exceções? Talvez aquilo que o historiador Alberto da Costa e Silva denunciou, referindo-se ao país como um todo: "Acentuou-se no Brasil a propensão lusitana para confundir os domínios do privado e do público, este constantemente invadido por aquele".

***

Pois bem. Após estes comentários, que se impuseram por conta da atual conjuntura, da crise de gestão reitoral e da presença policial no *campus*, agora posso começar.

> *As glórias que vêm tarde já vêm frias.*
> Tomás Antônio Gonzaga

Este verso poderia ser uma bela epígrafe poética para minha alocução, quando — deveras honrado — recebo o título máximo em meu percurso, concedido pelo voto de meus pares e empenho de amigos e amigas de meu departamento de história e de minha Faculdade de Filosofia, a quem agradeço, um a um.[66]

Devo confessar que nunca devi tanto a tantos, desejando por essa razão compartilhar a láurea com todos e todas aqui presentes, ou ausentes, direta ou indiretamente responsáveis pela concessão, muito especialmente minhas filhas, Tereza, Carolina e Julia, minha mulher, Adriana Lopez, e meus familiares queridos, muito pacientes com minhas missões profissionais. Evocando também aqueles que já se foram, como meu avô, o educador Máximo de Moura Santos,[67] meus pais e meu antigo professor Eurípedes Simões de Paula, o maior diretor desta escola. Os saudosos Eurípedes (que lutou na FEB contra o nazifascismo), Ruy Coelho (que esteve preso

---

66. Mais destacadamente, agradeço a iniciativa das professoras Maria Helena Capelato, Janice Theodoro da Silva, Sylvia Basseto, Ana Maria de Almeida Camargo, Maria Lígia Prado, Raquel Glezer, e aos professores Francisco Alambert e Gabriel Cohn, ex-diretor desta faculdade.

67. Evoco aqui, pelo lado materno, nossas raízes piraquaras (de Guaratinguetá, estudadas pelo primo historiador Carlos Eugênio Marcondes de Moura).

pelo regime militar) e Aziz Simão (eminente conhecedor do sindicalismo, que enfrentou o governador Maluf), grandes negociadores de conflitos, faziam nossa faculdade e a universidade andarem para frente em épocas de crise e confrontos de projetos e interesses.

O título que minha faculdade, o meu departamento e todos os outros nove departamentos me conferem me transcende e ultrapassa. Pois esta é a *escola* também de Cruz Costa, Florestan, Antonio Candido, Maria Isaura, e foi a *escola* de meus professores do Colégio Roosevelt, então vagamente socialistas, João Vilalobos, Edith Pimentel e Deusdá Magalhães Mota.[68] *Mas o Vilalobos foi decisivo em minha virada existencial e cultural,* no fim dos anos 1950: ainda no colégio, no ano de 1957, nos informava ele, numa manhã azul de sábado, com um certo ar de André Malraux na Guerra Civil Espanhola e tirando uma baforada de seu forte cigarro Astória, que "vivíamos nós na mesma cidade de Florestan e no mesmo país de Anísio Teixeira".

Com tais mestres, mais alguns professores de literatura, química, física, biologia e matemática, aprendi a gostar do *"espírito" e do estilo Faculdade de Filosofia, Ciências e Letras,* que formava gente

---

68. Evoco aqui nossas raízes mineiras, pois Deusdá — meu pai, nascido em Guaxupé em 1912 — migrou para São Paulo aos quinze anos de idade, tendo passado a primeira noite em São Paulo no quartel da Força Pública, após ser recolhido na estação da Luz em madrugada garoenta. Foi bedel do ginásio Moura Santos, logo escriturário e depois professor no Colégio Paulistano. Em 1944, formou-se em história nesta faculdade e se tornou um excelente professor no ensino secundário, onde obteve por concurso a cátedra de história nos excelentes colégios estaduais Nossa Senhora da Penha, Presidente Roosevelt (da rua São Joaquim), Roldão Lopes de Barros e Alexandre de Gusmão (Ipiranga), nos quais colaborou na formação de inúmeros estudantes que se destacaram na vida social, política, científica e cultural do país. Não deve ter sido fácil para o jovem mineiro, com parcos recursos, abrir espaço no meio europeizado e sofisticado desta escola de "grã-finos", na expressão de Jean Maugüé. Como está na moda evocarem-se origens humildes de figuras da República, aqui fica o registro.

com postura algo diferente da dos egressos da Faculdade de Medicina, da Escola Politécnica, da Faculdade de Economia e Administração e da Faculdade de Direito, lembrando aliás que desta saíram dois juristas da "linha dura", um dos quais redator do AI-5, e outro negando a existência de torturas... embora aqui reconheçamos as lutas de uma brava minoria de professores progressistas, a exemplo de Goffredo da Silva Telles Júnior, Dalmo de Abreu Dallari e, mais tarde, Modesto Carvalhosa (ex-presidente da Adusp), Fabio Comparato, Miguel Reale Júnior, Celso Lafer e outros.

A nossa *escola* formava cidadãos e cidadãs com nova visão de mundo, a respeito dos quais o professor Antonio Candido — referência forte, porém suave em meu caminho — disse representarem então a "expressão do pensamento radical de classe média". E que nosso papel era o de "combater todas as formas de pensamento reacionário". De fato, nos sentíamos diferentes, missionários neojacobinos à francesa e rebeldes ainda sem causa, mas dispostos a combater a Igreja retrógrada, o liberalismo oligárquico, os marxismos mecanicistas, os populismos de esquerda e direita (o populismo dos sindicatos, dos ademaristas e janistas) e ajudar a *implantar o ensino público, laico e universal*.

Dessa perspectiva, o verso do iracundo inconfidente Gonzaga, muitas vezes lembrado pelo saudoso historiador mineiro Francisco Iglésias, entretanto e felizmente, *não serve para mim*, ao menos nesta ocasião. Pois a láurea não chega tarde nem "vem fria", alcançando-me na hora certa, quando a idade outonal e uma precária maturidade me sugerem ser chegada a hora de adotar o *andamento largo* de vida dos meus mestres, e começam a solicitar os primeiros balanços, as primeiras memórias, algum repouso para meditação. E também novos escritos, talvez ensaios, algumas aquarelas, um pouco de música.

Não vou fazer o histórico de minha formação, para não correr o risco de nabuquismo fora do lugar. Não, até porque, em nossa cultura, as ideias estão no lugar, embora há muito *erradas* e enredadas na pesada tradição da conciliação político-cultural. Mais vale advertir — agora emérito que sou — que *o lugar é que está fora do mundo civilizado contemporâneo*. Seria inapropriado, pois, tomar vosso tempo falando de minha trajetória neste momento de águas turvas em que se banha a história, a USP e a nacionalidade. Vivo estivesse, talvez o mesmo Joaquim Nabuco (Quincas, o Belo) diria: "Muitas vezes um país percorre um longo caminho para voltar, cansado e ferido, ao ponto donde partiu" (*Diário*, 11 set. 1877).

É nesse ponto em que penso estarmos hoje, no Brasil, como o coelho de Alice no país das *desmaravilhas*, correndo sem sair do lugar, muitas vezes confundindo o *modo* com a *moda*, como advertia o saudoso Milton Santos, professor desta casa. Serei pois sintético, terei tempo para ser breve (ao contrário do grande padre Vieira), porque tanta memória de perdidas ilusões não teria fim. E urge construir um novo futuro.

***

Não posso deixar, entretanto, de evocar os mestres que me tornaram *citoyen, citizen, cidadão* numa terra com baixíssimo índice de cultura política cidadã, em que podres poderes insistem em tratar a cidadania como um aglomerado de súditos contribuintes, para utilizar conceito caro a Maurício Tragtenberg. Primeiro, recordo minhas professoras do Grupo Escolar Oscar Thompson, no largo do Cambuci, depois os professores do Ginásio Paulistano, na rua Taguá, e no ensino médio os mestres do Roosevelt da rua São Joaquim (onde estudaram Dallari, Ruth e Fernando Henrique, Novais, o primeiro da classe José Serra, que não nos passava "cola", a primeira da classe Marilena Chaui, Gigi Amaral, Amélia Cohn, Nadir Cury Meserani, Caio Navarro de Toledo, mais tarde o grupo-geração de Hugo Segawa e tanta gente mais). No Roosevelt e nesta Faculdade também estudou nossa saudosa Heleny Guariba, que morreu na luta contra a ditadura e cujos restos mortais até hoje não foram encontrados.

Desde então líamos o *Suplemento Literário* do *Estadão*, as revistas *Anhembi, Civilização Brasileira, Brasiliense, Tempo Brasileiro*, a antiga *Senhor*. Recordo também os colegas do Colégio Estadual Roldão Lopes de Barros, no Cambuci, onde logo eu aprenderia a dar aulas para o ginásio e a cultivar ideias, livros e cerveja no bar em frente, com a modernésima diretora comunista Maria Aparecida do Val Penteado, formada por esta faculdade, a inesquecível secretária acadêmica Helena Rolim e os jovens professores de variada indisciplina. Foi minha primeira experiência transdisciplinar líquida e incerta.

Mas quero aqui evocar meus professores jacobinos *desta Faculdade*, então na rua Maria Antonia, onde reencontraria o professor Vilalobos, todos depois amassando barro para alcançarmos o prédio da antiga reitoria, onde mais tarde atuariam ao lado de alguns girondinos de esquerda. Marcante a atuação do professor *sans-culotte* Florestan (com seu avental branco e sobrancelhas espessas), a quem tanto devo na compreensão do que vem a ser *uma verdadeira escola*, fornecendo ainda chaves para o deciframento desta sociedade. Deixou-me ele sobretudo lição de urgência na requalificação do trabalho dos cientistas sociais, da pesquisa e do empenho do intelectual. E do papel dos historiadores nessa requalificação, que aqui sinalizo aos mais jovens desta Faculdade. Revelou-me Florestan outros níveis de *historicidade*, para pensar nossa cultura, nosso tempo e a mim mesmo.

Ainda sobre nossa Faculdade, diga-se que o liberal Júlio de Mesquita Filho, do *Estadão*, era seu defensor radical, reafirmando sempre que a nova escola deveria situar-se e se manter como centro aglutinador no organograma da USP, *locus* em que se produziria a "ciência fundamental", a filosofia. Nos anos 1940, nossos antigos professores testemunharam seu discurso de paraninfo da primeira turma de formandos, que provocou a retirada em protesto dos diretores das faculdades tradicionais e autoridades. Foi o primeiro duro embate da Faculdade. Sob a ditadura de 1964, um grupo de três professores da Poli, do Direito e da Medicina compuseram o "colegiado" que elaboraria a lista dos cassáveis e os entregaram às autoridades militares de Brasília.

Embora em 1968 em cada faculdade houvesse reuniões secretas mais amplas, para o levantamento de nomes "cassavéis" em toda a USP (informação que nos deixou escapar o professor Eduardo França), foram três os grandes professores inquisidores encobertos, que forneceram os nomes do "réus" ao governo militar em que serviam Gama e Silva e Tarso Dutra. Eram eles Moacyr do Amaral Santos (Direito), Teodureto Souto (Politécnica) e Jerônimo Campos Freire (Medicina). Documentação para a história dessa barbárie que desabou sobre nossa instituição pode ser encontrada no *Livro negro da USP: o controle ideológico da universidade* (São Paulo: Adusp, 1978). História incompleta, diga-se, pois em quase todas as faculdades e departamentos houve denúncias explícitas ou encapuzadas. Novas pesquisas revelarão pormenores inesperados.

Minha expectativa é que estas lembranças sirvam para uma reconstrução histórico-crítica de nosso passado recente. E para despertar a imprensa destes dias atuais, pois também ela — com raríssimas e ralas exceções — perdeu o rumo nesta era de banalização do papel da universidade na construção da nação.

Abertura ao estudo das civilizações

Sou grato portanto à nossa Faculdade de Filosofia, instituição em que sempre se cultivou o *espírito universitário*, que neste outono paulistano com suas nuvens de azul plúmbeo — tão caras a Sérgio Milliet — buscamos aqui, no desterro do Butantã, como uma *madeleine* parada no ar. Naquela escola da rua Maria Antonia e naqueles bares e restaurantes (nos bares do Zé e do Osvaldo do Grêmio, no Gigetto, no Pandoro e no Paulino, onde nos acotovelávamos com o pessoal do teatro, do cinema, da música e do nada) eu aprendi que, na história geral da educação e da cultura, *a Faculdade de* FCL *(na verdade, a antiga* FFLCH*) é a mais bela das ideias surgida desde os gregos*. Definição sempre repetida pelo inquieto estadista da educação Anísio Teixeira, que, com Fernando de Azevedo, fora dos principais autores do *Manifesto dos pioneiros da educação*, circulando em nossa escola da Maria Antonia, por vezes, atravessando a rua, indo ao Mackenzie para ver seus amigos presbiterianos. Dois educadores que criaram também o Centro Regional de Pesquisas Educacionais, já no *campus* do Butantã.

Na Maria Antonia pude aprofundar leituras do colégio, como *Paideia*, de Werner Jaeger, as obras do Dilthey, Rickert, Erich Fromm, Cassirer, Colingwood ou o então criticado Arnold Toynbee, os estudos de Euclides, Caio Prado Júnior e Celso Furtado, para descobrir o Brasil real. Comecei então a frequentar as grandes coleções de história da civilização, como a *Clio*, a *Cambridge modern history of civilisations*, a *Peuples et civilisations*, sobretudo a *História geral das civilizações*, dirigida por Maurice Crouzet e traduzida por intelectuais como Vítor Ramos e J. Guinsburg, tudo por iniciativa de Eurípedes e do "criptocomunista" Paul Monteil, da Difel. Monteil, cuja obra hercúlea editorial, em que se inscreveu a *História geral da civilização brasileira*, dirigida por Sérgio Buarque de Holanda e depois por Boris Fausto, aguarda estudo de um de nossos atentos mestrandos ou doutorandos.

Mas ao Eurípedes é que devemos a abertura para o estudo das *civilizações*. Quantos historiadores estrangeiros ele convidou para nossa Faculdade! Frédéric Mauro, Godinho, Glénisson, Kellenbenz, Mollat, Bruand, Vercauteren, Barradas, ajudando-nos depois a trazer Soboul, Godechot e muitos mais, sempre os aproximando dos estudantes. Criou um impactante setor de *revistas especializadas* publicadas em várias línguas, o melhor do país, ao qual íamos com espátulas na mão. Brigava como um leão para incluir no orçamento da USP as assinaturas daquelas fontes de atualização.

Naquela época lí também Marx, Weber, confesso que li pouco Durkheim, porém muito Mannheim, Sartre, Simone (esta desde o colegial, conversando com minha irmã Amélia, sobretudo *Memórias de uma moça bem comportada*, para entender melhor minhas colegas). Sua obra e a de Sartre foram magistralmente traduzidas por Milliet. Pude assistir às aulas e conferências sobre marxismo e existencialismo do franco-brasileiro Michel Debrun (outro crítico da conciliação), do marxista diferenciado Soboul (Sorbonne) e do discreto liberal jacobino Godechot (o *doyen rouge* de Toulouse, com quem estudei em 1967-1968). Destes três últimos me tornaria amigo e, de certo modo, discípulo, numa complexa combinação de teorias que nem mesmo a mente teórico-epistemológica de Gabriel Cohn deslindaria.

Ocorre que, em 1964, pelas mãos de Eurípedes, chegou a São Paulo um personagem surpreendente, Joaquim Barradas de Carvalho, então exilado em Paris, com 44 anos. Comunista, aristocrata romântico com alma socialista, braudeliano à portuguesa, antissalazarista iracundo, vinha em missão franco-brasileira para lecionar história ibérica na faculdade, juntando-se a nós, que iniciávamos a docência naquele ano fatídico. Aqui Barradas deixou-se ficar por vários anos, cumprindo papel decisivo na formação de inúmeros pesquisadores, talvez mais do que todos os franceses somados. Fez inúmeros amigos, atuava conosco na USP, mas também nas "universidades" Riviera, Gigetto, Paribar, Arpège, no Fasano da calçada da Paulista, no Frevinho da rua Augusta, nos botecos.... Tendo eu então 23 anos e Barradas 44, ele se tornaria uma de minhas melhores amizades, vindo a falecer muito cedo, em Lisboa em 1980, aos sessenta anos.

Insistia para que lêssemos melhor Gilberto Freyre, Sérgio Buarque, Caio Prado Júnior. Mas igualmente Cruz Costa, para aprender a *pensar o pensado*, como sugeriu Machado de Assis na *Teoria do medalhão*. Ensinou-nos a fazer pesquisa à lupa, martelou algumas frases que ficaram em nossa formação. O historiador José Ribeiro Júnior chegou a compor um samba de breque inspirado em Moreira da Silva, todo à base de formulações barradianas. Naqueles anos, chegamos a dar aulas juntos, com meu melhor ex-professor, Fernando Novais, e nos deslocávamos das salas de aula para os bares (onde sempre encontrávamos Bento Prado Júnior, o mais brilhante de nossos filósofos, e outros, como o educador Celso Beisigel, lecionando vida), para o Teatro de Arena e depois para o Oficina (onde Guarnieri e José Celso ensinavam a história do presente), e para o mundo, enfim. Tudo isso com alunos e alunas borbulhando em volta.

Barradas, exemplo gilbertiano de adaptação do português nos trópicos, insistia que o vinho Granja União e o uísque Drurys eram razoáveis, e que o rio Pinheiros lhe evocava o Sena... Ideias e paladares fora do lugar? Em 1968, estava ele conosco nas barricadas e debates nas ruas Maria Antonia e Dr. Vila Nova, assim como o alemão Bertolt Zilly, tradutor de *Os sertões*, o afrancesado Joseph

Love, os radicais Warren Dean e Michael Hall e poucos outros. E, mais tarde, lecionando em nosso exílio no Butantã. Toda uma época, enfim, em que nada era banal e que a universidade — e *ser universitário, ser professor* — contava tanto local, como nacional e internacionalmente. Enfim, sem fax, DDD, internet, Powerpoint, *round table, coffee-break, pendrive* e Capes (que ainda trazia a boa inspiração de Anísio) comunicávamo-nos muito mais do que hoje, em que a universidade e suas congregações vivem em silêncio ensurdecedor. Banalizadas, muitos professores — não todos — passaram hoje a cultivar a ideologia das ilusões perdidas, em face da "maioria ordeira", e as literatices do desencantamento e da "descontrução". Ou seja, o danoso *retour de la mélancolie des intellectuels du vieux continent* denunciado por Wolf Lepenies, na aula inaugural no Collège de France no ano de 1992, e que como sempre chegou com algum atraso ao Brasil.

Em situações de crise, como a atual, havia *liderança*. Sob pesada ditadura, recordo-me do diretor Eurípedes em 1977 recebendo alunos em passeata-monstro na porta deste edifício, enquanto policiais e um helicóptero militar os vigiavam, voando baixo. Nosso diretor vestiu seu avental branco e dirigiu-se calma e lentamente à calçada para dialogar com os estudantes, aos quais recomendou, desde logo, que se sentassem no chão para conversar. Acomodados no cimentado e nos gramados, atendeu de pronto algumas reivindicações banais e deixou outras para tratar com uma comissão, logo recebida em sua sala diretorial. Para acompanhá-lo, apenas o professor José Sebastião Witter e eu, mais o secretário da faculdade, Eduardo Ayrosa. Em seguida, fazendo blague, despachou os alunos para continuarem a passeata: "Agora vão azucrinar o diretor da Poli".

Ainda no capítulo das influências, abro parênteses para assinalar que, em nossa disciplina de história moderna e contemporânea, utilizávamos muito as obras de Huberman (*História da riqueza do homem*), Sweezy, Baran e Dobb, e pouco depois, de Hobsbawm. Tudo combinado com Huizinga, Burkhardt, Marc Bloch, Denis Hay, Boxer, meus mestres e amigos Godinho e Stanley Stein, e outros, que Novais nos inculcava com rigor, como Gino Luzzatto e Heckscher, que líamos trêfega e tropegamente com nossos alunos em italiano e inglês. Mas, acima de todos, o grande Lucien Febvre, que Eurípedes traduziu e publicou em 1950, como texto inaugural do número 1 de nossa tradicional *Revista de História*, como a sinalizar que o importante é fazermos a história ampla, generosa das civilizações, das culturas, das mentalidades. Dos brasileiros, li muito e frequentei o então jacobino carioca e nacionalista José Honório Rodrigues, homem de arquivo mas de combate, crítico feroz da conciliação, que descortinava para nós a importância da *historiografia enquanto disciplina e método de trabalho*. (Entre parênteses, recorde-se que Zé Honório — como o chamávamos — não aceitou participar de concurso para o preenchimento do lugar de Emília Viotti da Costa, cassada, em protesto.)

Mas foi Caio Prado Júnior, o marxista paulistano, militante comunista e heterodoxo, que participara da Guerra Civil Espanhola, quem mais me marcou. Um aristocrata que rompera com os valores do estamento a que pertencia. Preso diversas vezes (inclusive no 16º batalhão, próximo da Cidade Universitária no início dos anos 1970), até hoje não entendi por que nunca deu aula na USP, antes e depois da ditadura: uma história mal explicada, em verdade muito estranha. Como aliás a de Ernani Silva Bruno, Sérgio Milliet e do próprio Edgard Carone, que só muito mais tarde foi aceito por nosso estamento departamental. Já o brilhante e iracundo Tragtenberg nunca foi aceito, tendo ele e Carone sido convidados pelo professor Antônio Angarita a lecionar na FGV. Ponto positivo para a FGV.

A propósito do Caio Prado (comunista elegante que insistia que o tratássemos por "você"), recordo-me de conferência inesquecível que fez a meu convite no CEHAT em 1962. Falou sobre o método dialético no centrinho Taunay, dos alunos, do qual eu era presidente, o que provocou reação de delegado "infiltrado" do DOPS, pelo que fomos advertidos, acoimados de ingênuos. Não éramos, embora não imaginássemos que dois anos depois o golpe civil-militar seria desfechado.

Não muito tempo depois, marcaram-me como intelectual e cidadão Florestan Fernandes, Antonio Candido e Raymundo Faoro, sucessivamente e nessa ordem, aliás os três personagens principais de meu livro *Ideologia da cultura brasileira*. Tese que, em junho de 1975, só poderia mesmo ter sido defendida nesta escola, à sombra do diretor Eurípedes, e com o apoio intelectual e pessoal de alguns colegas, sobretudo Alfredo Bosi, que me aconselhou em momento de hesitação, no café que existia embaixo desta congregação: "Seja fiel a si próprio neste seu momento, e vá em frente".

Naquele mesmo ano fatídico do assassínio de Vlado Herzog, em outubro, nos reencontraríamos aqui embaixo, no bar vazio, sob a coordenação de Antonio Candido (que, tirando o paletó, arrastou mesas para nossa "plenária") e Maria Isaura, para discutirmos o que fazer perante tanta violência fora de controle. Quem quiser saber mais e tiver bons nervos para entender aquele tempo, leia o livro *Meu querido Vlado*, de Paulo Markun, ou *Iara*, de Judith Patarra, ou, ainda, assista o documentário de João Batista de Andrade sobre Vlado Herzog. Com efeito, anos de chumbo grosso.

Antes, porém, eu tivera a sorte de iniciar meu caminho na Biblioteca Municipal, como simples auxiliar de escritório, na mesma sala da diretoria onde Sérgio Milliet encerrava sua luminosa porém discreta gestão. Sóbrio, crítico, generoso, multidisciplinar, cosmopolita e boêmio, Milliet, *intelectual oblíquo* (como o definiu Alambert), em nada lembrava aquela avassaladora autoestima dos catedráticos uspeanos e mesmo de seus pomposos assistentes, dos auxiliares de ensino e de algumas *"assistantes du coeur"* (a expressão é de Fernand Braudel), que o diretor Eurípedes tanto arreliava.

Para mim, *Milliet, homem-ponte,* fazia a conexão entre o *espírito voltairiano* de meu avô Moura Santos, discreto educador da turma de Sud Menucci e Amadeu Amaral, e o *laicismo* de nossa faculdade, porém com a marca existencial e cético-crítica atuante de seu grupo-geração, que incluía Luís Martins, Paulo Duarte, Júlio de Mesquita Filho e outros. Visto que nossa faculdade fora criada, como reza o seu estatuto, para formar *professores e pequisadores* (nesta ordem), o registro millietiano — com um pouco de Malraux, Gide, outro tanto de Aimé Césaire, mais Alcântara Machado e João Antônio — amaciaria meu jacobinismo militante, dando outro sabor às aulas e inspirações para orientação de novos pesquisadores. Milliet, vivo estivesse, não teria seu *curriculum vitae* aprovado pela Capes, pois detestava a burocracia, inclusive a universitária.

Por fim, eu seria ingrato se não mencionasse o quanto aprendi, a partir de 1964, nos primeiros anos de docência e pesquisa junto à cadeira de história moderna e contemporânea. Testamos teorias, autores, exercitamo-nos na crítica historiográfica e ideológica, num *balancez* entre o liberalismo conservador e as ambiguidades do catedrático, o velho professor França, e nossa iracúndia de *jovens turcos* (como Eurípedes nos denominava), ainda assistentes que nos formáramos num mundo de reformas, descolonização e ideias de revolução para atuar em outro, após 1964, de regresso, de contrarrevolução, de volta ao atraso. Mundo em que nos radicalizamos, *malgré nous mêmes*. Como observou Celso Lafer, aluno da Faculdade de Direito e de letras neolatinas em nossa faculdade, éramos uns privilegiados, pois tivemos a sorte de estudar em ótimos colégios antes de 1964, forjando instrumental para compreender e atuar depois em inesperadas e piores condições Nessa transição entre duas épocas, nossa "ínclita geração", algo pretensiosa, sentia-se a cavaleiro da história, embora alguns de nós tenhamos sido logo apeados, custando a entender os novos e tristes tempos.

Em nossas salas de aula, acompanhávamos com apreensão a mudança de rumos da história. De tudo ficando um pouco, para mim permanece a importância dos seminários-aulas em nossa disciplina de história contemporânea, em que treinávamos jovens candidatos à docência e pesquisa, com preocupações conceituais e até teatrais (o que não era difícil para o velho França), numa época em que a faculdade se esmerava em *formar professores* para a rede escolar. Com o professor França — apesar de sua dificuldade de concluir um pensamento ou a leitura de uma tese — e sobretudo com Novais aprendi a dar aulas de história.

Uma nova mentalidade: a nossa Faculdade de Filosofia

Deixemos porém de lado a *petite histoire* biografizante, retendo a ideia da importância de nossa faculdade, então polo animador da USP, naqueles *idos 1950 e 1960, anos de formação de uma nova mentalidade universitária neste país*. Desenharam-se então *novas formas de pensamento* de vanguarda cultural, científica e verdadeiramente interdisciplinar, com implicações políticas. Uma *nova postura* intelectual neste país, marcado pela crítica ao ensaísmo ingênuo, ao impressionismo, ao parnasianismo retardatário. Recorde-se que o tom geral da vida universitária era outro, muito animado e criativo, e a

Fapesp e a SBPC constituem duas das melhores e recentes construções institucionais daquele momento. Nas escolas públicas, nos colégio de aplicação, escolas vocacionais e em algumas escolas do ensino particular destacavam-se as atuações de professores do nível de Maria da Penha Vilalobos, Maria Nilde Mascellani e do dramaturgo Jorge Andrade, de Dante Moreira Leite, Maurício Tragtenberg, Décio de Almeida Prado, Lucy Wendel, José Arthur Gianotti, e dezenas de outros, espalhados pelo estado de São Paulo, em sua quase totalidade representantes dessa nova postura e visão de mundo científico-cultural que nossa Faculdade de Filosofia cultivava. No interior, tais professores atualizadores contrapunham-se à cultura de campanário de uma Igreja católica reacionária anterior a João XXIII (instituição que pouco se modernizou até hoje), e por vezes eram perseguidos pelos padres, pelas "boas famílias" que neles viam mau comportamento, pelos delegados de polícia locais, sendo bravamente defendidos na imprensa por Paulo Duarte e Julio de Mesquita Filho, o diretor do *Estadão* e, como disse, fã incondicional de nossa faculdade. Eles apoiavam a luta pela escola pública gratuita, laica e democrática, junto com a Apesnoesp (hoje Apeoesp), então dirigida por Clemente Segundo Pinho e Deusdá Magalhães Mota, formados nesta faculdade, contra o ademarista e corrupto padre Baleeiro e contra o atrabiliário governador Jânio Quadros, enfrentado por Cruz Costa e outros.

Aqueles mestres e jornalistas, e entre eles os irmãos Abramo, figuras transcendentes, eram gatos pardos de variada procedência, que se reconheceriam e se aliariam mais tarde, na noite da ditadura que se abateu neste país em 1964, e sobretudo após o golpe de 1968. Traziam a marca, o apreço e a admiração pela nossa Faculdade de Filosofia, a *escola* de Cruz Costa, Livio Teixeira e Fernando de Azevedo a Mario Schemberg, Aroldo de Azevedo, Rocha Barros, Simão Mathias, Aziz Simão, Aziz Ab'Saber, Ruy Coelho, Pasquale Petrone,

Soares Amora, Egon Schaden, Antonio Candido, Lourival Gomes Machado, Isac Nicolau Salum, Florestan, Duglas Teixeira Monteiro, Carlos Lyra, Luiz Edmundo Magalhães, Crodowaldo Pavan (entre muitos outros). Havia mulheres sim, como Maria Isaura Pereira de Queirós, Gioconda Mussolini, Carolina Bori, Emília Viotti, Paula Beiguelman, todas muito abertas e modernas, como Cleonice Serôa da Motta Berardinelli, que desenvolveu brilhante carreira intelectual no Rio. Mais tarde Eunice Durham, Walnice Galvão, Celia Galvão Quirino, Maria Sylvia de Carvalho Franco, Lea Goldstein, Maria Adélia de Souza, Leyla Perrone, Rosa Ester Rossini, Marilena Chaui, Maria de Lourdes Janotti, Suely Robles de Queirós, as saudosas Ruth Cardoso e Carmut. Todos e todas carregavam, ou carregam, em sua formação, aulas e projetos as melhores heranças das Revoluções Francesas (1789 e sobretudo 1793), das ideias de Lakanal a André Malraux e Michel Foucault ao *dernier cri* da escola dos *Annales* — escola mais citada que aplicada de fato, é verdade. Inspiravam-se nas lições de Lévi-Strauss (que, segundo o irreverente Darcy, nosso paraninfo em 1964, não gostava muito de índio, mas de "estruturas"), de Maugüé, de Bastide, Monbeig, matizadas pela inspiração em ideias e métodos da cultura anglo-saxônica de John Dewey, Whitehead, Malinowski, Herskovits, e temperadas pela literatura anglo-saxônica em geral.

Vizinha da Maria Antonia, a Escola Livre de Sociologia e Política, escola irmã da nossa, como a Faculdade de Arquitetura e Urbanismo da USP (da qual Eurípedes e Lourival Gomes Machado foram diretores "emprestados") e a FAU do Mackenzie, também animava as pesquisas, testando teorias e aplicando métodos e técnicas (Darcy e Florestan devem muito àquela escola). As ruas Maria Antonia, Maranhão, Itambé, a praça Leopoldo Fróes, mais a Biblioteca Municipal na rua da Consolação, a Livraria Francesa na rua

Barão de Itapetininga, e o Filé do Morais, no fundo da ronda da noite na avenida São João, na praça Júlio de Mesquita, delimitavam as fronteiras do nosso "Quartier Latin", definindo a "nossa praia". Antes a Vienense, depois a Leiteria Americana, o Paribar, o bar Arpège e mais tarde a barulhenta Galeria Metrópole tornaram-se nossos "points".

Pela Biblioteca Municipal Mário de Andrade, no tempo de seu diretor Milliet, passaram Nicolás Guillén, Sartre e Simone, Alfred Métraux, Braudel, Jaime Cortesão, Richard Morse, Robert Frost e William Faulkner, entre tantos. Dado seu estado etílico, conta-se que Faulkner mal lobrigava os prédios da avenida Ipiranga, imaginando-se ainda em Chicago. No bar do Hotel Terminus, quantas histórias, o que explica até o título de um livro de Milliet, *Terminus seco*.

Na biblioteca circulava uma infinidade de brasileiros, como Ernani Silva Bruno, Rubens Borba de Morais, Luís Saia, Sérgio Buarque de Holanda, Arnaldo Pedro Horta, o antropólogo germano-brasileiro Herbert Baldus, e uma infinidade de artistas, como Fayga Ostrower, Rebolo, Manabu Mabe, Solano Trindade, Odeto Guersoni. Milliet, com a personalíssima Maria Eugênia Franco, criara um modelar setor de artes na biblioteca, com desenhos e quadros originais de seus amigos franceses, suíços, brasileiros e outros, que tanto atraía os jovens arquitetos.

A lista de artistas e intelectuais em geral, do mais alto nível, seria infindável. Na biblioteca, desenrolava-se a vida discreta nas "celas", das quais eu era o guarda-chaves: eram saletas recobertas com excelentes madeiras, reservadas no primeiro andar para uso temporário de pesquisadores, professores e visitantes estrangeiros, com acesso privilegiado aos livros. Nelas, abrigavam-se personalidades ou mesmo iniciantes, como Roberto Schwarz e

Carolina Bori, que conheci então. Muitas vezes conversava com alguns deles na antessala da diretoria, no período da manhã, em que os diretores dormiam em suas casas, refazendo-se da madrugada anterior.

Pois bem: nesse caldo cultural, brotou e se desenvolveu aqui *um pensamento próprio*, abrangendo todos os quadrantes, obtido e aprimorado por novas metodologias e técnicas de pesquisa, e balizado por teóricos nacionais e internacionais reconhecidos mundialmente.

Por volta de 1964, nossa Faculdade de Filosofia já estava consolidada e começava a incomodar o *establishment* com seus formandos iracundos, reformistas. O golpe civil-militar viria sofrear nosso desenvolvimento e o golpe dentro do golpe de 1968 abalou ainda mais os alicerces de nossa escola. Com as cassações de algumas das melhores cabeças — *porém não de todas, grife-se!* —, a nova ordem estabelecida imaginava que, com IPMs e o controle dos colegiados e da carreira fechada, o pensamento radical da Faculdade de Filosofia seria extirpado.

Tudo fazia crer em tal disparate, porque houve migrações pessoais e institucionais, tanto para o exterior, como para outras instituições criadas em São Paulo fora da rede oficial, como o Cebrap e o Cedec (de cuja criação participei), além da partilha da antiga faculdade com a reforma de 1970, quando foram criados os Institutos de Física, de Química, de Matemática e Estatística, de Biociências, de Psicologia, a Faculdade de Educação etc. Todos filhos da nossa antiga faculdade, cujo "espírito" migrou e deu frutos nas faculdades do interior do estado e alhures, Unicamp incluída. Registre-se que, além de muitas escolas públicas da rede escolar, alguns colégios particulares de alto nível também se beneficiaram com a formação que diretores e professores tiveram nesse clima científico-cultural.

***

A despeito dos embates, da ditadura e da partilha, nossa faculdade não morreu. Houve um grupo-geração intermediário — então por volta dos trinta e quarenta anos — que, associado a antigos professores como José Cavalcante de Sousa, Antonio Candido e Aziz Simão (para citar três nomes apenas), à sombra do decano Eurípedes, manteve acesa a chama do que restara da antiga escola. Em 1978, com a morte trágica deste, o professor Aziz assumiu o papel de *condotieri* da escola e deu início à resistência anti-Maluf e contra a direita instalada no campus (registros do DOPS existentes no Arquivo do Estado mostram que muitos mestres foram seguidos, vigiados em salas de aula, até pelo menos 1984!). Em alguns anos, tardiamente, abalou-se o poder dos catedráticos, abriram-se concursos após renhidas batalhas, criaram-se e se afirmaram os cursos de pós-graduação inovadores, e para cá confluíram colegas de outros estados, novos polos da cultura universitária: chegávamos a ter quinze ou mais orientandos!!!. Tratava-se de um difícil trabalho de *resistência*, e àqueles colegas, funcionários solidários e alunos presto aqui minha homenagem.

Jamais esquecerei que, nos anos 1980, fui eleito chefe do departamento de história com o *voto paritário* de uma parcela dos professores, dos funcionários e alunos, quando pudemos mexer um pouco (não tanto quanto o necessário) nas estruturas viciadas, e aqui faço uma homenagem aos meus colegas de departamento na pessoa de Sylvia Bassetto, então combativa assistente de chefia, com a qual participei de incontáveis assembleias de alunos, professores e funcionários, nos períodos diurno e noturno. Assembleias cansativas porém produtivas, onde aprendemos muito.

Recordo que os alunos haviam deflagrado inúmeras greves contra a autocracia instalada no departamento, e aqui os homenageio na pessoa do professor Modesto Florenzano, atual vice-diretor, que liderou um movimento memorável e toda a sua geração perdeu um ano escolar. Pouco depois fomos eleitos para a direção desta faculdade, em disputa com o saudoso João Alexandre Barbosa, José Cavalcante de Souza e Ítalo Carone, pelo voto direto dos professores, funcionários e alunos, não tendo tomado posse, dada a dura reação de um dos inúmeros reitores medíocres que ocuparam o poder até a eleição de Goldemberg, aliás membro de nossa Faculdade e da Poli. Discutimos a fundo, publicamente, presente e futuro desta escola.

O "espírito da Faculdade de Filosofia" não morreu, apesar de tudo, e a despeito de continuar *fracionado* e desmobilizado pela divisão ideológico-institucional do trabalho intelectual. Pois a vida em nossa escola continuou e continua bastante compartimentada, os departamentos isolados em si mesmos, aliás como em quase todas as faculdades da USP, que continuam bem satisfeitas com o *statu quo*. Nesse sentido, reiteramos nossa *crítica à existência de divisão da faculdade em departamentos*.

Mais tarde, o espírito de nossa faculdade reacendeu-se também no Instituto de Estudos Avançados, onde antigos professores cassados ou não, titulados ou não, se reconheceriam como velhos *compagnons de route* na aurora de uma longa madrugada, trazendo para nosso meio *intelectuais não universitários*, como Jacob Gorender, José Paulo Paes e Hans-Joachim Koellreuter, e visitantes como Richard Morse, Christopher Hill, Boaventura de Sousa Santos, Anibal Quijano, Marc Ferro, M. Moreno Fraginals (um heterodoxo defensor da Revolução de 1959 e amigo de Che Guevara, historiador crítico que o regime cubano entretanto não engoliu — outra história mal contada).

Mas a criação do IEA — que se deve à iniciativa de muitos professores, como os saudosos Rocha Barros, Pavan, entre tantos — é outro capítulo dessa história de sucesso, diversamente do natimorto centro de estudos do Terceiro Mundo que tentamos criar na USP, na gestão do reitor Goldemberg, sem êxito, apesar do apoio da reitoria, de Milton Santos, Antonio Candido, Rocha Barros, Darcy Ribeiro (Rio de Janeiro), Leopoldo Zea (México), Enrique Amayo Zevallos (Unesp) e vários outros colegas. O fato é que a USP não se pensa no Terceiro Mundo...

***

Hoje, minha relação com a faculdade está bem equilibrada. Não sem algum prejuízo familiar, dei o melhor de mim para esta escola, em salas de aula e nos colegiados, onde fui representante dos assistentes, dos doutores, dos livre-docentes. Também no Centro de Estudos Taunay, na SBPC e na Adusp, confesso que atuei. Em 1977, Eurípedes fez-me presidente da Sociedade de Estudos Históricos, fundada em 1950 por ele, Odilon Nogueira de Matos, Caio Prado Júnior, Pierre Monbeig, entre outros; logramos organizar alguns eventos, sobretudo o de Fortaleza em 1979, na SBPC, em que discutimos o mundo luso-afro-brasileiro após a descolonização e a Revolução dos Cravos, com os saudosos Severo Gomes, Michel Debrun, Augusto Abelaira (o tradutor de Huizinga para o português) e Aquino de Bragança, o amigo de Samora Machel e ideólogo da Revolução Moçambicana.

Em 1974, participei da montagem da pós-graduação em história, ao mesmo tempo que defendi alunos e professores o quanto pude junto à reitoria, controlada pelos serviços de segurança, que bloqueavam as contratações de jovens valores, tidos por "subversivos". Na reitoria, imperava uma direita esperta, com traços explícitos de antissemitismo.

Já defendia publicamente — e ainda defendo — eleições diretas para a função de reitor da USP (e também de outras universidades, como a Universidade Federal de São Carlos, em que tal solução deu muito certo) e ainda para a direção das faculdades, tendo participado de disputas reitorais aqui e na Universidade Federal de São Carlos. Para a reitoria da USP, perdi para Goldemberg e outros, mas pude ajudar a criar o IEA, como primeiro diretor, com participação de vários colegas notáveis, professores e pesquisadores de alto mérito.

Aprendi muito com meus colegas desta faculdade, do nosso instituto e da universidade, fiz grandes amizades, uns poucos desafetos, estes em geral conservadores ou mesmo reacionários. Pois tomara a sério as palavras de Antonio Candido sobre a missão dos professores da FFCL, na *Plataforma da nova geração* (1945): "O nosso papel é o de combater todas as formas de pensamento reacionário".

E havia pensamento reacionário para valer — *a rodo e em todos os planos* — até 1982, 1983, e mesmo depois... Basta dizer que em 1982 o nome de Vilanova Artigas, cassado pela ditadura, foi vetado pela congregação desta faculdade para participação em simples banca de doutorado *nesta escola*, pois ele não possuía o título de doutor, embora fosse profissional de *notável saber* reconhecido nacional e internacionalmente!!! Submetido seu nome à votação para obtenção desse título, que permitiria participar do júri do referido concurso, perdemos por dois votos. Lembro-me dos nossos urros de raiva, sobretudo do indignado Aziz Ab'Saber. Poucos meses depois, já doente, Artigas seria reintegrado à carreira por meio de concurso público, no posto de professor titular da FAU, o mais alto, em acontecimento memorável. Foi, aquele, mais um momento triste na história de nossa escola. "O que fizeram comigo [a cassação e tudo o mais] foi uma molecagem!", disse Artigas ao final do concurso.

Nesta faculdade, dediquei-me à disciplina de história contemporânea, da qual me tornei titular em 1983, e de história social das ideias. Diga-se, porém, que nem sempre foi fácil a aceitação da contemporaneidade em nosso departamento, tanto que meu concurso para professor titular foi articulado por Azis Simão e João Batista Borges Pereira, do departamento de ciências sociais, quando o diretor era Ruy Coelho.

Em vários fóruns (Adusp, SBPC, AASP) travamos a boa luta pela redemocratização do país. Mas foi *nesta sala da congregação, um salão de pequena nobreza distante da pólis e da Maria Antonia, diverso sobretudo da faustosidade da Faculdade de Direito*, que aprimoramos nossas *ideias sobre o papel e o lugar da universidade* em nosso complicado país. Com Aziz Ab'Saber, Aziz Simão, Petrone, José Pereira de Queirós, Luiz Pereira, João Alexandre, Cavalcante, Mary Lafer, Italo Caroni, Alfredo Bosi, Marilena Chaui, Maria Sylvia e tantos outros colegas, creio que cumprimos nossa missão, a missão daquela hora.

Pensando bem: creio que sou muito mais *devedor* do que credor de nossa faculdade, onde colhi experiências e amigos que levarei para o resto da vida.

Quanto ao futuro de nossa faculdade

E as novas gerações? Embora um tanto desmemoriadas, felizmente já estão libertas dos miasmas dos antigos catedráticos e dos fantasmas que alguns de seus ex-assistentes continuaram a cultivar durante um bom tempo, com as nobres viseiras catedráticas, já distantes da tacanha mentalidade hierárquica, bloqueadora de iniciativas, que tivemos que enfrentar. Nada obstante, que fiquem atentas, pois as tais *remanescências estamentais* permanecem fortíssimas nesta sociedade de classes em condição periférica, como analisou o professor Brasílio Salum Júnior. A tradição, entre nós, não é de modernidade, pois não nos livramos completamente da mentalidade escravista, corporativista, burocratizante e coronelista.

Apontando horizontes, neste clima de mal-estar civilizacional, hoje tão acentuado em nosso país, penso que nosso papel é o de reintroduzir, com insistência, a discussão sobre o que já se chamou um dia de *questão nacional*. Ou de *projetos de nação*, para evocar as preocupações maiores dos saudosos Debrun, Faoro, Florestan, Celso Furtado, Caio Prado Júnior e Severo Gomes. Temática fundamental ainda cultivada por Bresser Pereira, Nestor Goulart Reis, Joaquim Falcão, Wanderley Guilherme, Leandro Konder, Eduardo Portella, Alberto da Costa e Silva e outros intelectuais que vêm pensando e tentando decifrar, em perspectivas diversas, o país em termos de Estado-nação, para o que se torna imprescindível a rediscussão de um *projeto nacional*.

QUAL NOSSO PAPEL?

Creio que é o de ajudar na sinalização histórica para a construção de um futuro melhor, *de uma sociedade efetivamente democrática*, pondo abaixo a tradição oligárquica e o conceito de cultura estamental-escravista que embasa tal tradição, por vezes disfarçada como "moderna". Saltam aos olhos algumas questões:

1. Já não é passada a hora de se repensar a universidade numa era de cultura digital, sem os engodos de educação a distância e outros, reforçando-se, em contrapartida, a *formação humanística*, como se faz em Harvard (universidade particular bem financiada, sempre citada, porém de fato pouco imitada por nossas elites), em

Columbia, na École des Hautes Études de Paris, na Sorbonne, na Freie Universität de Berlim, em Berkeley, em Princeton etc.?

2. Na USP, qual deve ser o *novo lugar* das ciências da cultura? E das ciências da vida? Numa instituição veneranda, porém tão desmemoriada, qual deverá ser o novo lugar dos estudos históricos?

3. A instituição *departamento* não se apresenta hoje demasiado anacrônica?

4. Como ollhar a sociedade atual, enfrentando coletivamente, *enquanto escola*, temas substantivos? Sabemos muitas respostas, mas em geral, formulamos mal as perguntas. E observam-se sempre derrapagens nas soluções e aplicações efetivas.

5. Não terá chegado a hora de deixar de lado as vagas discussões sobre o imaginário, falsos novos objetos, "outros olhares", gêneros e tantos novos/velhos modismos? Etc.

6. Não passou da hora de voltarmos nossa atenção e atuação para *temas substantivos*, para evitar — citando novamente Milton Santos — o risco de confundir *o modo com a moda*? Quais temas, porém? O Atlântico, por exemplo, que está aí, examinado em suas múltiplas dimensões histórica, geográfica, geopolítica, ecológica, econômica, biológica etc. Outra questão é a da água e da poluição, e nosso IEA está editando números temáticos densos sobre esses e outros temas-problemas candentes. Outro tema gritante é o das crianças, *ainda e sempre* nas ruas, na prostituição a poucos metros daqui, na miséria. E a temática da crise da cidade, ou melhor, das *anticidades* que vicejam em nosso país, sobretudo esta já inviável São Paulo. Uma cidade-pânico, de que fala Paul Virilio.

Tema muito mais próximo, a ser tratado com urgência, antes de discutirmos "cotas", é o de "nossos alunos". Ainda mal sabemos *quem são* e *o que pensam* nossos alunos, suas necessidades, seus horizontes político-culturais e valores, suas ansiedades em face do mercado que os espera, nesta quadra histórica em que as chamadas profissões liberais foram proletarizadas. O mesmo valendo para a *atualização* de nossos colegas *funcionários*, ainda presos a formas, fórmulas, espaços e salários desatualizados, como se constata em movimentos como os atuais.

7. Não chegou a hora de as novas gerações servirem mais das lições do *montagnard* Florestan, que no fim da vida se preocupava menos com "nossas raízes" e mais com os *desenraizados*?

Concluindo: da nossa (in)atualidade

Por fim, creio que o mais importante papel que, a curto prazo, a universidade pode vir a ter já foi sintetizado pelo professor Aziz Ab'Saber, e fui presente: "A gente que trabalha na universidade tem a obrigação de contestar os cretinos" (entrevista à revista *Forum*, jul. 2007).

Eu completaria dizendo: nesse ponto, não temos sido eficientes e corajosos, inclusive em relação a alguns deles que vagam dentro da própria universidade, dentro e fora de colegiados, no sindicato, no movimento estudantil.

Poderia terminar por aqui, citando Mário de Andrade, quando no fim da vida se dirige aos jovens, em 1943: "Não fiquem aí parados, *espiões da vida*, marchem com as multidões".

Carrego, porém, uma dúvida grave que desejo compartilhar com todos, assim como o meu título de professor emérito por esta faculdade. E que deriva da leitura de um comentário do crítico Eduardo Portella à obra de Florestan *A revolução burguesa no Brasil*, publicado na revista *Tempo Brasileiro*, em dezembro de 1995. Nele, o crítico coloca em dúvida nossa "modernidade", ou em outros termos, nossa preocupante e grave inatualidade: "No início do III milênio", diz Portella, "ainda nos encontramos às voltas com o legado moderno, sem saber ao certo o que ele possa ter de *lição* e de *mal-entendido*".

Aí está o problema. Muito obrigado.

18 de junho de 2009, salão nobre da Faculdade de Filosofia, Letras e Ciências Humanas, campus *da Cidade Universitária da* USP, *Butantã*

D. Anísio Teixeira

1. O professor Anísio

DE TEMPOS EM TEMPOS, ocorrem vagas de grandes centenários. Chegamos ao ano 2000 comemorando frouxamente o chamado Descobrimento do Brasil, com todas as ambiguidades e equívocos de um processo civilizador que ainda não permite situar nosso país no quadro das nações modernas. Para além dos cinco séculos do "descobrimento", talvez valesse mais realçar uma série de outros centenários menos ruidosos, como o da criação do venerando Instituto Butantã, há cem anos. E até de meios centenários, como os cinquenta anos de palco de Paulo Autran, herói civilizador de nossa gente, que nos ensinou Beckett, Molière, Jorge Andrade, Shakespeare, dramaturgos importantes para "descobrirmos" o Brasil.

Não vamos fazer filosofia da história barata, pois nesses inefáveis "balanços de século", de milênio, de década, de ano se magnificam personagens e processos que logo evanescem, para desaparecerem no limbo da história. O ano redondo de 2000 já traz em si um forte componente simbólico, embora nem o sistema decimal, nem mesmo a era cristã sejam referenciais para todos os seres humanos do planeta. Há milhões e milhões de nossos contemporâneos (?), milhões de fundamentalistas e esfaimados — sobretudo na Ásia e na África —, que não têm a menor ideia de como parte da humanidade marca o tempo, muito menos dessa maneira. A quem interessa o fato de em 2000 estar ocorrendo o centenário de Luís Buñuel, uma das grandes personalidades de nosso tempo? E quem comemorou o centenário de Duke Ellington — outro "herói civilizador" — em 1999?

No Brasil, neste ano 2000 d.C., imerso num oceano de mediocridade nacional, de violência e barbárie, ocorre o centenário de nascimento de três grandes personagens, brilhantes e complexos: o sociólogo Gilberto Freyre, o crítico Mário Pedrosa e o educador Anísio Teixeira. Três intelectuais que ajudaram a dar fisionomia nova ao Brasil, ativando nossa escassa imaginação histórico-sociológica. Muitas reuniões estão programadas — inclusive em São Paulo — para uma avaliação crítica da contribuição do escritor e ideólogo da cultura pernambucano; menos reuniões, *et pour cause*, para a do grande crítico Mário Pedrosa, figura exponencial da esquerda crítica brasileira.

Já o professor Anísio Teixeira começa a ter sua ação e obra reconhecidas lentamente ou, em muitos meios pedagógicos, conhecidas por vez primeira (o que é de pasmar). Pois os anos da ditadura retiraram suas ideias dos debates e pesquisas educacionais, históricas e culturais: no cenário da universidade, assistiu-se a cada vez mais reuniões sobre a "pedagogia", a "metodologia" e a teoria de uns duzentos autores menores do que sobre a obra do professor Anísio Teixeira.

O professor Anísio foi o grande modernizador de nosso sistema educacional, um estadista da educação, como bem o definiu Hermes Lima num magnífico livro sobre esse baiano de Caitité, ex-jesuíta e amigo de Monteiro Lobato.

O que se espera é que nessas celebrações a propósito da ação educativa de Anísio — o principal redator, ao lado de Fernando de Azevedo, do *Manifesto dos pioneiros da educação* em 1932 e o teórico da criação da Universidade de Brasília — sejam retraçadas as linhas fortes de suas teorias sobre o ensino, a pesquisa, a divulgação do saber, da política educacional. E também da política *tout court*. Precisamos nos dar conta de como nos perdemos, no meio do caminho, no emaranhado de legislações absurdas que nos desviaram do projeto de construção de uma nação educada e deveras democrática, bem formada. Muitas discussões e análises permitirão perceber o quanto obras como as dos educadores Paulo Freire, Florestan Fernandes e Darci Ribeiro, entre tantas outras, devem a Anísio. E, também, discutir o quanto se afastaram ou não dos altos padrões de excelência defendidos por ele.

As celebrações do centenário de Anísio também permitirão notar o quanto a máquina do Estado, no afã atual de fixar critérios de avaliação e excelência, complicou a vida e a imaginação dos pesquisadores e professores, enredando-nos numa rotina burra que consome o tempo de reflexão, de leitura, atualização, de pesquisa, de criação, exaurindo a energia e a sensibilidade para o trabalho universitário. A universidade aguarda uma autêntica corregedoria, para recolocar as coisas e as ideias no lugar. Talvez ainda seja tempo.

De Anísio, Florestan dizia ser ele o nosso primeiro e último filósofo da educação, um intelectual que estimulara a "imaginação pedagógica". Seu antipopulismo era notável, ao afirmar que "nenhum país do mundo até hoje julgou possível construir uma cultura de baixo para cima, dos pés para a cabeça. Para haver ensino primário, é necessário que exista antes o secundário e para que o secundário funcione é preciso que existam universidades". Não estaria aí a chave do sucesso de nossa antiga Faculdade de Filosofia, Ciências e Letras da USP, menina dos olhos de Fernando de Azevedo e Júlio de Mesquita Filho, da qual Anísio disse ser "a mais bela experiência da história da educação"? Experiência que continua a inspirar movimentos de renovação, como a de tantas universidades — em São Paulo, também a Universidade Presbiteriana Mackenzie, que vem redefinindo em profundidade seu perfil institucional e criando uma nova pós-graduação — e vários centros de estudo e pesquisa e Faculdades pelo Brasil afora.

O professor Anísio, com sua bela formação humanista interdisciplinar, alertava também para a necessidade de construirmos "universidades de fins culturais". Universidades que sejam grandes centros de irradiação científica, filosófica e literária do país. Como sublinhava ele, "não se trata de ela fornecer acréscimos de conhecimentos para que possivelmente a universidade tenha de contribuir; será antes a consequência da coordenação que a universidade fatalmente desenvolverá".

Suas observações sobre nossas práticas culturais também oferecem elementos para reavaliarmos nossos processos (in)civilizadores. Pois, como notava, "somos isolados e hostis porque é isolada e hostil a forma de nos prepararmos intelectualmente para as lutas da vida e do espírito". Não residirá aí a chave do problema da universidade brasileira atual?

Entendendo que melhor maneira de comemorar esses pensadores e intérpretes do Brasil é tomar conhecimento de suas ideias, entendê-las, criticá-las, aplicá-las quando for o caso. A editora da Universidade Federal do Rio de Janeiro vem publicando as obras completas de Anísio Teixeira, com excelentes estudos introdutórios.

Vale a pena reler Anísio, para meditar sobre os rumos que a educação vem tomando em nosso país. Em que momento da história nos perdemos?

2000

2. Prefácio ao livro *Anísio Teixeira*: a obra de uma vida

NA COMEMORAÇÃO DO CENTENÁRIO de nascimento do eminente educador brasileiro Anísio Teixeira (1900-1971), esta coletânea de textos poderá contribuir significativamente para a verificação e avaliação do sentido histórico, social e intelectual da obra anisiana, estimulando, assim, a realização de estudos concernentes à sua produção.

Com a participação de um grupo expressivo de colaboradores que explicitam uma pluralidade de pontos de vista, procurou-se expor e debater nos diferentes textos os vários momentos da vida e da produção teórica de Anísio Teixeira e, assim, contribuir para o esforço de elaboração de uma visão compreensiva e analítica do autor e obra, sem contudo transformá-los em "ideal tipo". Como resultado tem-se um conjunto de estudos que permite vislumbrar os aspectos biográficos, fontes teóricas e metodológicas, coerência interna e bases científicas da vida e da produção teórica de um dos mais representativos intelectuais brasileiros. Ritmados pelo tom de homenagem necessária, estes textos colocam o leitor na presença de um homem que participou intensamente dos embates teóricos e políticos cruciais de seu tempo.

A trajetória de Anísio Teixeira pode ser analisada sob vários ângulos: professor de escola normal e universidade, professor de filosofia da educação, administrador escolar no âmbito estadual e federal, escritor, homem público, intelectual excluído dos projetos oficiais. Cada um desses aspectos pode ser examinado separadamente; entretanto, seria interessante analisá-los também levando em consideração tanto o momento histórico brasileiro no qual Anísio Teixeira desenvolve as suas idealizações e realizações quanto o envolvimento com outros intelectuais de sua geração, com os quais partilhou certas "afinidades eletivas", resultando numa rede de contatos e elaboração de conhecimentos movimentados pelo intercâmbio de ideias.

Alguns dos membros dessa geração obtiveram súbita notoriedade no contexto sócio-histórico da época, apresentando-se como sujeitos de uma vanguarda que efetuava a crítica a determinados aspectos da tradição jurídica, científica e liberal do século XIX, objetivando instaurar a modernidade educacional e cultural. São intelectuais e homens de ação, sujeitos de discursos contrastantes e polêmicos, cujos temas arrebatadores podem ser identificados como indicativos da presença de personagens que se apresentaram na cena como sujeitos novos nascidos fora da tradição e divulgadores da percepção de uma nova ordem de coisas. Por certo, os atores mais visíveis dessa vanguarda cultural eram Anísio Teixeira, Lourenço Filho e Fernando de Azevedo, posteriormente denominados "os cardeais da educação brasileira", segundo a formulação de Afrânio Peixoto, ou, ainda, os "três enamorados da educação", segundo Teixeira de Freitas.

Analisando em perspectiva e com distanciamento histórico, pode-se dizer que a produção discursiva dos membros dessa vanguarda cultural explicita o fundamental do conceito de modernidade, isto é, uma "consciência de ruptura" informada pela percepção das mutações históricas, por vezes aceleradas, que pode ser definida com uma reação de teor crítico, negadora de valores, ideias e práticas considerados nefastos, pois contrários à autonomia do indivíduo. Situando-se no campo da crítica à tradição, à autoridade e à superstição, essa "consciência de ruptura" proscreve a fixidez do passado, que deixa de ser uma referência para a fundamentação de ideias e práticas, originando uma oposição consciente que propõe uma reforma dos costumes e mentalidades. A partir desses pressupostos, engendra-se a experiência da modernidade protagonizada por sujeitos renovados, que afirmam apropriar-se refletidamente da história, engendrando um esforço contínuo de criação, mediante incorporação e estudo de temas, questões e problemas concernentes à nova educação, cultura e ciência.

Para os membros dessa geração dotada de espírito cosmopolita e que gozava de prestígio intelectual, tratava-se de engastar a educação no presente e arremessar o presente em direção ao futuro, em um momento histórico em que o trabalho urbano e a educação das massas ganharam centralidade na vida urbano-industrial brasileira, aguçando a percepção das tensões sociais.

De um opúsculo publicado em 1930 e que contém o fundamental da visão de mundo de Anísio Teixeira, destacamos as seguintes formulações

> O facto da sciencia trouxe com sigo uma nova mentalidade. Primeiro, determinou que a nova ordem de cousas de estavel e permanente passasse a dynamica. Tudo esta a mudar e a se transformar. Não há alvo fixo. A experimentação scientifica é um methodo de progresso litteralmente illimitado. De sorte que o homem passou a tudo vêr em funcção dessa mobilidade. Tudo que elle faz é um simples ensaio. Amanhã será differente. Elle ganhou o habito de mudar, de transformar-se, de "progredir", como ele diz. E essa mudança e esse "progresso", o homem moderno o sente: é elle que o faz.

Elle constróe e reconstróe o seu ambiente. E cada vez elle é mais poderoso, nesse armar e desarmar de toda uma civilização. Nesse seu grande afan, por tudo transformar, pareceu, á primeira vista que só a ordem material era attingida.

A ordem social e moral, essas eram eternas e obedeciam a "verdades eternas" que não soffriam os choques e contrachoques da sciencia experimental.

Com a nova civilização material, feita e governada por elle, começou a velha ordem social e moral a se abalar. Mudou a familia. Mudou a comunidade. Mudaram os habitos do homem e os seus costumes. E racionava-se. Si em sciencia tudo tem o seu *porque* e a sua *prova,* prova e porque que se encontram nos resultados e nas consequencias dessa ou daquella applicação: si em sciencia tudo se subordina á experiencia, para á sua luz, se resolver, — porque tambem não subordinar o mundo moral e social á mesma prova? (Teixeira, 1930, p. 4).

Partilhando à sua maneira desse espírito, coube a Anísio Teixeira contribuir para a construção de uma reflexão teórica considerada moderna — tão cara aos intelectuais brasileiros envolvidos com as tarefas concernentes à superação do "Brasil velho" e a construção do "Brasil moderno", sem, entretanto, voltar-se — como outros fizeram — para a análise das "raízes da brasilidade", mediante abordagem de uma multiplicidade de temas e questões, representativos das correntes de ideias em ascensão na cena intelectual brasileira.

Proclamando a escansão do tempo histórico e do dissenso de ideias, Anísio Teixeira alardeou a percepção das mutações incessantes originadas pelos avanços da ciência, da técnica e da lógica de mercado, articuladamente à necessidade de ultrapassagem de um tempo extinto rumo a um tempo novo.

> Porque progredimos? Que foi que se deu no mundo para que podessemos, em tão pouco tempo, mudar tanto que um romano teria menor surpresa em se encontrar na côrte de Luiz xv, do que teria um contemporaneo de Pedro I que surgisse hoje no Rio?

O que se deu foi a applicação da sciencia á civilização humana. Materialmente, o nosso progresso é filho das invenções e da machina. O homem conseguiu para luctar contra a distancia, contra o tempo e contra a natureza. A sciencia experimental na sua applicação ás cousas humanas permittiu que uma serie de problemas fossem resolvidos e que crescessem essas enormes cidades que são a flôr e o triumpho maior da civilização (TEIXEIRA, 1930, p. 3).

O projeto liberal-democrático de Anísio Teixeira está inserido em uma época que produz críticas à experiência do liberalismo clássico e é contemporânea das experiências totalitaristas: Estado liberal-democrático *versus* Estado totalitário; e do nacional-desenvolvimentismo.

Testemunhando a presença do chamado "fenômeno acadêmico", a produção intelectual de Anísio Teixeira adota um estilo de reflexão de padrão científico-acadêmico, impulsionado de um lado pela inovação teórica e, de outro, pelas urgências sociais, políticas e administrativas do campo cultural e educacional. Em outras palavras, essa produção intelectual está inserida, de um lado, no movimento ascendente de especialização, legitimação e institucionalização das ciências humanas e sociais e fundação das universidades, expansão do mercado editorial, modernização/racionalização do aparelho de Estado; e, de outro, na experiência urbanizadora, irrupção dramática de ideologias e advento das massas populares na cena política. Mas, sobretudo, o esforço criador da obra de Anísio Teixeira está inserido em um tempo histórico no qual o tema da educação nacional ocupa uma centralidade — hoje perdida — tanto no discurso oficial quanto no pensamento social brasileiros, o que possibilitou a ascensão em âmbito nacional dos chamados "educadores profissionais", responsáveis pela produção, legitimação e institucionalização da reflexão sobre educação concebida como conhecimento autônomo, mediante acréscimo e ampliação de circulação de ideias e mudança de atores históricos.

Anísio Teixeira colocou-se, de um lado, na situação de partícipe da reestruturação do Estado brasileiro, e, de outro, na situação dos intelectuais que supriram as novas necessidades desse Estado, objetivando sobretudo uma gestão racional e orientada por diretrizes gerais. Em um de seus textos fundamentais, assim definiu a sua visão sobre as "diretrizes gerais" dos tempos modernos:

> É essa, a nova attitude espiritual: a sciencia tornou possivel o bem do homem nesta terra e nós temos a responsabilidade de realizal-o pela revisão completa da velha ordem tradicional do "valle de lagrimas". Esse novo homem, independente e responsável, é o que a escola progressiva deve vir preparar.
> [...]
> A segunda grande directriz da vida moderna, é o industrialismo, como a nova visão intellectual do homem, também filho da sciencia e da sua applicação ávida.
> A industria está tornando possivel a completa exploração dos recursos materiaes do planeta e, mais do que isto, está articulando e integrando a terra inteira.
> [...]
> Essa enorme unidade planetaria, apenas esboçada, há-de se reflectir profundamente na mentalidade do homem moderno, que quer pensar em termos muito mais largos do que o do seu esplendido isolamento local ou nacional de outros tempos.
> A "grande sociedade" está a se constituir e o homem deve ser preparado para ser um membro responsavel e intelligente desse novo organismo.
> [...]
> A terceira grande tendencia do mundo contemporaneo, é a tendencia democratica. Democracia é, essencialmente, o modo de vida social em que "cada indivíduo conta como uma pessoa". O respeito pela personalidade humana é a idéa mais profunda dessa grande corrente moderna.
> Nessa nova vida social, o homem não só terá opportunidade para a expressão maxima dos seus valores, como lhe assistirá permanentemente o dever

de se exprimir de sorte a não reprimir valores de ninguem, mas, antes facilitar a maxima expressão de todos elles.
[...]
A noção actual de liberdade envolve caracteristicamente, a capacidade de se orientar exclusivamente por uma *autoridade externa* (TEIXEIRA, 1933, pp. 30 e ss.).

Orientando-se por essas três diretrizes da vida moderna — progresso da ciência, revolução industrial e desenvolvimento das ideias democráticas — durante a sua trajetória pessoal, Anísio Teixeira procurou delinear uma outra cultura, aberta para o exterior, pragmatista, dotada de vontade de utilidade social, na qual o discurso é proposta de ação — "educação para uma civilização em mudança", segundo a formulação emblemática de W. H. Kilpatrick. Dessa maneira, Anísio Teixeira mostrou-se intimamente vinculado a um mercado comum de conhecimentos, a um movimentado intercâmbio de ideias e redes de contatos e à exposição pública de sua opinião própria.

> Até o presente, nada mais fizemos do que insistir nas exigencias novas que uma ordem social faz sobre a escola.
> Como a escola deve ser uma replica da sociedade a que ella serve, urge reformar a escola que possa acompanhar o avanço "material de nossa civilização e preparar uma mentalidade que moral e espiritualmente se ajuste com a presente ordem de cousas". Além disso, porém, uma visão mais aguda do acto de apprender, vem em muito, alterar-se a psychologia da velha escola tradicional.
> *Apprender*, significou durante muito tempo simples memorização de formulas obtidas pelos adultos. O velho processo catechetico de pergunta e resposta é um exemplo impressionante disto. Decorar um livro era apprendel-o bem. Mais tarde, começou-se a exigir que se *comprehendesse* o que era decorado. Um passo a mais, foi o de exigir do alumno que elle repetisse, com *palavras proprias* o que se acha formulado nos livros. Não bastava *decorar*, não bastava *comprehender*, era ainda necessario a expressão verbal pessoal, — então assim estava apprendido o assumpto.

Pois é isso que nova psychologia veio provar ser ainda insufficiente. Não é isso ainda apprender. Fixar, comprehender e exprimir verbalmente um conhecimento não é tel-o apprendido. Apprender significa ganhar um modo de agir. Isso dito assim parece excessivamente limitado. Para muita habilidade. Mas, uma idéa? Apprende-se uma idéa ganhando um novo modo de proceder ou agir? É exactamente isso que se dá. Nós apprendemos, quando assimillamos uma coisa de tal geito, que chegado o momento opportuno nós sabemos agir de accôrdo com o apprendido. A palavra *agir* tem vulgarmente um sentido estreito de acção material. Mas um acto é sempre uma reacção a uma situação em que nos encontramos. Nós reagimos contra estimulos que recebemos atravez dos nossos sentidos internos ou externos (TEIXEIRA, 1930, pp. 20-21).

Pode-se depreender que o pensamento social de Anísio Teixeira, de um lado, abordou o tema da educação a partir do ponto de vista da razão planejadora, como um dos frutos da modernidade: educação como fenômeno técnico-administrativo, privativo de especialistas; e, de outro, a partir do ponto de vista filosófico: a educação como centro do projeto de modernidade. Assim, contribuiu significativamente para que a educação se transformasse em corpo autônomo, original, dotado de prestígio e sobretudo utilidade e relevância social e política.

> A verdadeira doutrina é a que enxerga na criança o impulso e a tendencia e na experiencia organizada da especie, o termo e o alvo dessa tendencia.
> Por meio da experiencia já adquirida da humanidade, deve o educar traçar o roteiro do desenvolvimento individual, dirigir o seu curso, corrigir os seus desvios, acelerar a sua marcha, assistir, emfim, em todos os passos, a obra da educação, de que é o guarda e o responsável. A escola fundada em taes bases não será, pois, uma escola que forme sem capacidade de esforço e de resistencia. Muito pelo contrário, os homens formados nessa escola provaram, passo a passo, o caminho de sua emancipação. Emancipação do desordenado, do incerto, do não planejado, da ignorancia, da prisão dos seus desejos e de suas paixões, para a liberdade da disciplina de si mesmos,

e para a força e o poder de execução e realização o que lhes deu o habito de controlar o meio externo, subordinando-o aos seus fins e aos seus planos lucidos e voluntarios (TEIXEIRA, 1933, p. 14).

Essas reflexões sugerem que Anísio Teixeira contribuiu significativamente para a inovação teórica da educação, articuladamente com processos mais amplos de renovação cultural e mudanças sociais, engendrando aquilo que hoje poderíamos chamar de "sentido moderno da educação brasileira". Entretanto, aqui se coloca uma questão crucial na trajetória anisiana: membro de uma geração que procurava romper com a tradição intelectual oitocentista, Anísio Teixeira se apropria de uma das dimensões representativas de certa linhagem intelectual brasileira, que remonta ao século XIX — "a geração de 1870" — quando, no dizer de um de seus protagonistas, Silvio Romero, "um bando de ideias novas caiu sobre nós".

Essa linhagem intelectual via na educação um dos maiores, senão o maior problema nacional. A seu modo, Anísio Teixeira atualizou essa problemática, fundamentando-se na crença da perfectibilidade humana, articuladamente com a criação de sociedades harmoniosas como decorrência da difusão da educação e consequente criação de subjetividades individuais e coletivas, em correspondência com as urgências sociais e políticas dos diferentes tempos presentes.

Homem sem partido político e retirado das hierarquias sociais baseadas numa ordem supostamente natural, Anísio Teixeira afirmava em sua obra a percepção do prelúdio da modernidade brasileira, proclamando a necessidade de outra ordem, fundamentada na harmonia de interesses individuais contextualizados em uma *cidade ideal*, explicitadora sobretudo de uma vida cosmopolita.

Dotado de consciência e visão prospectivas, Anísio Teixeira elegeu como palavras-chaves "educação" e "pedagogia", a fim de preparar os novos para uma formação intelectual adequada, vislumbrada pelo autor como emergência da modernidade, que despontava com novos hábitos secularizados e maneiras de ser que deveriam ser valorizados. Propôs, assim, solucionar os males oriundos de uma sociedade competitiva, diferenciada, instável e secularizada, sob o signo de um tempo histórico dividido pela erupção de múltiplos confrontos ideológicos. Em outras palavras, colocou a educação no centro de sua visão de mundo.

Promotor de uma viragem decisiva nos rumos da educação brasileira, o pensamento e a obra de Anísio Teixeira, outrora projeto de modernidade, tornaram-se legado do que hoje podemos chamar de "tradição pedagógica liberal brasileira". E cremos que, necessariamente, a análise e interpretação do projeto anisiano — agora legado e tradição —, produzido na encruzilhada dos tempos modernos, mais do que exercício de comparação entre o passado e o presente, pode ser uma plataforma privilegiada para a compreensão da atual realidade brasileira.

Finalmente, sabemos desde muito tempo que a educação habita o centro do projeto de modernidade. Talvez a história da modernidade e das "modernidades do amanhã e do dia depois de amanhã", inclusive aquela formulada e proposta por Anísio Teixeira, seja a história das tentativas e esforços para responder à antiga questão de fundo iluminista, entretanto extremamente atual: "Para que educação?". Neste seu aniversário de nascimento, Anísio Teixeira merece este *Festschrift*, ainda que póstumo.

CARLOS MONARCHA,
CARLOS GUILHERME MOTA,
setembro de 2001

Referências bibliográficas

Teixeira, Anísio. *Por que Escola Nova?* Bahia: Livraria e Typographia do Commercio, 1930.

———. *Educação progressiva: uma introdução à filosofia da educação.* São Paulo: Nacional, 1933. (Edição comemorativa da DP&A editora, 2000.)

3. Anísio Teixeira, pensador radical

> *A obra de Anísio Teixeira obriga uma geração inteira a cooperar com o mais vibrante de seus líderes. Um líder com alguma coisa de sereia no modo de atrair entusiasmos.*
>
> GILBERTO FREYRE

AS INVESTIGAÇÕES, SABE-SE, têm histórias e, não raro, se vinculam às histórias de vida de seus pesquisadores. Anísio Teixeira está presente, de várias maneiras, na vida dos autores deste ensaio. Seja através do estudo do movimento de renovação educacional dos anos de 1910 a 1930 e seus agentes históricos, seja pela convivência profissional no Instituto Nacional de Estudos Pedagógicos (1938-1964) — posteriormente Instituto Nacional de Estudos e Pesquisas Educacionais (Inep) — mas também pela organização, reconstituição de sua produção, envolvimento e afinidades de um historiador com a trajetória de intelectuais brasileiros ilustrados.

Mesmo depois das comemorações do centenário de nascimento de Anísio Spínola Teixeira (1900-1971),[69] parece-nos oportuno lançar um olhar no passado e reconhecer a ocorrência de um pensamento radical por parte de setores da intelectualidade brasileira — notadamente os pioneiros da educação nova — na defesa da reconstrução da educação nacional em novas bases teórico-científicas e democráticas para se adequarem ao processo de modernização em que começava a ingressar a sociedade brasileira em 1930, que teve em Anísio Teixeira um dos seus líderes infatigáveis. O pensamento radical, conforme Candido (1990, pp. 4-5), embora contenha "fermento transformador", geralmente pensa os problemas da nação como um todo, preconizando soluções gerais. Contudo, mostra Candido que, em certas conjunturas, o pensamento radical traduzido num projeto político-social transformador pode não ser apenas o recurso viável, mas no caso brasileiro, deveras conveniente na atenuação do imenso arbítrio das classes dominantes e, mais ainda, por abrir possibilidade de intervenção sociopolítica que, além de abalar a rija cidadela conservadora, pode contribuir para uma eventual ação revolucionária. O pensamento radical de parte de setores políticos e intelectuais é, assim, um contraponto ao seu oposto conservador e pode ser ocasional, transitório ou permanente.

69. Anísio Spínola Teixeira nasceu em Caetité (BA) em 12 de julho de 1900 e foi educado em colégios jesuítas da Bahia. Tornou-se bacharel em ciências jurídicas e sociais em 1922, no Rio de Janeiro. Iniciou suas atividades de educador em 1924, quando foi nomeado para a Inspetoria Geral de Ensino na Bahia, depois denominada Diretoria Geral da Instrução Pública, no governo de Francisco Nunes Marques Góes Calmon (1924-1928), e de Vital Soares (1928-1929). Sobre dados biográficos de Anísio, cf.: LIMA, 1978; FAVERO; BRITO, 1998. Cabe aqui um agradecimento especial a Carlos Antônio Ferreira Teixeira (Carlinhos Teixeira) por sua disposição em conversar com um dos autores deste artigo, em Salvador (BA), em 11 de dezembro de 1999, proporcionando informações preciosas a respeito da trajetória de Anísio Teixeira, seu pai, na defesa da reconstrução educacional da escola pública.

Sendo Anísio Teixeira um intelectual cujas formas de pensamento educacional se radicalizaram em uma quadra histórica de profundas revisões e tentativas de atualizações no Brasil, sugere-se, aqui, uma nova interpretação dessa "radicalidade", a partir do momento em que Anísio leva a efeito o programa de reconstrução educacional, inscrito no célebre *Manifesto dos pioneiros da educação nova*, de 1932.

Seja como for, intelectuais como Florestan Fernandes (1992, p. 49) apresentam Anísio como se cada etapa de sua vida estivesse voltada para a "tentativa de introduzir mudanças através da educação", compreendendo-a como ação, supondo-a "transformação social". Antônio Houaiss (1992, p. 58) posiciona a sua produção "motivada por seu desejo de transformação social". Gilberto Freyre (1962) identifica em Anísio o intelectual crítico e criador, o "construtor intelectual". Fernando de Azevedo (1973, p. 129) ressalta que em Anísio residia "o gosto de investigar e discutir, de pôr à prova, de lançar-se a uma nova experiência". Já para Lovisolo (1990, p. 45), a produção intelectual de Anísio Teixeira se inclui numa "tradição democrática na América Latina", em que se situa a escola como local de "igualamento" na apropriação do saber universal e de valorização da cultura nacional, regional e local. Em 1923, aos 23 anos, em carta dirigida ao irmão Nelson, ressaltou: "Nós temos sempre uma missão a cumprir, e toda a missão dos homens é social" (*apud* LIMA, 1978).

Sua trajetória de vida é flagrante na obstinação de assumir a reconstrução educacional como missão social, tornando-se o educador articulador, organizador permanente de atores sociais coletivos e instituições, movido, digamos, pelo desejo de congregar-se e congregar quadros intelectuais críticos encarnados de aspirações investigativas, analíticas, reconstrutivistas, enfim, empenhados em levar à prática projetos político-educativos — pelo espírito do século

XX, ou seja, da grande sociedade industrial, democrática e científica —, presumindo fundar em bases científicas e democráticas a reconstrução educacional do Brasil, para atender "não já apenas a imperativos de sobrevivência de uma elite, e sim a imperativos de formação de todo um povo em vigoroso processo de mudança" (TEIXEIRA, 1969a, p. 249).

O fascínio dessa aventura do saber, que é a própria "aventura da democracia" — para utilizar expressão de Anísio (TEIXEIRA, 1956a, p. 214) —, residia, justamente, na reorganização da educação escolar com base no conhecimento científico disponível, para que esta se tornasse um instrumento efetivo e dinâmico de reorganização pedagógica da nação. Competia à intelectualidade brasileira e aos educadores profissionais, em particular, a definição dos rumos dessa reconstrução, estudando os meios de promovê-la, técnica e cientificamente.

Pode-se dizer, então, que o programa de reconstrução educacional, em bases científicas e democráticas, se inscreveria numa agenda de lutas dos pioneiros, cujas diretrizes foram lançadas em 1932, no célebre *Manifesto dos pioneiros*.[70] Congregados na Associação Brasileira de Educação (ABE) — fundada em outubro de 1924, no Rio de Janeiro —, predominava entre eles a convicção de que na educação pública, laica, universal e de qualidade residia a resolução dos problemas de atraso do país. A reconstrução nacional exigia, com urgência, a reconstrução pedagógica da escola; mais do que isso, urgia empreendê-la tanto por orientação científica como pela prevalência das ciências sociais e educacionais.

Na atmosfera de reconstrução educacional dos anos 1930, de tornar a educação contemporânea do seu tempo, denunciavam os

---

70. Entre outros, são signatários do manifesto: Anísio S. Teixeira, Fernando de Azevedo, Paschoal Lemme, Hermes Lima, C. Delgado de Carvalho, Roquete Pinto, Cecília Meireles, Armanda Alvaro Alberto, Sampaio Dória, Lourenço Filho.

pioneiros os sistemas de ensino estaduais reformulados na década de 1920, de modo empírico, em geral fragmentários e já superados, preconizando uma política nacional de educação, fixada em lei complementar à Constituição Federal, delineadora das diretrizes e bases de todos os níveis de ensino que os tempos modernos estão a exigir. Os tempos eram os da sociedade industrial, democrática e tecnológica, da disciplina intelectual de pensamento, do conhecimento científico, da educação universal com seu rol de consequências no modo de viver e pensar objetiva e cientificamente, na divisão do trabalho, no surgimento da produção em massa, na urbanização intensiva e na reorganização escolar, nos termos das ciências sociais e técnicas. Tomando como recorte a expansão da educação nacional, como vinha procedendo o recém-criado Ministério da Educação e Saúde Pública, os pioneiros atentavam para seu caráter desordenado, ineficiente, distribuída, desigualmente, com prejuízos para as camadas populares, por não dispor de um plano geral de educação que tornasse a escola acessível a todos os indivíduos. Seja como for, o manifesto de 1932 se constituiu no principal marco de luta pela escola pública, laica e gratuita no Brasil.

Se "a espinha dorsal ideológica do manifesto era puro Anísio", como afirmou o pioneiro Hermes Lima (1978, p. 72), é no cargo de diretor do departamento de educação e, com a reforma, secretário de Educação e Cultura (1931-1935), na administração do prefeito interventor Pedro Ernesto Baptista, que Anísio levaria à prática "as principais indicações do manifesto", como assinala outro pioneiro, Paschoal Lemme (1988, p. 135), ao ampliar e consolidar com originalidade as reformas iniciadas na gestão de Antonio Carneiro Leão (1922-1926) e, especialmente, na de Fernando Azevedo (1927-1930).

O programa de reconstrução educacional no Brasil, segundo os pressupostos do manifesto, tinha como alvo naquele momento, por um lado, a reforma do ensino do Distrito Federal — Reforma Anísio Teixeira —, que, no seu curso, deparava com a vitória da Revolução de 1930, que deu início à longa era Vargas — e com ela uma das mais perversas ditaduras da trajetória republicana: o Estado Novo (1937-1945), combinando com o avanço da crise mundial do capitalismo de 1929 e seus desdobramentos na ascensão do nazismo na Alemanha, do fascismo na Itália, do integralismo no Brasil e na eclosão da Segunda Guerra Mundial, em 1939; e, de outro, ocorreu a divulgação do pensamento do educador norte-americano John Dewey, pelo próprio Anísio Teixeira, traduzindo, primeiro, dois ensaios reunidos em *Vida e educação*, precedidos de um esboço da pedagogia de Dewey, na época, 1930, professor da disciplina filosofia da Educação na Escola Normal de Salvador, que reformara. Depois, em 1933, como professor de filosofia da educação, no Instituto de Educação do Rio de Janeiro, por ele criado, quando introduziu para leitura e reflexão de suas alunas da escola normal outras obras de John Dewey: *Como pensamos* e *Democracia e educação: introdução à filosofia da educação*, traduzindo esta juntamente com Godofredo Rangel, para a qual escreveu o prefácio, somente publicado em 1936, após pedido de demissão da sua gestão pública no Distrito Federal. Uma e outra obras, pelo substrato teórico, não deixaram de nortear a operacionalização da reforma pretendida.

Encarando como missão social coletiva, Anísio entregou-se à atividade crítica criadora da reconstrução educacional sob os fundamentos do pensamento filosófico e científico, especialmente o de John Dewey, introduzindo no plano das ideias e da prática educativa a reconstrução educacional almejada. A incursão pela reconstrução assumirá, desde logo, a premissa de que não existem sociedade e educação. Existem, sim, um "processo de sociedade" e um "processo de educação" em sucessivas e imbricadas reconstruções (TEIXEIRA,

1975, p. 85). A reforma empreendida no Distrito Federal, na qual ele se lançava, exigiria, pois, uma revisão nos registros da própria tradição, num esforço dialetizador de reconciliar e reatualizar os valores da tradição e o conhecimento científico, as bases culturais do passado e o presente que, inexoravelmente, não dispensam o método científico, a atitude científica na arte de ensinar, melhor dizendo: técnicas práticas de investigação.

O certo é que, para Anísio, não haveria uma educação renovada, moderna, sem uma teoria geral da educação de base científica e democrática, nem reconstrução educacional sem diagnóstico da realidade que se está inventariando, informada pela realidade sociocultural em mudança. Logo, a maquinaria fundamental da civilização moderna não era a das fábricas, mas a das escolas de base democrática e técnico-científica, com as quais se farão todas as demais (TEIXEIRA, 1952a).

O Instituto de Educação incorporado à Universidade do Distrito Federal e o Instituto de Pesquisas Educacionais tornaram-se órgãos privilegiados — a maquinaria fundamental — de produção e reprodução de uma cultura pedagógica renovada, com ênfase nos inquéritos sociais e escolares, nas necessidades sociais, psicológicas e biológicas dos alunos, dos quais nasceram as ciências sociais no país. Especificamente, o Instituto de Educação se constituiu em uma "escola de educação" voltada para o ensino e para a pesquisa aplicada à prática do magistério em escolas — a rigor experimentais —, do saber que estava sendo elaborado por essa escola, cuja principal tarefa, como queria Anísio, era definir "como ensinar e treinar, como tratar e organizar o saber para a tarefa do ensino em diferentes níveis e com diferentes objetivos" (TEIXEIRA, 1969a, p. 242; NUNES, 1992). Percebe-se, aqui, que a formação pedagógica dos professores foi uma das chaves da reorganização educacional pretendida.

A estratégia privilegiada para tal empresa era justamente a junção da pesquisa com o ensino e o ensino com a pesquisa, uma e outra fecundando a reconstrução das experiências educacionais. Com ela, seus desdobramentos pretendidos: mudança de mentalidade pedagógica dos professores e atitude científica na arte de ensinar. Sua hipótese era que as escolas não haviam ainda exercido o papel pedagógico de alteridade do espírito da sociedade. As escolas eram, como os romancistas, também acusadas de corromper a sociedade. Mas elas, como eles, refletem tão somente o que já vai pela própria sociedade (TEIXEIRA, 1975). Subverter esse conceito de escola estava na mira de Anísio.

Elegendo a categoria "reconstrução" de John Dewey, que fora seu professor e orientador no Teachers College da Columbia University de Nova York, entre meados de 1928 e 1929,[71] e inspirado no que observara das práticas educacionais norte-americanas,[72] a reforma — traçada como num movimento circular de acordes e sintonias, envolvendo da escola primária à universidade num mesmo nível de importância — deveria primar pela ênfase no desenvolvimento dos talentos individuais dos educandos. No parecer de Lemme (1988, p. 124), os educadores em geral, e Anísio em particular,

> defendiam a tese de que o caminho adequado para promover as transformações econômicas, políticas e sociais, em que todos estávamos empenhados,

---

71. Com referência a esse período de Anísio Teixeira nos Estados Unidos, assim como o de abril a novembro de 1927, ver NUNES, 1991.

72. Considera Paschoal Lemme que as modificações mais significativas introduzidas por Anísio Teixeira na organização escolar do Distrito Federal decorreram "menos de sua adesão ao instrumentalismo deweyano do que da observação e da apreciação das práticas pedagógicas norte-americanas" (LEMME, 1988, p. 126). Inferência de Lemme ao fazer, em 1939, um curso de educação na University of Michigan.

não era a luta revolucionária de classes, de acordo com as teorias marxistas, mas o esforço pela elevação do nível cultural do povo, através de um sistema democrático de educação pública acessível a todos, por meio do qual se desse a cada indivíduo a oportunidade de desenvolver plenamente suas potencialidades e dessa forma vir a ocupar na sociedade a situação que correspondesse melhor a suas capacidades e aspirações.

Talentos e aptidões individuais, expressos no manifesto de 1932, reporiam e reacenderiam a utopia da ilustração de igualdade do gênero humano quanto ao desenvolvimento das aptidões, ou dos talentos, sob a mediação de uma pedagogia institucional. Tratava-se, ainda, de um recorte pelo viés de que através do desenvolvimento dos talentos individuais se poderia promover a transformação social. Todavia, já se pode entrever nele a correlação desse universo mental com a ideia de reconstrução educacional na e pela educação de espírito científico. Daí talvez a pretensão de universalidade da educação para todos. Seja como for, em um país sem tradições educativas democráticas, a Reforma Anísio Teixeira, pelo seu primado na esfera pública, ecoaria como sendo uma obra radical no plano da reconstrução educacional no Brasil.

O pensamento que articulava o traçado dessa reconstrução educacional no Distrito Federal seria registrado em forma de anotações, que seriam publicadas em *Educação progressiva: uma introdução à filosofia da educação*, editado em 1932 e reeditado em 1934, 1938, 1967,[73] 1975; *Educação pública, administração e desenvolvimento*, editado em 1934; *Em marcha para a democracia: à margem dos Estados Unidos*, 1934; e *Educação para a democracia*, 1936. Era como que uma síntese expositiva e justificativa da possível

---

73. Nessa edição, Anísio Teixeira altera o título original para *Pequena introdução à filosofia da educação — A escola progressiva ou a transformação da escola* (Rio de Janeiro: DP&A, 2000).

reconstrução educacional realizada entre 15 de outubro de 1931 e 2 de dezembro de 1935[74] — definitivamente interrompida pelo pedido de exoneração de Anísio Teixeira do cargo de secretário da Educação e Cultura do Distrito Federal. Interrompida a continuidade de uma reforma que encarnava nos seus fundamentos mais a formação do cidadão com direitos e deveres sociais do que o "fiel" católico (CANDIDO, 1989) e decisivamente comprometida com a expansão da escola pública laica e de qualidade, dada a articulação do ensino com a experimentação, a investigação, contra o favorecimento da expansão privatista do ensino, configurada, portanto, como uma proposta de democratização de serviços educativos pelo Estado, como tal, nas palavras de sua intérprete, Clarice Nunes (1991), fora historicamente derrotada.

Digamos que, pelo arrojo radical da uniformidade, da organicidade, do ensino aliado à experimentação, à investigação, do alcance social da Reforma Anísio Teixeira, batizada por Hermes Lima como "proeza anisiana", provocou represálias vindas de setores da Igreja católica e lideranças de professores católicos, desqualificando-a com as designações de comunista, populista, materialista, america-

---

74. As reformas educacionais empreendidas nos anos 1930, a exemplo da Reforma Anísio Teixeira no Distrito Federal e dos "estudos brasileiros" de sociologia, psicologia, administração escolar, história, antropologia e sobre o escola-novismo, repercutiram na indústria do livro com o aparecimento de diversas coleções: "Biblioteca de Educação", organizada e dirigida por M. B. Lourenço Filho, para a Companhia Melhoramentos de São Paulo; "Cultura, Sociedade, Educação", dirigida por Anísio Teixeira para a Companhia Editora Nacional, sucessora de Monteiro & Cia.; "Brasiliana" e a "Biblioteca Pedagógica Brasileira", fundadas e dirigidas durante muito tempo por Fernando de Azevedo, também para a Companhia Editora Nacional, sendo esta última, juntamente com a "Biblioteca de Educação", possivelmente o mais notável empreendimento editorial que o país experimentou até os anos 1970. Abrangia coleções de livros didáticos, divulgação científica, literatura infantil e atualidades pedagógicas em filosofia, psicologia, biologia e sociologia da educação, entre outras.

nizante, aliada à reação oposta à criação da Universidade do Distrito Federal, que conflitava com os cânones estabelecidos para o projeto universitário oficial pelo Ministério da Educação e Saúde Pública, de que era ministro Gustavo Capanema.

Anísio era denunciado como subversivo pela suas intervenções em favor da expansão da escola pública e laica, de estar envolvido nos movimentos de insurreição comunista no país. Denúncias, delações, perseguições, terrorismo do "Estado Novo" levaram Anísio e a esposa Emília a se refugiarem no interior da Bahia, num ostracismo pedagógico de dez alongados anos (1935-1945), traduzindo livros de H. G. Wells e de William Durant para as editoras Nacional e Civilização Brasileira, e terrivelmente amargurado pela opressão getuliana sofrida. Nessa época de ostracismo, associou-se ao irmão Jayme na organização de uma firma, a Simmel, importadora de material ferroviário e exportadora de manganês, chegando a se tornar um industrial do ramo. Com a redemocratização iniciada com a queda do Estado Novo, colaboraria, em 1946, com a implantação da Organização das Nações Unidas para a Educação, a Ciência e a Cultura (Unesco), a convite do prof. Julian Huxley, primeiro secretário executivo, exercendo a função de conselheiro para o ensino superior.

De janeiro de 1947 a dezembro de 1951, durante o governo de Octávio Mangabeira, Anísio Teixeira retornava, pela segunda vez, à gestão da educação do estado da Bahia, onde iniciara sua carreira de educador. Em entrevista a Odorico Tavares (TEIXEIRA, 1952a, p. 196), declarou que o governo de Octávio Mangabeira foi a seu ver *"notável* pelo que fez e realizou de palpável e concreto, mas sobretudo *excepcional* pelo que realizou de invisível: a justiça, a liberdade e a confiança [...]. Todos os deuses invisíveis da 'cidade' desceram sobre a Bahia e, por quatro anos, fomos um dos pontos mais civilizados e felizes do globo".

Ressalta Lima (1978) que Anísio encontrara a educação pública baiana em estado deplorável e na sua deficiência quantitativa espelhava-se a deficiência qualitativa. Bater pela revisão da tradição através da atividade reflexiva, teórica e prática sobre a realidade socioeducacional se constituiu em um dos imperativos do programa de reconstrução educacional na Bahia. Dotar a escola primária de tempo integral como lugar de experimentação pedagógica da prática de ensino e lugar de formação integral das crianças das classes populares, revelando-lhes a importância da educação para a solução parcial de seus problemas de vida e pobreza e de exercício da cidadania, constituiu-se a obra por excelência do seu programa de reconstrução educacional, através da experiência pioneira do Centro Educacional Carneiro Ribeiro, ou Escola Parque da Bahia, que correu o mundo através de documentário da Unesco. Tributário da perspectiva deweyana da educação como esforço de desenvolvimento e reconstrução da experiência individual e social, planificaria, desta vez, a reconstrução educacional alicerçada no modelo de escola experimental, o Centro Educacional Carneiro Ribeiro, organizado como uma comunidade em miniatura, estimulando a "vida comunitária" e por ela sendo estimulado.

Nesse afã de fundar em bases científicas e democráticas a reconstrução educacional do Brasil, Anísio instalaria, sob sua presidência, em 1950, a fundação para o Desenvolvimento da Ciência na Bahia, dado o dispositivo introduzido na Constituição Estadual de 1947, que fixava 1% da renda do estado para instituição dessa natureza. A Fundação compreendia serviços de informação sobre obras científicas, intercâmbio com instituições científicas e três departamentos, entre eles, o de ciências sociais. Neste se instalou o Programa de Pesquisas Sociais do Estado da Bahia/ Departamento de Antropologia da Columbia University de Nova York, representado pelo médico, antropólogo e professor Thales de Azevedo e pelo antropólogo norte-americano Charles Wagley, e sua esposa Cecilia Wagley, além de três doutorandos de antropologia daquela universidade, formando a comissão para um estudo comparativo sobre a cultura baiana, confrontando comunidades ativas e progressivas e comunidades estagnadas e decadentes entre 1950 e 1952. Pesquisas como essa, utilizando-se de técnicas modernas da antropologia social, serviriam de fundamento, como pretendia Anísio, para o planejamento da educação, da saúde e saneamento e da administração pública no estado da Bahia, mas também para a iniciação de estudos de bases sociais (AZEVEDO, 1956; 1992).

Em *Educação não é privilégio* (1957c) e, sua outra face, *A educação é um direito*[75] (1968), Anísio documenta o esforço histórico e teórico da reconstrução da escola pública brasileira sobre os fundamentos democráticos da educação como direito de cada indivíduo à educação integral e o dever do Estado em reconhecer a educação como função social pública, com ênfase na experiência da educação primária integral do Centro Educacional Carneiro Ribeiro e outros serviços públicos educacionais da Bahia.

Após esse período como secretário da Educação e Cultura do Estado da Bahia, Anísio voltaria a ocupar outros cargos públicos em nível federal, desta vez, em dezembro de 1951, como secretário-geral da recém-criada Comissão de Aperfeiçoamento de Pessoal de Nível Superior, posteriormente Capes (criada pelo Decreto nº 29.741/51). Por designação do ministro Ernesto Simões Filho, em julho de 1952, tornou-se diretor-geral do Instituto Nacional de Estudos Pedagógicos.

---

75. Texto elaborado com vistas ao concurso para a cátedra de administração escolar da Faculdade Nacional de Filosofia da Universidade do Brasil — concurso jamais efetuado.

Anísio Teixeira, ao tomar posse, em 4 de julho de 1952, na qualidade de diretor-geral do Instituto Nacional de Estudos Pedagógicos, declarou que aceitou o encargo por "imposição do dever", reclamado pela aguda "premência" da vida nacional, como que considerando realidades do passado, agruras sofridas durante o Estado Novo, comprometendo-se a dar início a um movimento "de reverificação e reavaliação de nossos esforços em educação", segundo exigências que a busca de uma nova ordem social, após a Segunda Guerra Mundial, impunha à educação.

Empenhou-se em realizar inquéritos, estabelecer os fatos e inventariar as práticas educacionais, não somente em seus aspectos externos, mas em seus processos, métodos, conteúdos e resultados obtidos, refratário à improvisação, ao acidental, à simples opinião pessoal, utilizando métodos objetivos e, quando possível, experimentais, com ênfase no espírito científico. Presumia Anísio Teixeira a estruturação institucional de uma política de pesquisa científica em educação, pelo aval teórico de uma aproximação entre o campo da educação e o campo das ciências sociais (TEIXEIRA, 1952b, pp. 35-49). A recorrência à pesquisa em "ciências sociais" deveria estar subordinada, em princípio, "aos interesses e objetos" da ação educacional. Noutra direção, a pesquisa educacional deveria ser explorada de maneira a aproveitar os resultados das pesquisas em ciências sociais, para efeito, uma e outra, da possibilidade de ajustar o sistema educacional às condições de "existência e às exigências de desenvolvimento econômico, social e cultural das diversas regiões do país" (*Boletim do* CBPE, 1956, pp. 38-52).

Houve aqui, sem dúvida alguma, um deslocamento nas estratégias de intervenção em torno da reconstrução educacional do país, em prol de artefatos de pesquisas em ciências sociais e educacionais, de modo a detectar os efeitos da comunidade sobre a escola e a projeção da escola sobre a comunidade, em vista de um suposto desenvolvimento econômico, social e cultural desta.

Com essas perspectivas, seriam criados pelo Decreto nº 38.460/55 o Centro Brasileiro de Pesquisas Educacionais (CBPE),[76] na capital da República, Rio de Janeiro, e os Centros Regionais de Pesquisas Educacionais (CRPE)[77] sediados nas capitais dos estados do Rio Grande do Sul, São Paulo, Minas Gerais, Bahia e Pernambuco. Os centros regionais compreendiam cinco divisões: estudos e pesquisas educacionais; estudos e pesquisas sociais; documentação e informação pedagógica; aperfeiçoamento de magistério; serviços administrativos e biblioteca (TEIXEIRA, 1967a; *Revista Brasileira de Estudos Pedagógicos,* v. 27, nº 65, p. 146, jan./mar. 1957) e tinham finalidades em múltiplas direções:

a) Pesquisar as condições culturais e escolares e as tendências de desenvolvimento de cada região e da sociedade brasileira como um todo, para efeito de elaboração de uma política educacional para o país;

---

76. O Centro Brasileiro de Pesquisas Educacionais (CBPE), com sede no Rio de Janeiro, organizou-se como expansão do Inep, absorvendo seus antigos estudos de documentação e aperfeiçoamento, com a manutenção de escola primária de experimentação, em cooperação com a Secretaria de Educação do Estado da Guanabara (TEIXEIRA, 1967a).

77. O CBPE/RJ foi dirigido por Luís de Castro Faria; o CRPE sediado em São Paulo, dirigido por Fernando Azevedo, articulou-se com a USP; o CRPE sediado em Minas Gerais, dirigido por Mário Casas Santa e depois por Abgar Renault, articulou-se com a Secretaria de Educação e o Programa Americano-Brasileiro de Aperfeiçoamento do Ensino (Pabae), destacando-se nos estudos relativos à didática da escola primária; o CRPE sediado no Rio Grande do Sul, dirigido por Álvaro Magalhães, associou-se à UFRGS através da Faculdade de Filosofia; o CRPE sediado em Pernambuco, dirigido por Gilberto Freyre, articulou-se diretamente com o Inep; e, finalmente, o CRPE sediado na Bahia, dirigido por Luís Ribeiro de Sena e Carmen Spínola Teixeira, articulou-se com a Secretaria de Educação, destacando-se como centro de experimentação do ensino e aperfeiçoamento do magistério primário (TEIXEIRA, 1967a).

b) Elaboração de material pedagógico e estudos especiais sobre administração escolar, currículo, psicologia, sociologia e filosofia da educação, além de treinamento e aperfeiçoamento de professores, especialistas e administradores que concorram para o aperfeiçoamento do magistério nacional, ao lado de outras finalidades.

Tendo o Ministério da Educação setores voltados para o ensino superior, o secundário, o industrial e o comercial, ao Inep caberia o do ensino primário e o de coordenar o programa de cooperação técnica e financeira às unidades federativas para dar cumprimento à campanha de ampliação e melhoria da rede escolar primária do país e instalação de escolas de experimentação e de aplicação.

A largada para a reconstrução educacional do país naquele momento, em bases científicas democráticas, como planejava Anísio Teixeira, começou pela oferta por parte do Centro Brasileiro de Pesquisas Educacionais, através da divisão de estudos e pesquisas sociais, de um curso de aperfeiçoamento de pesquisadores sociais, no período 1957-1959. Para combinar experimentação cientificamente controlada por parte dos cientistas sociais frequentadores do curso de aperfeiçoamento, com o propósito de estudar as condições culturais do Brasil em suas diferentes regiões, para efeito de elaboração de um plano nacional de educação de base experimental e de uma ação educacional de erradicação do analfabetismo no país, instalou-se o programa de pesquisas cidades-laboratório, que teve como cidades experimentais: Rio de Janeiro (DF), Leopoldina e Cataguases (MG), Timbaúba (PE), Catalão (GO) e Santarém (PA). Um e outro, sob a direção do professor Darcy Ribeiro, coordenador daquela divisão.

O programa cidades-laboratório, que se associara à campanha nacional de erradicação do analfabetismo, funcionou como campo permanente de estudos e experimentação educacional dos cientistas sociais e educadores, priorizando o referencial teórico-metodológico de estudos de comunidade, cuja ênfase de pesquisa recaía em estudos de linguagem, processos de alfabetização, formas de organização social, valores e crenças, condições de vida, ideologia de poetas populares, mobilidade social, rendimento escolar etc; que serviriam de base à elaboração de material didático regionalizado, cartilhas de alfabetização, manuais de ensino por parte de educadores e especialistas em educação, vinculados à divisão de estudos e pesquisas educacionais (*Revista Brasileira de Estudos Pedagógicos*, v. 31, nº 73, pp. 29-98, jan./mar. 1959). Numa visão multidisciplinar, tais pesquisas contaram com a consultoria ou mesmo a participação de especialistas em antropologia cultural, sociologia e economia urbana e rural, linguística, história e psicologia social, geralmente da Unesco, mas também de universidades americanas, canadenses, francesas, inglesas.

Segundo Darcy Ribeiro (1958, p. 28), no início da década de 1960, a par dos relatórios dos estudos e pesquisas experimentais realizadas, haveria condições de redigir um "corpo de recomendações, experimental e cientificamente fundamentadas, à formulação de um plano nacional de alfabetização e de reorganização da educação nacional". O programa cidades-laboratório abarcava, nesse registro, duas estratégias politicamente em sintonia com os quadros mentais de setores dominantes da intelectualidade brasileira dos anos de 1950 e 1960: plano nacional de educação e através dele o de alfabetização. Ora, para uma nova configuração que se pretendia dar à esfera educacional sob a coordenação geral do Inep e posta em prática através dos programas de pesquisa do conjunto dos centros, o planejamento regionalizado da educação adquire nítida conotação política pelo intento de agir sobre a dinâmica do processo educacional e de reagir ao conservadorismo impregnado na "vida comunitária", carente de mudanças sociais.

Imbuído da aspiração de promover a educação ao status de arte científica, à semelhança da medicina e da engenharia, as investigações, a cargo dos Centros Regionais de Pesquisas Educacionais, trataram de promover, naquela visão multidisciplinar de Anísio Teixeira, uma aproximação entre os cientistas das "ciências-fonte da educação" — antropólogos, psicólogos, sociólogos — e educadores — professores, administradores e especialistas —, estudando aqueles os problemas originários da prática socioeducacional, e estes registrando o cotidiano da escola, do aluno, do processo ensino/aprendizagem, suscetíveis de tratamentos científicos à elaboração de uma teoria pedagógica da educação (TEIXEIRA, 1957a, p. 266).

Já o programa de ampliação e melhoria da rede escolar primária, incluindo as de experimentação e as de aplicação, que vinham sendo postas em prática, desde 1946, nas unidades federadas, com base nos recursos do Fundo Nacional de Ensino Primário, além de auxílios estadual e federal, reservava ao município a iniciativa de organização dos próprios sistemas educacionais, "por ser a instância que mais de perto está sentindo as contradições e os problemas ocasionados" pelo processo de mudança social do Brasil, naquela transição de uma sociedade agrária para uma sociedade urbano-industrial (MOREIRA, 1958, p. 122). Para Anísio, essa iniciativa à municipalidade não deixava de representar um corolário de princípios pedagógicos, democráticos, federativos, republicanos que a nação estava reclamando. Tratava-se de uma campanha político-pedagógica por ele levada a efeito, podendo-se perceber nela a sintonia com outro movimento: o nacional-desenvolvimentismo.

Engendrar as interfaces do desenvolvimento educacional com o regional, tomando a "cidadela pedagógica" para além das tentativas democratizantes e das aplicações do método científico, pelas iniciativas experimentalistas, investigativas e de atitude científica na arte de ensinar, a experiência da educação primária integral do Centro Educacional Carneiro Ribeiro, ou Escola Parque de Salvador, constituía, sobremaneira, a matriz teórico-prática a ser informada sobretudo nas regiões Norte e Nordeste, mediante cursos e estágios de formação, reciclagem e aperfeiçoamento de professores, diretores, técnicos de secretarias de educação para conhecimento daquela experiência pioneira. Em alguns casos, alguns professores receberam bolsa para cursos no exterior. Retomando essa matriz, Anísio planejou, com assessoria do professor Paulo de Almeida Campos, a organização do sistema escolar público de Brasília.

Planejar a reconstrução educacional pelo esquadro da reconstrução nacional supunha, *a priori*, alinhar o ensino com o progresso científico, tecnológico e intelectual, em revisão permanente. Fatores relacionados ao desenvolvimento industrial, promovido pelo segundo governo Getulio Vargas (1951-1954), concorrem para a implantação da Campanha Nacional de Aperfeiçoamento de Pessoal em Nível Superior (Capes). Para alavancar a formação de uma comunidade científica, a Capes, através do seu programa universitário, realizava intercâmbio com instituições universitárias e científicas internacionais, sobretudo americanas, para o envio de bolsistas brasileiros a centros de pesquisas, a fim de realizarem cursos de pós-graduação. Acordos de cooperação com instituições do porte da Unesco, da Fundação Rockefeller e da União Pan-Americana destinavam-se à contratação de professores para, aqui, promoverem a instalação de programas de pós-graduação em áreas como antropologia, sociologia e economia, administração de negócios, engenharia, física, biomédica, visando ao desenvolvimento do ensino e da pesquisa universitária no país.

O programa universitário da Capes era coordenado pelo professor Rubens Maciel e seu assistente, o norte-americano Rudolph Acton, que, a partir de 1964, como membro da Agency for International Development (AID), mediadora dos Acordos MEC-Usaid, participaria da reformulação do ensino universitário brasileiro (cf. ACTON, 1966). Associava-se, ainda, a Capes, a seminários e cursos promovidos pelo Instituto Brasileiro de Economia, Sociologia e Política (Ibesp), depois Instituto Superior de Estudos Brasileiros (Iseb), realizados inicialmente nas dependências do Ministério da Educação e Cultura, objetivando o estudo dos problemas brasileiros, considerados da perspectiva histórico-sociológica e em suas conexões com a conjuntura internacional. Seus conferencistas eram geralmente os isebianos Guerreiro Ramos, Ignácio Rangel, Nelson Werneck Sodré, Hélio Jaguaribe, Celso Furtado, entre outros (*Boletim Informativo da Capes*, nº 4, mar. 1953; nº 36, nov. 1955).

Nesse momento, a despeito de tudo isso, ou talvez por isso mesmo, a incursão pela reconstrução da educação nacional não deixava de estar subordinada ao tema do nacionalismo. Na trilha de uma educação pública descentralizada, municipalizada, haveria um tributo a ser prestado à nação: "nacionalizar o Brasil". Nacionalizar o Brasil era fundamentalmente, para Anísio, a tomada de consciência de cada um dos brasileiros "de um sentimento de justiça para com os demais habitantes do país, impondo a participação de todos na vida nacional e fazendo crescer a coesão e a consciência de igualdade entre eles". Nessa frequência, dizia ele, somente por uma educação pública sistematicamente renovada, científica, contínua e flexível se poderia realizar toda e qualquer evolução ou revolução social, ou seja, transformações socioculturais (TEIXEIRA, 1960, p. 205).

Desta vez, os textos *Notas sobre a educação e a unidade nacional* (1952), *Condições para a reconstrução educacional brasileira*

(1953), *A educação que nos convém* (1954), *A escola pública, universal e gratuita* (1956), *Ciência e arte de educar* (1957) e *Educação e nacionalismo* (1960) documentam, nesse momento, o mesmo esforço de elaboração, análise, as possíveis aplicações do plano de reconstrução da educação brasileira, e constituíram-se em pretextos para convencimento das elites dominantes quanto à reconstrução nacional, motivada pelos imperativos da época monopolista, quiçá, subsumida, a reconstrução da educação nacional universalizada para todos os brasileiros.

A história no Brasil pós-1945 registra o processo de aceleração da industrialização no país sob a égide da ideologia desenvolvimentista, formulada pela Comissão Econômica para a América Latina (Cepal).[78] A partir da segunda metade dos anos 1950, o Iseb consolida sua outra versão: a do nacional-desenvolvimentismo, encampada, em maior ou menor escala, pelos governos de Getulio Vargas (1951-1954) e Juscelino Kubitschek (1956-1961), traduzida em política governamental. O Iseb, enquanto instituição de caráter civil, mas oficialmente vinculado ao Ministério da Educação e Cultura, beneficiou-se com o apoio político e institucional dos ministros Cândido Motta Filho, Abgar Renault e Clóvis Salgado, evidentemente por fornecer subsídios teóricos aos programas governamentais. Anísio Teixeira, através de portaria do ministro Clóvis Salgado, compôs seu conselho consultivo[79] pelo menos até 1958, quando se demitiu, com outros integrantes do conselho, por discordância quanto à ascendência de certa diretriz ideológica no Iseb,

---

78. Sobre as linhas mestras do pensamento da Cepal, cf. MANTEGA, 1984.

79. Integravam o conselho consultivo do Iseb, quando da sua instalação, em 1955, entre outros: Fernando de Azevedo, Álvaro Vieira Pinto, San Thiago Dantas, Gilberto Freyre, Heitor Villa-Lobos, José Leite Lopes, Afrânio Coutinho, Alberto Guerreiro Ramos (cf. *Boletim Informativo da Capes*, nº 36, nov. 1955).

concorrendo para o estabelecimento de um pluralismo teórico de que trata Pécaut (1990).

Em 1957, por suas intervenções em favor de uma política nacional de ciência e tecnologia e iniciativas para constituição de uma comunidade científica brasileira, durante a IX Reunião Anual da Sociedade Brasileira para o Progresso da Ciência (SBPC), realizada de 8 a 13 de agosto no Museu Nacional (Rio de Janeiro), Anísio Teixeira foi reconduzido à presidência da entidade, que exercerá até 1959.[80] No discurso de posse, apresenta como plataforma político-científica daquela gestão: lutar para que o espírito científico prevaleça "não somente no mundo da pesquisa material, mas também no mundo da pesquisa política e social". De qualquer maneira, aos olhos de Anísio, a ciência no Brasil começava a ser praticada também no campo das ciências sociais; cada vez mais nesse estatuto ainda novo recebia adesões crescentes (*Boletim da Capes*, nº 70, set. 1958).

Nos anos 1950, a adesão da intelectualidade progressista aos projetos do reformismo nacionalista era flagrante, com raras exceções (MOTA, 1978). A radical e intransigente campanha de Anísio Teixeira na defesa da reconstrução da educação pública pode ser lida, portanto, partindo de diferentes registros, dentro dos quais situamos o tema da escola municipalizada, com a presunção de ser fator estratégico do desenvolvimento econômico e social da coletividade a que pertence, alavanca-motriz de sua transformação e por ela. É como se a escola pública municipalizada pudesse promover uma redistribuição dos lugares sociais e ser veículo de ascensão social das camadas populares.

---

80. No período 1955-1957 e 1957-1959, em que Anísio responde pela presidência da SBPC, as reuniões anuais aconteceram no Recife (PE), de 4 a 9/7/1955; Ouro Preto (MG), de 2 a 7/7/1956; Rio de Janeiro (DF), de 8 a 13/7/1957; São Paulo (SP), de 6 a 12/7/1958; e Salvador (BA), de 12 a 18/7/1959.

De certo modo, os programas arquitetados para perfilar a reconstrução educacional desejada por Anísio tinham, como imagética, escola e "vida comunitária" em permanente interação num "jogo de espelhos", supondo um *continuum* entre a experiência do educando no âmbito da escola e sua nova experiência na "vida comunitária".[81] Daí a magnitude com que ele considerava a expansão da escola pública, gratuita, obrigatória, laica e universal; através dela, a sobrevivência e o progresso nacional numa era científica e tecnológica, em que se exigia dos povos de todo o mundo alto nível de conhecimento técnico e científico.[82] Em direção à sobrevivência e ao progresso, a escola municipalizada, descentralizada, diversificada e universalizada para todos — essa foi a utopia ilustrada de Anísio — certamente deveria estar impregnada pelos corolários do nacional-desenvolvimentismo.

Ora, desde os primeiros momentos da tramitação do projeto da Lei de Diretrizes da Educação Nacional no Congresso Nacional, em 1948, o "espectro privatista" da educação rondava corações e mentes de setores políticos e eclesiásticos. Desta feita, a campanha de Anísio pela aprovação no Congresso Nacional do projeto da Lei de Diretrizes e Bases da Educação Nacional — que havia incorporado sugestões procedentes tanto do Centro Brasileiro de Pesquisas Educacionais quanto da Associação Brasileira de Educação (ABE)

---

81. Na verdade, aqui Anísio tinha mais em vista "comunidades urbanas", com raio de influência para além dos seus limites geográficos (cf. MENDONÇA, 1997).

82. Em exposição feita para a Cepal sobre bases para uma programação da educação primária no Brasil, durante o curso de programação do desenvolvimento econômico brasileiro, dado por essa instituição no Rio de Janeiro, em 1956, Anísio faz a seguinte colocação: "A mecanização do trabalho industrial, do trabalho agrícola e dos próprios serviços terciários, e, logo, dentro em pouco, a automatização, levarão à necessidade de educação comum cada vez mais ampla, e de educação especializada cada vez mais alta" (TEIXEIRA, 1956c, p. 3).

e encaminhadas à comissão de educação e cultura da Câmara dos Deputados — inegavelmente desencadearia todo um arsenal de expedientes detonado, rápida e intempestivamente, cujo alvo era a sua demissão do Inep-Capes.

Registra-se, de início, o discurso do padre e deputado Fonseca e Silva, pronunciado, respectivamente, em 5 de novembro e 14 de dezembro de 1956 na Câmara Federal, acusando Anísio de ser "um autêntico intelectual marxista [...] pregador da filosofia perniciosa do conhecido professor da Columbia University, recomendado e aplaudido pela Rússia", visto que sua adesão à linha marxista de educação havia sido anunciada na conferência intitulada "A escola pública, universal e gratuita", pronunciada no Congresso Estadual de Educação do Estado de São Paulo, em Ribeirão Preto, em setembro de 1956 (apud *Educação não é privilégio*, 1957a, p. 153).[83] Segue-se o "Memorial dos Bispos do Rio Grande do Sul", assinado pelo arcebispo metropolitano de Porto Alegre, d. Vicente Scherer, e bispos da Província Eclesiástica do Rio Grande do Sul, de 29 de abril de 1958, dirigido ao presidente Juscelino Kubitschek, advertindo quanto à

> insistência com que órgãos do governo federal propugnam a implantação exclusiva de sistemas de ensino oficiais em todo o país, no mesmo passo em que hostilizam, e sem tréguas, a iniciativa particular nesse mesmo campo de atividade, solicitando providências necessárias e inadiáveis, para cessação desse estado de coisas, tão nefasto, a qualquer respeito, aos mais

---

83. Na conferência "A escola pública, universal e gratuita", Anísio Teixeira destaca que "a escola pública, universal e gratuita não é doutrina *especificamente socialista* [grifos nossos], como não é socialista a doutrina dos sindicatos e do direito de organização dos trabalhadores; antes, são estes pontos fundamentais por que se afirmou e possivelmente ainda se afirma a viabilidade do capitalismo ou o remédio e/ou freio para os desvios que o tornariam intolerável" (TEIXEIRA, 1956a, p. 6).

legítimos e excelsos interesses nacionais (*O Inep e o ensino público*, v. 29, nº 70, abr./jun. 1958).

Em 1958-1959, intensifica-se a reação com as investidas do deputado Carlos Lacerda, apresentando sucessivos substitutivos ao projeto da LDB em tramitação no Congresso Nacional que, entre outras providências, reservava ao Estado a competência pelo incentivo técnico, material e financeiro, bem como a manutenção e expansão do ensino privado, ao mesmo tempo que propunha reduzir os recursos orçamentários à educação pública.[84]

O contraponto de ideias que desencadeia a campanha liderada por Anísio Teixeira — mas também como intérprete de seus protagonistas históricos, os pioneiros —, a defesa da escola pública, gratuita e universal converte-se num movimento que se irradiou nacionalmente na defesa intransigente da escola pública e da permanência de Anísio no Inep-Capes. A adesão ao movimento manifestava-se pela publicação na imprensa de manifestos encaminhados seguidamente através dos documentos: "mensagem do grupo de cientistas; manifesto dos professores da Faculdade de Filosofia de São José do Rio Preto"; "Manifesto de professores da Universidade de São Paulo"; "Manifesto da Associação Brasileira de Escritores"; "Moção da Diretoria e Conselho Diretor da ABE"; "Moção da União Nacional de Estudantes"; "Moção de Assembleias de Sindicatos de Trabalhadores"; e abaixo-assinados de Assembleias Legislativa, Câmara de Vereadores e colegiados superiores de universidades públicas.

Em meio às manifestações, sobressai o "Manifesto de educadores brasileiros". Redigido por Fernando de Azevedo, em 1958, autor do "Manifesto dos pioneiros da educação nova" de 1932, subscrito

---

84. Sobre a caracterização do conflito entre escola pública e escola privada durante a tramitação do projeto da LDB, cf. BUFFA, 1979.

por 529 educadores de todo o país.[85] Dirigido ao povo e ao governo, o manifesto reafirmava a defesa da escola pública, gratuita, laica e universal. O compromisso com o movimento de reconstrução educacional é posto no manifesto com realce para as iniciativas de signatários do "Manifesto dos pioneiros da educação nova", tentando evocar o programa de reconstrução educacional levado a efeito por Anísio Teixeira. Ora, o manifesto dos 529 educadores como recurso de contestação político-pedagógica é inflexível com a confraria privativista, ao prescrever: "A escola pública, cujas portas, por ser escola gratuita, se franqueiam a todos sem distinção de classes, de situações, de raças e de crenças, é, por definição, a única que está em condições de se subtrair à imposição de qualquer pensamento sectário, político e religioso". Em vista do processo de urbanização, industrialização e do progresso da ciência e da técnica defende-se, pois, "não a abolição — o que seria um desatino — mas o aperfeiçoamento e a transformação constantes de nosso sistema de ensino público" (AZEVEDO, 1959; *Revista Brasileira de Estudos Pedagógicos*, v. 27, nº 65, jan./mar. 1957). Adverte, contudo, que, sem uma educação pública em processo de reconstrução, não se poderá falar em educação para a democracia e em educação para um mundo em processo de mudança. Desse modo, a ressonância do movimento nacional garantirá a permanência de Anísio Teixeira no Inep-Capes, havendo, por assim dizer, um reconhecimento do primado da educação pública sobre a sua concorrente privada, ávida de regalias e privilégios do público. Ainda mais, aquelas manifestações avalizavam a continuidade do programa de reconstrução educacional sob a responsabilidade do Inep-Capes.

85. Entre os signatários do manifesto encontram-se Paschoal Lemme, Sérgio Buarque de Holanda, Florestan Fernandes, Fernando Henrique Cardoso, Nelson Werneck Sodré, Cecília Meireles, Álvaro Vieira Pinto, Antonio Candido, José Augusto B. de Medeiros, Júlio Mesquita Filho, Anísio Teixeira (cf. AZEVEDO, 1959).

A despeito das manifestações nacionais em defesa da educação pública, a Lei de Diretrizes e Bases da Educação Nacional é aprovada pelo Congresso Nacional em 20 de dezembro de 1961, sob o nº 4.024/61, e promulgada pelo presidente João Goulart em 27 de dezembro de 1961. A LDB é vista por Anísio como não estando "à altura das circunstâncias em que se acha o país em sua evolução para constituir-se a grande nação moderna que todos esperamos". No confronto entre reconstrução e conservação, a escola era a instância pedagógica para travar a luta contra as resistências de um país em mudança. Reticente quanto ao instituto legal pelos seus apriorismos, Anísio jamais escondera que o debate do projeto da LDB no Congresso Nacional configurava-se mais como uma contrarrevolução do que como uma revolução educacional. Afinal, para ele, a Lei nº 4.024/61 representava uma "meia vitória" — por consolidar amplos compromissos do Estado no financiamento dos empreendimentos privados em matéria de educação. Mas, de qualquer modo, uma "vitória contra a centralização e o totalitarismo do Estado Novo" (Teixeira, 1969b, p. 228). O mais significativo para Anísio naquela LDB era a possibilidade aberta às unidades federadas de organização dos sistemas estaduais de educação.

Foi o que aconteceu quanto à organização do sistema de ensino de Brasília, que teve nele o seu principal artífice; da mesma forma aconteceu em relação à Universidade de Brasília. No diagnóstico de Anísio, enquanto a Lei nº 4.024/61 abria possibilidades "muito modestas" de reformas, a Lei nº 3.998/61 que institui a Universidade de Brasília, aprovada estrategicamente cinco dias antes da aprovação da LDB, e contrariamente àquela, era "bastante radical" (Teixeira, 1998b, p. 141). Assim, a arquitetura acadêmica da Universidade de Brasília foi edificada pelo contraponto às suas congêneres predominantemente de ensino, produto de estudos e pesquisas de seus idealizadores — Darcy Ribeiro e Anísio Teixeira —, ouvindo professores universitários de renome nos diversos campos científicos (MENDONÇA, 1997), devendo antes, e acima de tudo, principiar já devotada à investigação e à produção do conhecimento científico.

O modo de organização acadêmica da Universidade de Brasília constituiu-se, a nosso ver, em mais um desdobramento do programa de reconstrução educacional que seduziu Anísio pelo menos desde 1930. Segundo Ribeiro (1992, p. 65), Anísio insistia em defender quase radicalmente que a UnB deveria estar voltada para a formação de quadros superiores destinados à administração pública e à docência universitária, enfatizando a pós-graduação, o que em parte aconteceu. Portanto, "graças a Anísio", diz Darcy Ribeiro, "ela nasceu fazendo graduação e pós-graduação, simultaneamente". Seja como for, Anísio Teixeira (1998, p. 80) vislumbrara uma universidade como um

> centro de atividades organizadas e planejadas, capaz de transmitir a cultura em mudança, de treinar profissionais em dia com uma ciência em progresso acelerado, de formar cientistas para a descoberta e a invenção de conhecimentos e técnicas novas, de estudar e resolver os problemas, que lhe forem submetidos, de uma sociedade em transformação.

E, como na época da criação da Universidade do Distrito Federal, apostava em seu triunfo e em sua missão inventiva, autônoma, cultural e cientificista. Àquela, como a esta, pouco importavam para Anísio as fadas más.

A partir das experiências vivenciadas no magistério, na administração pública e sobretudo a da criação da UDF, Anísio foi produzindo reflexões teóricas concernentes ao papel da universidade enquanto *locus* de formação de quadros intelectuais, de investigação e de produção de conhecimento. Entre suas reflexões, destacamos: *A universidade de ontem e de hoje* (1964), *Aspectos da reconstrução da univer-*

sidade latino-americana (1967), *Reforma universitária na década de 1960* (1968) e *Uma perspectiva da educação superior no Brasil* (1969). Em 1961, Darcy Ribeiro é nomeado reitor e Anísio Teixeira vice-reitor pelo então presidente João Goulart. Posteriormente, em 1963, quando Darcy fora convocado pelo presidente da República para assumir o Ministério da Educação e Cultura e depois a chefia do Gabinete Civil da Presidência, Anísio assume, a reitoria, e a exerce simultaneamente com a direção do Inep-Capes. A implantação de sua arquitetura acadêmica alcançava seu momento culminante quando a UnB, assim como todo o país, foram sacudidos pelo golpe militar e civil de 31 de março de 1964. Já em 9 de abril, o *campus* universitário fora invadido por efetivos da polícia militar e por tropas do exército, coagindo Anísio à renúncia. O programa de reconstrução educacional universitário — projetado e constante do Dispositivo Legal nº 3.998/61 —, certamente pelo que continha de inédito e de radical na forma de olhar para si e para o seu entorno, teria, quiçá, um efeito irradiador no interior das instituições universitárias públicas brasileiras — repletas de reivindicações inovadoras — e, como tal, fora historicamente derrotado pelo programa de reforma universitária, consubstanciado na Lei nº 5.540/68, enquadrada pelos Acordos MecUsaid, alçando, também, tais acordos à esfera do ensino de primeiro e segundo graus. O vértice do programa educacional do regime militar e civil dirige-se, desde então, para a centralização, privatização, uniformidade e primazia do mercado nos assuntos educacionais, sob o ditame de acordos e agências internacionais que assessoram o capital mundialmente.

Com o golpe de 1964, as fadas más — às quais se referia Anísio — afastaram-no de todos os cargos públicos, submetendo-o, arbitrariamente, a dois inquéritos policiais militares. A despeito do golpe, ele permaneceu como membro do Conselho Federal de

Educação, onde, desde 1962, vinha cumprindo um mandato de seis anos, concluído em 1968, encerrando assim, em definitivo, sua participação no exercício do magistério intelectual da gestão pública no Brasil, sem renunciar a si próprio, ou seja, a suas convicções radicais do caráter ético e público, da defesa de uma educação gratuita, laica e universal.

***

Pode-se afirmar que, em um primeiro momento, o programa de reconstrução educacional, agenciado por Anísio, orientou-se pelos pressupostos teórico-práticos de John Dewey — para que a reconstrução nacional do país exigisse, prioritariamente, a expansão de uma educação pública, laica, gratuita, universal e de base científica e técnica — como valor de uma democracia e de uma cidadania republicana. Já no período no Inep-Capes, o programa da reconstrução educacional norteou-se, por razões próximas à campanha do nacional-desenvolvimentismo, no sentido de fazer expandir em todo o país uma política de educação pública, descentralizada, municipalizada, diversificada e científica, por aposta de Anísio naquela perspectiva deweyana da educação como fator de reconstrução da experiência individual e social, mas também estimulando o desenvolvimento econômico e cultural da coletividade a que pertence e por ele sendo estimulada. Mas, sobretudo, por motivos de institucionalização de uma política científica e tecnológica no país, Anísio aproximou-se de agências americanas, como a Fundação Rockefeller e a União Pan-Americana, subestimando o fato de que se tratavam de instrumentos norte-americanos para aqui estabelecerem a sua própria hegemonia, há muito combatida por Manoel Bonfim, entre outros.

Não obstante, a matriz anisiana iluminou a história da educação brasileira em grande parte da trajetória do século XX, cujo suporte teórico e político constituiu-se, inegavelmente, numa proposição avançada por sua identificação com estratégias universalistas que favoreciam a justiça social na esfera da educação. E na sua radicalidade de pensamento e de intervenção pedagógica em defesa da universalidade da educação pública, de uma política de ciência e tecnologia e de constituição de uma comunidade científica brasileira, Anísio Teixeira a fazia como missão social e política e com veemente paixão.

Marta Maria de Araújo
Carlos Guilherme Mota
Jader de M. Britto

Referências bibliográficas

Acton, Rudolph. *Rumo à reformulação estrutural da universidade brasileira*. Rio de Janeiro: MEC, 1966.

Azevedo, Fernando de. "Anísio Teixeira ou a inteligência". In: _____. *Figuras de meu convívio: retratos de família e de mestres e educadores*. 2ª ed. São Paulo: Livraria Duas Cidades, 1973.

Azevedo, Fernando de et alii. "Mais uma vez convocados — Manifesto ao povo e ao governo". *Revista Brasileira de Estudos Pedagógicos*, Rio de Janeiro, v. 31, nº 74, pp. 3-24, abr./jun. 1959.

_____. "A reconstrução educacional no Brasil: ao povo e ao governo — Manifesto dos Pioneiros da Educação Nova". *Revista Brasileira de Estudos Pedagógicos*, Brasília, v. 65, nº 150, pp. 407-25, maio/ago. 1984.

Azevedo, Thales de. "Um estudo de 'urbanismo' no interior da Bahia". *Educação e Ciências Sociais*, Rio de Janeiro, ano 1, v. 1, nº 3, pp. 163-6, dez. 1956.

_____. Depoimentos. In: Rocha, João Augusto de Lima (org.). *Anísio em movimento: a vida e as lutas de Anísio Teixeira pela escola pública e pela cultura*. Salvador: Fundação Anísio Teixeira, 1992.

Boletim Informativo da Capes, Rio de Janeiro, nº 4, mar. 1953; nº 36, nov. 1955; nº 70, set. 1958.

Boletim do cbpe — Educação e Ciências Sociais, v. 1, nº 1, mar. 1956.

Buffa, Ester. *Ideologias em conflito: escola pública e escola privada*. São Paulo: Cortez & Moraes, 1979.

Candido, Antonio. *A educação pela noite e outros ensaios*. São Paulo: Ática, 1989.

_____. "Radicalismos". *Estudos Avançados*, São Paulo, v. 4, nº 8, pp. 4-18, jan./abr. 1990.

Dewey, John. *Vida e educação*. Tradução e estudo preliminar de Anísio Teixeira. 10ª ed. São Paulo/Rio de Janeiro: Melhoramentos/Fundação Nacional de Material Escolar, 1978.

_____. *Democracia e educação — Introdução à filosofia da educação*. Tradução de Godofredo Rangel e Anísio Teixeira. 4ª ed. São Paulo: Nacional, 1979a.

_____. *Como pensamos: Como se relaciona o pensamento reflexivo com o processo educativo: uma reexposição*. 4ª ed. São Paulo: Nacional, 1979b.

Discurso de posse do prof. Anísio Teixeira no Instituto Nacional de Estudos Pedagógicos. *Revista Brasileira de Estudos Pedagógicos*, Rio de Janeiro, v. 16, nº 46, pp. 69-79, abr./jun. 1952.

Discurso pronunciado pelo sociólogo-antropólogo Gilberto Freyre na instalação do Centro Regional de Pesquisas Educacionais do Recife. *Educação e Ciências Sociais*, Rio de Janeiro, ano 3, v. 3, nº 7, pp. 105-14, abr. 1958.

Fávero, Maria de Lourdes de A. & Britto, Jader de Medeiros (orgs.). "Introdução". *In*: Teixeira, Anísio. *Educação e universidade — Anísio Teixeira*. Rio de Janeiro: Ed. ufrj, 1998.

Fernandes, Florestan. "Anísio Teixeira e a luta pela escola pública". In: Rocha, João Augusto de Lima (org.). *Anísio em movimento: a vida e as lutas de Anísio Teixeira pela escola pública e pela cultura*. Salvador: Fundação Anísio Teixeira, 1992.

Freyre, Gilberto. "'Intelligentsia' e desenvolvimento nacional — nota prévia". *Educação e Ciências Sociais*, Rio de Janeiro, ano 7, v. 10, nº 21, pp. 147-61, set./dez. 1962.

Houaiss, Antônio. "Anísio Teixeira". In: Rocha, João Augusto de Lima (org.). *Anísio em movimento: a vida e as lutas de Anísio Teixeira pela escola pública e pela cultura*. Salvador: Fundação Anísio Teixeira, 1992.

Lemme, Paschoal. *Memórias: vida de família, formação profissional, opção política*. São Paulo/Brasília: Cortez/Inep, 1988. v. 2.

Lima, Hermes. *Anísio Teixeira: estadista da educação*. Rio de Janeiro: Civilização Brasileira, 1978.

Lovisolo, Hugo. "A tradição desafortunada: Anísio Teixeira, velhos textos e ideias atuais". *In*: Almeida, Stela Borges de (org.). *Chaves para ler Anísio Teixeira*. Salvador: oea/ufba/egba, 1990.

MANTEGA, G. *A economia política brasileira*. São Paulo/Petrópolis: Pólis/Vozes, 1984.

MENDONÇA, Ana Waleska P. C. "A experiência do CBPE nos anos 1950-1960: um projeto de Anísio Teixeira". *In*: 20ª Reunião Anual da Associação Nacional de Pós-graduação e Pesquisa em Pós-graduação. Trabalhos. Caxambu, 1997.

MOREIRA, J. Roberto. Plano de estudos de comunidades urbanas, tendo em vista estabelecer bases para o planejamento educacional. *Educação e Ciências Sociais*, Rio de Janeiro, ano 3, v. 3, nº 7, pp. 115-22, abr. 1958.

MOTA, Carlos Guilherme. *Ideologia da cultura brasileira (1933-1974): pontos de partida para uma revisão histórica*. 4ª ed. São Paulo: Ática, 1978.

NUNES, Clarice. *Anísio Teixeira: a poesia da ação*. 2 vols. Rio de Janeiro: Pontifícia Universidade Católica do Rio de Janeiro, 1991. Tese de doutorado em educação.

_____. "História da educação brasileira: novas abordagens de velhos objetos". *Teoria & Educação*, Porto Alegre, nº 6, pp. 151-83, 1992.

"O INEP e os órgãos executores de planos especiais: realizações em 1956 e novos planos de trabalho". *Revista Brasileira de Estudos Pedagógicos*, Rio de Janeiro, v. 27, nº 65, pp. 146-61, jan./mar. 1957.

"O INEP e o ensino público". *Revista Brasileira de Estudos Pedagógicos*, Rio de Janeiro, v. 29, nº 70, pp. 64-83, abr./jun. 1958.

PÉCAULT, Daniel. *Intelectuais e a política no Brasil: entre o povo e a nação*. São Paulo: Ática, 1990.

RELATÓRIO das atividades do Inep e dos Centros de Pesquisas Educacionais (1958). *Revista Brasileira de Estudos Pedagógicos*, Rio de Janeiro, v. 31, nº 73, pp. 29-98, jan./mar. 1959.

RIBEIRO, Darcy. "O programa de pesquisas em cidades-laboratório". *Educação e Ciências Sociais*, Rio de Janeiro, ano 3, v. 3, nº 7, pp. 13-30, abr. 1958.

_____. "Depoimento". *In*: ROCHA, João Augusto de Lima (org.). *Anísio em movimento: a vida e as lutas de Anísio Teixeira pela escola pública e pela cultura*. Salvador: Fundação Anísio Teixeira, 1992.

TEIXEIRA, Anísio S. [Carta] 18 de maio de 1923, Caetité (BA), [para] Nelson Spínola Teixeira [irmão], Rio de Janeiro. *In*: LIMA, Hermes. *Anísio Teixeira: estadista da educação*. Rio de Janeiro: Civilização Brasileira, 1978.

_____. *Em marcha para a democracia: à margem dos Estados Unidos*. Rio de Janeiro: Ed. Guanabara, 1934.

_____. (1952a). "Hierarquia para os problemas da educação". In: ROCHA, João Augusto de Lima (org.). *Anísio em movimento: a vida e as lutas de Anísio Teixeira pela escola pública e pela cultura*. Salvador: Fundação Anísio Teixeira, 1992. Entrevista a Odorico Tavares.

_____. "Notas sobre a educação e a unidade nacional". *Revista Brasileira de Estudos Pedagógicos*, Rio de Janeiro, v. 18, nº 47, pp. 35-49, jul./set. 1952b.

_____. "Condições para a reconstrução educacional brasileira". *Revista Brasileira de Estudos Pedagógicos*, Rio de Janeiro, v. 19, nº 49, pp. 3-12, jan./mar. 1953.

_____. "Bases da teoria lógica de Dewey". In: *A educação e a crise brasileira*. São Paulo: Nacional, 1956a.

_____. "Escola pública, universal e gratuita". *Revista Brasileira de Estudos Pedagógicos*, Rio de Janeiro, v. 26, nº 64, pp. 4-27, out./dez. 1956b.

_____. Bases para uma programação da educação primária no Brasil. Rio de Janeiro, 1956c. (Notas taquigráficas da exposição feita por Anísio Teixeira no curso Programação do Desenvolvimento Econômico Brasileiro, dado pela Cepal, no Rio de Janeiro.)

_____. (1957a). "Ciência e arte de educar". In: *A educação e o mundo moderno*. São Paulo: Nacional, 1977. Conferência pronunciada no Centro Regional de Pesquisas Educacionais de São Paulo, em 1957.

_____. (1957b). "A escola brasileira e a estabilidade social". In: *A educação no Brasil*. São Paulo: Nacional, 1969. Conferência pronunciada no Clube de Engenharia do Rio de Janeiro, em 1957.

_____. *Educação não é privilégio*. São Paulo: Nacional, 1957c.

_____. "Educação e nacionalismo". *Revista Brasileira de Estudos Pedagógicos*, Rio de Janeiro, v. 34, nº 80, pp. 205-8, out./dez. 1960.

_____. "Diferentes estratégias para a política de desenvolvimento". *Boletim Informativo da Capes*, Rio de Janeiro, nº 98, jan. 1961.

_____. "A universidade de ontem e de hoje". *Revista Brasileira de Estudos Pedagógicos*, Rio de Janeiro, v. 42, nº 95, pp. 27-47, jul./set. 1964.

_____. "A Escola Parque da Bahia". *Revista Brasileira de Estudos Pedagógicos*, Rio de Janeiro, v. 47, nº 106, pp. 246-53, abr./jun. 1967a. Discurso pronunciado durante a 63ª sessão plenária da III Conferência Nacional de Educação da ABE, realizada em Salvador (BA), na Escola Parque, em abril de 1967.

_____. "Aspectos da reconstrução da universidade latino-americana". *Revista Brasileira de Estudos Pedagógicos*, Rio de Janeiro, v. 42, nº 105, pp. 55-67, jan./mar. 1967b.

_____. *Educação é um direito*. São Paulo: Nacional, 1968.

_____. "Escolas de educação". *Revista Brasileira de Estudos Pedagógicos*, Rio de Janeiro, v. 51, nº 114, pp. 239-59, abr./jun. 1969a.

_____. "Comentário à lei, afinal aprovada: meia vitória, mas vitória". In: *Educação no Brasil*. São Paulo: Nacional, 1969b.

_____. "Uma perspectiva da educação superior". *Revista Brasileira de Estudos Pedagógicos*, Rio de Janeiro, v. 50, nº 111, pp. 21-82, jul./set. 1969c.

_____. *Pequena introdução à filosofia da educação: a escola progressiva ou a transformação da escola*. 7ª ed. São Paulo: Nacional, 1975. Ed. comemorativa: DP&A Editora, 2000.

_____. "Democracia e educação — o processo democrático da educação". *In*: *A educação e o mundo moderno*. São Paulo: Nacional, 1977.

_____. "Autonomia universitária". *In*: FÁVERO, M. de Lourdes de A. & BRITTO, Jader de Medeiros (orgs.) *Educação e universidade — Anísio Teixeira*. Rio de Janeiro: Ed. UFRJ, 1998a.

_____. "Reforma universitária na década de 1960". *In*: FÁVERO, M. de Lourdes de A. & BRITTO, Jader de Medeiros (orgs.). *Educação e universidade — Anísio Teixeira*. Rio de Janeiro: Ed. UFRJ, 1998b.

Créditos dos textos

I. Culturas

A. Ideias

"A historiografia brasileira nos últimos quarenta anos: tentativa de avaliação crítica". *Ciência e Cultura*, São Paulo, v. 27, n. 5, pp. 472-86, maio 1975.

"Cultura e comunicação na América Latina ou 'Nós somos os novos bárbaros'". *In*: MELO, José Marques de (org.). *Comunicação e transição democrática*. Porto Alegre: Mercado Aberto, 1985, pp. 162-79.

"América Latina: em busca da memória comum". *Ciência e Cultura*, São Paulo, v. 38, n. 1, pp. 110-20, jan. 1986.

"A cultura brasileira como problema histórico". *Revista da USP*, São Paulo, v. 3, pp. 7-40, dez. 1986.

"Cultura brasileira ou cultura republicana?". *Estudos Avançados*, São Paulo, v. 4, n. 8, pp. 19-38, jan./abr. 1990.

B. Debates

"Uma cultura de partidos". In: *Receita: Brasil*. São Paulo: Abril, 1978. pp. 178-80.

"O governo Montoro e a questão da cultura". *Folha de S.Paulo*, São Paulo, 17 abr. 1984. p. 3.

"A nova sociedade civil e a cultura". *Folha de S.Paulo*, São Paulo, 14 fev. 1986. p. 3.

"Dos 1980 aos 1990". *Brasil 1990: desafios e perspectivas*, São Paulo, pp. 25-6, dez. 1992.

"Nós, Portugal e o ano 2000". *O Estado de S.Paulo*, São Paulo, 13 set. 1997. p. 2.

"O Brasil no mundo ibero-americano." *O Estado de S.Paulo*, São Paulo, 14 maio 2002. p. 2.

"Ideia que deu certo". *Nossa América*, São Paulo, nº 27, pp. 36-8, 2007.

II. Educação, professores, universidade

A. Ensino e escola

"O historiador brasileiro e o processo histórico". 1974. Mimeo.

"Um alerta em defesa da escola pública". *Folha de S.Paulo*, São Paulo, 15 jan. 1982. p. 14.

"Os professores e a saída da crise". *Folha de S.Paulo*, São Paulo, 11 jul. 1989. Opinião, A3.

"A nossa revolução cultural". *O Estado de S.Paulo*, São Paulo, 7 set. 1991. p. 2.

"Educação no fim do século. Uma proposta para a nova sociedade civil". *O Estado de S.Paulo*, São Paulo, 11 jun. 1995. p. D3.

"Educação, cultura e democracia para o terceiro milênio: nós e a nova sociedade civil brasileira". [1995]. Mimeo.

"A diminuição da história". *O Estado de S. Paulo*, São Paulo, 1º jun. 1998. p. 2.

"Prefácio". *In*: Boto, Carlota. *A escola do homem novo: entre o Iluminismo e a Revolução Francesa*. São Paulo: Ed. Unesp, 1996, pp. 11-3.

"Diagnóstico de nosso tempo". *O Estado de S.Paulo*, São Paulo, 25 out. 1999. p. 2.

"Apresentação". *In*: Cardoso, Tereza Maria Rolo Fachada Levy. *As luzes da educação: fundamentos, raízes históricas e prática das aulas régias no Rio de Janeiro 1759-1834*. Bragança Paulista: Editora da Universidade São Francisco, 2002. pp. 5-7 (Coleção Estudos cdaph. Série Historiografia).

B. Universidades

"Universidade: o fim de uma época". *Veja*, São Paulo, p. 130, 13 jun. 1979.

"A crise e a suposta legalidade". *Folha de S.Paulo*, São Paulo, 29 mar. 1984.

"O mec e o 'ódio cívico' dos mestres". *Folha de S.Paulo*, São Paulo, 12 jul. 1984. p. 3.

"Escola pública, vestibular e democracia". *Folha de S.Paulo*, São Paulo, 19 jan. 1985.

"Tancredo e a universidade". *Folha de S.Paulo*, São Paulo, 13 fev. 1985.

"Universidade: para além do neorrepublicanismo". Conferência no IEA-USP em 20 de março de 1990. Mimeo.

"Remobilizando a universidade". *O Estado de S.Paulo*, São Paulo, 5 jan. 1998. p. 2.

"Liberdade acadêmica e reforma". *O Estado de S.Paulo*, São Paulo, 16 fev. 1998. p. 2.

"Uma universidade para o século XXI". *O Estado de S.Paulo*, São Paulo, 10 jul. 2000. p. 2.

"Por uma nova universidade". *O Estado de S.Paulo*, São Paulo, 9 dez. 2002. p.2.

"A universidade deve buscar novos caminhos" (entrevista). *Ensino Superior*, São Paulo, ano 5, n° 51, pp. 16-20, dez. 2002.

"Universidade — a hora da reforma". *O Estado de S.Paulo*, São Paulo, 20 ago. 2003. p. 2.

C. A USP

"O alerta da USP". *Folha de S.Paulo*, São Paulo, 11 nov. 1980. p. 2.

"USP: a saída para a crise". *Folha de S.Paulo*, São Paulo, 2 maio 1984. p. 3.

"Um novo pacto para a USP". *Folha de S.Paulo*, São Paulo, 22 jun. 1984.

"A USP velha de guerra". *Folha de S.Paulo*, São Paulo, 29 ago. 1984.

"1934-1984: um balanço da USP". Entrevista a José Maria dos Santos. *Interação*, São Paulo, ano I, n° 8, pp. 3-5, dez. 1984.

"Mudar a USP: meritocracia × legitimidade". São Paulo, maio 1985. Mimeo.

"Programa mínimo". São Paulo, out. 1985. Mimeo.

"Para uma discussão sobre a Faculdade de Filosofia". São Paulo, 1985. Mimeo.

"USP: por uma nova mentalidade". *Folha de S.Paulo*, São Paulo, 17 jan. 1986. p. 3.

"Nem Princeton, nem Maputo. *Jornal do Brasil*, Rio de Janeiro, 25 set. 1988. Caderno B/Especial, p. 6.

"Os últimos intelectuais". *O Estado de S.Paulo*, São Paulo, 6 ago. 1991. p. 2.

"Meia palavra não basta" (prefácio). In: FREITAS, Sônia Maria de. *Reminiscências*. São Paulo: Maltese, 1993, pp. 15-8.

"Do outro lado da rua: a Escola Livre de Sociologia e Política vista pela Faculdade de Filosofia da USP". In: KANTOR, Iris et alii (orgs.). *A Escola Livre de Sociologia e Política: anos de formação: 1933-1953 — depoimentos*. São Paulo: Escuta, 2001, pp. 41-3.

"Oração por ocasião da recepção do título de professor emérito pela FFLCH-USP". 18 jun. São Paulo, 2009. Mimeo.

D. ANÍSIO TEIXEIRA

"O professor Anísio". *O Estado de S.Paulo*. São Paulo, 6 mar. 2000.

MONARCHA, Carlos (org.). *Anísio Teixeira: a obra de uma vida*. Prefácio de Carlos Monarcha e Carlos Guilherme Mota. São Paulo: DP&A Editora, 2001, pp. 7-15.

ARAÚJO, Marta Maria de; BRITTO, Jader de M. & MOTA, Carlos Guilherme. "Anísio Teixeira, pensador radical". *In*: MONARCHA, Carlos (org.). *Anísio Teixeira: a obra de uma vida*. São Paulo: DP&A Editora, 2001, pp. 17-48.

ÍNDICE REMISSIVO

AB'SABER, Aziz, 319, 324, 375, 418, 425, 426
ABOLIÇÃO DA ESCRAVATURA (1888), 142, 150, 157, 263
ABOLITION OF THE BRAZILIAN SLAVE TRADE, The (Bethell), 72
ABREU, Capistrano de, 41, 45, 158, 272
ACTON, Rudolph, 468
ADAMS, Mildred, 113
ADES, Cesar, 395
ADORNO, Theodor, 259
ÁFRICA, 48, 76, 80, 84, 88, 111, 145, 217, 434
ALAMBERT, Francisco, 19, 396, 404
ALEMANHA, 92, 192, 207, 240, 454
ALF, Johnny, 144
ALFABETIZAÇÃO, 82, 83, 138, 171, 177, 465
ALIANÇA NEOCAPITALISTA, 112
ALIANÇA PARA O PROGRESSO, 102, 112

ALLENDE, Salvador, 79, 102, 118
ALMEIDA JÚNIOR, 27, 270, 281, 299, 402
ALMUINA, Celso, 204
ALTHUSSER, Louis, 118
ALVARADO, Juan Velasco, 90
ALVARENGA, Silva, 264, 265
ALVES, Lucio, 26
ALVES, Rodrigues, 26
AMADO, Jorge, 25
AMARAL, Amadeu, 416
AMARAL, Aracy, 207
AMAYO-ZEVALLOS, Enrique, 207
AMAZÔNIA, 97, 240
AMÉRICA LATINA, 41, 42, 65, 70, 71, 72, 75, 76, 78, 79, 85, 87, 89, 91, 93, 94, 98, 99, 100, 102, 103, 104, 109, 111, 112, 113, 114, 115, 116, 117, 119, 120, 121, 122, 123, 124, 125, 128, 137, 138, 145, 148, 152, 153, 169, 170, 171, 172, 176, 201, 205,

206, 207, 208, 220, 228, 240, 245, 261, 322, 346, 350, 377, 384, 451

AMÉRICA LATINA EN SU LITERATURA (CANDIDO), 71

AMÉRICA LATINA: EVOLUCIÓN O EXPLOSIÓN? (ADAMS), 113

"AMÉRICA LATINA: LA CRISIS HEGEMÓNICA Y EL GOLPE MILITAR" (NUN), 114

AMERICAN WAY OF LIFE, 144

AMOR PERDIDO (MONSIVÁIS), 77, 102

AMORA, Antonio Soares, 386, 419

ANAIS DO I SEMINÁRIO DE ESTUDOS BRASILEIROS (USP), 70

ANDRADE, Carlos Drummond de, 23, 78, 99

ANDRADE, João Batista de, 84, 86, 415

ANDRADE, Jorge, 62, 238, 418, 433

ANDRADE, Manuel Correia de, 66, 83, 319

ANDRADE, Mário de, 15, 149, 157, 160, 162, 164, 169, 429

ANDRADE, Mario de (Buanga Fele), 24

ANGARITA, Antônio, 395, 414

ANGOLA, 80

ANHEMBI (REVISTA), 24, 43, 408

ANNALES (REVISTA), 16, 56, 57, 419

ANTIGO REGIME, 257, 289

ANTIGOS SISTEMAS COLONIAIS, 79, 89

ANTILHAS, 56

ANTONIO CONSELHEIRO, 137

ANTROPOLOGIA, 40, 47, 48, 49, 50, 53, 60, 97, 458, 461, 465, 467

ARANHA, Graça, 158

ARAÚJO, Marta Maria de, 479

ARGÉLIA, 90

ARGENTINA, 78, 79, 85, 106, 107, 110, 149, 153, 173, 201, 202

ARISMENDI, Rodney, 117

ASCENSÃO E QUEDA DO PROJETO CAMELOT (HOROWITZ ORG.), 117

ÁSIA, 88, 145, 240, 255, 434

ASPIRAÇÕES NACIONAIS (RODRIGUES), 59

ASSIS, Machado de, 142, 149, 158, 231, 378, 399, 412

Associação Alemã de Investigação sobre a América Latina, 123

Associação Brasileira de Educação, 296, 452, 471

ASTECAS, 87

ATO INSTITUCIONAL Nº 5, 84, 118, 173, 190, 224, 246, 285, 329, 354, 374, 406

AUTORITARISMO, 16, 49, 120, 149, 170, 190, 194, 237, 238, 324

AUTRAN, Paulo, 15, 26, 30, 376, 380, 433

AVANT-GARDE NA BAHIA (RISÉRIO), 295

AYROSA, Eduardo, 413

AZEVEDO, Aluízio de, 159

AZEVEDO, Aroldo de, 418

AZEVEDO, Fernando de, 16, 27, 52, 60, 69, 70, 82, 106, 144, 224, 237, 253, 270, 299, 308, 385, 396, 398, 402, 410, 436, 438, 451, 458, 469, 473

AZEVEDO, Livio Teixeira e Fernando de, 418

AZEVEDO, Thales de, 299, 461

BACHARELISMO, 48

BAEZ, Joan, 23

BAHIA E A CARREIRA DAS ÍNDIAS, A (Lapa), 66

BALAIADA, 46, 137
BALÁN, Jorge, 384
BALDUS, Herbert, 391, 420
BALMAIN, Pierre, 278
BANCO MUNDIAL, 251, 261
BANCO MUNDIAL E AS POLÍTICAS EDUCACIONAIS, O (Haddad & Warde), 251
BARAN, Paul, 113
BARBOSA, Ana Mae, 376
BARBOSA, Januário da Cunha, 265
BARBOSA, João Alexandre, 382
BARBOSA, Rui, 160
BARRETO, Lima, 143, 147, 149, 161
BARRETO, Tobias, 158
BARRIOS, Gregório, 26
BARROS, Rocha, 418, 423, 424
BASSETO, Sylvia, 404
BASTIDE, Roger, 53, 60, 101, 144, 385, 419
BEATLES, 23, 314
BEAUVOIR, Simone de, 23, 411, 420
BECKETT, Samuel, 30, 433
BEIGUELMAN, Paula, 40, 64, 65, 215, 384, 419
BEISIGEL, Celos, 412
BEOZZO, Oscar, 207
BERARDINELLI, Cleonice, 383, 419
BERGSON, Henri, 54
BERKELEY, George, 29
BERLINCK, Maria Helena, 390
BERZOINI, Ricardo, 325
BETHELL, Leslie, 72
BICUDO, Hélio, 363
BLACHE, Vidal de la, 54
BLOCH, Marc, 217, 414

BOBBIO, Norberto, 24
BOLÍVAR, Simón, 89, 123
BOLÍVIA, 102, 118, 173
BONIFÁCIO, José, 207, 270, 311
BORGES, Jorge Luís, 23
BORI, Carolina, 419, 421
BORODIN, Aleksander, 26
BOSI, Alfredo, 71, 84, 127, 158, 161, 162, 172, 207, 297, 316, 349, 351, 375, 376, 386, 415, 426
BOSI, Eclea, 384
BOSSA NOVA, 23, 314
BOTO, Carlota, 255, 256, 257
BOXER, Charles Ralph, 67, 414
BRANDO, Marlon, 23
BRASIL EM PERSPECTIVA (NOVAIS ET AL.), 28, 65
BRASÍLIA, 29, 145, 185
BRAUDEL, Fernand, 53, 76, 144, 164, 242, 245, 385, 416, 420
BRAZILIAN COTTON MANUFACTURE, The (Stein), 66
BRAZILIANISTS, 42, 71, 171
BREJO DAS ALMAS (ANDRADE), 78
BREZMES, Maria José Sàez, 204, 304
BRITAIN AND MODERNIZATION IN BRAZIL — 1850-1914 (GRAHAM), 70
BRITISH PREEMINENCE IN BRAZIL (MANCHESTER), 52
BRITTO, Jader de M., 479
BRUNO, Ernani Silva, 414, 420
BUARQUE, Cristovam, 325
BUÑUEL, Luís, 434
BURGUESIA, 25, 58, 69, 91, 92, 111, 119, 122, 129, 143, 173, 176, 296, 386, 398

BURKHARDT, Jacob, 414
BUROCRACIA, 256, 308, 348, 351, 375, 416
BUSH, George W., 321
BUZAID, Alfredo, 350
BYE BYE BRASIL (FILME), 84

CABANADA, 46, 137
CABRAL, Amílcar, 16, 24, 77, 247
CABRAL, Pedro Álvares, 197
CAETANO, João, 61
CALLAS, Maria, 23
CALMON, Francisco Nunes Marques Góes, 450
CAMARGO, Ana Maria de Almeida, 404
CAMARGO, Aspásia, 384
CAMARGO, Cândido Procópio Ferreira de, 390
CAMÕES, Luís de, 304
CAMPANHA DA ESCOLA PÚBLICA, 82, 173
CANABRAVA, Alice, 39, 54, 55, 57, 384, 386, 403
CANDIDO, Antonio, 15, 18, 19, 28, 30, 37, 39, 42, 49, 50, 60, 61, 62, 71, 82, 96, 106, 108, 109, 127, 128, 129, 130, 133, 134, 135, 136, 137, 139, 144, 148, 181, 185, 205, 217, 287, 308, 319, 376, 377, 380, 381, 382, 385, 386, 405, 406, 415, 419, 422, 424, 425, 474
CANECA, Frei, 143
CANGACEIROS, Os (Queiroz), 66
CANUDOS, Guerra de, 150, 159, 160, 161
CAPANEMA, Gustavo, 150, 151, 459
CAPELATO, Maria Helena, 396, 404

CAPES (COORDENADORIA DE APERFEIÇOAMENTO DO ENSINO SUPERIOR), 309, 317, 413, 416, 461, 467, 468, 470, 472, 473, 474, 477, 478
CAPITALISMO, 64, 68, 69, 72, 75, 76, 82, 83, 89, 90, 91, 92, 93, 98, 102, 103, 108, 110, 113, 114, 115, 117, 120, 121, 122, 163, 169, 170, 172, 173, 177, 190, 191, 194, 195, 198, 216, 235, 237, 246, 249, 370, 402, 454, 472
CAPITALISMO DEPENDENTE E CLASSES SOCIAIS NA AMÉRICA LATINA (FERNANDES), 71, 119
CAPITALISMO E ESCRAVIDÃO (CARDOSO), 58, 112
CAPITALISMO MONOPOLISTA (BARAN & SWEEZY), 113
CAPITALISMO, SOCIALISMO Y DEMOCRACIA (SCHUMPETER), 113
CARÁTER NACIONAL BRASILEIRO, O (MOREIRA), 48, 50, 67, 69, 149
CARDENAL, Ernesto, 90, 103, 122
CARDOSO, Fernando Henrique, 15, 40, 58, 60, 63, 64, 67, 82, 83, 110, 112, 116, 197, 215, 219, 321, 350, 402, 407, 474
CARDOSO, Irede, 223
CARDOSO, Ruth, 407, 419
CARDOSO, Sérgio, 26
CARDOSO, Tereza Maria Fachada Levy, 263, 264, 265, 266
CARONE, Edgar, 66, 414
CARONE, Ítalo, 423
CARPEAUX, Otto Maria, 67
CARTA, Mino, 224
CARVALHO, Delgado de, 164
CARVALHO, Joaquim Barradas de, 411
CARVALHOSA, Modesto, 406

CARYBÉ, 207
CASA-GRANDE & SENZALA (FREYRE), 47, 48, 49, 164
CASANOVA, Pablo Gonzáles, 114, 115
CASAS SANTA, Mário, 463
CASSIRER, Ernst, 29, 315, 410
CASTELO, José Aderaldo, 386
CATEGORIAS DEL DESARROLLO ECONÓMICO Y LA INVESTIGACIÓN EN CIENCIAS SOCIALES, Las (Casanova), 116
CAVALCANTI, Amaro, 31
CAXIAS, marechal, 156
CBPE (CENTRO BRASILEIRO DE PESQUISAS EDUCACIONAIS), 462, 463
CEBRAP (CENTRO BRASILEIRO DE PESQUISAS), 44, 62, 71
CENTROS POPULARES DE CULTURA, 82, 191
CEPAL (COMISSÃO ECONÔMICA PARA A AMÉRICA LATINA), 85, 113, 163, 350, 469, 471
CERVANTES, Miguel de, 304
CÉSAIRE, Aimé, 416
CHACON, Vamireh, 66
CHAGAS, Walmor, 26
CHAIMOVICH, Hernán, 376
CHAPLIN, Charlie, 161
CHASIN, José, 392
CHAUI, Marilena, 250, 315, 351, 408, 419, 426
CHILE, 79, 94, 102, 110, 116, 118, 124, 149, 173, 248
CHINA, 87, 90, 91, 186, 236, 240, 319, 401
CHINOISE, La (filme), 119
CIÊNCIAS SOCIAIS, 57, 63, 70, 76, 96, 102, 103, 108, 113, 115, 117, 118, 119, 124, 203, 452, 453, 455, 460, 462, 470
CINEMA NOVO, 23
CINGAPURA, 236
CINTRA, Ulhôa, 181, 334
CLASSE MÉDIA, 28, 144, 147, 148, 163, 346, 370, 406
CLASSES DOMINANTES, 191, 450
CLASSES POPULARES E POLÍTICA (WEFFORT), 64
CLUBE DE ROMA, 170
CNPq (CONSELHO NACIONAL DE PESQUISA), 104
COELHO, Ruy, 363, 364, 386, 404, 418, 426
COHN, Amélia, 408
COHN, Gabriel, 64, 65, 128, 250, 395, 399, 404
COLAPSO DO POPULISMO, O (Ianni), 67
COLECCIÓN LATINOAMERICANA DE LAS CASAS DE LAS AMÉRICAS, 101
COLÉGIO DE MÉXICO, 40, 178, 271, 374
COLINGWOOD, Robin George, 29, 410
COLLOR, Fernando, 192, 193
COLÔMBIA, 78, 85, 104, 201
COLONIALISMO, 48, 114, 123
COLUNA PRESTES, 161
COMPARATO, Fabio, 406
COMTE, Auguste, 54, 154, 158
CONCILIAÇÃO E OUTRAS ESTRATÉGIAS, A (Michel), 289
CONCILIAÇÃO E REFORMA (RODRIGUES), 59
CONE SUL, 80, 106, 119, 121, 149
CONFEDERAÇÃO DO EQUADOR, 142

CONFLITO INDUSTRIAL E SINDICALISMO NO BRASIL (RODRIGUES), 64
CONGRESSO INTERNACIONAL DE ESCRITORES (São Paulo), 101
CONSCIÊNCIA NACIONAL, 127, 128, 129, 132, 133, 134, 136, 139
CONSCIÊNCIA SOCIAL, 137, 139, 171, 218
CONSELHO FEDERAL DE CULTURA, 81
CONSTANT, Benjamin, 155
CONSUMISMO, 171
CONTESTADO, Guerra do, 150, 159, 160
CORONELISMO, ENXADA E VOTO (Leal), 44, 54, 108
CORPORATIVISMO, 282, 348, 351, 364, 379, 380
CORTESÃO, Jaime, 199, 420
COSTA RICA, 119, 120, 186
COSTA, Emília Viotti da, 15, 39, 40, 47, 49, 50, 60, 64, 65, 130, 215, 219, 386, 414
COSTA, Hipólito José da, 154
COSTA, João Cruz, 16, 28, 54, 55, 57, 60, 69, 101, 130, 385, 396, 405, 412, 418
COSTA, Matos, 160
COUTINHO, Afrânio, 469
COUTO E SILVA, Golbery do, 82, 83, 164
CRIMMINS, embaixador, 173
CRÍTICA IDEOLÓGICA, 22, 77, 93, 121, 187
CROUZET, Maurice, 141, 410
CUBA, 78, 80, 85, 90, 101, 102, 112, 121, 124, 152
CUEVA, Agustín, 101, 104, 113, 115, 117, 118, 119, 120, 122

CULTURA BRASILEIRA, 16, 38, 48, 60, 69, 85, 127, 128, 131, 133, 134, 141, 146, 147, 149, 150, 162, 163, 164, 165, 172, 191
CULTURA BRASILEIRA, A (Azevedo), 52
CULTURA DE MASSA, 41, 90, 128, 138, 214, 262
CUNHA, Euclides da, 45, 123, 158, 160, 161

DA SENZALA À COLÔNIA (COSTA), 64
DALLARI, Dalmo, 181, 245, 287, 358, 396, 401, 406, 407
DANTAS, San Tiago, 31, 237, 285
DARWIN, Charles, 142, 158, 184
DE BONALD, 155
DEAN, James, 23
DEBRAY, Régis, 103, 116
DEBRUN, Michel, 289, 411, 424, 427
DEBUSSY, Claude, 161
DEFFONTAINES, Pierre, 151
DELFIM NETO, Antônio, 246
DEMAGOGIA, 16, 260
DEMOCRACIA, 14, 16, 78, 81, 92, 103, 114, 120, 152, 165, 174, 177, 192, 236, 245, 250, 257, 260, 281, 285, 292, 334, 348, 361, 364, 367, 452, 457, 474, 478
DEMOCRACIA EN MÉXICO, La (Casanova), 114
DEMOCRATIZAÇÃO, 82, 148, 190, 193, 252, 256, 259, 260, 271, 283, 287, 338, 357, 358, 361, 363, 364, 369, 370, 458
DEPENDENCIA Y DESARROLLO EN AMÉRICA LATINA (CARDOSO & FALETTO), 116
DESARROLLO DEL CAPITALISMO EN AMÉRICA LATINA, El (Cueva), 101, 120

DESCOLONIZAÇÃO, 23, 31, 88, 100, 106, 109, 115, 145, 147, 201, 416, 424

DESENVOLVIMENTISMO, 67, 116, 117, 119, 172, 441, 466, 469, 471, 478

DESENVOLVIMENTO DA CULTURA DO ALGODÃO NA PROVÍNCIA DE SÃO PAULO, 1861-1875, O (Canabrava), 54

DESENVOLVIMENTO DA FILOSOFIA NO BRASIL NO SÉCULO XIX E A EVOLUÇÃO HISTÓRICA NACIONAL, O (Costa), 54

DESENVOLVIMENTO ECONÔMICO E TRANSIÇÃO SOCIAL (Pinto), 64

DESOBEDIÊNCIA CIVIL, 173

DEWEY, John, 27, 108, 144, 259, 419, 454, 456, 478

DICIONÁRIO DE HISTÓRIA DE PORTUGAL (ED. SERRÃO), 67

DIÉGUES JÚNIOR, Manuel, 66

DIEGUES, Cacá, 84

DILEMA DE AMÉRICA LATINA, El (Ribeiro), 101

DILTHEY, Wilhelm, 29, 315, 410

DINAMARCA, 152

DIREITA, 24, 79, 106, 113, 155, 171, 224, 289, 422, 424

DITADURA, 13, 17, 30, 189, 190, 237, 239, 241, 246, 247, 249, 252, 253, 260, 294, 298, 316, 319, 323, 324, 326, 346, 347, 374, 396, 397, 400, 408, 409, 413, 414, 418, 422, 425, 434

DONGHI, Túlio Halperin, 70, 116, 148, 157

DONOS DO PODER, Os (Faoro), 58, 147, 399

DIREITOS HUMANOS, 120, 145, 170, 171, 190, 193

DOUGLASS, Enid, 384

DOUTRINA DA SEGURANÇA NACIONAL, 82

DUALISMO, 67, 68

DUARTE, Paulo, 43, 144, 324, 363, 385, 416, 418

DUMAS, Georges, 151

DURANT, William, 459

DURKHEIM, Émile, 411

DUTRA, Tarso, 409

DYLAN, Bob, 23

ECO, Umberto, 24

ECONOMIA, 61, 115

ECONOMÍA POLÍTICA DEL CRESCIMENTO, La (Baran), 113

EDUARDO, Octavio da Costa, 390, 391

EINSTEIN, Albert, 161, 374

ELITES, 17, 54, 55, 106, 151, 157, 165, 189, 263, 271, 319, 320, 354, 427, 469

ELLINGTON, Duke, 434

EMPIRISMO, 41

EMPRESÁRIO E EMPRESA NA BIOGRAFIA DO CONDE MATARAZZO (MARTINS), 64

EMPRESÁRIOS, 111, 189, 248, 303, 331

ERA DOS EXTREMOS, A (Hobsbawm), 21

ESCOLA FRANCESA DOS *ANNALES*, 56, 419

ESCOLA HISTÓRICA ALEMÃ, 41

ESCOLA LIVRE DE SOCIOLOGIA E POLÍTICA (SÃO PAULO), 27, 108, 389, 390, 391, 392, 419

ESCOLA PRÁTICA DE ALTOS ESTUDOS (PARIS), 178

ESCOLA SUPERIOR DE GUERRA, 31, 59, 83, 190

Escravismo, 64, 137, 142, 143, 148, 163, 427

Espanha, 203, 204, 240, 303, 306, 313, 321

Espelho enterrado, O (Fuentes), 202

Esquerda, 18, 23, 24, 27, 68, 114, 118, 120, 121, 174, 185, 189, 247, 321, 379, 401, 402, 406, 408, 434

Estado de S.Paulo, O, 26, 61, 237, 294, 320, 398

Estado e capitalismo no Brasil (Ianni), 64, 82

Estado Novo, 28, 50, 51, 56, 72, 106, 143, 148, 149, 164, 286, 454, 459, 475

"Estados de Seguridad Nacional", 114

Estados Unidos, 42, 107, 109, 144, 145, 152, 162, 192, 195, 202, 271, 309, 345, 403, 456, 457

Estados Unidos e a independência da América Latina, Os (Whitaker), 107

Estudante e a transformação da sociedade brasileira, O (Foracchi), 64

Etnologia, 50

Europa, 42, 87, 105, 108, 152, 161, 172, 255, 261, 265

Evolução política do Brasil (Prado Júnior), 46

Evolucionismo, 25, 142, 158

Faculdade de Filosofia (usp), 27, 28, 53, 55, 60, 98, 110, 205, 214, 220, 260, 278, 294, 295, 308, 313, 314, 315, 342, 347, 350, 356, 360, 363, 364, 380, 383, 385, 386, 389, 390, 398, 400, 403, 410, 418, 421, 423, 435, 436

Falcão, Joaquim, 427

Faletto, Enzo, 116

Fanon, Frantz, 24, 110

Faoro, Raymundo, 15, 16, 22, 57, 58, 61, 67, 141, 147, 148, 149, 150, 153, 154, 155, 156, 161, 163, 375, 376, 399, 415, 427

Fapesp (Fundação de Amparo à Pesquisa do Estado de São Paulo), 252, 297, 309

Farney, Dick, 15, 26, 144

Farr, Bill, 144

Farroupilha, Revolução, 137

Fascismo, 56, 69, 92, 103, 161, 454

Faulkner, William, 101, 144, 420

Fausto, Boris, 65, 71, 411

Febvre, Lucien, 56, 414

Federalismo, 145, 239

Feld, Bernard, 377

Fellini, Federico, 23

Fernandes, Florestan, 16, 22, 28, 40, 54, 60, 62, 67, 68, 82, 83, 90, 91, 92, 99, 100, 101, 103, 104, 106, 107, 110, 112, 119, 130, 144, 147, 148, 163, 186, 201, 214, 215, 217, 224, 233, 245, 257, 270, 289, 308, 315, 318, 324, 346, 348, 350, 351, 373, 386, 390, 400, 415, 435, 451, 474

Ferro, Marc, 141, 423

Feudalismo, 56, 68, 112

Figueiredo, João, 97, 102, 190

Filosofia, 25, 27, 28, 42, 49, 53, 54, 55, 95, 238, 242, 314, 315, 386, 409

Filosofia no Brasil, A (Costa)

Filosofia, universidad y filósofos en América Latina (Roig), 101

FIM DE JOGO (BECKETT), 30
FLAUBERT, Gustave, 153, 158
FLORESTAN, Fernandes, 219
FMI (FUNDO MONETÁRIO INTERNACIONAL), 189
FOLCLORE, 132, 136, 137, 138, 158
FOLLARI, Roberto A., 77
FONDO DE CULTURA ECONÓMICA DE MÉXICO, 96, 101
FONSECA, Sebastião, 28
FONTELES, Manassés C., 395
FORACCHI, Marialice, 64
FORÇA INTERAMERICANA DE PAZ, 80, 113
FORMAÇÃO DO BRASIL CONTEMPORÂNEO (PRADO JÚNIOR), 51, 52
FORMAÇÃO DO PATRONATO POLÍTICO BRASILEIRO (FAORO), 58
FORMAÇÃO DO POVO NO COMPLEXO CAFEEIRO, A (Beiguelman), 64
FORMAÇÃO ECONÔMICA DA AMÉRICA LATINA (FURTADO), 70, 128
FORMAÇÃO ECONÔMICA DO BRASIL (FURTADO), 61, 315
FORMAÇÃO HISTÓRICA DO BRASIL (SODRÉ), 66
FORMACIÓN DOCTORAL EN AMÉRICA LATINA Y LA COLABORACIÓN DE LAS UNIVERSIDADES ESPAÑOLAS, La (Sebastián), 204
FOUCAULT, Michel, 24, 419
FRAGINALS, M. Moreno, 377, 423
FRANÇA, 42, 80, 134, 152, 192, 238, 249, 256, 271, 345
FRANÇA, Oliveira, 56, 316, 385, 409, 416, 417
FRANCE, Anatole, 158

FRANCO, Afonso Arinos de Mello, 106, 144, 202
FRANCO, Maria Eugênia, 420
FRANCO, Maria Sylvia de C., 60, 64, 130, 350, 419
FRANK, A. Gunder, 116
FREIRE, Jerônimo Campos, 409
FREIRE, Paulo, 25, 82, 84, 171, 300, 308, 324, 435
FREITAS, Sônia Maria de, 383, 384, 385
FREUD, Sigmund, 161
FREYRE, Gilberto, 15, 24, 39, 46, 47, 48, 49, 50, 51, 57, 69, 81, 84, 104, 106, 109, 122, 144, 148, 150, 160, 162, 163, 164, 412, 434, 449, 451, 463, 469
FROMM, Erich, 410
FROST, Robert, 101, 420
FUENTES, Carlos, 202
FUNÇÃO SOCIAL DA GUERRA ENTRE OS TUPINAMBÁ, A (Fernandes), 54
FURTADO, Celso, 15, 31, 39, 54, 57, 58, 61, 67, 69, 70, 109, 112, 114, 119, 128, 148, 183, 186, 217, 218, 350, 410, 427, 468

GALBRAITH, John Kenneth, 114, 376, 377
GARCÍA MARQUEZ, Gabriel, 104
GARCIA, Carlos Moreira, 203, 304
GAY, Peter, 384
GEISEL, Ernesto, 77, 80, 83, 84, 97, 102, 120, 190, 193, 279, 287, 334
GEOGRAFIA, 28, 40, 53, 54, 65, 107, 151, 171, 238, 240, 242, 252, 253, 318, 386
GERMANI, Gino, 110, 113

GIANOTTI, José Arthur, 219, 418
GIDE, André, 416
GIL, Gilberto, 250
GILBERTO, João, 15, 23, 250
GLEZER, Raquel, 404
GLOBALIZAÇÃO, 198, 240, 253, 255, 318
GODARD, Jean-Luc, 119
GODECHOT, Jacques, 21, 411
GODINHO, Vitorino Magalhães, 66, 197, 257, 402
GOLDEMBERG, José, 28, 206, 232, 233, 318, 351, 369, 374, 377, 400, 401, 423, 424, 425
GOLPE MILITAR (1964), 22, 30, 82, 83, 84, 113, 114, 145, 192, 238, 477
GOMES, Paulo Emílio Sales, 61, 62, 101, 106, 217, 385
GOMES, Severo, 76, 424, 427
GOMEZ DE LA TORRE, Inácio Berdugo, 203, 304
GONZAGA, Tomás Antônio, 404
GORENDER, Jacó, 375, 423
GOULART, João, 475, 477
GOULART, Nestor, 207, 376, 427
GRAHAM, Richard, 70
GRAMSCI, Antonio, 112, 120, 242
GRANDE DEPRESSÃO, 153
GRANDEZAS E MISÉRIAS DO ENSINO BRASILEIRO (WEREBE), 64
GUARIBA, Heleny, 315, 408
GUERRA CIVIL ESPANHOLA, 52, 305, 405, 414
GUERRA DAS MALVINAS, 103
GUERRA DO PARAGUAI, 142, 156, 158
GUERRA DOS FARRAPOS, 142
GUERRA FRIA, 82, 109, 145, 190

GUERRE SAINTE AU BRÉSIL, La (Queiroz), 66
GUERSONI, Odeto, 420
GUEVARA, Ernesto Che, 110, 123, 257, 423
GUIANAS, 107
GUILHERME, Wanderley, 58, 148, 427
GUILLÉN, Nicolás, 420
GUIMARÃES, Ulysses, 181
GUINÉ-BISSAU, 24, 77, 247
GUINSBURG, J., 410
GULLAR, Ferreira, 127, 128, 146
GUSMÃO, Roberto, 179, 274
GUSMÃO, Xanana, 243, 247
GUTERRES, António, 198

HACIA UMA DINÂMICA DEL DESARROLLO LATINOAMERICANO (PREBISCH), 111
HADDAD, Sérgio, 251
HAECKEL, Ernst, 158
HAITI, 79
HARNECKER, Martha, 118
HAY, Denis, 414
HAYA DE LA TORRE, Víctor Raúl, 106, 107
HECKSCHER, Eli, 96, 414
HERANÇA COLONIAL DA AMÉRICA LATINA (STEIN), 70
HERZOG, Vladimir (Vlado), 346, 415
HIERARCHIA (REVISTA), 50
HILDEBRANDO, Luiz, 308
HILL, Christopher, 423
HISTÓRIA CONCISA DA LITERATURA BRASILEIRA (BOSI), 71
HISTÓRIA CONTEMPORÂNEA DA AMÉRICA LATINA (DONGHI), 70, 116

HISTÓRIA DA BURGUESIA BRASILEIRA (SODRÉ), 65
HISTÓRIA DAS IDEIAS SOCIALISTAS NO BRASIL (CHACON), 66
HISTÓRIA DOS FUNDADORES DO IMPÉRIO DO BRASIL (SOUZA), 66
HISTÓRIA E CIVILIZAÇÃO (LOPEZ & MOTA), 247
HISTÓRIA ECONÔMICA DO BRASIL (PRADO JÚNIOR), 51, 52
HISTÓRIA GERAL DA CIVILIZAÇÃO BRASILEIRA (HOLANDA ET AL.), 65
HISTORIADOR(ES), 13, 17, 18, 28, 38, 39, 42, 43, 44, 49, 54, 58, 59, 61, 62, 66, 72, 73, 76, 79, 87, 107, 123, 131, 184, 198, 199, 203, 204, 213, 214, 215, 216, 217, 219, 235, 237, 250, 251, 256, 257, 259, 313, 320, 352, 374, 375, 381, 384, 392, 399, 401, 402, 404, 406, 408, 411, 412, 423, 449
HISTORIOGRAFIA, 19, 21, 28, 38, 39, 42, 43, 45, 46, 49, 51, 52, 56, 59, 63, 66, 68, 71, 116, 128, 255, 258, 265, 390, 391, 414
HOBSBAWM, Eric J., 15, 18, 21, 152, 218, 414
HOLANDA, Sérgio Buarque de, 15, 39, 44, 46, 49, 50, 51, 57, 58, 60, 65, 69, 106, 144, 148, 160, 162, 192, 392, 411, 420, 474
HOMENS LIVRES NA ORDEM ESCRAVOCRATA (FRANCO), 64
HONÓRIO, José, 217
HOROWITZ, Irving L., 117
HORTA, Arnaldo Pedro, 29, 420
HOSSNE, William Saad, 181
HUIZINGA, Johan, 414, 424
HUMBOLDT, Wilhelm von, 311
HUXLEY, Julian, 459

IANNI, Octavio, 15, 40, 58, 60, 63, 64, 65, 67, 68, 83, 110, 117, 207, 215, 219, 346, 350, 375, 377
IDEIA DE REVOLUÇÃO NO BRASIL — 1789-1801 (MOTA), 265
"IDEIAS FORA DO LUGAR, As" (Schwarz), 62, 120
IDEOLOGIA DA CULTURA BRASILEIRA (MOTA), 17, 18, 24, 83, 127, 239, 313, 316, 345, 415
IDEOLOGIAS, 21, 43, 69, 109, 114, 127, 129, 131, 133, 136, 242, 289, 375, 441
IGLÉSIAS, Francisco, 39, 62, 217, 406
IGREJA, 80, 103, 104, 120, 121, 125, 134, 173, 186, 331, 406, 418, 458
IMIGRAÇÃO E A CRISE DO BRASIL AGRÁRIO, A (Martins), 71
IMPERIALISMO Y CULTURA DE LA VIOLENCIA EN AMÉRICA LATINA (IANNI), 117
IMPERIALISMO, 23, 115, 122, 172
INDÚSTRIA CULTURAL, 83, 86, 94, 125
INDUSTRIALIZAÇÃO, 66, 158, 469, 474
INDUSTRIALIZAÇÃO, BURGUESIA NACIONAL E DESENVOLVIMENTO (Martins), 64
INEP (INSTITUTO NACIONAL DE ESTUDOS E PESQUISAS EDUCACIONAIS), 449, 463, 464, 465, 472, 473, 474, 477, 478
INGLATERRA, 70, 72, 134, 192, 260, 345
INSTITUTE OF LATIN AMERICAN STUDIES, 78, 109
INSTITUTO DE ESTUDOS AVANÇADOS (USP), 205, 297, 360, 372, 373, 395, 423
INSTITUTO HISTÓRICO E GEOGRÁFICO BRASILEIRO, 46

Instituto Histórico e Geográfico do Império, 160
Instituto Pan-americano de Geografia e História, 107
Integração do negro na sociedade de classes, A (Fernandes), 63
Interdisciplinaridade, 57, 114, 218, 318, 346
Isabel, princesa, 156
Iseb (Instituto Superior de Estudos Brasileiros), 58, 66, 109
Itália, 92, 271, 454

Jacoby, Russel, 300, 382, 391
Jaeger, Werner, 29, 235, 315, 410
Jaguaribe, Hélio, 69, 468
Jefferson, Thomas, 311, 321
João XXIII, papa, 418
Jobim, Tom, 23, 146

Khouri, Walter Hugo, 380
Kilpatrick, W. H., 443
Kissinger, Henry, 190
Koellreuter, Hans-Joachim, 377, 423
Kok, Einar, 287
Konder, Leandro, 427
Koszul, Jean-Louis, 377
Kubitschek, Juscelino, 112, 144, 193, 469, 472
Kugelmas, Eduardo, 250

Lacerda, Carlos, 473
Lacerda, Suplicy de, 290
Lacombe, A. J., 44
Lafer, Celso, 202, 406, 416
Lafer, Horacio, 31
Lafer, Mary, 426
Lamparelli, Celso, 376
Lampreia, Luiz Felipe, 198
Lapa, Amaral, 39, 66
Lateinamerika Institut (Berlim), 123
Latinoamerica en la encrucijada de la história (Zea), 101
Lavoura canavieira em São Paulo, A (Petrone), 66
Leal, Victor Nunes, 54, 108
Leão, Nara, 23
Lee, Wesley Duke, 24
Lefebvre, Georges, 250
Lei de Diretrizes e Bases da Educação Nacional, 471, 473, 475
Leite, Dante Moreira, 28, 39, 47, 48, 49, 51, 67, 69, 127, 346, 418
Leite, Miriam L. Moreira, 383
Leite, Moacir do Amaral, 350
Lembo, Cláudio, 304, 395, 396
Lepenies, Wolf, 413
Lessa, Carlos, 117
Lévi-Strauss, Claude, 24, 53, 419
Liberalismo, 17, 23, 50, 147, 149, 154, 155, 175, 289, 406, 416, 441
Lima, Chopin Tavares de, 229
Lima, Hermes, 31, 237, 434, 453, 458
Lima, José Clóvis de Medeiros, 395
Linhares, Maria Yedda, 233
Lisboa, José da Silva, 266
Literatura, 60, 61, 71, 129, 130, 132, 133, 134, 135, 137, 142, 158, 159
"Literatura e consciência nacional" (Candido), 129
Llosa, Vargas, 104

Lobato, Monteiro, 161, 260, 434
Lobo, Roberto, 233, 380
Lopes, José Leite, 83, 308, 350, 469
Lopes, Juarez, 60, 64
Lopez, Adriana, 247, 404
Los Angeles, Vitoria de, 23
Losada, Alejandro, 104, 123
Lourenço, Hélio, 334, 347, 396
Love, Joseph, 399, 412, 413
Ludwig, Rubem, 223, 277, 278
Luís xviii, rei da França, 155
Luta pela industrialização no Brasil, A (Luz), 66
Luz, Nícia Vilela, 66
Luzzatto, Gino, 414

Mabe, Manabu, 420
Macedo, Roberto, 398, 403
Machado, Alcântara, 52, 416
Machado, Lourival Gomes, 61, 419
Maciel, Rubens, 468
Magaldi, Sábato, 29, 62
Magalhães, Álvaro, 463
Magalhães, Antonio Carlos, 246
Magalhães, Luiz Edmundo, 28, 419
Maistre, Joseph de, 155
Malnic, Gerhard, 375, 376, 377
Malraux, André, 405, 416, 419
Maluf, Paulo, 180, 227, 287, 334, 405
Manchester, Alan Krebs, 52
Mangabeira, Octávio, 459
Manifesto Republicano de 1871, 158
Mannheim, Karl, 21, 29, 259, 260, 261, 262, 411
Marcha para o oeste (Ricardo), 52

Marcuse, Herbert, 24, 117, 387
Mariátegui, José Carlos, 106, 107, 112, 117, 122
Marini, Rui Mauro, 116
Marketing, 171, 191, 197, 242, 247, 324, 379, 402
Markun, Paulo, 415
Martí, José, 75, 89, 100, 106, 122, 123
Martinez, Verena, 49
Martins, Amílcar, 219, 221
Martins, José de Souza, 64, 71
Martins, Luciano, 64
Marx, Karl, 16, 96, 112, 176, 260, 411
Marxismo, 17, 19, 23, 25, 41, 65, 110, 111, 113, 114, 115, 117, 118, 148, 406, 411, 414, 472
Mascellani, Maria Nilde, 418
Massachussets Institute of Technology, 96
Mastroianni, Marcelo, 23
Mathias, Simão, 288, 299, 418
Matos, Gregório de, 132
Mattos, Odilon Nogueira de, 39, 57, 392
Maugüé, Jean, 405, 419
Maupassant, Guy de, 158
Mauro, Frédéric, 66, 411
Maysa, 15, 26
Mazzuca, Silvio, 26
Médici, Emílio, 84, 329
Meireles, Cecília, 452, 474
Meis, Leopoldo de, 376
Mello Neto, João Cabral de, 23, 29
Memórias de uma moça bem comportada (Beauvoir), 23, 411

MENDES, Erasmo Garcia, 385
MENDES, Murilo, 70
MENEZES, Ulpiano T. Bezerra de, 396
MENUCCI, Sud, 16, 26, 224, 314, 416
MERCOSUL, 203, 305
MESERANI, Nadir Cury, 408
MESQUITA FILHO, Júlio de, 308, 356, 385, 409, 416, 418, 436, 474
MESTIÇAGEM, 47, 51, 134, 160
METAMORFOSES DOS ESCRAVOS (IANNI), 58
MÉTRAUX, Alfred, 420
MEU QUERIDO VLADO (MARKUN), 415
MÉXICO, 77, 79, 102, 107, 114, 117, 119, 124, 148, 271
MEYER, Augusto, 29
MEYER, Eugenia, 384
"MILAGRE BRASILEIRO", 118
MILHAUD, Darius, 161
MILITARISMO, 69, 171
MILLER, Arthur, 29
MILLIET, Sérgio, 15, 16, 29, 160, 192, 307, 385, 391, 410, 411, 414, 415, 416, 420
MILLS, Wrigth, 399
MOBRAL (MOVIMENTO BRASILEIRO DE ALFABETIZAÇÃO), 83, 282, 290
MOÇAMBIQUE, 90
MODERNISMO, 161
MODERNIZAÇÃO, 19, 55, 92, 104, 108, 109, 113, 115, 144, 192, 193, 240, 397, 441, 450
MODOS DE PRODUÇÃO, 63, 64, 65, 70, 115, 120
MOLIÈRE, 433
MONARQUIA, 142, 158, 159
MONBEIG, P., 53, 419, 424

MONSIVÁIS, Carlos, 77, 102, 104
MONTAIGNE, Michel de, 16, 307
MONTEIL, Paul, 410
MONTEIRO, Dilermando Gomes, 81
MONTENEGRO, Mário, 274
MONTESQUIEU, Charles-Louis de Secondat, barão de, 155
MONTORO, Franco, 179, 180, 181, 227, 252, 273, 274, 335, 337, 342, 367, 401
MORAIS, Fernando, 233, 246, 380
MORAIS, Rubens Borba de, 15, 57, 420
MORSE, Richard, 381, 420, 423
Moss, William, 384
MOTA, Deusdá Magalhães, 25, 27, 314, 405, 418
MOTTA FILHO, Cândido, 469
MUDANÇAS SOCIAIS NO BRASIL (FERNANDES), 63
MULLIGAN, Gerry, 26
MUSSOLINI, Gioconda, 384, 390, 391, 419
MYRDAL, Gunnar, 111

NABOKOV, Vladimir, 25
NABUCO, Joaquim, 31, 132, 159, 407
NACIONALISMO, 58, 60, 77, 103, 106, 109, 128, 129, 138, 162, 175, 240, 468, 469
NASCIMENTO, Milton, 219
NAZISMO, 47, 260, 454
NEOCOLONIALISMO, 263
NEOPOSITIVISMO, 65
NEVES, Tancredo, 183, 187, 191, 285, 286, 367
NEW DEAL, 144, 195

Nicarágua, 79, 90, 94, 103, 120, 121, 124, 125
Niemeyer, Oscar, 192, 206, 207, 208
Nitrini, Sandra, 395
Nogueira, Oracy, 391
Nova República, 30, 145, 183, 185, 186, 231, 285, 287, 288, 289, 290, 292, 367
Novais, Fernando, 17, 65, 412
Novo Mundo, 107, 135, 146
"Nuevo carácter de la dependencia, El" (Santos), 116
Nun, José, 110, 114, 115, 117
Nunes, Clarice, 458

Oficialismo, 39
Oligarquias, 39, 51, 54, 106, 143, 148, 157, 159, 346
Oliva, Valdir Muniz, 341
Oliveira, Armando de Salles, 54, 208, 323
Oliveira, José Aparecido de, 184
operários, 25, 111
ordem social, 64, 261, 440, 443, 462
Organização dos Estados Latino-americanos, 107, 122
Oriente Médio, 201
Ostrower, Fayga, 420

Pacto Amazônico, 97
Pacto Andino, 80, 121
Padrões culturais, 109, 132, 379
Paes, José Paulo, 377, 423
Paideia (Jaeger), 29, 315, 410
Pais, Luiz Arruda, 26
Palocci, Antonio, 325

Panadés, Valdemar, 28
Pan-americanismo, 107, 108, 109
Panorama do Segundo Império (Sodré), 52
Pantaleão, Olga, 57
Paraguai, 79, 142, 156, 158
Parceiros do Rio Bonito, Os (Candido), 60, 108
Partido Comunista, 30, 45, 143
Passarinho, Jarbas, 246
Patarra, Judith, 415
Patrimônio Histórico e Artístico Nacional, 144
Paula, Eurípedes Simões de, 57, 386, 392, 396, 404
Pavan, Crodowaldo, 277, 351, 419
Paz, Octavio, 79, 104, 132, 149
Paz, Pedro, 117
Pedrosa, Mário, 434
Peixoto, Afrânio, 438
Peixoto, Floriano, 147
Pen Club, 104
Penteado, Maria Aparecida do Val, 408
Pereira, Bresser, 427
Pereira, Duarte Pacheco, 197, 304
Pereira, João Batista Borges, 389
Pereira, Luiz, 64, 350, 426
Pérez, José Manuel Santos, 203
Periodização, 38, 43, 46, 63, 104, 105, 138
Perón, Juan Domingo, 88, 106
Peru, 85, 90, 102, 104, 173, 202, 380
Pesquisa histórica no Brasil, A (Rodrigues), 42, 59
Pessoa, Reynaldo Xavier, 392

PETRÓLEO E NACIONALISMO (COHN), 64
PETRONE, Maria Tereza Schorer, 66, 426
PETRONE, Pasquale, 419
PICASSO, Pablo, 161
PIERSON, Donald, 391
PIMENTEL, Edith, 405
PINHEIRO, Paulo Sérgio, 207
PINHO, Clemente Segundo, 418
PINOCHET, Augusto, 248
PINTO, Álvaro Vieira, 469, 474
PINTO, Carlos Alberto de Carvalho, 252
PINTO, L. A. Costa, 60, 64, 67
PINTO, Sobral, 286
PIRANDELLO, Luigi, 161
PLANO DE METAS, 145
PLATAFORMA DA NOVA GERAÇÃO (CANDIDO ET AT.), 106, 107, 109, 111, 425
PODER E CONTRAPODER NA AMÉRICA LATINA (FERNANDES), 90, 91, 100, 101, 103, 106, 201
PODER MODERADOR, 155
PODER REAL EM PORTUGAL E AS ORIGENS DO ABSOLUTISMO, O (França), 56
POLÍTICA (REVISTA), 50
POLÍTICA E REVOLUÇÃO NO BRASIL (IANNI ET AL.), 65
POLÍTICA EXTERNA INDEPENDENTE (REVISTA), 68, 113
POMBO, Rocha, 46
POMPEIA, Raul, 143, 153
PONCE, Anibal, 117
POPULISMO, 23, 88, 110, 113, 115, 165, 174, 192, 401, 406
PORTELLA, Eduardo, 277, 427, 429

PORTUGAL, 39, 56, 142, 147, 197, 198, 200, 204, 256, 303
PORTUGAL ET L'ATLANTIQUE AU XVII SIECLE (MAURO), 67
PORTUGAL NA ÉPOCA DA RESTAURAÇÃO (FRANÇA), 56
POSITIVISMO, 25, 54, 147, 148, 153, 158
PRADO JÚNIOR, Bento, 215, 376, 412
PRADO JÚNIOR, Caio, 17, 21, 22, 39, 43, 46, 47, 51, 52, 57, 61, 67, 68, 69, 91, 106, 114, 148, 149, 160, 162, 198, 215, 217, 264, 305, 410, 412, 414, 415, 424, 427
PRADO, Décio de Almeida, 29, 61, 385, 418
PRADO, Maria Lígia, 404
PRADO, Paulo, 52, 69
PRAIEIRA, Insurreição, 46, 137
PREBISCH, Raúl, 111, 113, 114
PRIMEIRA GUERRA MUNDIAL, 161
PRIMEIRA REPÚBLICA, 143, 159, 163, 256
PRIMEIRO MUNDO, 193, 194, 381
PRIX ET MONNAIES AU PORTUGAL (GODINHO), 66
PROCLAMAÇÃO DA REPÚBLICA, 142, 143, 150, 263
PROCÓPIO, Cândido, 390, 391
PRODUÇÃO HISTORIOGRÁFICA, 38, 39, 41, 44, 53, 71
PROJETO LOSADA, 94, 125
PROLETARIADO, 64, 68
PROUST, Marcel, 54, 99
PSICOLOGIA, 50, 241, 458, 464, 465

QUADROS, Jânio, 396, 418
QUARTO MUNDO, 224, 372

Queen, Ellery, 25
Queirós, Eça de, 159
Queirós, José Pereira de, 426
Queiroz, Maria Isaura P. de, 66, 384, 396, 405, 415, 419
Quércia, Orestes, 206, 207, 208, 227, 228, 229
Quevedo, Francisco de, 304
Quijano, Anibal, 423
Quintas, Amaro, 49
Quirino, Célia, 383

Race relations in the colonial empire (Boxer), 67
Raízes do Brasil (Holanda), 39, 49, 50, 106
"Raízes sociais do populismo em São Paulo" (Weffort), 113
Ramos, Graciliano, 29
Ramos, Guerreiro, 468, 469
Ramos, Vítor, 410
Rangel, Godofredo, 454
Rangel, Inácio, 58, 468
Ravel, Maurice, 26
Reale Júnior, Miguel, 396, 397, 406
Reale, Miguel, 334
Rebolo, 420
Reformas de Base, 30
Reformismo, 23, 29, 54, 60, 111, 112, 145, 155, 161, 171, 178, 263, 266, 470
Regiões culturais do Brasil (Diégues Júnior), 66
Reis, Nestor Goulart, 207
Renan, Ernest, 153, 158
Renault, Abgar, 463, 469

República Dominicana, 80, 84, 113
Retrato do Brasil (Prado), 52, 162
Revisionismo, 58, 59, 129, 173
Revista Brasileira de Estudos Pedagógicos, 26, 298, 465
Revista Brasiliense, 23, 43, 408
Revista Civilização Brasileira, 23, 43, 113, 408
Revista de Estudos Jurídicos e Sociais, 50
Revista de História (usp), 44, 49, 57, 414
Revolução brasileira, A (Prado Júnior), 67, 68, 114
Revolução burguesa no Brasil, A (Fernandes), 402, 429
Revolução Cubana, 84, 110, 423
Revolução de 1930, 38, 44, 45, 51, 143, 148, 150, 161, 163, 454
Revolução de 1930, A (Fausto), 71
Revolução de Avis, 147
Revolução de Sun-Yat-Sen, 91
Revolução Francesa, 134, 155, 257, 313, 356
Revolução Mexicana, 91
Revolução Russa, 161
Revolución en la revolución (Debray), 116
Revoluções do Brasil contemporâneo (Carone), 66
Ribeiro Júnior, José, 412
Ribeiro, Darcy, 27, 54, 67, 82, 83, 84, 87, 89, 101, 112, 116, 164, 205, 270, 300, 308, 324, 390, 400, 424, 464, 465, 476, 477
Ricardo, Cassiano, 52
Rickert, Heinrich, 29, 315, 410
Risério, Antonio, 295

Robespierre, Maximilien de, 258, 398
Rocha, Paulo Mendes da, 206, 207
Rodrigues, José Honório, 21, 39, 42, 49, 58, 59, 67, 73, 160, 164, 215, 216, 217, 374, 378, 414
Rodrigues, Leôncio Martins, 64
Roig, Arturo Andrés, 101
Rolim, Helena, 408
Romero, Luís Alberto, 105, 106
Romero, Silvio, 158, 445
Rondon, Cândido, 164
Roosevelt, Franklin Delano, 27, 144, 195, 223, 314
Rosa, Guimarães, 23, 25, 29
Rosenfeld, Anatol, 29
Rostow, Walt Whitman, 111
Rouanet, Sérgio Paulo, 233
Roudinesco, Elizabeth, 384
Rousseau, Jean-Jacques, 155

Saad, William, 181, 286, 287
Saint-Just, Louis Antoine Léon de, 398
Sala, Oscar, 287, 351
Salgado, Clovis, 469
Salum Júnior, Brasílio, 427
Salum, Isac Nicolau, 386, 419
Salvador, Vicente do, frei, 146
Sampaio, Jorge, 197
Sampaio, Silveira, 26
Sánchez, Luiz Amador, 101
Sangue na areia de Copacabana (Silva), 66
Santos, Boaventura de Sousa, 423
Santos, Edgard, 295, 299
Santos, José Gonçalves dos, 265
Santos, Máximo de Moura, 26, 404
Santos, Milton, 319, 376, 407, 424, 428
Santos, Moacyr do Amaral, 409
Santos, Theotônio dos, 110, 116, 176
Sardenberg, Ronaldo, 203, 306
Sarmiento, Domingos Faustino, 76
Sarney, José, 30, 193, 246
Sartre, Jean-Paul, 23, 112, 387, 411, 420
Schaden, Egon, 419
Schenberg, Mário, 350, 418
Scherer, Vicente, d., 472
Schneider, Ronald, 72
Schumpeter, J. A., 113, 114
Schwarz, Roberto, 15, 38, 60, 62, 69, 85, 120, 128, 403, 420
Sebastián, Jesús, 204
Segawa, Hugo, 408
Segunda Guerra Mundial, 107, 108, 138, 144, 163, 238, 260, 454, 462
Seignobos, Charles, 54
Seleções do Reader's Digest, 144
Semana de Arte Moderna, 45, 143, 157
Seminário de Cultura Latino-americana (Caracas), 122
Sena, Luís Ribeiro de, 463
Senhor (revista), 24
Sennett, Richard, 323
Serra, José, 180, 395, 397, 407
Serrão, Joel, 67, 218
Serviço Nacional de Informações, 83

"Sete teses equívocas sobre a América Latina, As" (Stavenhagen), 68
Shakespeare, William, 433
Shoppings, 191, 193
Silva, Alberto Carvalho da, 297, 318
Silva, Alberto da Costa e, 403, 427
Silva, Gama e, 350, 409
Silva, Hélio, 66
Silva, Janice Theodoro da, 404
Silva, Luiz Inácio Lula da, 395, 402
Silva, Norberto Abreu e, 376
Simão, Aziz, 386, 405, 418, 422, 426
Simenon, Georges, 25
Simonsen, Roberto, 46, 51, 160, 390, 392
Simpósio Latinoamericano por la Educación y la Cultura, 124
Sindicalismo, 64, 120, 121, 176, 178, 331, 405
Singer, Paul, 375
Skidmore, Thomas, 49
Skinner, Burrhus, 84, 171
Slater, Philip, 178, 289
Smith, Adam, 96
Soboul, Albert, 21, 218, 411
Socialismo, 27, 75, 79, 92, 118, 122, 155, 156, 194, 401
Sociedade de classes, 110, 165, 400, 427
Sociedade de classes e subdesenvolvimento (Fernandes), 67, 68
Sociedade industrial no Brasil (Lopes), 64
Sociedade Literária do Rio de Janeiro, 134, 266
Sociologia, 40, 48, 49, 50, 53, 60, 63, 65, 81, 110, 114, 119, 122, 171, 291, 315, 386, 391, 458, 464, 465, 467
Sociologia numa era de revolução social, A (Fernandes), 63
"Sociology of development and underdevelopment of sociology" (Frank), 116
Sodré, Nelson Werneck, 15, 41, 44, 52, 58, 61, 65, 66, 218, 468, 474
Sousa, José Cavalcanti de, 422
Sousa, Luiz de Vasconcelos e, 265
South American Station, 89
Souto, Teodoreto, 350, 409
Souza, Gilda de Mello e, 384
Souza, Maria do Carmo Campello de, 65
Souza, Otávio Tarquínio de, 57, 66
Spencer, Herbert, 158
Spina, Segismundo, 386
Stavenhagen, Rodolfo, 68, 113
Stein, Barbara, 70
Stein, Stanley, 39, 66, 70, 320, 414
Stump, Sandra Dolto, 395
Subdesarrollo y revolución (Marini), 116
Subdesenvolvimento, 23, 43, 64, 71, 82, 108, 109, 110, 115, 137, 139, 163, 315, 350
Suíça, 152
Sunkel, Osvaldo, 117
"Superpoblación relativa, ejército industrial de reserva y masa marginal" (Nun), 117
Sweezy, Paul, 112, 113, 414
Swift, Jonathan, 158

Taine, Hippolyte, 54, 153, 158
Teatro de Arena, 23, 30, 412
Teatro Oficina, 23, 30
Teixeira, Anísio, 15, 26, 27, 67, 82, 84, 108, 177, 224, 225, 237, 253, 259, 269, 270, 281, 292, 295, 299, 304, 308, 311, 314, 323, 346, 360, 372, 385, 400, 402, 405, 410, 431, 433, 434, 435, 436, 437, 438, 439, 440, 441, 442, 443, 444, 445, 446, 449, 450, 451, 454, 456, 457, 458, 459, 462, 464, 469, 470, 472, 473, 474, 476, 477, 479
Teixeira, Carlos Antônio Ferreira, 450
Teixeira, Carmen Spínola, 463
Telles Jr., Goffredo da Silva, 400, 406
Tempo Brasileiro (revista), 23, 408, 429
Temps Modernes (revista), 69
Teologia da Libertação, 103, 120
Teoria da história do Brasil (Rodrigues), 59
Teoria y crítica del pensamiento latinoamericano (Roig), 101
Teorias da dependência, 103, 119, 120, 121
Terceiro Mundo, 90, 194, 206, 220, 314, 325, 361, 372, 424
Terra e o homem do nordeste, A (Andrade), 66
Thompson, Paul, 384
Tigres Asiáticos, 236, 240, 247
Timor Leste, 243, 247
Toledo, Caio Navarro de, 408
Torres, Camilo, 173
Toynbee, Arnold, 410
Trabalhismo, 58

Trabalho e desenvolvimento no Brasil (Pereira), 64
Trabalho intelectual, 39, 61, 360, 372, 403, 423
Tragtenberg, Maurício, 392, 407, 414, 418
Trindade, Solano, 420
Trovão, Lopes, 143
Tundisi, J., 375
Tupac-Amaru, 89
Tv, 26, 83, 84, 171, 173, 184, 246, 249, 339, 402

Últimos intelectuais, Os (Jacoby), 300, 379, 382
Unamuno, Miguel de, 304
Ungaretti, Giuseppe, 53, 385
União Europeia, 199, 202, 305, 319, 401
Universidades ibero-americanas y la sociedad del conocimiento, Las (Almuina), 204
Uruguai, 79, 102, 118, 149, 173
Uruguai, O (Gama), 134
Utopia, 23, 27, 72, 123, 248, 272, 321, 356, 457, 471

Vanguarda e subdesenvolvimento (Gullar), 127, 146
Vansina, Jan, 384
Vargas, Getulio, 88, 104, 106, 143, 144, 150, 323, 454, 467, 469
Varnhagen, Francisco Adolfo de, 41, 45
Vasconi, Tomás, 117
Vassouras. A brazilian coffee country (Stein), 66

Velha República, 47, 143, 149, 224, 288
Veloso, Caetano, 250
Venezuela, 117, 119, 201
Verissimo, Erico, 147
Verón, Eliseo, 110, 117
Viana, Oliveira, 39, 45, 47, 48, 69, 84
Vianna Filho, Oduvaldo, 187
Vianna, Hélio, 58
Vida e morte do bandeirante (Alcântara Machado), 52
Vieira, Antônio, 407
Vieira, Camargo, 341
Vieira, Evaldo Amaro, 392
Vieira, Guerra, 14, 341
Vilalobos, João 28, 314, 315, 386, 405, 408
Vilalobos, Maria da Penha, 418
Vilar, Pierre, 218
Vilhena, Luiz dos Santos, 264
Villa-Lobos, Heitor, 150, 164, 469
Virilio, Paul, 428
Visão do paraíso (Holanda), 44, 57
Vogt, Carlos, 207, 233

Vovelle, Michel, 21, 377

Wagley, Charles, 60, 461
Warde, Mirian Jorge, 251
Weber, Max, 21, 96, 260, 411
Weffort, Francisco C., 64, 65, 67, 110, 113, 115, 351
Wells, H. G., 459
Wendel, Lucy, 418
Werebe, Maria José Garcia, 64, 215
Westphalen, Cecília, 40, 42
Whitaker, Arthur Preston, 107
Williams, Robin, 380
Williams, William Carlos, 377
Wilma, Eva, 26
Witter, José Sebastião, 413

Young, Airton, 203
Yuppies, 193, 397

Zea, Leopoldo, 76, 101, 102, 123, 424
Zemella, Mafalda, 386
Zilly, Bertolt, 123, 412
Zola, Émile, 158, 159

Este livro, composto na fonte Fairfield e paginado por Luciana Inhan, foi impresso em pólen soft 70g na Gráfica Imprensa da Fé. São Paulo, Brasil, em setembro de 2011.